Gruppe 42

… MACHT SINN!

Wofür es sich zu leben lohnt

HIRNKOST

ORIGINALAUSGABE

© 2018 Hirnkost KG
Lahnstraße 25
12055 Berlin

prverlag@hirnkost.de
www.jugendkulturen-verlag.de

Alle Rechte vorbehalten
April 2018

VERTRIEB FÜR DEN BUCHHANDEL: Runge Verlagsauslieferung (msr@rungeva.de)
AUSLIEFERUNG SCHWEIZ: Kaktus (www.kaktus.net)
E-BOOKS, PRIVATKUNDEN UND MAILORDER: shop.hirnkost.de

Dieses Buch entstand im Zusammenhang mit einem von Prof. Dr. Kurt Möller geleiteten zweisemestrigen Lehrforschungsprojekt an der Fakultät Soziale Arbeit, Gesundheit und Pflege der Hochschule Esslingen.

DIE AUTOR*INNEN: Lidia Aristov, Sarah Baisch, Sarah Deppisch, Anja Heusel, Leonore Mair, Tobias Metz, Kurt Möller, Nadine Natterer, Eva Neuffer, Franziska Platzer, Katrin Rafensteiner, Michael Schneider, Tanja Schnier, Marie Scoob, Nadezhda Sill, Josua Stoll, Hülya Taze, Ulrike Thumm, Maike Watzlawik, Eva Wölfle, Julia Schäfer, Anna Lowe

COVERGESTALTUNG: Claudia Weber
LAYOUT: Linda Kutzki
LEKTORAT: Gabriele Vogel

ISBN
PRINT: 978-3-945398-77-7
PDF: 978-3-945398-78-4
EPUB: 978-3-945398-79-1

Dieses Buch gibt es auch als E-Book – bei allen Anbietern und für alle Formate.
Unsere Bücher kann man auch abonnieren: shop.hirnkost.de

Gruppe 42

... MACHT SINN!
Wofür es sich zu leben lohnt

Inhalt

Mal vorneweg … 7

Kaum jemals satt werden – Hunger nach SINN 11

1 fromm & frei 21
„Aber dann gab es diesen einen Tag, also dieses eine bestimmte Ereignis, was dann bei mir ausgelöst hat, mehr in Richtung Glauben zu gehen. Ich nenn es mal 'ne Erfahrung mit Gott." 21
„Seit ich Gott kenne, egal was wegfallen würde aus meinem Leben, ich würde niemals in ein Loch fallen." 28
„Hier bin ich, und ich trage Kopftuch, aber ich bin ein normaler Mensch." 35
„die tiefsten Tiefen sind bei vielen Menschen irgendwie leer." 44
„Für mich ist mein Glaube in dem Sinne wahr, dass er mir Sinn gibt, dass er mir Halt gibt und ich mich orientieren kann, manchmal." 49

2 laut & bunt 57
„Wenn's dann sein muss, diss ich den Bürgermeister." 57
„schocken und 'n bisschen Anarchie reinzubringen, anders zu sein, nicht Schema F durchzuspielen …" 65
„Ich glaub daran, dass jeder Mensch irgend 'ne Leidenschaft in sich hat und die auch irgendwann findet." 73
„Sinn macht es, wenn es ein Paradox gibt, wenn es Reibepunkte gibt, eben nicht die absolute Freiheit, die total eben ist." 80
„Versackt nicht einfach in 'nem normalen Job und vorm Fernseher! Das Ende ist erst, wenn man stirbt." 86

3 nah & näher **95**
„Der Wendepunkt war die Schwangerschaft ... Das war der Aufwachschuss: Wach jetzt auf, tu mal was!" 95
„in der Zeit damals habe ich mich sehr erwachsen gefühlt, nicht wie 18, sondern viel, viel älter ..." 101
„Mich gibt es so, wie ich bin. Alles andere ist einfach kein Ich." 106
„Wenn einer ein kleines Fellstück entdeckt hat, aber dann erzählt: ‚Ich hab drei Biber auf einmal
gesehen!', dann ist der kein richtiger Freund." 113

4 hin & weg **119**
„Jeder sollte unbedingt allein reisen. Dann wär die Menschheit eine bessere, ganz klar!" 119
„generell einfach weg von diesem ganzen Stress, von der Zivilisation ..." 130
„Ich habe gar nichts mehr in Syrien. Alles zerstört. Warum soll ich sagen, da ist meine Heimat?" 136

5 auf & ab **143**
„Eigentlich bleibt nur die Hoffnung, dass ich noch mal irgendwie drumrumkomm." 143
„Ich habe mir mein Leben selbst so gestaltet, dass ich sagen kann: Es macht Sinn." 149
„so wie Ikarus, Flügel an den Armen und einfach weg." 158
„Die Situation kommt, haut mich um, und ich muss es immer wieder schaffen, aufzustehen. Es ist ein
Dauerkampf." 170
„Man möchte halt etwas erreichen, was umsetzen und die Welt verändern." 175
„Sinn ins Leben bringt der Lebenswille, der einen antreibt." 182
„Ich möchte noch ein paar Sachen mit dem Motorrad erfahren ... vielleicht nach Kuba,
nach Amerika ..." 188

6 schön & sportlich **195**

„'ne Frau, die Bodybuilding macht, ist einfach nicht die Regel." 195

„Die gleichen Chancen wie ein Mensch, der nichts hat, hat man eben nicht ..." 202

„Motorradrennsport – meine Leidenschaft und meine Verwirklichung." 206

7 für & gegen **211**

„Ich fände es erstrebenswert, wenn alle Menschen mehr ihren eigenen Stil leben würden." 211

„Es ist reiner Zufall, dass ich in Deutschland geboren bin. Ich hätte genauso gut in Gambia oder in Äthiopien oder in Eritrea geboren werden können." 219

„hald blöd für d Menschheit, wenn koiner ema andere hilft." 226

„auf die Demo der Revolutionären gehen ... und einfach Präsenz zeigen ...: Wir sind da! Die Jugend ist nicht nur dumm und kauft bei *Primark*!" 229

„jede kleinste Sache, die man macht, kann eine Veränderung bewirken." 235

Making-of **242**

Mal vorneweg ...

DIE FRAGE NACH DEM SINN DES LEBENS ...

... naja, offensichtlich stellst du sie dir noch. Sonst hättest du ja nicht dieses Buch aufgeschlagen und angefangen, diese Zeilen zu lesen. Aber sag mal: Wenn wir uns schon duzen, können wir ja auch mal 'n bisschen intimer miteinander reden: Findest du es nicht etwas spät, diese Frage erst jetzt zu verfolgen? Ach so, du stellst sie dir heute zum wiederholten Male! Immer wieder taucht sie in deinem Leben auf. Und du kommst auf keine wirklich befriedigende Antwort. Oder mal auf die eine, mal auf die andere. Und deshalb hirnst du mehr oder weniger andauernd darüber. Sollen wir ehrlich sein? Das macht es nicht besser! Du bist nämlich viel zu spät dran. Viel zu spät.

Denn das Problem ist doch längst gelöst. Und du solltest das wissen! Oder bist du nie per Anhalter durch die Galaxis getrampt? Nie? Wirklich nie? Echt? Na, dann lass dir erklären: Die Antwort lautet ... Nun denn, es hört sich vielleicht etwas komisch an, aber die Antwort heißt ... Sitzt du auch gerade gut, hast geistlichen Beistand – oder kannst wenigstens weich fallen? Ja? Dann gut. Die Antwort lautet – aber nicht lachen jetzt ... Die Antwort ist: Zweiundvierzig. Schlicht und einfach 42.

Du hast es zwar nicht gewusst, aber immer schon geahnt? Weil sechs mal sieben 42 ist? Und sieben ja als magische Zahl gilt? Und sechs eine schöne Ziffer ist? Und außerdem die Quersumme aus 42, nämlich vier plus zwei? Sollen wir dir mal was sagen? Ganz offen und ehrlich? Du bist alles andere als ein Intelligenzbolzen! Du hast keinen blassen Schimmer! Denn die 42 wurzelt viel tiefgründiger. Der komplexeste Computer der Welt hat sie errechnet und ausgespuckt. Vor fünfundsiebzigtausend Generationen wurde er schon programmiert und nun mühevoll wieder restauriert und in Gang gebracht. Er hat sogar einen Namen: DeepThought. Merkst du was? DeepThought – du kannst doch englisch? Frei übersetzt: Tiefschürfender Gedanke. Wenn er schon so heißt, wie könnte er da irren?

Aber werden wir mal in unserer Argumentation *noch* seriöser und so richtig wissenschaftlich! Was machen Wissenschaftler? Richtig: Sie forschen rum und zitieren andauernd irgendwelche Geistesgrößen. Also zitieren wir mal. Und das selbstverständlich aus *dem* epochalen Werk umfänglicher Sinndeutung schlechthin – und zwar die Kernaussage überhaupt: „Was ist der Sinn meines Lebens?' [...] Die Spannung war unerträglich [...] Die Antwort auf die Große Frage nach dem Leben, dem Universum und allem??? ‚Zweiundvierzig', sagte DeepThought mit unsagbarer Erhabenheit und Ruhe."[1]

Alles paletti? Kommst du bei derart frei schwebenden intellektuellen Höhenflügen mit? Ja? Auch wenn es hier nur Auszüge sind? Wie schön! Gratulation!

Bloß: Einen Haken hat die Sache schon noch: DeepThought, die Rechenmaschine, fragt uns, ob wir überhaupt sicher sind, dass wir die richtigen Fragen stellen:

„‚Es war eine sauschwere Aufgabe', sagte DeepThought mit sanfter Stimme. ‚Zweiundvierzig!', kreischte Luunqoal los. ‚Ist das alles, nach siebeneinhalb Millionen Jahren Denkarbeit?' ‚Ich hab's sehr gründlich nachgeprüft', sagte der Computer, ‚und das ist ganz bestimmt die Antwort. Das Problem ist, glaub ich, wenn ich mal ganz ehrlich zu euch sein darf, dass ihr wohl selber nie richtig gewusst habt, wie die *Frage* lautet.'"[2]

Puuh, muss man mal 'n Weilchen drüber nachdenken, nicht wahr? Keine leichte Hirnkost, oder? Doch keine Bange: Hilfe naht! Bevor du dich nämlich jetzt in deinen jämmerlichen Gedankengespinsten komplett verhedderst, stehen wir dir unterstützend zur Seite. Schließlich sind wir die Gruppe 42 – und unser Name ist Programm! Wir wissen Bescheid. Denn die einzig richtige Frage stellen wir! Schau dir mal den Untertitel dieses Buches auf seinem Cover an. Er bringt zum Ausdruck, wonach wir fragen: Wofür es sich zu leben lohnt ...

Diese Frage – und, um ehrlich zu sein, noch ein paar mehr – haben wir Expert_innen gestellt. Wahren Expert_innen. Nämlich (jungen) Menschen wie du und ich. Normalos also. Das heißt: So ganz „normal" sind sie vielleicht nicht – zumindest nicht, wenn „normal" mittelmäßig und langweilig bedeutet. Bei manchen von ihnen läuft das Leben in eher ruhigen Bahnen, manche sind aber auch ganz schön von ihm durchgeschüttelt worden – und werden es zum Teil noch. Aber sieh selbst! Gönn dir eine Schnuppertour durchs Buch! Und wenn du heute noch kein gutes Werk getan hast: Kaufe es! Noch besser wäre: Du liest es dann auch. Wir freuen uns drüber.

Wir – das ist eine Gruppe Studierende der Sozialen Arbeit an der Hochschule Esslingen und ihr Prof. Über ein Jahr hinweg sind wir ausgeschwärmt ins wahre Leben – raus aus den Elfenbeintürmen der Uni. Wir haben unendlich viele Gespräche geführt mit jungen Menschen. Genauer: mit jungen Leuten, die auf Sinnsuche sind und/oder ihren Lebenssinn schon gefunden haben. Selten auf gepflasterten, geraden Pfaden, oft auf ebenso kurvigen wie steinigen Umwegen. Diesen Gesprächspartner_innen gilt unser aufrichtiger, heißer Dank. Wie es die Vorsehung – oder ist es doch der Zufall? – so will: Es sind in der Summe genau 42 Interviews. Nun gut: Ungefähr wenigstens; einige mussten wir aus Platzgründen schweren Herzens streichen. Doch im Grunde sind sie in diesem Buch enthalten – bloß eben nicht sichtbar. Was sonst würde wirklich ultimativen Sinn ergeben?

Aber mach dir selbst ein Bild! Vielleicht erkennst du ja einen Teil von dir in der einen oder anderen Person wieder, die hier zur Sprache kommt – wenigstens einen Teil von deinen persönlichen Fragen und womöglich Antworten, die du noch auf die Große Frage suchst ...

Esslingen, im Februar 2018
Gruppe 42

---

1 Douglas Adams: Per Anhalter durch die Galaxis. Roman. Ullstein, Frankfurt a. M./Berlin 1993: 158.   2 Ebd.: 159.

Kaum jemals satt werden – Hunger nach SINN

Kurt Möller

SINN – EIN MENSCHLICHES GRUNDBEDÜRFNIS

„Das, was ich tue, macht Sinn." „Was ich denke, macht Sinn." „Mein Leben insgesamt macht Sinn." Wollen wir nicht alle mit einem tiefen Brustton der Überzeugung solche Sätze sagen können? Wahrscheinlich heißt die Antwort fast ausnahmslos: „ja!" Warum eigentlich? Weil der Wunsch, Sinn empfinden zu können, zu den Grundbedürfnissen des Menschen gehört. Menschen wollen eben nicht nur irgendwie über die Runden kommen. Sie wollen nicht nur genügend zu essen und zu trinken, ein Dach überm Kopf, möglichst gesund und sicher sein, schlafen etc. – kurzum: elementare vitale Grundbedürfnisse als befriedigt verspüren. Sie wollen auch ihr eigenes Leben gestalten, sich dabei authentisch und unverwechselbar fühlen, Kompetenz und Selbstwirksamkeit verspüren, nicht isoliert sein, sondern anerkannt, wertgeschätzt und geliebt werden, ihr Leben genießen, ja möglichst auch so etwas wie Glück erleben können. Sie wollen all dies – und vielleicht auch noch mehr: dafür sorgen, dass es auch anderen gut geht, politisch mitmischen, sich von Gott getragen wissen oder was auch immer. Erfahren, dass es sich zu leben lohnt, weil sich Bedürfnisse wie diese realisieren lassen – irgendwo darin muss sich wohl der Sinn von menschlicher Sinnsuche auffinden lassen.

„Was ich auch anstelle: Hat alles keinen Sinn." „Was ich mir so denke – nichts als Blödsinn." „Alles in allem: Mein Leben hat keinen Sinn." Möchten wir nicht in jedem Fall vermeiden, solche Selbstbeschreibungen von uns abgeben zu müssen? Vermutlich doch. Selbst wenn die meisten von uns ehrlicherweise einräumen: „Nicht alles, was ich mache, ist supersinnvoll", „da ist auch 'ne Menge Unsinn in meinem Kopf" und „es gibt auch Momente und Phasen in meinem Leben, wo mir der Lebenssinn abhandenkommt" – in der Gesamtbilanzierung unseres bisherigen Lebens möchten wir in ihm Sinn erblicken. Sind „Blödsinn" und „Unsinn" (machen) durchaus noch als Beschreibung netter Episoden akzeptiert, so ist Sinnlosigkeit auf Dauer nicht auszuhalten (auch wenn sogenannte ‚sinnlose' Tätigkeiten einen gewissen Entspannungseffekt bieten mögen – und eben darüber Sinn erlangen). Sinn ist also eindeutig positiv konnotiert. Und auch wenn jetzt jemand anmerken sollte, nicht Sinn, sondern Lustgewinn, Genuss und Freude sei sein/ihr zentrales Lebensmotto, dann wird ja damit kein Gegenentwurf zu einem möglichst sinnvollen Leben präsentiert. Vielmehr wird Sinn dann in spezifischer Weise interpretiert: als Priorisierung hedonistischen Strebens, als Erleben von Glücksgefühlen. Es bleibt dabei: Irgendwo drin Sinn sehen zu wollen, ist ein Grundbedürfnis des Menschen.

Spätestens jetzt stellt sich freilich die Frage: Was ist „Sinn" denn eigentlich, wie lässt sich Sinn definieren, und wie ist er von Begriffen wie „Glück" oder auch weiteren, zum Teil synonym gebrauchten Termini wie „Bedeutung", „Zweck", „Funktion" u. a. m. abgrenzbar (zu weiteren Synonymen und Abgrenzungen vgl. auch Bohnsack 2016)? Und: Steckt nicht auch Sinn in natürlichen Gegebenheiten, menschengemachten Sachverhalten und vielleicht auch gottgewollten Existenzbedingungen der Menschheit, ohne dass wir deren Sinn begreifen (können)? Mit anderen Worten: Gibt es so etwas wie einen objektiven Sinn, obwohl wir ihn subjektiv nicht sehen? Gibt es ihn etwa in Krieg, Krankheit oder Tod eines geliebten Menschen?

SINN – BEGRIFFLICHE SORTIERUNGEN

Das vorliegende Buch ist nicht zufällig „… MACHT SINN!" betitelt. Bewusst angezielt ist die Doppeldeutigkeit, die in diesem Titel steckt: Einerseits ist Sinn eine Macht, mit dem die Individuen konfrontiert sind, andererseits ist Sinn etwas, das von jeder einzelnen Person hergestellt wird und nicht per se außerhalb ihrer selbst existiert.

Blenden wir zunächst auf die erstgenannte Bedeutung: Sinn stellt insofern eine Macht dar, als er das Resultat von Setzungen ist, die den Anspruch erheben, Bewertungen vornehmen und dabei mit jeweiligen Sinndefinitionen Positives von existenzieller Tragweite beschreiben zu können. Genauer: Die Stiftung von Sinn und das Ergebnis dieser Stiftung, also der hergestellte Sinn selber, gelten als etwas Gutes: Wenn eine Handlungsweise, ein Denkmodell oder eine Struktur als sinnhaft dargestellt wird und sich mit dieser Sinnzuweisung gesellschaftlich entsprechend durchsetzt, kann dem allenfalls aus Minderheiten- oder Außenseiterpositionen Unsinnigkeit zugesprochen werden – wobei solche Widerständigkeit nur in funktionierenden Demokratien ohne existenzielle Selbstschädigung möglich ist. So hat etwa die Kirche über die Jahrhunderte hinweg lange Zeit ihre Vorstellungen von Sinn ungehindert durchsetzen können. Sie hat z. B. erreicht, dass Hexenverbrennungen oder Kreuzzügen Sinn attestiert wurde und bspw. Epidemien wie die Pest als gerechte Strafe Gottes erscheinen sollten. In ähnlicher Weise konnte es in Feudalzeiten den Herrschenden gelingen, das Königtum als gottgewollt und Folter als angemessen, Ungehorsam und Aufbegehren von Untertanen dagegen als strafwürdig darzustellen. Manche Diktatoren und Despoten schaffen es auch heute noch, ihre Herrschaftsform als sinnhaft und bspw. Expansionskriege oder die Todesstrafe als unerlässlich zu erklären und dabei Gefolgschaft zu finden. Noch alltagsnäher: In unserer Gesellschaft wird „Shopping" faktisch als sinnvolle Freizeitbeschäftigung ‚verkauft' und die Durchkapitalisierung des Fußballs wird zwar von manchen moralisch-ethisch kritisiert, kann ihren ‚Sinn' aber praktisch durchsetzen, indem sie immer mehr Zuschauer_innen auf der Suche nach Vergnügen in die Stadien und vor die Medien lockt. Um in Weiterführung der Argumentation beim letztgenannten Beispiel zu bleiben: Auch das, was an Regelungen in Hinsicht auf den Profifußball getroffen wird, generiert – mehr oder weniger – Sinn: die Regularien beim Kauf und Verkauf von Spielern, die Verträge zum Verkauf von Fernsehrechten, das Angebot von Interview-Trainings für junge Spieler zur mediengerechten Präsentation ihrer Person, die Vereinbarungen zur Sicherung von sportlichen Großveranstaltungen zwischen Vereinsvertretern und Sicherheitsbehörden etc.

Abstrakter: Sinn, genauer: ein bestimmter Sinnbezug, wird zu Macht, wo er sich verobjektiviert: wo er a) in Strukturen gegossen wird (z. B. zur Gründung von Organisationen und zur Abfassung von Verträgen führt), b) dazu beiträgt, bestimmte historische Rahmenbedingungen zu schaffen bzw. festzuschreiben (z. B. feudale oder kapitalistische Verhältnisse), c) bestimmte Handlungsweisen und -kompetenzen bei Akteuren erzwingt (z. B. Interviewfähigkeiten oder Fähigkeiten zum Vertragspoker bei Profisportler_innen), d) ‚stillschweigende' Basisregeln des Interagierens etabliert (z. B. Shopping als gängiges Gesprächsthema und die unverbindliche Kommunikation über die letzte *Shopping-Queen*-Sendung im TV als Kontakt erhaltendes Alltagsgespräch) und e) die (Ausbildung der) Handlungsfähigkeiten des Individuums prägt (z. B. die Schnäppchenjagd beim Shopping). Kurzum: Wir leben in einer Umwelt von Sinnsetzungen, die unseren eigenen Sinnkonstruktionen, die wir als Individuen vornehmen, ihren Stempel aufdrückt.

Auf der anderen Seite sind wir nicht gezwungen, ihnen zu folgen. Je stärker sich die Chancen zu individualisiertem Leben durchsetzen, umso mehr Freiräume bestehen, ‚sein eigenes Ding' zu machen. In diesem Sinne gilt: Sinn wird nicht nur zur Macht. Sinn wird auch gemacht. Interessant ist in diesem Zusammenhang übrigens eine Verschiebung im Umgang mit dem Sinn-Begriff im deutschsprachigen Raum. Während früher im Deutschen die Formulierung „… macht Sinn" nicht gebräuchlich war und an ihrer Stelle Ausdrücke wie „hat Sinn" oder „ergibt Sinn" standen, ist im Zuge der Bedeutungszunahme angelsächsischen Sprachgebrauchs das „making sense" inzwischen analogisierend auch ins Deutsche übernommen worden. Dieser Umstand verweist auf die gewachsene Wahrnehmung der Konstruktion(sleistungen) von Sinn(stiftungen) und damit auf die aktive Seite von Subjekten im Umgang mit Sinnrelevantem. Er macht deutlich, dass die Subjekte das, was sie für sinnvoll halten, jeweils für sich bestimmen: das, was sie an äußeren Zuständen und Entwicklungen, die sie wahrnehmen, für sinnvoll halten, und das, was sie in der ‚Innenbetrachtung' an der eigenen Lebensführung als sinnvoll ansehen. Die weiteren Ausführungen wie auch das vorliegende Buch insgesamt fokussieren auf diesen Aspekt der „inneren Selbstschöpfung von Lebenssinn", der die Kernaufgabe gegenwärtiger Identitätsarbeit kennzeichnet wie kein zweiter (Keupp 2015: 32), ohne die Verobjektivierungsprozesse von Sinn, deren Produkte und deren Macht- und Einflusspotenziale zu ignorieren. Nicht die Frage, ob und wodurch etwas ‚objektiv' Sinn ergibt, sondern das Anliegen, aufzuzeigen, wie subjektiv Sinn bei jungen Leuten generiert wird, steht hier im Mittelpunkt. Dies macht allerdings weitere Begriffsschärfungen unter Abgrenzung verwandter Termini erforderlich.

„Der Sinn einer Gabel besteht nicht darin, Suppe mit ihr zu essen." – Das Verständnis von „Sinn", das sich in einem Satz wie diesem ausdrückt, verweist offenbar auf die Funktion und den Nutzen, die einem Gegenstand (hier: nicht) zugeschrieben werden, um bestimmte Zwecke mit ihm zu erreichen. In dieser Funktion ist offenbar die „Gegenstandsbedeutung" (Holzkamp 1973), also die objektive Bedeutung, die in diesen Gegenstand hineingearbeitet worden ist und seinen Einsatz nicht für völlig beliebige Zwecke erlaubt, aufgehoben. „Funktion", „Zweck", „Nutzen" und „objektive Bedeutung" ist jedoch nicht das, was der in dieser Publikation verfolgte Sinnbegriff ausdrückt. Er ist auch nicht deckungsgleich mit einer Zuweisung subjektiver Bedeutung. Dinge, Sachverhalte, Vorgänge und Personen können von großer subjektiver Bedeutung sein, ohne dass ihnen Sinn zugeschrieben wird. So ist die Kanzlerschaft von Angela Merkel für einen Pegida-Aktivisten vermutlich von großer Bedeutung, in ihr sieht er aber höchstwahrscheinlich alles andere als Sinn. So kann auch eine Arbeit von hoher subjektiver Bedeutung sein, ohne dass mit ihr Sinn verbunden wird (z. B. weil sie nur zum – durchaus als bedeutsam betrachteten – Zwecke des Geldverdienens ausgeführt wird).

„Was ist eigentlich der Sinn ihrer Äußerung?" „Das willst du wirklich tun? Worin besteht denn da der Sinn?" – Wer so fragt, ist meist an der Bedeutung des wirklich Gemeinten oder Gewollten interessiert, vielleicht auch an der Absicht, die dahinter gewähnt wird, oder am Motiv, das entschlüsselt werden soll. Wenn in dieser Veröffentlichung von „Sinn" die Rede ist, ist allerdings Spezifischeres als das gemeint. Es geht um mehr als einzelne Handlungsantriebe, ihre Legitimation und ihr Verständnis.

Sinnkonstruktion wird hier in Anlehnung an Niklas Luhmann (1987) als der Prozess der Auswahl unter Optionen verstanden, die für das Subjekt vom Standpunkt der Aktualität aus am Horizont der Möglichkeiten aufscheinen, und der sich dabei an einem Ensemble von Kriterien ausrichtet, die aus der Perspektive des Subjekts essentielle, ja (zumindest tendenziell) existenzielle Relevanz für soziale Zusammenhänge und individuell-psychische Zustände und Prozesse besitzen. Im Spannungsfeld zwischen objektiven Gegebenheiten und dem Interesse am produktiv-konstruktiven Umgang mit ihnen wird eine Selektion von wahrgenommenen Denk-, Erlebens- und Handlungsoptionen vorgenommen, die von dem erwähnten Kriterienkomplex so gesteuert wird, dass ihr Sinn zugeschrieben werden kann. Sinnsetzungen reduzieren in dieser Weise die Komplexität zeitlicher, räumlicher, sachlicher und sozialer Bezüge, indem sie Bewertungen vornehmen. Die konkreten Bezugnahmen, die die Konstitution von Sinn leiten, können sich von Subjekt zu Subjekt erheblich unterscheiden. Sie hängen vor allem von seinen Erfahrungen, Kompetenzen, Vorlieben und Verfügungsmöglichkeiten ab. Allerdings ist davon auszugehen, dass die Kriterien, an denen entlang solche Bezüge aufgenommen werden und Sinn aufgebaut wird, neben dem basalen Bedürfnis nach Sinn(stiftungs)erfahrung weiteren grundlegenden menschlichen Bedürfnissen folgen.

SINN – KISSES ALS KONTEXT

Sich auf Sinnsuche begeben – kann das jede_r? Oder muss man/frau sich das leisten können? Müssen zunächst physiologische Bedürfnisse, Bedürfnisse nach Sicherheit und sozialer Einbindung, Bedürfnisse nach Selbstwerterleben und Selbstverwirklichung (vgl. Maslow 1977) befriedigt sein, damit ich in der Lage bin, Sinn als einer Art Luxusgut nachzuspüren? Wohl kaum. Nicht nur für den sprichwörtlichen ‚armen Poeten' gilt: Auch wer darben muss, in unsicheren Lebensbedingungen lebt und einen geringen Selbstwert hat, sucht früher oder später nach Sinn: Sinn in den vorgefundenen materiellen Verhältnissen, Sinn in Werten und Normen, Sinn im eigenen Tun und Unterlassen, Sinn im Handeln der anderen, Sinn in der Interaktion mit ihnen usw. Das Bedürfnis nach Sinnerfahrung ist offenbar eingebettet in eine Reihe anderer Bedürftigkeiten, die menschliches Leben kennzeichnen, ja es durchwirkt geradezu deren Umsetzungen. Das Akronym KISSeS fasst diesen Komplex zusammen (vgl. auch Möller u. a. 2016):

K wie Kontrolle: Allen Menschen ist ein grundlegendes Bedürfnis nach Realitätskontrolle (vgl. Holzkamp-Osterkamp 1975; 1976) prinzipiell eigen. Über die wichtigsten eigenen Lebensbedingungen will man/frau weitestgehend selbst verfügen. Zumindest wird angestrebt, soweit Selbstbestimmung real werden zu lassen, dass über die Bedingungen unvermeidlich erscheinender Abhängigkeiten (mit)bestimmt wird. Dazu gehört basal, sich in der Welt orientieren zu können, vor allem aber auch sich selbst als wirksam und handlungssicher erleben zu können. Das eigene Handeln soll nicht ‚umsonst' sein und verpuffen; es soll erkennbare Folgen haben und Spuren hinterlassen, es soll die Möglichkeit beinhalten, entlang entwickelter Intentionen zielsicher eigene Lebensvollzüge zu planen und umzusetzen und dafür relevante Umweltfaktoren zu beeinflussen. Die Erwartungen an das jeweilige Level derartigen Kontrollvermögens mögen zwischen einzelnen Personen differieren und zwischenzeitlich bei dem einen oder der anderen vielleicht auch einmal fast völlig heruntergefahren werden (in Phasen von fundamentalen Selbstzweifeln und bei Depressionen z. B.), aber an ihnen wird in der Gesamtbilanzierung von Lebensgestaltungsmöglichkeiten bemessen, inwieweit das Realitätskontrollbedürfnis als befriedigt erlebt wird.

Dabei gilt keineswegs die Devise: Kontrolle um jeden Preis, koste es, was es wolle. Vielmehr regeln ethische Prinzipen und ihnen folgende Werte und Normen, wie viel und was an Kontrolle zugestanden wird, damit Kontrollinteressen nicht ausufern und bspw. zur Schädigung anderer führen. Insofern sind Kontrollerfahrungen etwas, was Sinn vermittelt. Aber auch die Regularien, unter denen sie in gesellschaftlich akzeptabler Weise gemacht werden (dürfen), werden am Kriterium ihrer Sinnhaftigkeit beurteilt.

I wie Integration: Menschen wollen kein Leben als Monade führen. Sie benötigen sozialen Anschluss und soziale Einbindung. Genauer: Sie wollen irgendwo zugehörig sein, anerkannt und persönlich wertgeschätzt werden, an materiellen Gütern und als wichtig erachteten Handlungs- und Kommunikationszusammenhängen teilhaben (können) und sich mit (mindestens) einem Kollektiv – wenigstens bis zu einem gewissen Ausmaß – identifizieren können (z. B. „Wir Europäer" oder „Wir VfB-Fans", „Wir aus der ... straße" oder „unsere Familie"). Damit sich diese Aspirationen realisieren können, brauchen sie einen für sie hinreichend erscheinenden Zugang zu Subsystemen der Gesellschaft (z. B. Bildungsinstitutionen, dem Arbeitsmarkt, der Welt des Konsums); sie müssen die Chance haben, ihre individuellen Interessen in Abgleich mit den Interessen des Kollektivs, dem sie sich zurechnen, zu artikulieren und mit weiteren Personenkreisen auszuhandeln und Konflikte zu regulieren, die dabei oder anderenorts entstehen (etwa in Orten und auf Plattformen wie Kirchen, Vereinen, Verbänden und Parteien); nicht zuletzt benötigen sie in ihren kleinen Lebensfeldern, etwa denen der Familien und Freundeskreise, Erfahrungen von Kontakt, affektiv-emotionaler Bindung und realen oder potenziellen Unterstützungsleistungen.

Auch wenn – wie bei der Kontrolle – diesbezüglich die Erwartungen von Person zu Person unterschiedlich sind und manch eine_r bestimmte Integrationen für die eigene Person gar nicht oder mit geringerer Tiefe als andere anstrebt, gilt: In dem Maße, wie sich entsprechende Erwartungen ausbilden und umsetzen lassen, wird solchen sozialen Zusammenschlüssen und dem eigenen Handeln darin Sinn zugeschrieben.

S wie Sinnlichkeit: Menschen sind bekanntlich weder technische Apparaturen noch rein rationale Wesen, die computeranaloge Entscheidungen treffen. Menschen haben Körper, eine Psyche und eine darauf bezogene Empfindsamkeit. Das körperliche und psychische Wohl spielt deshalb im Leben eine zentrale Rolle. Menschen tendieren daher dazu, Situationen, in die sie geraten, danach zu beurteilen, ob sie sich angenehm anfühlen, und versuchen darüber hinaus auch aktiv, sich angenehme Empfindungen zu verschaffen. Sinnliches Erleben, etwa von Wärme, Genuss und Lust, ist sowohl ein entscheidender Bezugspunkt für die Bewertung von Wahrgenommenem und Erfahrenem als auch ein wesentliches Kriterium der Ausrichtung des eigenen Verhaltens. In der umfänglich individualisierten „Erlebnisgesellschaft" (Schulze 1992) unserer Tage erhält dieses Faktum einen noch größeren Stellenwert als früher. Entlang der Losung „Erlebe dein Leben!" sieht man/frau sich aufgefordert, das ganz persönliche, letztlich aber doch auf die Vorinszenierungen der Warenwelt angewiesene und insofern kaum noch eigensinnig-autonome Projekt des schönen Lebens zu realisieren. Es lässt sich der Eindruck gewinnen: In ihm wird die ganze Welt als „Selbstbefriedigungsgerät" gedeutet (Schulze 1999: 35) und der Mensch zum Endverbraucher seiner selbst.

Einerlei, ob man/frau diese Einschätzung teilt oder nicht: Zumindest dort, wo das schöne Leben nicht nur schlicht reflexionslos genossen wird, sondern zum Projekt wird, wird das Aufsuchen von Erlebensmöglichkeiten positiver Wertigkeit auch mit Sinn besetzt. Selbst wenn der Genuss selbst nicht unbedingt sinnvoll oder sinnfrei erscheint, wenn also bei ihm die unmittelbare Körpererfahrung im Vordergrund steht und er nicht reflektierend mit Kriterien von Sinnhaftigkeit oder Sinnlosigkeit beurteilt wird: Das bewusste Ansteuern von Situationen des Genusserlebens wird als etwas betrachtet, was Sinn macht, um das Projekt umzusetzen.

S wie Sinn: Wenn – wie dargelegt – das Streben nach Sinnerfahrung die Befriedigung(ssuche) von Kontroll-, Integrations- und Sinnlichkeitsbedürfnissen durchzieht, ist das Bedürfnis nach Sinnzuschreibung und -erfahrung dennoch als eigenständiges Bedürfnis aufzufassen. Denn Sinnsetzungen durch das Subjekt erfüllen einen eigenständigen Funktionskreis. Mindestens sechs unterscheidbare Funktionen lassen sich benennen (vgl. auch Kaufmann 1989; Wippermann 1998):

→ Sinnattestate reduzieren Komplexität, indem sie Selektion und Ordnung herstellen. Sie teilen den auf den ersten Blick schier unübersichtlich und chaotisch erscheinenden Gesamtkomplex der Welttatbestände auf einem Kontinuum zwischen absolut sinnhaft und völlig sinnlos ein. Durch die damit einhergehende Kategorisierung und Bewertung schaffen sie Orientierung.

→ Sinnattestate dienen der Kontingenzbearbeitung. In dem Maße, wie die Gesellschaft komplexer wird, eine Vielfalt von Möglichkeiten an Interpretationen und Lebensweisen präsentiert und Entscheidungs- und Handlungsspielräume für das Individuum anwachsen, erscheint das Bestehende und bislang Praktizierte auch anders möglich. Angesichts des gestiegenen Bewusstseins der prinzipiellen Offenheit menschlicher Lebensführung und im Spannungsfeld des dadurch bedingten Sowohl-als-auch schaffen sie Klärungen zu den Fragen, wieso etwas so beschaffen ist, wie es ist, inwiefern es nicht zufällig so ist und ob und wie das, was ist, auch anders existieren oder geschaffen werden könnte. Sie bilden Ankerpunkte im Sog der Dynamik, Variabilität und scheinbar chaotischen Verläufe der Geschehnisse.

→ Sinnattestate verschaffen und erhalten Identität. Über sie vergewissere ich mich meiner personalen Identität und bilde meine Ich-Identität aus: wer ich bin, warum und wofür ich lebe und dass ich unverwechselbar bin. Meine soziale Identität betreffend positioniere ich mich mit ihnen zu meiner Umwelt, etwa dadurch, dass sie Antworten auf die Frage geben, wohin und wozu ich gehöre oder auch für wen ich durch mein Dasein und meine Leistungen wichtig bin.

→ Sinnattestate vermögen meinen Standort und meine Perspektiven im Kosmos zu verorten. Sie setzen mich nicht nur in Beziehung zu meiner unmittelbaren oder ferneren Umwelt. Sie weisen über eine globale Lokalisierung des Menschen hinaus, indem sie als Platzanweiser für das Subjekt und die von ihm gesehenen Relevanzen im gesamten Weltall und auf dem Strahl der Zeit fungieren.

→ Sinnattestate können die Funktion der Weltdistanzierung und der Transzendierung erfüllen. In diesem Fall beziehen sie sich entweder auf außeralltägliche Erfahrungen in speziellen Sinnprovinzen, z. B. von Traum, Trance oder Rausch, oder sie verweisen auf die Existenz und Einflussnahmemöglichkeit von Außerweltlichem, z. B. in religiösen Kontexten auf eine göttliche Instanz, die als objektive Sinnstruktur jenseits der biologischen Natur des Menschen und des Kosmos gefasst wird.

→ Sinnattestate steuern nicht zuletzt die individuelle Lebensführung – gerade aufgrund der Ordnungs- und Orientierungsfunktion, die sie besitzen. Zentral ist dabei die Herausbildung und Weiterentwicklung des Kohärenzsinns (Antonowsky 1987). Es handelt sich um das Gefühl, dass es verstehbare Zusammenhänge im Leben gibt und das Leben nicht einem nicht beeinflussbaren Schicksal unterworfen ist. Als geistige Haltung ausgearbeitet signalisiert es a) die Verständlichkeit, innere Stimmigkeit und Ordnung bzw. Einordbarkeit der für das eigene Leben wichtigen Dinge, b) die prinzipielle Fähigkeit, Herausforderungen meistern zu können und dafür c) eigene Anstrengungen unternehmen zu können, um mit Aussicht auf Erfolg Ressourcenpotenziale entdecken und aktivieren zu können, über die wiederum man/frau in der Lage ist, eine authentische – gleichsam ich-identitäre – und hinreichend souveräne Gestaltung des eigenen Lebens vorzunehmen. Der Kohärenzsinn ist also eine ganz wesentliche Basis für Gestaltungskompetenz.

Ewie erfahrungsstrukturierende Repräsentationen: Menschen agieren und leben nicht nur in der Sphäre der unmittelbaren, sinnlich zugänglichen Erfahrung. Um sich gedanklich und vielleicht auch emotional mittelbare Weltaspekte vergegenwärtigen und mit ihrer Hilfe aktuelle, abgelaufene oder in Zukunft noch vermutete Erfahrungen strukturierbar machen zu können, entwerfen sie mentale Abbilder der Realität. Das heißt, sie stellen aus rationalen Überlegungen, aber mehr noch mit Hilfe von Vorlagen aus einem kollektiv vorhandenen Ensemble von Bildern, Metaphern und symbolischen Verweisungen, das ihnen intuitiv und assoziativ zugänglich ist (vgl. Moscovici 1988), Konzepte zusammen, mit denen Phänomene in schon bekannte Kategorien eingeordnet, gegebenenfalls neue Rasterungen produziert und Kodizes für den kommunikativen Austausch mit anderen entwickelt und genutzt werden. In dieser Weise entstehen mentale Repräsentationen dessen, was als Realität begriffen wird.

Diese Repräsentationen produzieren und reproduzieren in bestimmter Weise Sinn. Sie bilden z. B. die Genderthematik, den Klimawandel oder die Probleme um die Zuwanderung und Integration von Geflüchteten in spezifischer inhaltlicher und symbolischer Konturierung ab und bestimmen, was diesbezüglich Sinn macht oder eben nicht: z. B. die Gender-gap-Schreibweise zu benutzen oder nicht, den Klimawandel auf die CO2-Belastung zurückzuführen bzw. ihn zu negieren oder von „Flüchtlingskrise" zu sprechen, wenn jene Probleme und Konfliktlagen gemeint sind, die mit der zahlenmäßig großen Zuwanderung von Geflüchteten nach Europa bzw. Deutschland zusammenhängen.

Hier stoßen wir wiederum ganz vehement an das Macht-Problem der Sinnzuschreibung: Wer die Repräsentation zu bestimmen vermag, die im medialen und öffentlichen Diskurs Vorherrschaft behaupten kann, ist darüber auch imstande, Sinnverständnissen seinen Stempel aufzudrücken und vielleicht sogar den Sinn der Kommunikation über sie infrage zu stellen.

S wie Selbst- und Sozialkompetenzen: Kein Mensch will vor sich selbst und vor anderen unfähig erscheinen. Schließlich bauen sich Selbstwert und Anerkennung nicht zuletzt über Handlungsfähigkeit und Kompetenz(nachweise) auf. Auch wenn sich nicht alle jedwede Fähigkeit zutrauen und nicht jede_r mit Verve und in der Breite das Erlernen und die Entwicklung eigener Fertigkeiten und Fähigkeiten jederzeit verfolgt, so werden doch eine Reihe von Selbst- und Sozialkompetenzen als basal erachtet. Ungeachtet dessen, dass darunter nicht immer dasselbe verstanden wird und auch Gewichtungen differieren, gilt dies für ein gewisses Ausmaß an Impulskontrolle, Reflexionsvermögen, Perspektivenwechselfähigkeiten, Verstehenswillen, Empathie, Neugierde und Offenheit, Rollendistanz, Ambiguitäts-, Ambivalenz- und Frustrationstoleranz, Bedürfnisartikulation, Kommunikationsfähigkeit, Konflikt (regulierungs)fähigkeit u. ä. m. Solche Kompetenzen zu entwickeln und zu entfalten, wird im Allgemeinen als sinnvoll, weil individuell persönlichkeitsbildend sowie sozial zuträglich bewertet. Wo dies nicht der Fall ist (z. B. in extremistischen oder kriminell auffälligen Randbereichen der Gesellschaft), wird immerhin anderen Selbst- und Sozialkompetenzen Sinnhaftigkeit zugeschrieben: Kampfbereitschaft, physischer Durchsetzungsfähigkeit, Schmerzresistenz, Gehorsam u. a. m. Dass ihnen dann auch Sinn attribuiert wird, steht damit nicht in Frage.

FAZIT UND AUSBLICK

Sinnsuche und der Wunsch nach Sinnerleben sind grundlegende menschliche Bedürfnisse. Eingewoben in das basale Streben nach Realitätskontrolle, Integration, befriedigendem sinnlichem Erleben, mentaler Repräsentation der Realität und Kompetenzentwicklung steuern sie ihre Befriedigung in diversen Vorlieben, Vorstellungswelten und Aktivitäten an, wie die folgenden Interviews mit jungen Leuten zeigen: in der Sphäre der Politik, in Liebe und Freundschaft, in der Hilfe für andere, über religiöse Orientierungen, mittels Sport, durch kulturelle Betätigung, bei der Modellierung und Inszenierung des eigenen Körpers, beim Reisen. In diesen Bereichen sind ihre Aktivitäten mehr als bloße Hobbys oder Leidenschaften. Sie sind für sie von existenzieller Bedeutung. Der Versuch, für sich Sinn zu kreieren, verläuft allerdings fast nie krisenfrei; das verdeutlichen die im Anschluss an diesen Beitrag abgedruckten Gespräche ebenso: Physische Krankheiten, psychische Belastungen und Störungen, der Tod naher Angehöriger, eigene Suchtmittelabhängigkeit, Kriminalität und ihre Sanktionierung u. a. m. bilden zum Teil erhebliche Erschwernisse. Aber – auch darauf verweisen die Interviews –: Sie sind in den Griff zu bekommen – nicht ganz und nicht immer dauerhaft, aber doch so, dass die wichtigste Erfahrung übrigbleibt: Das Leben lohnt sich – mindestens im Hier und Jetzt.

LITERATUR

Antonovsky, Aaron: Unraveling the Mystery of Health. Jossey Bass, San Francisco 1987.
Bohnsack, Fritz: Sinnvertiefung im Alltag. Zugänge zu einer lebensnahen Spiritualität. Barbara Budrich Verlag, Opladen, Berlin/Toronto 2016.
Holzkamp, Klaus: Sinnliche Erkenntnis. Historischer Ursprung und gesellschaftliche Funktion der Wahrnehmung. Campus, Frankfurt a. M. 1973.
Holzkamp-Osterkamp, Ute: Psychologische Motivationsforschung. Bd. 1 und 2. Campus, Frankfurt a. M. 1975; 1976.
Kaufmann, Franz-Xaver: Religion und Modernität. Mohr, Tübingen 1989.
Keupp, Heiner: „Alter ist auch nicht mehr das, was es einmal war!", in: Dill, Helga/Keupp, Heiner (Hrsg.): Der Alterskraftunternehmer. transcript-Verlag, Bielefeld 2015: 17–48.
Luhmann, Niklas: Soziale Systeme. Grundriß einer allgemeinen Theorie. Suhrkamp, Frankfurt a. M. 1987.
Maslow, Abraham H.: Motivation und Persönlichkeit. Walter-Verlag, Olten 1977.
Möller, Kurt/Grote, Janne/Nolde, Kai/Schuhmacher, Nils: „Die kann ich nicht ab!" – Ablehnung, Diskriminierung und Gewalt bei Jugendlichen in der (Post-)Migrationsgesellschaft. Springer VS, Wiesbaden 2016.
Moscovici, Serge: „Notes towards a description of social representation", in: *European Journal of Social Psychology* 3/1988: 211–250.
Schulze, Gerd: Die Erlebnisgesellschaft. Kultursoziologie der Gegenwart. Campus, Frankfurt a. M./New York 1992.
Schulze, Gerhard: „Sauscharf. Die Rationalisierung der Sinnlichkeit", in: Ders.: Kulissen des Glücks. Campus, Frankfurt a. M./New York 1999.
Waibel, Eva Maria: Erziehung zum Sinn – Sinn der Erziehung. Grundlagen einer existenziellen Pädagogik. Beltz, Weinheim/Basel 2017.
Wippermann, Carsten: Religion, Identität und Lebensführung. Leske + Budrich, Opladen 1998.

1 fromm & frei

„Aber dann gab es diesen einen Tag, also dieses eine bestimmte Ereignis, was dann bei mir ausgelöst hat, mehr in Richtung Glauben zu gehen. Ich nenn es mal 'ne Erfahrung mit Gott."

LUKAS (30)

studiert nach vielen Umwegen Gesundheitsmanagement; Siebenten-Tags-Adventist

Lukas, du bist ein gläubiger Siebenten-Tags-Adventist. Wie kam's dazu, dass du das geworden bist?

Ich bin bei meiner Mutter groß geworden und hatte, bis ich vier war, einen Vater, danach nicht mehr. Und dann bin ich früh meine eigenen Wege gegangen und hab mit elf, zwölf Jahren angefangen, Drogen zu nehmen und Alkohol zu trinken und alles Mögliche. Die Schule wurde immer schlechter und schlechter, ich bin beim Schulpsychologen gelandet und hab die Schule drei-, viermal gewechselt. Und irgendwann mal hat sich meine Mutter gedacht: Okay, dem Jungen geht's nicht so gut und mir auch nicht, wir ziehen um, raus aus der Stadt aufs Land, in ein Dorf. Und wir sind nach Pfalzgrafenweiler gezogen, wo meine Mutter aufgewachsen ist. Und dann wollte sie eigentlich ein Jahr nach Venezuela, durch die Kirche. Da wäre man in ein kleines Dorf in der Nähe vom Strand gezogen, hätte von dem selbst angebauten Essen gelebt. Das heißt, man wäre jeden Tag auf dem Acker gewesen. Aber darauf hatte ich überhaupt keine Lust mit damals 13, 14 und bin einfach abgehauen, wieder zurück nach Darmstadt. Da hat mich meine Mutter dann natürlich gesucht, aber nicht finden können und hat die Polizei auf mich gehetzt. Aber die konnte mich auch nicht finden, und das wurde dann immer schlimmer mit den Drogen und allem Möglichen. Irgendwann kam Pepp dazu, ich hab auch Heroin geraucht. Das ging dann so ungefähr, bis ich 18, 19, 20 war.

Am Ende hatte ich nicht mal 'nen Hauptschulabschluss, nur 'n Abgangszeugnis. So bin ich dann noch im BVJ gewesen und im BVB, einer sogenannten Berufsvorbereitenden Bildungsmaßnahme, und am Ende hab ich einfach gar nichts mehr gehabt, schulisch gesehen. Innerlich, muss ich sagen, bin ich immer mehr abgestumpft: Mit meiner Mutter hatte ich Schwierigkeiten, mit meiner Familie sowieso, weil sie mir sozusagen mit ihrer Glaubenskeule auf den Keks gegangen sind [lacht]: „Das, was du machst, ist falsch." Natürlich wusste ich irgendwo, das ist nicht so ideal, nicht gut für meine Gesundheit, meine Entwicklung, aber so, wie die das gesagt haben, war es einfach für mich abstoßend. Es hat mich eher weiter weggedrängt vom Glauben. Irgendwie hab ich aber immer mehr und mehr gemerkt: Es hat keinen Sinn mehr, wie lange will ich das noch so weitermachen? Irgendwann habe ich dann eine Arbeitsstelle bekommen, hab da im Lager angefangen. Da hab ich mich ein bisschen auf die Reihe bekommen. Ich hab dann Arbeit gehabt, Beschäftigung, und irgendwie konnte ich mich damit identifizieren. Ich hab meine Arbeit gut gemacht und der Teamleiter hat's gesehen. Und ich hab gemerkt: Okay, ich kann da wirklich vorwärtskommen.

<u>Nebenher hab ich aber weiterhin Drogen genommen, Alkohol getrunken und es echt übertrieben</u>. Trotzdem ging's irgendwie. Aber dann gab's irgendwann mal einen Tag, da hab ich mir gedacht, ich muss mal meinen Schulabschluss ändern, und hab mir gedacht: Ich versuch's mal mit Fernkursen. Da hab ich versucht, meinen Realabschluss zu machen. Hab's aber überhaupt nicht auf die Reihe gekriegt, weil das bedeutet, ganz schön Disziplin zu haben. Und das hatte ich einfach nicht. So kam dann der Zeitpunkt, an dem es wieder runterging. Ich wollte unbedingt aufhören mit den Drogen und ich hab dann wenigstens mal mit den Zigaretten aufgehört. Nur: Noch schlimmer wurde es dann mit dem Kiffen und dem ganzen anderen Zeug. Aber dann gab es diesen einen Tag, also dieses eine bestimmte Ereignis, was dann bei mir ausgelöst hat, mehr in Richtung Glauben zu gehen. Ich nenn es mal 'ne Erfahrung mit Gott. Wenn du willst, kann ich dir davon erzählen.

Ja, klar, sehr gern!

Also an dem Abend war ich bei einem Kumpel, mit seiner Freundin und einem anderen Freund. Wir haben Pepp gezogen, wir haben Alkohol getrunken, wir haben gekifft. Aber an diesem Tag hab ich mich komisch gefühlt, irgendwas war anders: Ich hab gezogen und gezogen und geraucht und geraucht und irgendwie hab ich den Eindruck gehabt, das schlägt nicht so an. Ich hab gemerkt: Ich will eigentlich nur nach Hause. Ich hab mich nach draußen gedrängt gefühlt, aus dem Haus heraus. Dann bin ich rausgegangen. Ich weiß noch, wie es angefangen hat, wie in meinem Kopf ein Kampf stattfand. Und das war damals an 'nem Samstag und Samstag ist ja bei uns der Gottesdienst. Das war, glaube ich, so um acht oder halb neun, so um den Dreh.

Morgens?

Morgens, genau. Ich bin einfach losgegangen und dann stand ich irgendwann nicht wie sonst üblich in solchen Situationen vor meinem Bett zu Hause, sondern vor der Gemeinde. Und ich dachte mir: Was mach ich jetzt hier eigentlich? Hab hin und her überlegt. Dann hab ich gedacht: Okay, jetzt geh ich rüber auf die andere Straßenseite. Da wohnte der Gemeindeleiter. Hab einfach geklingelt und gesagt: „Hey, könnt ihr mir helfen? Ich weiß nicht, was gerade los ist!" Und dann meinte er so: „Komm doch einfach mal hoch!" Ich hab zu dem gesagt: „Augenblick, kannst du meine Mutter rufen?" Ich muss dazusagen: Obwohl ich bei meiner Mutter gewohnt hab, hab ich nicht wirklich viel zu tun gehabt mit ihr. Das Einzige, was ich mit ihr geredet hab, war, wenn ich besoffen war. Dann konnte ich gute Sätze mit ihr wechseln oder nach Geld fragen, mehr auch nicht. Es war 'ne sehr schlechte Beziehung mit ihr. Aber in dem Augenblick hatte ich den Eindruck, meine Mutter könnte mir vielleicht helfen. Und dann kam sie, und mir wurde klar, warum ich da war. Ich habe den Eindruck gehabt, Gott oder Jesus möchte mich vor eine Entscheidung stellen. Was heißt vor eine Entscheidung stellen? Er wollte mir helfen aus der ganzen Situation. Und ich wusste: Wenn ich mich für ihn entscheide, dann wird er mich auch befreien von diesen Drogen und dem Alkohol und so weiter. Also von dem, was mich gelähmt hat in meinem Leben. Und dann hab ich einfach ein Übergabegebet, so nennen wir das, gesprochen und ich bin heulend zusammengebrochen. Das war wirklich eine emotionale Sache. Ich hab gebetet, fast zwei Stunden lang. Ich hab quasi meine Seele ausgeschüttet und lag dann am Boden. **Dann bin ich aufgestanden und ich hab mich gefühlt wie ein freier Mensch, quasi wie neugeboren.** Und seit dem Augenblick war ich dann auch frei. Also ich hab dann nicht mehr das Verlangen gehabt nach den Drogen und dem ganzem Zeug, überhaupt nicht. Ich bin wieder zurück zu meiner Arbeit gegangen, es war alles gut und ich war echt happy.

Also kurz nach deinem Übergabegebet?

Ja, ich bin dann nach Hause gegangen und alles war Friede, Freude, Eierkuchen. Ich hab versucht, mit Gott zu leben, so wie ich's verstehe. Aber im Nachhinein muss ich sagen: Das war ein bisschen zwanghaft. Dann irgendwann mal hab ich eine Frau kennengelernt bei meiner Arbeitsstelle und in die hab ich mich knallhart verliebt. Und damit hab ich irgendwie Gott aus meinen Augen verloren. Ich war nur noch fixiert auf diese Frau, völlig blind vor Liebe sozusagen. War schön, war echt gut, wir sind zusammengezogen so nach 'nem Jahr, haben zweieinhalb Jahre zusammengelebt. Aber irgendwas hat mir gefehlt. Es war irgendwie nicht vollständig. Und ich hab für mich den Eindruck gewonnen: Das ist Gott, der mir fehlt in meinem Leben. Und dann stand ich wieder vor der Wahl, weil ich konnte nicht beides: meinen Glauben leben und die Beziehung führen. Sie war Atheistin, nicht 'ne Gläubige, und für mich spielt das eine wichtige Rolle, dass meine Frau eine gläubige Frau ist. Denn das Glaubensleben dringt einfach in alle Bereiche ein. Ich hab dann irgendwann mal gedacht, ich versuch's mal und werde wieder in die Gemeinde gehen zum Gottesdienst.

Bist du in den zweieinhalb Jahren nicht in den Gottesdienst gegangen?

Nee, da war nix, nix mit Gott, Gottesdienst oder irgendwas mit Religion. Das ging dann auch wieder so tief, dass ich wieder mit Alkohol angefangen habe. **Ich hab sogar angefangen, Drogen richtig zu verkaufen, also ein Geschäft daraus zu machen**, Haschisch und so weiter. Bin immer nach Darmstadt gefahren und zurück und hab so meine Verkaufsstellen gehabt. War ein nettes Einkommen, aber das hat mich verrückt gemacht mit der Zeit. Irgendwann wurde ich unruhig und dann kam wieder so ein Zeitpunkt, wo ich gedacht habe: Gott, bitte hilf mir da raus! Ich habe einfach gemerkt: Das ist ein völliger Widerspruch, mein ganzes Leben. Auf einer Seite such ich dich, auf der anderen Seite dies – total zwiegespalten. Und irgendwann kriselte es in meiner Beziehung. Es lag wahrscheinlich an mir, weil ich mich selbst nicht so richtig wohlgefühlt hab, und dann ging es halt auseinander. Das war dann auch die Möglichkeit, das Leben mit Gott neu zu beginnen. Ich bin dann auch von den Drogen losgekommen. So hatte ich wieder meinen Frieden, meine Ruhe und auch wieder meinen Sinn im Leben. Ich hab wieder angefangen, meinen Hauptschulabschluss zu machen, auf der Abendschule. Danach hab ich gedacht: Okay, ich will weiter, mein Hauptschulabschluss reicht mir nicht. Ich bekam die Chance, in meinem alten Unternehmen wieder anzufangen und ein Versandwerk zu leiten. Und dann gab's später die Chance, mit ausreichender Berufserfahrung den Logistikmeister zu machen. Mit dem Logistikmeister konnte man dann auch den Zugang finden zum Studium. Ich wollte studieren. So dachte ich: Ich fang jetzt an, Pastor zu studieren, **typischer Werdegang: von Drogen zum Pastor**. Ich hab dann auch ein Jahr lang in Österreich studiert, Theologie in unserer Kirche. Aber irgendwann hab ich mich so unwohl gefühlt, da hab ich angefangen, Gesundheitsmanagement zu studieren. Bevor ich mit Gesundheitsmanagement angefangen hab, hatte ich noch mal 'ne richtige Krise, mit Panikattacken und allem Möglichen. Das war richtig krass. Ich konnte manchmal nicht mal mehr aus dem Haus gehen vor Wahnvorstellungen. Das war echt extrem, ich konnte teilweise nicht mit dem Auto fahren, nicht mal richtig einkaufen. Das war richtig heftig. Da bin ich irgendwann einfach in die Küche gegangen: Herr, was soll ich jetzt machen? Ich hab gedacht, ich muss jetzt in die Klapse oder so. Aber an dem Morgen habe ich ein Buch gelesen, da ging es um das Leben Jesu und da wurde so eine Geschichte illustriert, die handelte davon, dass er mit seinen Jüngern auf dem See war, und da war ein großer Sturm gewesen. Währenddessen war Jesus hinten auf dem Boot und hat geschlafen und seine Jünger waren total in der Krise, sozusagen in einer Todeskrise. Die haben versucht, das Wasser aus dem Boot zu kriegen und sich zu retten, aber es hat nicht geklappt. Sie sind dann zu Jesus gegangen und haben ihn aufgeweckt: „Herr, willst du uns nicht helfen? Wir kommen hier um!" Dann stand er auf und sagte ein paar Worte und der Sturm hörte auf. Und ich hatte in diesem Augenblick, als diese Krise da war, in der Küche dieses Bild vor Augen, wie Jesus im Boot stand, ganz ruhig, ganz besonnen, so als ob er die ganze Situation im Griff hätte, und die Jünger im Hintergrund, wie sie versuchen, mit Eimern das Wasser aus dem Boot rauszukriegen. Und dann hab ich mich hingesetzt, die Hände vor meinen Augen, weil ich nicht mehr wusste, was ich machen sollte. Im Buch stand dann auch noch, wenn man in so einer Lebenskrise zu ihm ruft, dann hört er diesen Rettungsruf. Ich hab dann gerufen: „Herr, hilf mir!" Und plötzlich hat alles aufgehört: **Keine Gedanken waren mehr in meinem Kopf. Ich war frei, also wirklich völlig frei**. Ich bin aufgestanden und konnte das in dem Moment einfach nicht fassen. Und seit diesem Tag war das auch nicht mehr der Fall. Es hat aufgehört, diese starke Krise ist weg. Panikattacken, Ängste hab ich keine mehr.

Du hast vorhin mal gesagt, Gott fehlte mir. Das fand ich ganz interessant. Kannst du mir noch genauer erklären, was dir da gefehlt hat?

Also das Gespräch mit Gott fehlte mir. Ich hatte und hab den Eindruck, ich spreche mit Gott und Gott antwortet auch. Vielleicht nicht unmittelbar und vielleicht auch nicht punktgenau auf meine Fragen oder auf meine Bitten, aber er antwortet immer, sei es, dass er mir Frieden gibt, dass ich weiß: Okay, er kümmert sich um meine Sachen, die ich nicht geregelt kriege, sei es ein innerlicher oder vielleicht sogar ein äußerlicher Konflikt. Das hab ich bis jetzt immer erlebt. Einfach dieses Bewusstsein, dass Gott für mich da ist und mich begleitet im Alltag, ist mir sehr wichtig. Das gibt mir sehr viel Halt.

Ich war vorher ein Mensch, der dachte, ich brauche nicht jemanden, der mir Stärke oder Kraft gibt. Aber ich hab gemerkt, dass ich an einen Punkt komme, an dem ich nicht mehr vorwärtskomme. <u>Und da war Gott für mich einfach dieser sinnbringende Teil in meinem Leben</u>. Er ist mit mir, er hört mir zu und er reagiert auch. Es ist ein Halt also. Wenn ich nicht mehr weiterweiß, kann ich mich bei ihm melden. Es geht jetzt nicht darum, dass Gott alles für mich ausbadet. Er ist wie ein Vater, der einen durchs Leben begleitet, mit dem man reden kann und bei dem man sich auskotzen kann und der immer für einen ein Ohr hat. Und immer eine Lösung hat, auch wenn sie einem vielleicht nicht immer passt. Aber es passt dann schlussendlich doch.

Ganz am Anfang unseres Gespräches hast du mir erzählt, dass du deinen Vater früh verloren hast, und gerade sagtest du, dass Gott für dich wie ein Vater ist. Jetzt kommt mir gerade der Gedanke, ob Gott da auch eine Lücke schließt ...

Ich hab auch schon sehr viel drüber nachgedacht. Ich hatte auch schon Gespräche mit Ärzten oder Seelsorgern aus meiner Kirche darüber. Ich weiß: Ich hatte Schwierigkeiten, also Mangel an Selbstwert und an sonstigen Dingen auch. Damit hab ich auch jetzt immer noch manchmal zu kämpfen. Ja, klar, der Vater hat mir wahrscheinlich gefehlt, aber ich bin schlussendlich sehr gut ohne meinen Vater ausgekommen.

Und könntest du mir dein jetziges Leben beschreiben? Wie sieht dein Alltag aus? Wie ist da der Glaube eingebunden?

Ich steh morgens auf und hab meine Zeit mit Gott. Ich bete und schütte mein Herz aus und lese in der Bibel, jeden Morgen. Es gibt immer irgendetwas, was passend ist für meine Situation und was mir hilft und mir Kraft schenkt für den Tag. Ich hab auch hier im Ort ein Ohr für manche Jugendliche, die auch ihre Krisen haben. Und für meine Gemeinde bin ich da. In letzter Zeit hab ich 'n bisschen was organisiert: Gesundheitsvorträge. Und ich helfe in der Gottesdienstleitung.

Sind das jetzt nicht so Aufgaben, die in den Bereich der Nächstenliebe fallen?

Das sind keine Aufgaben. Das wäre zu regelhaft. Das ist etwas, was ich gerne mache. Das bereichert mich auch. Das war auch in meiner Krise sehr hilfreich, sehr aufbauend. <u>Ich nehme keine Drogen mehr, ich hab mein Lebensziel komplett umgeändert</u>, mag es sehr, Sport zu treiben, ernähre mich auch gesund, versuche auf mich zu achten.

Du sagst „Lebensziel". Kannst du mir das genauer erzählen?

Ja, ich würde den Menschen einfach gerne Gutes tun. [lacht] <u>Ich will den Menschen helfen, dass sie mehr Freude haben im Leben und dass sie einen Sinn haben</u>. Ich würde mich gerne mehr für Jugendliche einsetzen und würde gerne ein Gesundheitszentrum hinkriegen, das sich selbst unterhält. Ich hab schon von anderen gehört, dass es funktioniert, weltweit. Aber ich würde es machen, weil ich weiß, dass es gut ist, dass es Leuten hilft. Es gibt viele Christen, Jugendliche und Erwachsene, die haben Schwierigkeiten: Depressionen, Burn-out, Angstzustände, persönliche Krisen. Man kann ihnen helfen. Deswegen das Studium, deswegen die Gemeindearbeit und die Vorbereitung der Gesundheitsvorträge. Ich versuche, Schritt für Schritt vorzugehen und nicht einfach so vorzupreschen und dann gegen die Wand zu laufen. Früher war ich so, ich bin einfach vorgerannt, bin dann immer irgendwo reingeflogen. Ich werde ein wenig vernünftiger. Ich möchte nicht stehenbleiben, versuche aber, vorsichtiger zu sein.

Hast du auch so was wie Glaubensziele?

Meine Glaubensziele? Ich will Gott besser kennenlernen. Weil es für mich selbst bereichernd ist. **Es ist, als würde man ein Geschenk auspacken, jeden Tag. Da ist immer wieder was Neues.** Das ist wie eine gute Beziehung, mit Höhen und Tiefen.

Wenn ich ehrlich bin, wusste ich bis vor Kurzem gar nicht, dass es Siebenten-Tags-Adventisten gibt. Kannst du mir noch erklären, was gerade diesen Glauben so besonders für dich macht?

Das sagt ja schon der Name: der siebte Tag, der Samstag, der Sabbat als Ruhetag statt des Sonntags. Und Adventist, das zielt ab auf eine Art Bewegung, die darauf wartet, dass Jesus bald wiederkommt. Wir haben 28 Glaubenspunkte.

So was wie die zehn Gebote?

Eher Grundsätze, herausgefiltert aus der Bibel. Da gehört auch ein gesunder Lebensstil dazu.

Kannst du mir dazu noch ein Beispiel sagen, einen Punkt, der dir besonders wichtig ist?

Also ich hab für mich gemerkt, dass, wenn ich mich mit der Liebe beschäftige, also nicht einfach einen Text lese und „Aha, schön" sage, sondern tief hineintauche, dann hat es heilende Wirkung auf mich.

Und gibt es auch Bereiche deines Glaubens, bei denen du sagst, das hat jetzt nicht so 'ne Bedeutung für mich?

Manche Leute glauben, dass Gott straft, wenn du das oder jenes nicht tust. Und dass man viel getan haben muss, um perfekt zu sein vor Gott. Das ist aber für einen Menschen total ungesund. Du kannst es dir vielleicht vorstellen: Angst entwickelt sich, Druck baut sich auf. Das ist einfach nicht gut.

Was glaubst du stattdessen?

Dass Gott gut ist, dass Gott Liebe ist, dass Gott nicht zwingt, dass Gott nicht unter Druck setzt, dass er uns einen eigenen Willen gegeben hat, den man nutzen darf, wie man möchte, dass er einen bedingungslos liebt. Also nicht, dass er irgendwelche Voraussetzungen hat, die ich brauch, um von ihm angenommen zu werden. Und dass er einem helfen möchte, sein Leben in den Griff zu kriegen und vielleicht Probleme, die man hat, zu bewältigen, um glücklich zu werden, ein erfülltes Leben zu haben.

In vielen christlichen Glaubensrichtungen ist es so, dass man keinen Sex vor der Ehe hat. Wie ist das bei euch?

[lacht] ... schon längst vorbei. In der Bibel steht, dass wir vor der Ehe keinen Sex haben sollten. Dieses Verbot hat schon einen Grund – dass man es sich aufspart für diese eine Person. Natürlich ist es in meinem Fall schon vorbei. Aber es heißt halt bei uns: Wenn man ein Leben mit Gott beginnt, dann ist es wie ein neues Leben. **Ich hab wieder zu Gott gefunden und damit hat**

alles andere aufgehört. Und das hat meinem Leben wieder einen Sinn gegeben.

Gibt es trotzdem Momente des Zweifelns?

Ja doch. Ich neige immer noch dazu, mich emotional hin- und herreißen zu lassen. Da ist es manchmal schwer, am Ball zu bleiben. Dann kommen Zweifel hoch: Wozu machst du das? Macht das überhaupt noch einen Sinn? Ich muss mich immer wieder neu greifen, neu orientieren. Aber das hat was mit meiner Persönlichkeit zu tun. Ich hab gewisse Texte aus der Bibel, die mir dann immer sehr helfen und Mut geben.

Würdest du da einen mit uns teilen?

Ja, gerne: „Hab ich dir nicht geboten, dass du stark und mutig sein sollst? Sei unerschrocken und sei nicht verzagt, denn der Herr, dein Gott, ist mit dir, wohin du auch gehst." Oder: „Alles vermag ich durch den, der mich stark macht, Christus."

Was kommt nach dem Tod? Wie geht's weiter?

Da beginnt das Leben erst so richtig! [lacht] Doch, wirklich! Da gibt es keinen Schmerz mehr, keine Beziehungskrisen, man versteht sich einfach. Weil alle die Grundlage der Liebe verstanden haben. Und dann erzählt die Bibel: Jeder bekommt ein Stück Land und darauf ein Haus und da kann er sich dann austoben sozusagen. Man kann alle Planeten umreisen, also fliegen. Es ist ein Leben, wie ich es mir vorstellen könnte.

Wird es dann auch eine körperliche Auferstehung geben?

Ja. Es ist nichts Transzendentes oder so. Wie der Körper aussieht, weiß ich nicht, aber es ist ein Körper.

Nach wie vor ein Geist in einem Körper?

Ja, genau. So wie heute, so auch dann. Da gibt's keinen Unterschied.

Und was ist mit der Hölle?

[lacht] Also von der Hölle haben wir kein so katholisches Verständnis, dass die Leute dann abbrennen und in Ewigkeit brennen. Die Bibel gibt so etwas nicht wider, dass es auch 'ne Hölle geben würde. Also es gibt einfach nur diesen einen Zustand: Man stirbt auf Ewigkeit. Manche Leute gehen ins ewige Leben und manche in den ewigen Tod. Leute, die sich für Gott entschieden haben, ins ewige Leben.

Wie ist das mit Andersgläubigen?

Keine Ahnung. Also es gibt schon relativ klare Aussagen in der Bibel, dass, wenn jemand an Jesus glaubt, er ewiges Leben hat. Und die Schlussfolgerung wäre ja, wenn er es nicht tut, hat er kein ewiges Leben. Aber ich bin nicht Gott.

JULIA (21)
Studentin, hat als Jugendliche zum christlichen Glauben gefunden

„Seit ich Gott kenne, egal was wegfallen würde aus meinem Leben, ich würde niemals in ein Loch fallen."

Julia, das Gespräch führe ich jetzt mit dir als meiner Partnerin, weil du Christin geworden bist und vorher konfessionslos warst. Zum Einstieg würde mich interessieren, wie du denn deinen Glauben im Alltag lebst?

Zurzeit habe ich eher Probleme damit, weil ich in einer Gemeinde war, wo ich sehr nah am Gottesdienst, am Lobpreis war, dann aber gemerkt hab, dass die Gemeinde nix für mich ist. Ich bin daher nicht mehr in die Gemeinde gegangen, sondern hab zu Hause Lobpreis gehört und gesungen und auch ab und zu mal versucht, so Online-Predigten anzuhören – es gibt ja manche Gemeinden, die ihre Predigten live übertragen. Ne Zeit lang war ich dann in so 'ner Art Hausgemeinde und hab versucht, da 'nen Anknüpfungspunkt zu finden. Allerdings fiel's mir auch da relativ schwer, denn so gut wie alle dort wurden schon als Christen aufgezogen und sind schon immer Christen gewesen – anders als ich. Deswegen hab ich mich nicht unbedingt verstanden gefühlt. Momentan bete ich noch 'n bisschen, ich mach mir auch öfter Gedanken darüber, wie ich Gott wieder mehr in mein Leben lassen kann und wie ich damit umgehen soll, aber ich bin eher grad auf so 'ner Durststrecke, wo ich halt versuch', wieder den Anlauf zu finden und den Schwung, wieder reinzukommen. Denn eigentlich vermiss ich das extrem. Ich weiß aber nicht, an wen ich mich wenden kann, weil die einzigen Christen, die ich kenne, die waren schon immer Christen. <u>Alle Leute in meiner Umgebung sind Atheisten</u>. Und du kommst zwar aus 'ner christlichen Familie, aber glaubst halt nicht an Gott.

Und im Studium gibt's auch Christen, oder?

Also mit einem Mitstudenten hatte ich 'ne Zeit lang Kontakt. Der hat mal an Gott geglaubt, aber drei Monate, nachdem er mit dem Studium angefangen hat, seine Mutter durch Krebs verloren. Deswegen hat er Gott nicht mehr wirklich vertraut. Er hat zwar versucht, das Vertrauen wiederaufzubauen, aber es hat nicht funktioniert. Sonst – ich kenne einen, von dem ich nicht wirklich weiß, ob er ... er hat so 'n christliches Festival-Band an, aber wenn's zur Sprache kam, dann hat er sich dazu nie wirklich geäußert. Sonst kenn ich eigentlich niemanden. Parvati glaubt eher an Meditation und lauter so 'n Zeug. Sie glaubt nicht an irgendwas Bestimmtes. Kerstin glaubt an Geister, Lily glaubt an gar nichts, Paul ist überzeugter Atheist.

Die Gemeinde fehlt dir?

Ich denk, dass ich da jemanden bräuchte, bei dem ich mich komplett öffnen könnte und auch über solche Themen wie Homosexualität reden könnte. Weil in der vorherigen Gemeinde, da war die Ansicht vorherrschend, dass Homosexualität Sünde ist. Dagegen ist es in meinen Augen hundertprozentig keine Sünde. Ich bin auch überzeugt davon, dass Gott das nicht als Sünde ansieht. Ich hab aber jedes Mal die Befürchtung, wenn ich's anspreche, dass jemand anderes mir nicht zustimmt. Ich brauch nicht unbedingt die Bestätigung von anderen Menschen, dass das, was ich glaube, richtig ist, sondern in erster Linie brauch ich einfach jemanden, mit dem ich offen reden kann, der mich in meinem Glauben anerkennt und das nicht negativ bewertet. Die Leute in dieser Gemeinde hatten eine ganz bestimmte Vorstellung vom christlichen Glauben und weil ich das nicht so gesehen habe, wurde ich von ihnen extrem gejudged. Und deswegen hab ich jetzt bei anderen Christen immer Angst, dass sie mich genauso judgen, und mir fällt's da extrem schwer, eine Gemeinde zu finden, in der ich mich wohlfühle.

Heißt das, du brauchst jemanden, der deine Meinung einfach nur anerkennt, nicht jemanden, der sie teilt?

Ich möchte einfach, dass es anerkannt wird. Denn Simone, meine beste Freundin, die jetzt in dieser Gemeinde ist, hat auch irgendwann mal gesagt, sie glaubt mir schon, dass ich glaube, aber sie ist sich nicht sicher, woran. Das heißt, sie hat angezweifelt, dass ich tatsächlich Christ bin. **Und dann war da Marcus, der mir vorgeworfen hat, dass ich Jesus zum Weinen bringe**. Ich hatte nie die Sicherheit oder den Rückhalt von irgendjemand, außer in der kurzen Zeit, wo Simone auch zum Christ wurde, und das hat sich dann relativ schnell verloren, als sie dann dieses Anti-Homosexuelle angenommen hat. Ich hab keine Freunde, die das irgendwie unterstützen können. Ich hab Angst, dass andere Christen das Gefühl haben, es gibt ein Konzept von einem richtigen Christen. Ich dagegen denk, jeder erlebt Gott anders und jeder hat eine andere Beziehung zu Gott.

Du hast also eigentlich ein extrem aufgeklärtes christliches Bild, wie ich finde. Du bist da anders im Vergleich zu Leuten, die schon immer drin waren im Glauben beziehungsweise in der Kirche und die da total versteift sind in ihrem Bild ...

Ich glaub, dass es damit zu tun hat, dass ich nicht so aufgezogen wurde. Weil wenn du damit großgezogen wirst, bringen dir deine Eltern bei, wie sie Gott erleben und wie sie Gott in ihren Alltag einbringen. Das heißt, du bekommst erst mal 'ne Vorlage von deinen Eltern und du erlebst Gott durch die Augen deiner Eltern, bis du ihn dann selbst durch deine Augen erlebst. Man wird auf jeden Fall vorgeprägt. Und bei mir war's so, dass ich nicht an Gott geglaubt habe, aber irgendwann dazu gekommen bin – dadurch, dass ich Gott direkt erlebt habe.

Denkst du, es war gut, dass du vom Atheismus zum Glauben gekommen bist?

Also ich denk, dass es auf jeden Fall Gottes Weg für mich war und dazu beigetragen hat, weshalb mein Glaube jetzt stark ist und nicht so ein: „Ja, ich denk schon, dass es vielleicht 'nen Gott gibt, aber ich brauch ihn nicht unbedingt in meinem Leben." <u>Wenn ich christlich großgezogen worden wäre, hätte ich eventuell gar nicht so stark an Gott geglaubt</u>. Dadurch, dass ich ihn selbst entdecken und selbst erleben durfte, ist mein Glaube erst so stark geworden. Im Nachhinein muss ich aber sagen, dass ich mich manchmal extrem allein fühle in meiner Familie. Mit meinen Brüdern geht's einigermaßen, weil die interessiert tatsächlich, was ich zu sagen hab. Sie finden's immer noch Schwachsinn, aber sie interessieren sich zumindest dafür und fragen nach. Trotzdem kamen schon so Sachen, wie <u>„Was muss man eigentlich kiffen, damit man daran glaubt?"</u> und „Auf dem Trip wär ich auch gerne!" Mein Vater findet auch: „Das sind abstruse Gedanken", und meine Mutter ist die einzige, die gegen das Christentum an sich überhaupt nichts hat, aber eben einfach nicht daran glaubt. Ich kann mir überhaupt nicht vorstellen, wie es ist, in einem christlichen Haushalt zu leben und christliche Weihnachten zu feiern. Dass man nicht einfach nur zusammenkommt, Geschenke verteilt und was isst, sondern tatsächlich 'n Grund hat, dieses Fest zu feiern, 'nen tieferen Zweck. Ich werd wahrscheinlich in meinem ganzen Leben nie wissen, wie es ist, in einem christlichen Haushalt zu leben.

Wie geht's dir damit, dass deine Familie so denkt, wie sie denkt?

Es ist schon belastend, aber ich will nicht verstecken, dass ich gläubig bin. Mit meinem Vater hab ich auch schon mal drüber geredet. Da hat er mir das erste Mal erzählt, woran er glaubt, nämlich an das Prinzip von Karma. Das hätte ich überhaupt nicht erwartet, weil darüber hat er noch nie 'n Wort verloren. Da hab ich dann auch erzählen können, woran ich glaube. Niemand von uns wird das Konzept vom anderen aufnehmen können, aber wir haben Verständnis füreinander und können offen darüber reden. Ich glaub aber, wenn er sich mir nicht geöffnet hätte, hätte ich mit ihm nicht richtig drüber reden können. Vor allem, weil er es ja für abstruse Gedanken hält. Bei meinem Vater ist auch die Kirche 'n Faktor. Die Kirche ist in meinen Augen nicht wirklich vorbildhaft, sie hat sehr viel Scheiße angerichtet und ist heutzutage noch relativ zurückgeblieben mit ihren Ansichten, und ich finde, dass sie den christlichen Glauben eher behindert, als ihn weiterzutragen. Aber meine Familie, also nicht meine Mutter, aber die anderen, die sehen halt eher diese negativen Sachen, die die Kirche verbreitet, und nicht unbedingt das, was Gott bedeutet.

Für mich ist eher Gott wichtig. Weil Gott ist nicht die Kirche. Die Kirche ist die Institution, die die Menschen gegründet haben, und die Kirche hat das Prinzip von Gott auch schon oft ausgenutzt! Ich finde nicht, dass man Gott nur durch die Augen der Kirche sehen sollte.

Was ich auch spannend finde, aber noch nicht näher zur Sprache kam, ist der Moment, als du zum Glauben gekommen bist.

Ich war ja überzeugter Atheist. Ich hatte die gleiche Ansicht wie meine Brüder und mein Vater. <u>Ich fand's immer relativ schwachsinnig – das Prinzip von Gott –, aber das lag daran, dass ich einfach extrem uninformiert war</u>. Dann bin ich in der elften Klasse ins Gymnasium gegangen und hab Melanie kennengelernt, die gläubig war. Dadurch, dass ich ihr vertraut habe, kam das erste Mal ein Christ in meiner Umgebung dazu, zu zeigen, woran er glaubt. Und ihr Konzept vom Glauben war einfach ein komplett anderes als das, was ich kannte. Ich hatte echt dieses „Kirchenkonzept" und nicht dieses Konzept von einer persönlichen Beziehung zu Gott. Das war der Punkt, der mich geöffnet hat. Etwa ein halbes Jahr später ist sie auf 'ne christliche Freizeit gegangen für zehn Tage, und ich bin dann für einen Tag hingefahren mit 'nem Freund von ihr, einfach weil ich Bock hatte, was mit ihr zu machen, und weil ich das mal erleben wollte, so 'ne christliche Veranstaltung. Auf jeden Fall war ich da dann abends in der Predigt und beim Lobpreis. Und dadurch, dass da so viele Leute in diesem Zelt waren, die an Gott geglaubt haben und die ihn alle zugelassen haben, hab ich Gott das erste Mal so richtig gespürt. Also <u>Gott wurde mir wirklich so richtig ins Gesicht geknallt</u>. Das war einfach extrem überwältigend. Ab dem Moment hab ich gewusst, dass Gott da ist. Es war wirklich so, als ob 'ne reale Person vor mir steht. Deswegen gab's ab dem Tag auch eigentlich keinen Zweifel mehr.

Hat sich dein Alltag groß verändert?

Ich denk, mein Charakter hat sich extrem verändert und dadurch mein Alltag. Nur durch Gott hab ich 'ne große Persönlichkeitsentwicklung durchlaufen und bin nicht zerbrochen. Bevor ich ihn kannte, war ich so 'n depressives kleines Häufchen. Ich hatte 'ne vierjährige Depression hinter mir und einfach ein total verzerrtes Bild vom Leben. Für mich war das Leben eher 'ne Belastung. Ich hab nicht erkannt, dass ich durch 'ne positive Lebenseinstellung mein Leben zum Positiven wenden kann, sondern hab die ganze Zeit dem Leben die Schuld gegeben, dass es mir schlecht geht. Wenn du dagegen 'ne positive Lebenseinstellung hast und Dinge positiv anpackst, dann werden Dinge automatisch gut. <u>Wenn du aber von vornherein alles negativ angehst, dann kann es einfach nicht gut werden, weil du dir dadurch selber ständig ein Bein stellst</u>. Und du kannst auch positive Dinge überhaupt nicht schätzen, weil du sie nicht sehen kannst. Mein ganzes Leben hat sich komplett verändert. Ich war nicht mehr wiederzuerkennen. Ich war überhaupt nicht mehr die Person von vorher. Ich bin viel offener geworden, viel selbstbewusster, viel positiver.

Musstest du auch Kompromisse eingehen wegen dem Glauben. Also dass du auch auf etwas verzichten musstest?

Eigentlich nicht. Eigentlich war der Glauben nur 'ne Bereicherung. Klingt total bescheuert, [lacht] aber eigentlich war's nur 'ne Bereicherung. Viele meinen ja, sie müssten dann 'nem Regelwerk nachgehen, aber ich glaube, dass man die Dinge, die Gott möchte, automatisch macht, wenn man glaubt, und nicht, weil man denkt, man muss sie machen. Zum Beispiel früher war ich nicht immer der ehrlichste Mensch, aber inzwischen bin ich einfach extrem ehrlich geworden, weil ich davon überzeugt bin, dass es das Wichtigste ist und das Richtigste.

Stellt dich Gott auch manchmal auf die Probe und prüft deinen Glauben?

[zögert und überlegt] Ja, ich denke schon. Vielleicht nicht gerade eine krasse Prüfung, aber ich denke, die momentane Situation ist so 'n bisschen 'ne Prüfung, weil – ich weiß gar nicht genau, wie ich's beschreiben soll – es ist extrem schwer. Aber normalerweise ist es immer so, dass Gott von allein wieder zu mir kommt. Gott zeigt sich einfach jeden Tag. In dem Moment, wo ich mich von ihm entferne, zeigt er sich nicht so arg. Aber trotzdem gibt er mir so monatlich ein „Hallo, ich bin noch da!", aber es ist nicht so regelmäßig. Ich bin einfach 'n bisschen enttäuscht gerade von mir selbst, weil ich eigentlich genau weiß, dass die Anwesenheit von Gott mir nur gut tut, ich es vermisse, Zeit mit ihm zu verbringen, und es einfach was extrem Tolles ist. Aber ich mach es grad einfach nicht.

Wenn du dir vorstellst, du hast diese Durststrecke überwunden: Wie wäre dann deine ideale Beziehung zu Gott?

Ich hätte dann gerne 'ne Gemeinde, wo ich hingehen kann, 'ne tolerante Gemeinde, wo man nicht daran glaubt, dass Homosexualität falsch ist oder sündig. Und ich hätte gern in meinem sozialen Umfeld noch 'n paar Leute, die auch Christen sind. Eigentlich würd ich gern den Zustand in verbesserter Form wiederherstellen, den ich vor 'nem halben bis einem Jahr hatte. Denn da war Gott jeden Tag in meinem Leben präsent. Jeden Tag sind Simone und ich morgens aufgestanden und wir haben uns gefreut, in die Gemeinde zu gehen und im Lobpreis abzufeiern und Predigten anzuhören. Und wir sind einfach übel abgegangen. Ja! Gott war von morgens bis abends das Wichtigste für uns: Wir sind morgens mit Gott aufgestanden und abends mit Gott ins Bett gegangen. Er hat bei jedem Move, den wir gemacht haben, 'ne Rolle gespielt.

Denkst du, wenn du diesen idealen Zustand erreicht hast, dass sich dann nichts mehr für dich verändern wird – oder kann da noch mehr passieren?

Natürlich kann da noch mehr passieren. <u>**Das Leben mit Gott ist immer 'ne Reise**</u>. Du kannst jeden Tag etwas Neues von ihm kennenlernen und neue Dinge erreichen und neue Dinge tun für Gott und auch 'n Unterschied im Leben von anderen Menschen machen. Zum Beispiel hat Gott mir mal gesagt, dass ich 'nem Bettler auf der Straße was zu essen kaufen soll, und das hab ich dann gemacht. Ich bin erst mal weitergegangen und wollte es nicht tun. Gott hat mir dann aber nonstop gesagt: „Der Mann hat nichts zu essen! Der braucht was zu essen!" Ich bin dann, nachdem es mich fünf Minuten lang nicht losgelassen hat und Gott nicht aufgehört hat, mir das zu sagen, noch mal zurück, hab ihm was gekauft und ihm das Essen gegeben. Und tatsächlich wurde ich dann am gleichen Tag noch von 'nem Kumpel aus der Uni zum Essen eingeladen. Also man merkt einfach: Wenn man Dinge gibt, dann bekommt man auch Dinge wieder zurück.

Ist dir das für deinen Glauben wichtig, dass du auch einen Einfluss auf das Leben anderer hast?

Ja, das ist schon extrem wichtig für mich, dass der Glauben bei mir nicht einfach aufhört, sondern ich dieses Glück, dass ich in diesem Glauben verspüre, auch nach außen tragen kann. Das muss ja nicht unbedingt heißen, dass man andere bekehrt, sondern es kann auch einfach nur sein, dass man den Tag von irgend 'nem Menschen 'n bisschen schöner macht. Zum Beispiel hab ich heute von dem Kuchen, den ich gebacken hab, Nadine ein Stück mitgegeben. Früher hätte ich gar nicht dran gedacht, aber inzwischen ist das für mich einfach selbstverständlich.

Wenn das Leben zu Ende geht – viele Christen oder auch an andere Religionen glauben ja an ein Leben nach dem Tod und an die Wiederauferstehung. Wie ist das bei dir?

[lacht] Ich liebe mein irdisches Leben. Ich würde am liebsten unendlich lange leben. Auf dieser Welt. Am liebsten würde ich mindestens dreihundert Jahre leben und mein irdisches Leben genießen, bevor ich zu Gott komm. Ich bin mir ziemlich sicher, dass ich nach meinem Tod zu Gott komme, aber ich hab trotzdem Angst davor, zu sterben, weil ich mein irdisches Leben genießen möchte.

Glaubst du an die Auferstehung?

Darüber hab ich mir noch überhaupt keine Gedanken gemacht, sondern ich lass es auf mich zukommen, weil ich Gott in der Hinsicht vertrau. Das, was Gott macht, wird schon gut sein.

Was, denkst du, könnte mit all den Nicht-Gläubigen und so weiter passieren, wenn die sterben?

Das weiß ich nicht. Es fällt mir schwer, daran zu glauben, dass sie in den Höllentod fallen. Das kommt mir total abstrus vor. Also ich kann mir schon gut vorstellen, dass sie irgendwie alle gerettet werden. Es wäre schön. Vielleicht ist es auch einfach nur so 'n Wunschdenken. Auf der anderen Seite überlege ich, wenn es tatsächlich so ist, dass Leute, die nicht an Jesus glauben, nach ihrem Tod komplett aufhören zu existieren, ob man das vielleicht verhindern kann, wenn Gläubige für sie beten, dass sie auch in den Himmel kommen beziehungsweise ins Paradies. Ich denke, Gottes Gnade ist für alle da. Ich glaube nicht wirklich an die Hölle oder den Teufel. Wenn Gott wirklich alle liebt – kann man dann nicht auch denen vergeben, die nicht an Jesus glauben? [lacht]

Und was, denkst du, passiert mit denen, die zum Beispiel an Allah glauben, also einer anderen, nicht-christlichen Religion anhängen?

An sich glaube ich, dass alle Glaubensrichtungen im Kern Gott haben. Zum Beispiel der Buddhismus: Da geht es darum, Gutes zu tun, um gut zu sterben und gut wiedergeboren zu werden. Und genau das Gleiche ist es auch im Christentum. Genau das Gleiche ist es auch im Islam. Es ist überall so, dass es darum geht, dass du deinen Nächsten liebst. Und das ist einfach das, was Gott uns in die Gene gelegt hat, das, was Gott uns mitgegeben hat.

Gibt's noch etwas, was du dir für die Zukunft für deinen Glauben wünschst?

Dass ich wieder mehr abgeh? [lacht] Im Ernst: <u>Ich möchte, dass ich und Gott in der Zukunft Hand in Hand arbeiten</u>.

Gibt es noch irgendwas, irgendeinen Aspekt, der noch nicht genannt wurde und worüber du gerne reden möchtest?

Vielleicht der Aspekt unserer Beziehung. Weil auf der einen Seite hab ich mich dafür entschieden, mit dir zusammen zu sein. Und ich hab auch vor, mit dir ein Leben aufzubauen und alles, aber ich glaub nicht, dass es einfach wird. Zum Beispiel würde ich christlich heiraten wollen, aber das werden wir wahrscheinlich nicht machen, weil ich dich als Atheisten erstens nicht dazu bringen will und ich zweitens noch nicht 'ne Gemeinde hab, wo ich das machen könnte. Dann würde ich mir schon 'n christlichen Haushalt wünschen, aber das werden wir nicht haben. Wir werden wahrscheinlich einen sehr toleranten, offenen Haushalt haben, wo ich Christin bin und du Atheist. Auch, wenn wir Kinder haben werden, dann werden wir sie nicht christlich erziehen, sondern wir werden ihnen ihre Meinung lassen und zwar dazu stehen, was wir glauben, aber ihnen den Glauben nicht übertragen. Ich denk, auf der einen Seite hab ich so 'n bisschen die Pflicht, christlich zu heiraten, meine Kinder christlich zu erziehen, 'n christlichen Haushalt aufzubauen, aber auf der anderen Seite möchte ich dich respektieren und dann auch respektieren, dass es auch deine Kinder sind und es auch deine Hochzeit sein wird. [lacht] Und: Ich hab ja hier an meiner Wand ganz viele christliche Sprüche hängen, und die werde ich bei uns in der Wohnung auch aufhängen, aber dann wahrscheinlich an 'nem Ort, der mir gehört und nicht uns beiden. Und ich hab Angst davor, dass dann mein Glauben in unserem Haushalt nur in dieser Ecke existiert und überall anders ist mein Glauben nicht da. Ich möchte aber, dass mein Glauben in der ganzen Wohnung existieren kann und nicht nur auf diese eine Ecke beschränkt ist.

Mal so 'n ganz dummes Szenario: Unser Fernseher ist kaputt. Und ich darf dann trotzdem auf der Couch beten und sagen: „Gott, mach, dass der Fernseher funktioniert" und muss es nicht für mich behalten. Oder wenn wir tatsächlich Kinder hätten und ein Kind mich fragt, was nach dem Tod passiert, dann erzähl ich von meinem Glauben und muss es nicht zurückhalten. Also dass ich es tatsächlich ausleben darf, ohne dass du irgendwann denkst: [stöhnt] Die beeinflusst meine Kinder.

Mir ist es auch wichtig, dass du deinen Glauben ausleben und auch weitergeben kannst, solange du unsere Kinder nicht zum Glauben hin manipulierst.

Ja, ich möchte auf jeden Fall 'nen offenen Umgang mit meinem Glauben haben.

Die Möglichkeit möcht ich dir auch bieten. Da hab ich auch Respekt vor dir und deinem Glauben. Wenn du jetzt mich interviewen würdest, dann würdest du mir vielleicht die Frage stellen, wie sich das anfühlt, dass man eigentlich nie die Person Nummer Eins ist. Würdest du sagen, dass Gott für dich die Person Nummer Eins ist?

Ja. Ich spür, wenn ich die Verbindung mit Gott verlier, meine Beziehungen auch darunter leiden.

Das heißt, wie viel Kraft und Energie du für die Beziehung hast, das hängt auch davon ab, wie gut deine Beziehung zu Gott ist?

Ja. Du bist ja 'ne fundamentale Person in meinem Leben. Du bist aber trotzdem nicht Gott. Das heißt, wenn Gott einen Moment lang wegfällt, dann versuch ich, Kraft aus unserer Beziehung zu ziehen in einem Ausmaß, was gar nicht funktioniert.

Aber umgekehrt ginge es? Also wenn ich jetzt wegfallen würde ...

Ja, ich würde dann wieder aufstehen können. Seit ich Gott kenne, egal was wegfallen würde aus meinem Leben, natürlich wär's

'n Rückschlag und natürlich würde ich mich dabei schlecht fühlen, aber ich würde niemals abstürzen, ich würde niemals in ein Loch fallen, aus dem ich nicht mehr rauskomm. <u>Ich könnte auf dich verzichten, es tut mir leid</u>.

„Hier bin ich, und ich trage Kopftuch, aber ich bin ein normaler Mensch."

SVETLANA (25)
Logopädin, konvertierte zum Islam

Svetlana, wie kam es eigentlich zu deiner Berufswahl?

Mir war schon immer klar, dass ich mal eine Arbeit haben will, die mich erfüllt. Eine, wo ich genau das mache, was ich möchte, damit sie mir auch richtig Spaß macht. Ich wollte auf jeden Fall mit Menschen arbeiten. Meine erste Idee war Psychologie. Die habe ich dann verworfen, weil mir das Studium zu lang dauert und ich auch schon in der Schulzeit wusste, dass ich meine Familie habe und verheiratet bin und auch deshalb ziemlich schnell meine Ausbildungen abschließen möchte. Deswegen war mir von vornherein klar, dass es was Soziales sein muss. Zur Logopädie kam ich eigentlich dadurch, dass ich in meiner Familie Logopädie-Fälle habe. Ein Bruder von mir stottert und der andere hat auch seine Baustellen. Für mich war deshalb immer die Frage sehr interessant: Wie könnte ich denen helfen?

Wie war deine Jugend?

Mit zwölf kam ich von Russland nach Deutschland. Meine Mutter hat damals einen Deutschen geheiratet, nachdem sie von meinem Vater geschieden war. Und sie hat entschieden, meinen Bruder und mich mit nach Deutschland zu nehmen. Es war für mich kein Problem, dass ich in ein anderes Land ziehen musste, auch nicht freundeskreismäßig. Als ich dann nach Deutschland kam, habe ich mich relativ schnell integriert. Ich kam sofort auf eine deutsche Schule und habe auch ziemlich schnell die Sprache gelernt. Nur: Meine Mutter war sehr streng. Das war schlimm, wirklich schlimm. Mir wurden Grenzen gesetzt. Die anderen Jugendlichen durften länger raus und so weiter. Das war unfair.

Hat sich was mit der Zeit verändert?

Ich habe mich erst verändert, als ich die Religion gewechselt habe. Vorher war ich ein ganz angenehmes, braves Mädchen. [lacht] Ich habe keine schlimmen Sachen gemacht, keine Drogen genommen oder bin nicht Nächte weggeblieben. Ich habe nicht rebelliert, nein, aber ich habe trotzdem meine

Wege gefunden, wie ich rankomme an das, was ich möchte. So richtige Veränderungen, dass ich rebelliert habe, dass ich auch gegen meine Mama, gegen meine Familie gegangen bin, das war, als ich meinen jetzigen Mann kennengelernt habe. Anfangs war das noch alles im Rahmen, sodass ich mich noch an viele Regeln gehalten habe. <u>Nur als ich die Religion gewechselt habe, konnte ich keine Kompromisse mehr schließen.</u>

Wie alt warst du damals? Und welche Bedeutung hatte für dich die Religion, in die du reingeboren wurdest?

Da war ich 16. Meine erste Religion war christlich, genauer russisch-orthodox. Wir waren zwar orthodox, der deutsche Ehemann meiner Mutter war aber neuapostolisch. Mit ihm mussten wir auch in die Kirche gehen. Ich habe auch dort in der Gemeinde an Angeboten für Jugendliche teilgenommen. Es hat sich aber für mich nie so richtig angefühlt. Nie so, dass es mich berührt hat. Für mich war es nur wichtig, dass ich immer an Gott geglaubt habe. Nur hatte ich nicht das Gefühl, dass das Christentum für mich das Richtige ist. Das habe ich erst zu spüren bekommen, als ich meinen jetzigen Mann kennengelernt habe. Durch den Kontakt zu ihm kam ich mit dem Islam in Berührung. Dazu muss man sagen, dass ich mit ihm zusammengekommen bin, als ich 14 war. Er war da fast 18. Die Religion habe ich erst mit 16 angenommen. Dementsprechend ist eine gewisse Zeit vergangen zwischen Kennenlernen und dem Konvertieren. Das erste Jahr, in dem ich mit ihm zusammen war, hat mich das Religiöse gar nicht interessiert.

War es für ihn wichtig? Hat er diese Themen angesprochen?

Nein, er hat nicht versucht, mit mir über solche Themen zu reden. Es war eine normale Beziehung. Nach einem Jahr hatte ich Interesse. Da kam er dann auch schon zu uns nach Hause. Dabei war es auch kein Problem für meine Mama, dass er muslimisch ist und zum Beispiel seine Gebete gemacht hat. Das war solange in Ordnung, bis ich auch in Richtung Islam gegangen bin. Zu der Zeit habe ich mich gefragt, wieso er das macht, weil das für mich ganz neu war und ganz ungewohnt. Vor allem diese Art von Gebet, wo man sich niederkniet. Ich habe mich gefragt, wieso er seinen Alltag dafür unterbricht. Ich habe mich ja auch verliebt in ihn und wollte einfach mehr über ihn wissen. So habe ich einfach ein wenig angefangen, mit ihm über seinen Glauben zu reden. Ich habe mir auch später Videos angeschaut, wo es um den Islam ging. Es hat mich fasziniert, dass mein Mann ein Verhalten hatte, das mir sehr imponiert hat. Er war immer sehr respektvoll mir und meiner Familie gegenüber. Wenn ich ihn mit seiner Familie gesehen habe, war das eine familiäre Umgebung, die ich als schön empfand. Ich kannte andere junge Männer, die ganz andere Sachen im Kopf hatten. <u>Ganz viele wollten nur Party machen</u>. Das war nie mein Hauptinteresse. Obwohl ich noch jung war, war es für mich wichtig, eine ernste Beziehung zu haben. Daher wollte ich mir erklären, wieso dieser Mensch anders war als die anderen Jugendlichen. Ich habe nach einer gewissen Zeit die Antworten dafür gefunden, dass er sich an bestimmte Regeln hält: nämlich dass es im Islam so ist, dass du deine Eltern ehren sollst. Das hat mir gefallen – das konnte ich leicht verstehen. Je mehr ich über die Religion erfahren habe, desto mehr hat es mich interessiert. Vorurteile hatte ich ja auch, zum Beispiel dass die muslimischen Männer ganz streng sind, die Frauen schlagen und diese nichts wert sind. Bis ich dann den Mann kennengelernt habe und etwas anderes gesehen habe.

Was sind denn für dich die Unterschiede zwischen Islam und Christentum?

Grund für meinen Religionswechsel waren für mich Ungereimtheiten in der Bibel. Aus meiner Sicht hat die Bibel, vor allem das Neue Testament, Fehler: Kleinigkeiten, wie zum Beispiel dass eine Person in einem Vers einen bestimmten Namen hat und in einem anderen Vers genau die gleiche Person gemeint ist, sie aber einen anderen Namen trägt. Diese Ungereimtheiten waren für mich ausschlaggebend dafür, anzunehmen, dass hier das Wort Gottes verfälscht wurde. In der Kirche habe ich auch mit einem Priester gesprochen, ihn auf die Fehler hingewiesen und gefragt, wie er sich das erklären kann. Aber er konnte mir leider nichts dazu sagen. Da ich es nicht mehr ertragen konnte, in dem Glauben zu bleiben, an dessen großem Regelwerk ich Zweifel hatte, habe ich mich entschieden, den Glauben zu wechseln. Im Koran fand ich solche Fehler nicht. Für mich war alles logisch und leicht nachvollziehbar. Für jede Situation konnte ich eine Lösung finden.

Das ist nicht gerade typisch für eine 15-Jährige ...

Nee, [lacht] das stimmt. Dadurch, dass meine Eltern sich haben scheiden lassen und meine Mama ganz viel gearbeitet hat und das Leben in Russland nicht so leicht war, musste ich früh selbstständig und erwachsen werden. Daher habe ich, glaube ich, recht früh an Reife gewonnen, von meiner Denkweise, von meinen Interessen her.

Kannst du dich an den Tag erinnern, an dem du deinen Übertritt zum Islam beschlossen hast?

Ja. Ich war bei der Familie von meinem Mann zu Besuch. Da wollte ich mal ein Gebet mitmachen. Das habe ich dann auch mit meinem Mann zusammen gemacht. Es war ein Gefühl ... Ich kannte zwar die Worte noch gar nicht, die man betet, aber allein dieses Gefühl, dass ich genau jetzt zu Gott bete ... Und mich vor ihm niederknie, war für mich etwas ganz Bewegendes. <u>Nach dem Gebet saß ich bestimmt noch zehn Minuten da, weil mich das überwältigt hat</u>. Das war wirklich komisch! Ich habe echt nicht dran gedacht, zu konvertieren, aber in dem Moment war es plötzlich da, sodass ich gesagt habe, ich möchte gerne konvertieren. Mein Mann hat gar nicht gemerkt in dem Moment, wie sehr es mich berührt hat. Er war voll überrascht. Weil wir nicht darüber geredet haben zu konvertieren. Ich war immer distanziert gewesen. Weil ich nicht wollte, dass mein Mann merkt, wie ich das empfinde. Es musste wirklich aus Überzeugung sein. Ich habe mich selber in dem Moment überrascht! Es war abends und eigentlich schon Zeit, dass ich nach Hause gehen sollte. Er hat mich mehrmals gefragt, ob ich das wirklich möchte. Ich war mir sicher. Das Einzige, was du machen musst, ist das Glaubensbekenntnis. Du brauchst nur Zeugen. Ich habe das

dann gleich bei ihm zu Hause gemacht.

Wie haben seine Eltern reagiert?

Seine Eltern waren erst voll schockiert. Ich bin nach dem Beten zusammen mit meinem Mann in die Küche gegangen, wo sein Vater und seine Mutter waren. Und da habe ich gesagt: „Ich möchte gern konvertieren [lacht] und könnt ihr dabei meine Zeugen sein?" Sein Vater, ein sehr intelligenter Mann, hat mich ernst angeschaut und wirklich vernünftig mehrmals gefragt, ob ich sicher bin, und die Mutter stand einfach da und hat sich gefreut. Ich war mir wirklich extrem sicher. Und so habe ich dann das Glaubensbekenntnis ausgesprochen – und geheult vor Freude.

Und du hast es nie bereut?

Nein. Bis jetzt ist es genau das, wie ich mein Leben gestalten möchte. Diese Art zu beten, dass ich wirklich zu Gott bete, ist genau das Richtige für mich. Für mich hat keine andere Meinung dazu gezählt, und <u>mir war auch absolut egal, was meine Familie dazu sagt, weil ich den Glauben über die Familie gestellt habe</u>, weil ich der Meinung bin, wenn der Mensch glaubt, muss er das nur für sich machen und da müssen es die anderen akzeptieren. Ich habe an dem Abend auch beschlossen, das Kopftuch gleich anzuziehen. Ich bin dann mit dem Kopftuch [lacht] nach Hause gegangen. Meine Mama hat das gesehen und ich habe gesagt: „Mama, ich bin heute konvertiert und trage ab morgen das Kopftuch." Die war natürlich sehr, sehr geschockt. Das war für sie ganz schlimm. Aber für mich war ja klar: Ich habe das mit ernsten Absichten gemacht und es ist keine Laune. Ich bin überzeugt davon und ich feile an meinem Charakter. Ich wusste zu dem Zeitpunkt sicher, dass ich nicht schlechter werden könnte mit dem Glauben. Ich hab das dann am nächsten Tag tatsächlich gemacht, dass ich in die Schule mit dem Kopftuch gegangen bin. Es gab aber ein paar Schwierigkeiten. [lacht]

Wie waren denn die Reaktionen in der Schule?

In der Schule waren alle total schockiert! Die Lehrer wussten gar nicht, wie sie damit umgehen sollten. In Frankfurt an der Oder war das halt total ungewohnt. Da hatten wir keine einzige Schülerin, die ein Kopftuch getragen hat. Die Lehrer haben Versuche unternommen wie: „Du musst das jetzt abnehmen!", was ich natürlich nicht gemacht habe. Den Mitschülern habe ich das dann einfach erklärt. Ob sie es akzeptieren oder verstanden haben, war mir natürlich egal.

Haben sie denn was gesagt?

Einer hat gesagt, dass ich eine Tischdecke auf dem Kopf habe. Aber die Meinung von anderen hat für mich, was den Glauben betrifft, nie gezählt. Und das tut sie auch heute nicht. Andere muslimische Schüler waren total begeistert, das fanden sie ganz toll. Nur das Problem war, dass ich das nicht tragen konnte letzten Endes.

An dem Tag haben die Lehrer es mir so verkauft, dass ich eine offizielle Erlaubnis brauche von meiner Mutter, um das Kopftuch tragen zu dürfen. Als ich dann nach Hause kam, war meine Mama total aufgelöst. Sie ist damit überhaupt nicht klargekommen. Sie hat versucht zu akzeptieren oder zu tolerieren, dass ich den Glauben gewechselt habe, aber <u>dass ich als Tochter plötzlich ein Kopftuch tragen wollte, das war für sie zu viel</u>. Das hat sie einfach nicht verkraftet. Das war der Punkt für mich, wo ich mir gesagt hab: Okay, jetzt muss ich schauen, ob ich einen Gang zurückschalte, meiner Mama zuliebe. Ich habe mich dann auf einen Kompromissvorschlag von ihr eingelassen: „Bis du 18 bist, ohne Kopftuch. Danach kannst du selber entscheiden." Man kann sich vielleicht vorstellen, wie schrecklich das für mich war: Jeder wusste, dass ich den Entschluss gefasst habe, Kopftuch zu tragen, und am Tag darauf war ich wieder ohne. Das ist so, als ob man plötzlich nackt dastehen würde. Dabei hatte ich meinen Kleidungsstil schon sowieso verändert, bevor ich konvertiert bin. Ich habe mehr geschlossene Kleidung und meine Haare nicht mehr offen getragen. Weil ich mich immer mehr beschäftigt hatte mit dem Islam. Eigentlich hat nur noch das Kopftuch gefehlt. An dem Tag, an dem ich konvertiert bin, hat sogar der Vater von meinem Mann mir geraten, das mit dem Kopftuch noch nicht zu machen. Aber ich war natürlich Feuer und Flamme.

Deine Schwiegermutter trägt kein Kopftuch?

Damals hat sie kein Kopftuch getragen, für mich gehörte und gehört das aber dazu. Ob sie eines getragen hätte oder nicht, war für mich nicht ausschlaggebend. Es war für mich absolut unwichtig, denn jeder soll für sich selbst entscheiden. Um mit einem Moslem zusammen zu sein oder einen Moslem zu heiraten, muss man ja nicht den Glauben wechseln. Also es gab für mich keinen Zwang oder keinen Grund, das zu machen, damit ich mit einem Mann zusammenbleiben kann.

Wie konntest du es dann deinem Vater und deinen Geschwistern erzählen, die noch in Russland waren. Wie haben sie reagiert?

Ich habe es denen gar nicht erzählt, weil das meine Mama erledigt hat. Sie hat es einfach meinen Geschwistern, meinem Vater, meiner Tante und den ganzen Leuten aus der Kirche erzählt, weil ich aus der Kirche ausgetreten bin. Meine Familie ist damals natürlich voller Vorurteile gewesen. In Russland ist es für die meisten noch unverständlich, dass man aus Überzeugung einen anderen Glauben annimmt, vor allem den Islam. Denn der Islam wird dort als eine Religion angesehen, die voll mit Terroristen ist, die nicht klar im Kopf und gefährlich sind. Sie waren der Meinung, dass ich dazu gezwungen wurde von meinem Mann, dass ich eine Gehirnwäsche verpasst bekommen habe.

Wie war das für dich?

Es war schlimm. Natürlich ist das schlimm, wenn deine Familie nicht hinter dir steht und deine Entscheidung, die du getroffen hast und die extrem wichtig für dich ist, nicht unterstützt. Der Druck war schon sehr hoch, sodass wirklich alle versucht haben, mit mir zu reden und herauszufinden, was passiert ist. Und der Kontakt zu meinem Mann wurde mir auch untersagt. Aber ich habe mir gesagt: <u>Egal, wie sehr ich meine Familie liebe, ich muss machen, was ich für richtig halte</u>. Ich habe dann auch meine Sachen eingekauft, die ich zum Essen brauche, weil es ändert sich ja vieles im Islam. Das sind Kleinigkeiten im Alltag, wie kein Schwein zu essen und dass alles halāl sein muss und so weiter. War einfach anstrengend, war schwierig. Irgendwann war der Druck sogar so groß, dass ich plötzlich der Meinung war, dass ich es nicht mehr so machen möchte. Da habe ich dann meine Mutter gebeten, dass sie mir ein Ticket nach Russland kauft, damit ich nach Russland kann. Für immer.

Nach Russland? Für immer?

Ja, weil ich nicht wusste, wohin sonst, und einfach, weil es zu anstrengend war, weil ich immer kämpfen musste, weil irgendwelche Leute aus der Kirche zu uns nach Hause kamen und mit mir reden wollten und ein Apostel mir einen Brief geschrieben hat, dass mein Freund mir nur Schlechtes wollte und dass ich aufpassen soll und solche Sachen. Also das war sehr, sehr anstrengend.

Hattest du da keine Angst wegen der Vorurteile in Russland?

[lacht] Ich hatte überhaupt vor gar nichts und vor niemandem Angst.

Es war mir einfach zu dem Zeitpunkt alles zu viel. Ich habe mir auch keine Gedanken gemacht, wie mein Freund darauf reagiert. Ich habe ihn allein gelassen. Ich brauchte einfach eine Auszeit und stieg spontan ins Flugzeug und bin nach Russland. Da bin ich bei meinen Geschwistern geblieben und bei meiner Schwester und ihrem damaligen Partner. <u>Die waren der Meinung, dass ich hypnotisiert wurde</u>, dass mit mir irgendwas nicht mehr stimmt.

Und dein Freund?

Er war natürlich total geschockt. Ich habe ihm einfach ein paar Tage vorher Bescheid gegeben: „Du, ich kann nicht mehr. Ich habe ein Ticket, und wenn dir die Beziehung was wert ist, dann warte, bis ich 18 bin, dann kannst du mich rüberholen." Ja, das war alles sehr spontan und auch nicht sehr gut überlegt, [lacht] aber es war für mich damals irgendwie nötig.

Hat es dir geholfen?

Meine Mama hat mir das Ticket gekauft, weil sie mir eine Lektion erteilen wollte. Sie dachte, dass ich in Russland merke, es ist schlecht dort, und ich verwerfe diese Quatschidee mit dem Islam und will dann zurück. Ich bereue alles, und alles wird dann wie früher. Aber ich habe die Zeit dafür genutzt, um zu überlegen und genau das Gegenteil zu erreichen – ihr klar zu machen, dass es jetzt so ist, wie es ist. Aber damit meine Mama mich zurückholt – weil ich hatte kein Geld –, habe ich sie angelogen: „Mama, wenn ich zurückkomme, bin ich ganz normal und ich werde dann keine Muslima sein." Also dachte sie, sie hat's geschafft. [lacht] Als ich dann zurück war, habe ich ihr zu verstehen gegeben, dass ich leider gelogen habe, dass ich immer noch ihre Tochter bleiben will und sie liebe, aber meine Religion ausüben muss. Ich habe sie einfach vor vollendete Tatsachen gestellt. Das konnte sie allerdings nicht akzeptieren. Es war entsprechend anstrengend zu Hause und es gab immer Streit. So habe ich mich entschlossen, von zu Hause wegzugehen und in ein Heim für Jugendliche zu ziehen. Da war ich dann mehrere Monate. Und in der Zeit haben ich und meine Mama es geschafft, uns wieder näherzukommen. Ich konnte sie dann auch irgendwann zu Hause besuchen. Und einmal war es bei einem solchen Besuch schon so spät geworden, dass ich bei ihr geschlafen habe. Am Morgen kam sie zu mir und hat gesagt: „Ja, du kannst alles weitermachen, ich akzeptiere es. Du kannst auch deine Gebete machen, wenn du das versteckt in deinem Zimmer machst, aber ohne Kopftuch, denn ich möchte dich gerne wieder bei mir haben."

Ein langer Kampf …

Der Ehemann von meiner Mama hat es absolut nicht akzeptiert. Aber gegen seine Meinung hat sie sich letzten Endes für mich eingesetzt. Jetzt kann sie damit leben und sie sagt auch zu mir selber, dass sie gesehen hat, dass ich mich positiv verändert habe und es auch daran liegt, dass ich die Religion gewechselt habe. Im Islam stehen der Respekt und die Liebe zu den Eltern ganz weit oben, und das hat mir auch geholfen, charakterlich.

Kannst du noch andere Sachen nennen, die sich bei dir geändert haben im Alltag? War es für dich schwierig, auf manches zu verzichten?

<u>Bevor ich die Religion annahm, habe ich auch Sachen probiert wie trinken und auf Partys gehen</u>. Ich bereue es aber nicht, dass ich jetzt darauf verzichte. Ich kann trotzdem ausgehen und mich mit einer Freundin in einer Bar treffen. Das macht nicht jede Muslima. Ich sage jetzt nicht, ich bin perfekt, ganz fromm und sitze nur zu Hause. Nee, ich habe das alles so gemacht, dass ich für mich entscheide, was ich machen kann und was nicht geht. Was sich verändert hat, das sind

Alltagabläufe wie Essgewohnheiten. Parallel dazu kam auch, dass ich geheiratet habe – islamische Hochzeit mit 16 Jahren – und dass ich ein Familienleben habe. Somit sind auch ganz viele Sachen automatisch weggefallen wie flirten oder Jungs kennenlernen.

Hast du heimlich geheiratet oder offiziell?

Das ist ja nicht offiziell. Da meine Mutter sowieso schon dagegen war, dass ich mit meinem Mann zusammen wegziehe nach Stuttgart, hatte es keinen Sinn, mit ihr darüber zu reden, dass ich heiraten möchte. Ich habe mich beim Jugendamt informiert, wie es ist, wenn die Mutter dagegen ist, wenn man selbst noch nicht volljährig ist. Die vom Jugendamt hat mir gesagt, die einzige Möglichkeit ist, über ein Gericht zu gehen, das mich für volljährig erklärt. Das habe ich auch meiner Mama mitgeteilt und gesagt: „Wenn du mich nicht gehen lässt, muss ich leider diesen Weg nehmen." Ich habe sie so in die Ecke drängen müssen, dass sie sagen musste: „Ja okay." Ja, war sehr, sehr viel, was ich meiner Familie zugemutet habe, aber auch, was ich selber durchgemacht habe … Jedenfalls bin ich dann von Frankfurt/Oder mit meinem Mann nach Stuttgart gezogen, weil er hier 'ne Ausbildung anfangen wollte. Und ich selbst bin dann auf 'ne neue Schule dort gegangen. Und mein erster Tag da war mein erster Tag mit Kopftuch.

Nehmen dich Menschen anders wahr, seitdem du eine Muslima bist und Kopftuch trägst?

Ein Ziel, was ich mit dem Kopftuchtragen verfolge, ist, dass ich als Muslima erkannt werde. Dass man mich gleich sieht und einordnen kann. <u>Das Kopftuch signalisiert: Es gibt bestimmte Punkte, die man beachten sollte</u>. Man kann nicht einfach zu ihr hingehen und anfangen zu flirten und solche Sachen.

Also ist es eher an Männer gerichtet, damit Männer dich als muslimische Frau wahrnehmen und vorsichtiger sind?

Ja, genau. Das ist ja nicht nur das Kopftuch, sondern auch die Bekleidung an sich, dass alles mehr verdeckt ist als bei Nicht-Musliminnen und dass das, was ich verdecke, nur für meinen Mann bestimmt ist.

Gab es auch negative Begegnungen oder negative Erfahrungen?

Ich weiß, dass andere Frauen, die Kopftuch tragen, immer wieder mal negative Erfahrungen machen müssen. Ich selber erlebe es eigentlich nicht. Ich bin von der Persönlichkeit her so, dass ich nicht so viel Wert drauf lege, was andere von mir denken. Ich bin eher so, dass ich einfach sage: „Hier bin ich, ich trage Kopftuch, aber ich bin ein normaler Mensch." Und negative Erfahrungen … Das einzige vielleicht, wenn ich in meinem Burkini – Burkini ist ein muslimischer Badeanzug – schwimme gehe, im Urlaub oder so. Das ist der einzige Augenblick, in dem andere Menschen vielleicht mal schräg gucken. Aber sobald ich ganz freundlich „hallo" sage und man heraushören kann, dass ich Deutsch kann – was für eine Überraschung! [lacht] –, werden sie gleich normal, sodass sie sich auch mit mir unterhalten können. Ich denke dann immer: Vielleicht kann ich bei der einen oder anderen Person bewirken, dass sie respektvoller Muslimen gegenüber wird. Ich kann nachvollziehen, wieso die Menschen so denken. Wenn ich mir die Medien angucke und was da so den Leuten beigebracht wird, zum Beispiel dass eine muslimische Frau immer noch eingeschüchtert ist, zu Hause sitzt, nichts macht und keine Wünsche oder keine Perspektiven hat oder haben darf, dann möchte ich so ein Bild auflösen und verhindern. Das ist mir wichtig. __Ich will zeigen: Ne Muslima kann auch Motorrad fahren ...__

Motorrad? Dazu bräuchtest du doch einen Motorradführerschein.

Den habe ich noch nicht. Aber ich habe schon Lust drauf. Mein Mann hat einen Motorradführerschein. Früher sind wir regelmäßig mit einem Motorrad durch die Gegend gefahren, also er vorne, ich hinten. Und auch mit einem Quad. Wenn's ein Motorrad ist, dann lasse ich das mir nicht nehmen. Das ist genau so, wenn ich mal zum Fitness gehe: Ich gehe auch in ein Fitnessstudio, wo nicht nur Frauen sind. Ich finde, dass man das auch in einem normalen Fitnessstudio machen kann, wenn man vollständig angekleidet ist. Da habe ich mir nie solche Grenzen gesetzt. __Ich habe den Islam angenommen, aber ich lebe trotzdem so, dass ich mir selber treu bin.__ Wenn ich der Meinung bin, dass ich mit einem Motorrad fahren kann, dann mache ich das.

Hast du durch deinen Glauben eine andere Einstellung zum Leben gewonnen? Was denkst du zum Beispiel über Tod und Paradies?

Also ich habe schon immer an Gott geglaubt und auch schon immer an das Leben nach dem Tod. Allerdings ist ja noch niemand nach dem Tod zurückgekommen und hat uns erzählt, wie es dort ist. [lacht] Somit ist es auch schwer, sich das vorzustellen. Ich stelle mir etwas Wunderschönes vor, was ich mir aber auch verdienen muss. Warum befolge ich die ganzen Regeln, die es im Islam gibt? Weil ich der Meinung bin, dass das Leben, was wir jetzt führen bis zum Tod, dafür da ist, dass wir uns das Leben nach dem Tod verdienen. Ich finde es nicht richtig, wenn Menschen der Meinung sind, dass sie einfach alles tun und lassen können, was sie wollen, und überhaupt keine Regeln befolgen. Und mit Regeln meine ich wirklich Vorschriften dafür, dass man den Sinn erkennt, dass man leben darf, dass man überhaupt das Leben geschenkt bekommen hat und den Schöpfer respektiert, der uns das Leben geschenkt hat.

Das macht also dein Leben sinnvoll, und nach dem Tod kommt die Belohnung?

Zu sagen „Du darfst das Leben nicht genießen", das ist falsch. Aber es ist nicht egal, wie du zu anderen Menschen bist, wie du zu dir selber bist. Für mich ist es zum Beispiel ein sehr großer Sinn, in meinem Leben eine Familie zu gründen. Es heißt auch im Islam, dass die Menschen füreinander geschaffen sind zu lieben. Das ist für mich extrem sinnvoll. Und ich wünsche mir, nach dem Tod auch meine Familie bei mir zu haben und nicht allein zu sein. Wenn Gott dir das Leben schenkt, musst du es gut behandeln und du musst etwas dafür zurückgeben, dass du leben darfst und du dein Leben hier und jetzt genießen kannst. So sehe ich das. Es muss eine Gegenleistung erbracht werden, du musst dafür arbeiten. Ich finde es richtig, etwas zurückzugeben – für das Recht, zu leben.

Was gibst du zurück?

Allein die Arbeit, die ich machen möchte, Autismustherapie: Ich weiß, dass ich mit Logopädie allein auch ganz viel bewirken könnte: Menschen helfen, die einen Schlaganfall hatten, die die Sprache wieder neu erlernen müssen. Da hätte ich ja schon ganz viel getan, aber ich sehe noch viel mehr, was ich in der Richtung Autismustherapie machen kann. Dass ich den Menschen zu Selbstständigkeit verhelfen kann. Und dass ich meine Gebete mache, dass ich den Fastenmonat Ramadan mitmache. Die Sachen, die was mit dem Glauben zu tun haben, sind für mich selbstverständlich. Aber der Islam ist viel, viel mehr als nur die Pflichten: **Andere Menschen gut zu behandeln und für sie da zu sein, ist wichtig**. Wenn es jeder Mensch auf der Welt tun würde, dann wäre die Welt viel, viel besser dran.

"die tiefsten Tiefen sind bei vielen Menschen irgendwie leer."

RAHEL (24)
Studentin, ist christlich gläubig

Hallo Rahel, von dir wissen wir schon, dass du sehr gläubig bist. Wie lebst du denn deinen Glauben im Alltag?

Ich würde es als Beziehung beschreiben, als eine leidenschaftliche Beziehung. Ich bin ganz viel im Gespräch mit Gott, mit Jesus. <u>Ich starte praktisch meinen Tag schon im Gespräch mit Jesus</u>. Man kann es beschreiben wie in einer Ehe, also so ähnlich wie die Ehe zu meinem Mann, nur noch tiefer, noch persönlicher, noch enger. Ich bin immer mit ihm in Verbindung und spreche einfach immer mit ihm.

Wann sprichst du denn mit ihm beziehungsweise wann betest du, wie oft und wie?

Ich hab mir irgendwann angewöhnt, dass ich morgens, bevor ich aus dem Haus gehe, Zeit mit Gott haben will. Da nehm ich mir Zeit, in der ich mich hinsetz und bete, aber das hat keine konkrete Form. Letztendlich rede ich einfach mit Gott, ich leg ihm den Tag hin und rede mit ihm über den Tag: Was steht alles an? Wie so 'ne Terminplanung, nur mit mehr Gefühl vielleicht. Mir tut das einfach voll gut. Aber ich bin auch eigentlich den ganzen Tag über im Kopf mit ihm im Gespräch, rede mit ihm, stell ihm Fragen oder erzähle im einfach, was mir auf dem Herzen liegt oder wie ich Dinge wahrnehme.

Und wie antwortet er dir dann?

Also manchmal spreche ich mit jemanden und ich rede, rede, rede und auf einmal merk ich: Das ist gar nicht das, was ich sagen wollte, und merk, dass Gott mir das in den Mund gelegt hat. Oder ich habe auf einmal 'n Impuls, der mir die Antwort gibt. Also ich glaube auf jeden Fall ganz fest, wenn ich Gott um etwas bitte, dass er mir auf irgendeine Art und Weise antwortet. Manchmal spricht er auch durch andere Menschen oder Situationen und natürlich ganz viel durch die Bibel. Man entwickelt so ein Feingefühl dafür, wie man Gottes Stimme wahrnimmt.

Einige Leute gehen regelmäßig in die Kirche. Wie ist das bei dir?

<u>Gemeinschaft ist total wichtig</u>. Es tut mir voll gut, mit anderen Christen, die die gleiche Leidenschaft haben, zusammen zu sein. Ich war früher in einer Gemeinde, aber irgendwann habe ich gemerkt, dass vieles auch nicht so ist, wie es in der Bibel steht. Dann habe ich irgendwann andere Leute kennengelernt, die auch so einen Hunger danach haben, dass in ihrem Leben die Dinge passieren, die in der Bibel passieren. Wir haben uns dann zusammengetan und das ist wie eine Hausgemeinde. Wir treffen uns zu Hause unter Freunden und leben das dann zusammen. Wir sind eigentlich wie eine Familie und essen, beten und lesen zusammen in der Bibel. Wir nehmen uns die Zeit, mit Gott zusammen zu sein, uns auszutauschen und zu ermutigen.

Also ist die Gemeinschaft mit den anderen schon ein sehr wichtiges Element für dich?

Ja, es spielt eine wichtige Rolle. Ich freue mich, wenn ich jemanden habe, der mich versteht und der meinen Glauben nachvollziehen kann. Wenn ich was mit Jesus erlebt habe oder Jesus mir irgendetwas gezeigt hat, dann freue ich mich, dass ich auch einer Person davon erzählen kann. Ich erzähle das auch gern anderen Leuten, die das nicht kennen, das mache ich auch oft, aber die können das nicht so nachvollziehen. Es geht darüber hinaus, weil es wie Familie ist.

Und wie laufen eure Gottesdienste ab?

In der Regel treffen wir uns zu Hause und tauschen uns erst 'n bisschen aus: Wie geht's uns, was passiert gerade in unserem Leben? Wir machen es uns recht gemütlich, essen zusammen und erzählen uns einfach dies und das. Danach beten wir oft zusammen, danken Gott für irgendwelche Dinge, die passiert sind, bei denen wir vielleicht Herausforderungen hatten. Dann lesen wir meistens zusammen in der Bibel und reden darüber. Manchmal stellen wir uns Fragen, zum Beispiel: Was lernen wir in dieser Geschichte von Gott? Kann ich irgendwas für mein Leben mitnehmen? Früher hab ich oft erlebt, dass in der Kirche ganz viele Menschen waren und ganz viel geredet wurde, aber da eigentlich keine Tat war oder jeder dann wieder heimging. Das ging an den Menschen vorbei. Das ist das Schöne an unserer Hausgemeinde, dass es dann praktisch wird. Wir singen auch manchmal noch zusammen, recht spontan meistens.

Bei dir klingt das alles so frei – ist es das, was deinen Glauben ausmacht?

Ich glaub schon. Ich will keine feste, vorgefertigte Struktur haben. In 'nem gewissen Rahmen ist das gut, aber ich will 'ne Freiheit haben. <u>Den Gott, an den ich glaube, kann man nicht in Strukturen reinpacken</u>. Ich will ihm auch den Raum geben, sich so zu zeigen, wie er ist, weil's 'ne Beziehung ist und nicht einfach ein Schema, eine Struktur, die ich abhaken möchte.

Für manche Christen ist das Beichten sehr wichtig, wie ist das für dich?

Es gibt Dinge, die Gott nicht gefallen, und ich habe erkannt, dass wir die Dinge Gott einfach sagen können. Ich brauche dafür keinen anderen Menschen. Gott hört mich, wenn ich mit ihm rede. Man hat oft auch einfach ein schlechtes Gewissen und merkt schon: Ah, jetzt war ich blöd zu irgendjemandem oder hab mich vielleicht doof ausgedrückt und jemanden verletzt. Klar, dann gehe ich auch zu der Person hin und bitte um Vergebung.

Diese Freiheit, immer mit Jesus sprechen zu können, macht das für dich deinen Glauben aus?

Auf jeden Fall. Es ist mehr, als einfach nur sonntags in der Kirche zu sitzen. Es ist wirklich was total Persönliches und Lebendiges.

<u>Ich habe ein Gegenüber, auch wenn ich Jesus nicht sehe</u>.

Sind Almosen auch ein Bestandteil deines Glaubens?

Gott sagt uns in der Bibel, er versorgt uns mit allem, wir brauchen uns um gar nichts Sorgen machen. Und so lebe ich auch. Ich fühle mich nicht verpflichtet, was zu geben, sondern ich mache es gern. Ich merke, ich bekomme das Doppelte zurück. Ich verlasse mich zu 100 Prozent darauf, dass Gott mir alles gibt und ich nicht was für mich behalten muss.

Ich habe den Eindruck, deine Beziehung zu Gott basiert auf einem unheimlichen Vertrauen.

Total, ja. Ich hab lange ohne Gott gelebt und dachte auch, ich brauche keinen Gott. Bis ich irgendwann an dem Punkt war, an dem ich gemerkt habe, es fehlt was in meinem Leben. Da hat es eigentlich angefangen mit dem Vertrauen, dass ich einfach mal gebetet habe: „Okay, Gott, wenn es dich gibt, dann nimm mein Leben, ich vertraue dir mein Leben an." Ich denke, Vertrauen ist die Grundvoraussetzung. Dann kann er anfangen, sich uns zu zeigen und unser Leben zu verändern.

Du sagst, du hast irgendwann Gott für dich entdeckt. Magst du davon erzählen?

Das war ein Prozess, kein plötzlicher Moment. Früher hab ich mich bewusst dagegen entschieden, weil in der Kirche viel geredet wurde, aber das Gerede hatte für mich keine Fülle. Mit 13 habe ich bewusst davon Abstand genommen, aber ich kam komischerweise immer wieder damit in Berührung. Wenn ich so im Nachhinein über die Vergangenheit nachdenke, habe ich eigentlich nach was gesucht, was 'ne Fülle hat. Ich dachte: <u>Nee, das ist alles so leer, irgendwas muss es doch geben, wofür es sich zu leben lohnt</u>. Ich habe alles Mögliche ausprobiert, hatte Phasen, in denen ich viel Party gemacht habe, wo ich auch die eine oder andere Droge ausprobiert hab. Ich war auch in ganz vielen verschiedenen Szenen unterwegs, aber irgendwie kam ich immer wieder an den Punkt, an dem ich dachte: Das erfüllt mich nicht, das ist so leer, und was macht das überhaupt für 'nen Sinn? Dann dachte ich, Beziehung ist doch eigentlich das, was uns Menschen ausfüllt. Und dann war ich irgendwann in 'ner Beziehung, hab aber gemerkt, <u>ein Mensch kann mich eigentlich nicht erfüllen, auch wenn das vielleicht ein toller Mensch ist</u>. Als ich 16 war, ging das mit meinem damaligen Freund total schief. Als ich mich von ihm getrennt habe, hat er versucht, mir das Leben zu nehmen. Er hat versucht, mich zu erschießen, weil er mit der Trennung nicht klarkam. Er hat mich morgens vor meiner Haustüre abgefangen und ist mir mit der Waffe hinterhergerannt. Ich hab das ganz knapp überlebt, der hat das ganze Magazin leer geschossen. Ich konnte aber noch in den Bus reinflüchten. Eigentlich hätt ich draufgehen müssen in dem Moment. Eigentlich war's 'n Wunder, weil in meiner Winterjacke war ein Schussloch drin, aber an meiner Haut waren nur Schmauchspuren. Ich habe bis heute keine Ahnung, wie das passiert ist. Ich hatte auch ganz viele Wunden am Kopf, aber das hat nur geblutet. Aber das war der Punkt, wo ich gemerkt habe: Beziehung ist es auch nicht. Es muss noch was anderes geben. Zu Hause bin ich dann immer mal wieder zufällig auf die Bibel gestoßen und hab in ihr gelesen. Ich bin nicht mehr total ablehnend dagegen gewesen, sondern mit Offenheit da rangegangen und hab da für mich persönlich gemerkt, dass Gott da ist. Ich wurde so bewahrt. Andere würden's vielleicht anders benennen, für mich war das Gott oder die Schutzengel. Etwa ein Jahr, nachdem ich immer wieder in der Bibel gelesen hatte oder auch mal in so 'ne Gemeinde, wo junge Menschen sind, gegangen bin, habe ich mir gesagt: Okay,

Gott, wenn's dich gibt, dann nimm mein Leben und dann fülle du es aus, mit dieser Fülle, nach der ich die ganze Zeit gesucht habe. Dieses eine Gebet hat dann ganz viel in mir verändert, ich hab gesagt: „Gott, nimm alles, nimm den ganzen Berg von Verletzungen, von schlechten Erfahrungen, nimm meinen ganzen Scherbenhaufen, den ich hab, und mach irgendwas aus meinem Leben." Ich hab nach dem Gebet gespürt, wie irgendjemand mir diesen Berg einfach wegnimmt und da so 'ne neue Freiheit, so 'ne Leichtigkeit, so 'ne Fülle da ist.
Ich hab in mir drin einfach gespürt, dass er in mir etwas bewegt hat. Ich hatte wieder voll die Freude in mir und das hat angehalten. Klar gibt's mal so Hochs und Tiefs, aber das war ganz extrem, dass ich einfach 'ne Freude und vor allem auch Liebe für andere Menschen in mir hatte.

Woher hast du den Mut oder die Kraft genommen, nach der Enttäuschung da so viel Hoffnung reinzugeben?

Ich glaub, das war diese Begegnung mit Gott. Es ist nicht einfach nur ein Gott, der nur in der Kirche zu finden ist, sondern ich kann 'ne Beziehung zu diesem Gott haben. Es ist also was Lebendiges, was Persönliches, weil ich mit ihm über alles reden kann.

Als dein Glauben für dich eine größere Bedeutung bekommen hat, wie hat dein Umfeld darauf reagiert?

Die Leute haben gemerkt, mit mir ist irgendetwas anders. Manche Leute konnten Dinge auch nicht nachvollziehen. Dass ich auf einmal nicht mehr lästern wollte oder bei manchen Sachen nicht mehr mitgemacht habe. Dass ich keine Sachen mehr machen wollte, die anderen Leuten geschadet haben, weil ich plötzlich einen anderen Blick dafür hatte. In meiner Ausbildung kamen dann auch blöde Sprüche, obwohl meine Veränderung positiv war.

Irgendwann hat das Leben mal ein Ende. Geht's dann deiner Ansicht nach weiter?

Die Bibel sagt klar, dass Jesus irgendwann wiederkommt und alle, die an ihn glauben, zu sich nimmt. Es gibt so etwas wie eine Kluft zwischen den Menschen und Gott, weil die Menschen irgendwann nichts mehr von Gott wissen wollten. Aber jeder Mensch hat die Möglichkeit, diese Verbindung wiederherzustellen. Dann beginnt eigentlich schon das Leben mit Gott, das dann im Himmel weitergeht – wo es auch kein Leid mehr gibt, wo alles perfekt ist, wo es keine Sünde gibt. Wo Gott ist, kann nichts Schlechtes bestehen. Hier ist oft noch die Sünde im Weg.

Bist du auch in der Öffentlichkeit unterwegs, um deinen Glauben weiterzutragen?

Wenn sich das ergibt, auf jeden Fall. Manchmal gehen wir auf die Straße und sprechen Leute an und fragen, ob wir für sie beten können, aber ich will das mehr durch mein Leben weitergeben.

Was würdest du den Gottfernen denn verdeutlichen, wofür es sich lohnt zu leben?

Für mich ist der einzige Lebenssinn, dass ich in dieser Beziehung mit Jesus bin. Das ist das Einzige, wofür es eigentlich Sinn macht zu leben. Denn ich kann viele tausend andere Dinge tun, letztendlich hat das alles keinen Sinn. Es geht alles vorbei, irgendwann sterbe ich, und was habe ich dann davon? Wenn ich jetzt hier schon auf der Erde meine Beziehung zu Gott herstelle, dann werde ich erst innerlich ganz. Und erst dann macht alles andere auch Sinn.

Es gibt Leute, die sagen: „Wenn's 'nen Gott gäbe, der würde nicht so viel Kriege und Leid geschehen lassen in der Welt!" Was sagst du zu solchen Leuten?

Woher kommen die Kriege? Die Kriege können nicht von Gott kommen, sondern letztendlich sind es die Menschen. Überall steckt Geld beziehungsweise 'ne Begierde von Menschen dahinter und letztendlich entsteht daraus Krieg oder irgendwelche anderen schrecklichen Dinge. Letztendlich ist die Hauptsünde, dass Menschen sagen, sie können ohne Gott leben und sich selbst zum Gott machen, obwohl Gott ihnen das Leben gegeben hat und der Schöpfer ist. Dadurch kam die Sünde in die Welt und daraus resultieren all die Kriege, all die schrecklichen Dinge. So was kommt nicht von Gott.

Kann Gott das aufhalten?

Gott hat alle Macht und er kann eingreifen, wo er will, aber er nimmt auch niemandem seinen freien Willen. Jeder Mensch kann selbst entscheiden, was er tut. Ich würd sagen, das Leiden ist das Resultat daraus.

Du glaubst an ein Leben nach dem Tod bei Gott. Wie stellst du dir das vor?

Da ist keine Krankheit und kein Mangel. <u>Ich glaube, das ist unvorstellbar, wenn man diese Beziehung mit Gott nicht so kennt</u>. Man kann es Paradies nennen oder auch anders. Ich stelle mir nach dem Tod vor, dass man in Gottes Gegenwart ist. Ich glaube, diese Gegenwart ist ausschlaggebend – ob das jetzt im Himmel ist oder hier auf der Erde.

Was ist das für ein Ort? Sitz ich dann da auf 'ner Wolke? Oder wie darf ich mir das vorstellen?

Ich weiß es selber auch nicht genau, vielleicht ist es wie 'ne neue Stadt. Das ist auch in der Bibel so beschrieben: Die goldene Stadt. Wie ein neues Jerusalem wird es oft beschrieben, aber ich weiß es letztendlich nicht. Wahrscheinlich wird man ganz normal leben. Heute zum Beispiel ist Arbeit für uns so ein Abmühen, Abhetzen. So was wird dort nicht existieren, aber sicherlich werden wir irgendeine Aufgabe haben.

Wie ist das mit Leuten, die nicht gläubig sind. Kommen die nach dem Tod auch in den Himmel oder was passiert mit denen?

Die Bibel sagt, dass nur die in den Himmel kommen, die 'ne Beziehung zu Gott haben. Zwischen den Menschen und Gott steht die Sünde. Das braucht Vergebung und nur die, die Jesus nachfolgen und diese Vergebung in Anspruch genommen haben, nur die kommen überhaupt in Gottes Gegenwart.

Und wie ist das bei Leuten, die einen anderen Glauben haben, kommen die auch zu Gott?

Das ist ein schwieriges Thema. Ich glaube, dass die Bibel 100 Prozent Wahrheit ist, und da sagt Gott, dass wir nur durch Jesus zu Gott kommen. Ich find's schwierig, sich da eine Meinung zu bilden, aber was ich weiß, ist, dass Gott zu 100 Prozent gerecht ist und dass er in der Beziehung auch hundertprozentig gerecht handeln wird.

Es gibt ja auch viele andere Religionen und Glaubensrichtungen. Haben andere Religionen für dich die gleiche Daseinsberechtigung?

Klar, das ist die Freiheit: Jeder kann glauben, was er möchte. Aber ich glaub, die tiefsten Tiefen sind bei vielen Menschen irgendwie leer, und ich glaub, dass jeder, wenn er ganz tief in sich geht, an irgendeinen Punkt stößt, wo irgendwas unerfüllt ist.

Sind andere Glaubensrichtungen weniger wahr als die Bibel?

Mhm, ich würd sagen, die Bibel ist die Wahrheit.

Die einzige Wahrheit?

Ja.

„Für mich ist mein Glaube in dem Sinne wahr, dass er mir Sinn gibt, dass er mir Halt gibt und ich mich orientieren kann, manchmal."

MARKUS (24)
Student der Diakoniewissenschaft; Mitglied im Predigtteam des „Jesustreff", Stuttgart

Hallo Markus, du engagierst dich im Predigtteam im „Jesustreff". Was ist ein Predigtteam und was machst du da genau?

Das Predigtteam im „Jesustreff" koordiniert und plant die Predigten, die dort in der Gemeinde – das ist 'ne Location, wo sonst auch Popkonzerte stattfinden – gehalten werden. Ich selber predige aber nicht. Ich bin erst seit drei, vier Monaten dabei.

Das ist ja noch nicht so lange. Wie kam es denn dazu?

Ich hatte mehrere Gründe. Einer war, dass ich im Rahmen von meinem Diakoniewissenschaftsstudiengang ein Modul habe, das „Predigtlehre" heißt. Und bei dem habe ich gemerkt, dass es mir ziemlich Spaß macht, Bibeltexte zu reflektieren und zu schauen: Was heißt das ganz lebenspraktisch? Und das dann einfach vorzutragen. Der andere Grund war, dass ich mich ausprobieren wollte in meinem Privatleben in etwas, was mir Spaß macht und mir liegt. Und im „Jesustreff" habe ich schon länger immer wieder gemerkt: So 'n kleines Element fehlt mir in den Predigten. Nämlich dass man die Bibeltexte nicht nur religiös auslegt, sondern gesellschaftlich-sozial.

Und ab wann darfst du bei euch anfangen zu predigen?

Im „Jesustreff" ist die Regel, dass man zuerst eine Art Proberede hält – also vor dem Predigtteam. Das habe ich bisher noch nicht gemacht. Aber danach dürfte ich dann anfangen.

Mich würde interessieren, welchen Stellenwert dein Glaube in deinem Leben, auch im Alltag einnimmt.

Ich bin ein gläubiger Mensch und der Stellenwert, den das in meinem Leben einnimmt, ist ein relativ großer. Ich lese regelmäßig in der Bibel oder treffe mich mit anderen Christen, um mich mit denen auszutauschen. Und ich geh halt in Gottesdienste, wenn mir das zeitlich möglich ist.

Wenn es dir möglich ist? Nicht immer?

Nein. <u>In meinem Elternhaus hat mich gestört, dass der Gottesdienstbesuch eine Art Pflichtübung war: „Das macht man."</u> Dabei wurde uns Kindern nicht unbedingt erklärt, warum man das überhaupt machen sollte. Es war damals für mich als Kind und Teenager auch total langweilig, allsonntäglich 'ne Stunde in der Kirche zu sitzen und sich mit Verwandten und Freunden meiner Familie über Bibeltexte auszutauschen. Je älter ich wurde, desto mehr hat mich auch die Form gestört, in der das passiert: So eingefahren, konservativ-traditionell ...

Aber dann hast du ja offensichtlich irgendwann doch wieder zum Gottesdienst zurückgefunden ...

Ja. Ich gehe regelmäßig in die Kirche, aber in eine andere Form von Kirche. Im „Jesustreff", wo sich junge Erwachsene treffen, läuft auch zeitgenössische Musik – klingt wie Popmusik oder so. Und die Formen sind einfach lockerer. Wobei ich mittlerweile die klassische Kirche auch wieder zu schätzen weiß, also mit dieser Orgelmusik. Wenn man es nicht als starres Gesetz auffasst, sondern als etwas, das irgendwie Halt gibt und Christen auf aller Welt verbindet, also von Glaubenssätzen oder Grundsatzüberzeugungen her, dann bin ich zwar immer noch anders als meine Eltern, auch theologisch anders, aber dann doch nicht so großartig anders. Außer, dass ich seltener in die Kirche gehe.

Und wie kam es dann dazu, dass du wieder zum kirchlichen Leben zurückgefunden hast?

Ich habe mich nach dem Abi entschieden, ein FSJ zu machen. Eigentlich wollte ich in die Entwicklungshilfe nach Afrika, weil ich das total spannend fand, aber da habe ich mich nicht rechtzeitig drum gekümmert. Und dann hatte ich noch was im Hinterkopf, nämlich dass ich als Kind ab und zu in so 'nem evangelischen Kloster war, in der Schweiz, und ich dort die Landschaft immer so faszinierend fand. Und daher habe ich mich entschieden, da in der Küche ein FSJ zu machen. Im Zusammenleben mit den Brüdern, die in dem Kloster leben, hab ich dann angefangen, mich wieder mehr für Glaubensthemen zu interessieren, weil die Art, wie die dort den Glauben im Alltag leben, hat mich fasziniert.

Was war der Unterschied zu dem, was du bisher kanntest?

Der Unterschied war, dass nicht darüber gesprochen wurde, was man zu glauben hat und was nicht, sondern dass sich das bei denen in eine gesamte Lebenspraxis gießt. Das heißt dann Verzicht auf Privatbesitz größtenteils, Verzicht auf Familie, denn <u>die leben im freiwilligen Zölibat. Am Anfang fand ich es völlig schräg, dass man so was macht. Aber ich habe irgendwann verstanden, dass die dadurch auch was gewinnen</u>: die Freiheit, für andere da zu sein.

Könntest du dir so eine Lebensweise auch vorstellen?

Nee, ich lebe nicht so gerne zölibatär! [lacht] Für mich wäre es keine Option, fest auszuschließen, dass ich eine Familie möchte. Ich habe auch eine Freundin – und ich glaube, die hätte was dagegen, wenn ich mich jetzt für diesen Lebensstil entscheiden würde.

Wie äußert sich denn dein Glauben im Alltag noch? Gibt es bestimmte Dinge, Rituale, die du machst, zum Beispiel jeden Morgen ein Gebet?

Ich versuche, das zu machen, aber oft bin ich zu müde oder muss schnell an die Uni. Aber wenn ich Zeit habe, dann lese ich morgens in der Bibel und versuche darüber nachzudenken, was das mir jetzt sagt. Und abends habe ich das Ritual, dass ich über den Tag nachdenke: Was gut war und was nicht so gut war und mir das dann notiere. Und wenn ich mich danach fühle, dann spreche ich auch ein Gebet.

Über den Tag nachdenken, das kann man ja auch machen, wenn man keinen Glauben hat. Was

unterscheidet denn dein Reflektieren von dem anderer?

Ich kann nicht genau sagen, wo der Unterschied ist. Was ich mache, ist so eine Art Tagebuch führen, in dem ich mir aufschreibe, was mir an dem Tag besonders gefallen hat oder was ich schön finde und sich dann auch ein Stück weit in Dankbarkeit äußert. Ich würde sagen, mein Glaube äußert sich dadurch, dass theologische Impulse oder etwas, was ich jetzt austausche mit Christen, mir manchmal helfen, anders über Sachen nachzudenken. Ich würde nicht sagen, dass Menschen, die nicht religiös sind, das nicht auch machen, aber ich erlebe das irgendwie anders.

Kannst du mal ein Beispiel nennen, inwiefern sich dein Glauben oder dein Reflektieren anders äußert? Gibt er dir vielleicht auch Kraft an schlechten Tagen?

Nee, nicht unbedingt. Es gibt Menschen, die gewinnen aus dem Gebet ganz viel Kraft und haben das Gefühl, dass Gott zu ihnen spricht. Aber meine Glaubenserfahrung ist nicht so.

Also du hast keine Begegnung mit Gott erlebt wie vielleicht andere Christen schon?

Nee. Ich denke, bei vielen Christen äußert sich das dann voll in einem Gefühl von Zufriedenheit oder so. Das stellt sich bei mir nicht ein, wenn ich ein Gebet spreche. Ich merke eher oft im Rückblick, dass in der und der Situation etwas, was mir in dem Moment als schlecht erschien, auch gute Seiten hatte. Und für mich heißt das dann oft, dass eine Situation nicht so schlecht sein muss, wie es eben im Moment ist. Ich habe immer wieder solche Momente, nicht im Sinne einer Erleuchtung oder so, dass ich die erzwinge. <u>Es ist einfach ab und zu so ein Gefühl da von so einem Verbunden-sein mit anderen Menschen und dem Eingebunden-sein in diese Welt.</u>

Ist deine Freundin auch Christin?

Ja.

Ist das für dich eine Voraussetzung, dass deine Partnerin auch Christin ist, oder ist dir das egal?

Egal ist es mir nicht. Aber es ist keine Voraussetzung gewesen, weil uns nicht nur der Glaube verbindet, sondern eher die Art, wie wir die Welt anschauen und was wir im Leben wollen.

Was würde es für dich denn verändern, wenn deine Freundin nicht christlich wäre?

Ich glaube, es würde sich nicht so viel verändern. Außer, dass ich mich nicht, wie ich es jetzt tue, mit meiner Freundin über Glaubensthemen austauschen könnte. Wir machen das schon oft, dass wir zum Beispiel über Bibeltexte sprechen.

Im „Jesustreff" triffst du ja wahrscheinlich auch viele Gleichgesinnte, mit denen du sprechen kannst ...

Ja, darum geht es dort eigentlich: Zusammentreffen mit Menschen, die gleichaltrig sind und ähnliche Ansichten, nee, nicht ähnliche Ansichten haben – es gibt auch viele, die eine andere Glaubensüberzeugung haben. Aber <u>was uns da verbindet, ist, dass wir 'ne lockere Form von Gottesdienst feiern möchten</u>. Wir haben aber auch über zwei Jahre lang ein ehrenamtliches Projekt mit jugendlichen Flüchtlingen durchgeführt. Da war die Verbindung ziemlich schnell gegeben.

Hast du auch Freunde außerhalb vom „Jesustreff"?

Ja! [lacht] Aber ich habe gar nicht so viele enge Freunde, eher mehr Begegnungen, die dann in ein gutes Gespräch münden. Unter der Woche treffe ich selten Menschen aus dem „Jesustreff". Die meisten meiner engen Freunde gehen nicht in die Gemeinde.

Was denken deine Freunde denn darüber, dass du religiös bist?

Die meisten sind schon in anderer Form irgendwie christlich. Das heißt, für die meisten ist es relativ selbstverständlich, was ich da tue. Und die Menschen, die nicht selbst religiös sind, mit denen rede ich ganz offen drüber. Die können das vielleicht nicht unbedingt nachvollziehen, aber es ist auch nicht so, dass die das problematisieren. Es liegt vielleicht auch daran, dass ich nicht so 'ne offensive Form vertrete, indem man über Jesus reden möchte und sagt, sie sollten jetzt bitte auch anfangen, in die Kirche zu gehen oder so. Das möchte ich gar nicht …

Was hältst du eigentlich von anderen Religionen? Würdest du behaupten, nur das Christentum ist die wahre Religion?

Menschen, die sich im Besitz der ultimativen Wahrheit sehen, mit denen habe ich meine Probleme. Auch mit denen, die das im Christentum völlig zweifelsfrei sehen. Ich bin jetzt gerade über die Königstraße hierher zu unserem Treffen gelaufen und da habe ich allein auf diesem kurzen Weg vom Hauptbahnhof bis hierher zwei Stände von den Zeugen Jehovas gesehen. Und dann war da noch ein großer anderer Stand, wo draufstand: „Frieden mit Gott NUR durch Jesus Christus." Ich bin bei so was schon kritisch, wenn man sich selbst so im Besitz von Wahrheit sieht, dass man das dann noch auf andere übertragen muss. Für mich ist mein Glaube in dem Sinne wahr, dass er mir Sinn gibt, dass er mir Halt gibt und ich mich orientieren kann, manchmal. Aber es ist nicht so, dass ich darin auf jede lebenspraktische Frage eine Antwort finde. Und zu deiner anderen Frage zu anderen Religionen: **Ich denke, dass andere Menschen aus ihren Religionen das gewinnen können, was ich mit meiner Religion für mich gewinne** und für mein Leben. Pauschale Urteile über Religion finde ich ziemlich dumm, weil man hier eher mit Klischees zu tun hat. Übers Christentum gibt es das Klischee, dass junge Christen keinen Sex vor der Ehe haben, Muslime würden dazu neigen, den Islam mit Gewalt verbreiten zu wollen oder gar Gewalt anzuwenden. Oder Buddhisten seien per se friedliebend, oder Hindus … Da muss man eigentlich nur Nachrichten schauen, um zu sehen, dass jedes Klischee auch eine Kehrseite hat. Es gibt richtig tolle Muslime, die sich für Frieden engagieren. Es gibt Buddhisten, die Muslime und Christen in ihrem Land unterdrücken. Die Hindu-Regierung in Indien verfolgt oder unterdrückt Muslime und andere Minderheiten. Wenn sich eine Religion im ultimativen Wahrheitsbesitz sieht, kann das schnell in 'ne totalitäre Richtung gehen.

Hast du auch Freunde oder Bekannte, die einer anderen Religion angehören?

Ich habe ein paar Bekannte, die Muslime sind. Enge Freunde sind das aber nicht. Also ich tausche mich eigentlich nicht mit anderen Leuten, mit anderen Religionen über Religionsfragen aus. Ich fände es voll interessant, mit Muslimen über solche Sachen zu reden, wie sie ihren Glauben in Deutschland leben oder leben können. Oder was sie so empfinden oder wie sie zu manchen Sachen stehen. Aber ich habe nicht so den Kontakt mit Andersgläubigen.

Du beendest dein diakonisches Studium nächstes Jahr, oder? Was glaubst du, wie dein Leben dann weitergeht?

Mein Studium beende ich im März. Dann werde ich von der Landeskirche eingesegnet als Diakon. Bisher war für mich eigentlich klar, dass ich dann arbeiten möchte. Ich arbeite jetzt schon seit vier Jahren in der Behindertenhilfe in Teilzeit. Ich habe da auch 'ne Stelle, die mir Freude macht: in 'ner inklusiven WG in 'nem Dorf, wo fünf Menschen relativ selbstständig wohnen. Das finde ich als berufliche Perspektive ganz spannend. Aber es gibt noch verschiedene andere Sachen, die mich interessieren würden, Flüchtlingshilfe zum Beispiel.

Denkst du, dass dich dein Glaube für den Rest deines Lebens begleiten wird? Oder kann es sein, dass irgendwann eine Phase kommt, in der du deinen eigenen Glauben kritisch hinterfragst oder nicht mehr so überzeugt davon bist?

Also ich hinterfrage meinen Glauben kritisch. Dazu habe ich die Freiheit in meinem Glauben. Es ist in meinem Glauben völlig in Ordnung, Sachen zu hinterfragen. Da gibt's auch in der Theologie 'ne ganz große Weite, die ich voll genieße. Sie hat mir auch dabei geholfen, verschiedene Ansichten stehen lassen zu können oder auch den Glauben kritisch zu hinterfragen, wo er so eng wird oder so totalitär, dass er Menschen einschränkt. Aber ob ich meinen Glauben verlieren könnte? Fragen über Gott, über Religion, über theologische Sachen werden immer offen bleiben, aber mein Glaube ist nicht davon abhängig, ob ich grad Zweifel habe, sondern es ist eher so, dass ich da sogar dran Freude habe, über solche Fragen nachzudenken. Solange ich dieses Interesse noch habe, bleibt auch mein Glaube lebendig.

Hast du eine Vorstellung, wie es nach dem Leben weitergehen kann?

Es ist jetzt nicht so, dass ich da 'ne konkrete Vorstellung habe, wie es sein wird. Aber <u>ich schöpfe aus meinem Glauben Vertrauen, dass es gut wird nach dem Tod</u>. In welcher Form auch immer. Es gibt Bibelstellen, daraus kann ich so 'ne Art Hoffnung schöpfen.
 Eine, die ich schön finde, ist zum Beispiel, dass irgendwann alle Tränen abgewischt werden, wenn der Tod nicht mehr ist und Menschen keine Sorge mehr haben. Ja, ich bin überzeugt davon, dass da was kommt, was so unglaublich gut ist, dass ich es mir jetzt noch nicht ganz vorstellen kann. Ich wünsche mir, dass die Ungerechtigkeiten, die diese Welt hat, beseitigt sind. Es gibt auch andere Bibelstellen, wo davon die Rede ist, dass die Menschen, die jetzt auf der Erde unglaubliche Ungerechtigkeit erfahren, Gerechtigkeit erfahren werden. Und das ist eine Hoffnung oder ein Wunsch, den ich teile.

Dass Gerechtigkeit, die jetzt nicht vorhanden ist, hergestellt wird?

Ja. Was mich wirklich nervt, ist, dass Christen, die sich für besonders gläubig halten, dies auch so lautstark verkünden. Und dass deshalb christlich sein immer mit einem bestimmten Persönlichkeitsstil assoziiert wird: Früh zu heiraten, gegen Schwule zu demonstrieren, missionieren zu wollen, zu glauben, jeder, der nicht den eigenen Glauben hat, schmort in der Hölle. Für mich sind das Extrem-Meinungen, die ich nicht teile. Ich finde, christliche Werte sind eigentlich nicht klassisch traditionell oder solche konservativen Werte, wie sie zum Beispiel von der CDU als christliche Werte bezeichnet werden, sondern christliche Werte sind: Feinde zu lieben, Menschen zu vergeben, auch denen, die Böses getan haben, Nächstenliebe. Was mich nervt, ist, wenn Leute, die sich als sehr christlich empfinden, weil sie konservative Werte haben, lautstark das christliche Label für sich in Anspruch nehmen. Wenn man es auf die Politik überträgt: Die CDU behauptet, die traditionelle Familie stärken zu wollen, aber ist nicht bereit, Flüchtlingsfamilien zusammenzuführen. So instrumentalisiert man den Glauben oder spielt mit der Religion als Politik. Christlich wäre Feindesliebe und mehr tun als reden. <u>Du kannst von Liebe reden, aber Liebe musst du tun</u>. Aber guck, jetzt fange ich an zu predigen ... Deswegen bin ich auch im Predigtteam. [lacht]

„WOFÜR LEBT IHR? – EINE FRAGE IN ‚JODEL'"

> Ich wünschte, ich hätte einen Sinn, nicht nur Ziele, die sich bei genauerem Überlegen auflösen.

> Deprimier mich nicht um diese Uhrzeit

> Ich lebe für die Musik die ich mit meinen Freunden und meiner Möppes feier

> Ich lebe für mich, für ein schönes leben, ein glückliches leben aber auch für meine freunde und familie um sie immer zu unterstützen wie sie es auch für mich tun...das leben braucht keinen grossen sinn, geniess es mit dem was dir spass macht

> Ich leb trotzdem für meine Illusionen!

> Tut was Gutes für andere Menschen! Registriert euch bei DKMS!

> In der Hoffnung, dass sich irgendwann mal etwas ändert und mir das neue Leben Spaß macht und innerlich erfüllt.

> Diese (illusionäre?) Hoffnung treibt einen an, bis man sich aus Enttäuschung nicht mehr hingeben will

> Stimmt total OJ!... wenn du das akzeptierst dann geht's

> Ich lebe für Serien und Pizza

> Ich finde es falsch, wenn man sich was vormacht, trotzdem tue ich´s. Manchmal nehme ich mir was vor, nur um es dann kurz vorher zu lassen. SO hangle ich mich von enttäuschter Vorfreude zur nächsten, ohne viel zu ändern.

> Kenne ich. Ich weiss nicht, doch ich denke immer, dass mich die Menschen nicht mögen und das deprimiert mich sehr häufig

Ich war bis ich 16 war überall unbeliebt...hatte keine freunde...heute geb ich n fick drauf was andere über mich denken...wer mit mir klarkommt: top wer nicht: mir egal. Habe heute mehr Freunde und bessere Freunde als je zuvor

Wahrscheinlich dank dieser Einstellung

Ich erkenne an, dass das Leben keinen Sinn, kein Ziel und keinen Zweck hat. Das entspannt schon mal. Dann setzte ich mir ein eigenes ziel und das ist glücklich sein.

Dicke Titten un Kartoffelsalat

Nach langer Beschäftigung denke ich, der Sinn ist etwas zu finden, dass dir wichtiger ist als dein Leben. Sei es eine andere Person, ein Hobby, eine Aufgabe... :-)

Gott

Cannabis

N lambo

Als workaholic und Kapitalist lebe ich für den Reichtum meiner Familie und natürlich für meine Familie, Frau und meine zwei Söhne

Dlrh

Viel zu arbeiten scheint mir oft eine Verschwendung von Lebenszeit zu sein. Ich bin dadurch wohlhabend, kann mir tolle Dinge leisten, aber wozu brauche ich die denn? Sind die wirklich so wichtig?

Vergiss den Lambo. Die Drecksdinger gehen wegen jeder Kleinigkeit in Flammen auf. Ein Kollege hat seinen neulich zu Schrott gefahren und wär fast in dem Ding verbrannt

Regel Nr. 1 des Kapitalismus: es schadet nicht wenn man hat, was man nicht braucht

Jodel

Jodel ist eine App für Student_innen. Man kann anonym Gedanken, Fragen und Bilder posten. Diese können dann von anderen, sogenannten Jodlern, ebenfalls anonym kommentiert werden. Man kann einen Jodel, also einen Beitrag, auch up- oder downvoten, um Zustimmung (oder eben auch nicht) zu symbolisieren. Jodler benutzen ihren eigenen Slang. Eine Katze ist eine gadse, ein Hund eine bellgadse, eine Frau ein Möppes und ein Mann ein Lörres. Außerdem werden Abkürzungen wie Dlrh (den Lörres reinhämmern) und OJ (Oberjodler, das ist die Person, die den Jodel verfasst hat) benutzt. Im Schwäbischen Jodel ist es eine Pflicht, ein Foto von Maultaschen zu posten, sobald man sich welche zubereitet hat.

2 laut & bunt

„Wenn's dann sein muss, diss ich den Bürgermeister."

MENSUR (15)
Schüler, ist in einer Flüchtlingsunterkunft aufgewachsen und rappt eigene Texte

Mensur, ich weiß von dir, dass du rappst. Kannst du mir erzählen, wie lange du das schon machst und wie du dazu kamst?

Schon als ich elf war, hab ich immer Rap-Musik und so gehört. Da hab ich mich inspirieren lassen und mir auf *YouTube* einen Beat ausgesucht, hab halt geschrieben: Rap-Beat. Dann hab ich mir das angehört, es hat mir gefallen, und dann hab ich einfach weitergeschrieben. Natürlich hatte ich am Anfang Probleme: Was reimt sich auf was? Ich hab immer auf *Google* bei 'ner Reimmaschine geguckt, was sich so reimt, aber ich glaub, so fängt jeder an. Man fängt halt klein an. Mittlerweile rappe ich jetzt schon drei Jahre und ich hab mich wirklich gut hochgearbeitet. Meine Freunde und auch Erwachsene, meine Lehrerin, die sagen alle: „Voll gut! Mach weiter so!"

Und wie kamst du überhaupt zur Hip-Hop-Musik beziehungsweise zum Rap? Gab's jemand, der dir die Musik gezeigt hat?

Mein großer Bruder hat immer so Musik gehört. Und ich so: „Hey, wer ist das? Welcher Rapper ist das?" Ich hab mich dann auch informiert: Woher kommt der und was sagt der? Weil ein paar Wörter hab ich auch nicht verstanden. Ich mein, ich war da klein. Aber dann hab ich auch selber angefangen, auf Deutsch zu rappen.

Die Lieder, die du gehört hast, waren die auch auf Deutsch?

Ja, die waren auch auf Deutsch. Ich mag nicht so amerikanischen Rap, weil ich da sowieso nicht so viel versteh. Natürlich, ich feier schon auch so die neuere Generation, das ist nicht mehr so oldschool, die rasten ja jetzt komplett aus. Ich feier das schon, aber ich hör das jetzt nicht so krass, dann lieber Deutschrap.

Zum Beispiel? Hast du da Vorbilder?

Mein Lieblingsrapper nennt sich PA Sports. Der ist mein Lieblingsrapper, weil es gibt ja Rapper, die rappen immer nur das Gleiche, und er rappt halt einmal so und dann mal so, dann wieder anders – die ganze Zeit. Der steigert sich von Album zu Album immer weiter hoch und das feier ich an dem. Aber angefangen zu rappen war, als ich Kurdo gehört hab. Der hat halt meine gleiche Geschichte. Ich hab den immer gehört und gedacht: Perfekt, Alter, genau wie ich!

So wie du? Was sind denn so die Inhalte von deinen Texten?

Als ich angefangen hab zu rappen, da waren meine Inhalte ganz normal. Ich hatte halt so 'nen Text, der ging um mich. So: Ja, ich bin Mensur, 13 Jahre, ich wohn da, ich bin in der Schule nicht gut … ganz normal halt. Und dann ging's weiter mit so Mach-was-aus-deinem-Leben-Rap. Die Texte weiß ich nicht mehr. Und mittlerweile, weil ich so krass drin bin, sind meine Texte schon ziemlich dreckig, da sind also schon viele Beleidigungen drin. Ich brauch für einen Text so zwei bis drei Tage, wenn es gut läuft. Aber ich hab einen Text, der ist über meine Mutter, weil ich hatte mal Streit mit der. Ich schreib den jetzt locker so sechs Monate und ich bin immer noch nicht mit dem Text fertig. Das kommt so vom Herzen. Wenn ich so diesen dreckigen Rap schreibe, es juckt mich nicht, ich schreib einfach. Und bei dem muss ich schon überlegen.

Hat denn das Dreckige auch was mit deinem Leben zu tun?

Ich bin ja nicht wie jedes Kind aufgewachsen. **Ich bin im Asylheim aufgewachsen. Das sind komplett andere Bilder**. In Deutschland geboren und direkt Asylheim, direkt. Keine Wohnung oder so. Ich hatte nur einen Freund, der war Afrikaner, und ich hatte nur den. Wir waren jeden Tag draußen, haben gespielt, haben gelacht und so, weißt du, wie kleine Kinder. Aber dann, als ich sechs war, wurde der abgeschoben, aber ich wusste das nicht. Ich wusste ja nicht, was Abschiebung heißt. Ich hab geweint, gefragt: „Wo ist der?" Meine Eltern wussten das schon, aber die haben es nicht gesagt. „Ja, der ist im Urlaub. Der kommt bald." Dann sind ein Monat, zwei Monate vergangen und der ist immer noch nicht da. Und ich hatte keinen Freund mehr. Und als ich elf war, ist mein großer Bruder, der war da vierzehn, auf die schiefe Bahn geraten. Der hatte Anzeigen wegen Raub, Drogendeal, einfach alles. Der hatte ein richtiges Drecksleben. Ich war elf, ich hatte das schon verstanden, und ich so: „Bruder, warum machst du das? Das ist nicht gut!" Zum Glück hat er mit der Scheiße jetzt aufgehört. [lacht] Aber das Problem ist jetzt, dass ich damit angefangen hab.

Was denkst du, woher das kommt?

Zum einen falsche Freunde. Ich bin jetzt groß genug zu wissen, wer meine falschen Freunde sind und wer meine richtigen Freunde sind, wer mir gut tut und wer mir nicht gut tut. Aber genau die, die mir nicht gut tun, mit denen häng ich am meisten rum. Ich merk das, aber es gefällt mir einfach.

Was gefällt dir daran?

Dass ich mit denen Scheiß bauen kann. Ich hab auch normale Freunde, es macht Spaß mit denen zu chillen, aber keine Ahnung … Man sagt halt: „Ja, lass mal das machen, lass mal das machen", und dann sagen die: „Nee, kein Bock, Mann!" Und dann geh ich halt mit den anderen – ohne zu überlegen. Auf jeden Fall, als ich 13 war, sind wir zum Glück von dem Asylheim weg. Zum Glück! Gott sei Dank, weil da will man wirklich nicht leben. Da wächst du mit 10.000 anderen Kulturen auf, da sind Afrikaner, Araber, Albaner, alles, einfach alles. Egal was – du hast von jedem etwas. Das ist halt Scheiße, weißt du? Da kam wirklich jede zweite Nacht Polizei rüber, und ich dacht nur: Ey, was ist das? Nur weil wir hier wohnen, muss doch nicht jedes Mal Polizei rüberkommen. Das war zuerst nur ein Asylheim, da waren schon viele Leute, aber die konnten auch alle Deutsch, so wie ich. Die hatten Schule, wir durften in die Schule gehen, zum Glück. Dann haben die ein neues Asylheim gebaut, weil viele Flüchtlinge kamen. Da waren nur Araber. Und ich hab mich dann mit denen angefreundet. Die waren zwar alle so 25 bis 30, aber egal, ich hab halt mit denen gechillt. Auf jeden Fall kam dann immer Polizei, die haben uns immer kontrolliert. Ich hab die schon so 'n bisschen angestresst, die Polizei. So: „Ey, was soll das? Nur weil die jetzt hier frisch in Deutschland sind, heißt das doch nicht, dass die immer kontrolliert werden sollen! Das sind gute Menschen! Ich bin hier tagtäglich, die machen mir nichts!"

Kam die Polizei denn, weil es Stress gab, oder einfach nur zum Kontrollieren?

Nein, einfach so zum Kontrollieren, Kontrollieren, Kontrollieren. Aber das ist doch nicht Kontrollieren, wenn die jeden Tag vorbeikommen und jeden Tag nichts finden. Was ist das? Das sind normale Menschen wie wir. Aber das haben die nie gecheckt. Natürlich gab's auch andere Leute, die was dabeihatten. Zwei aus dem Asylheim sind jetzt im Knast, weil die erwischt wurden mit Gras. Zum Glück hatte ich mit denen nichts zu tun.

Meinst du, das hätte auch was mit dir gemacht, wenn du mit denen zu tun gehabt hättest?

Ja. Paar Freunde aus dem Asylheim, diese Araber, meinten auch: „Häng nicht mit denen rum! Das wird dir nicht gut tun!" Und ich so: „Nein, nein, ich hab jetzt meine Freunde gefunden. Ich bleib bei euch." Meine Mutter hat mich auch immer gelassen, bis 22 oder 23 Uhr. [lacht] Wenn das schon meine Mutter erlaubt, dann sind das wirklich gute Menschen. Als ich dann dreizehn war, sind wir zum Glück weg von dem Asylheim, sind in 'ne Wohnung.

Deine Erinnerungen an die Zeit im Asylheim sind aber immer noch sehr krass, oder wie?

Ja, voll. <u>Wenn Leute so Spaß machen: „Du Asylant!" oder so – ich versteh so was wirklich nicht als Spaß</u>. Ich wurde früher selber gemobbt: „Du Asylant! Geh in dein Asylheim zurück, du hast kein Geld!" Es gab Tage, da hatte ich zwei Wochen lang immer die gleiche Kleidung an, weil wir kein Geld hatten, um Sachen zu kaufen. Natürlich, ich war voll neidisch: Guck mal den an, der hat voll krasse Sachen! Ich will das auch! Aber wir hatten kein Geld, was soll man machen?! Aber ich war dann schon traurig.

Wurdest du in der Schule dafür gemobbt?

Ja. Ich hatte nie Pausenbrot dabei. Ich hab immer von anderen so: „Hey, Bruder, gib mal bisschen!" Du fragst so jeden Tag und dann halt „Ja, komm, nimm mein ganzes Essen!" „Ja, sorry, Bruder, was soll man machen? Kein Geld, was soll man machen?" Der: „Ja, egal, nimm!" Zum Glück sind die Zeiten jetzt vorbei. Wir haben jetzt nicht so viel Geld, aber wir haben Geld, dass ich mir Sachen kaufen kann, dass der Kühlschrank voll ist … Gott sei Dank, mehr brauch ich nicht. Meiner Familie geht's gut – mehr brauch ich nicht.

Ist das auch Inhalt in deinen Texten, darüber zu reden, das zu verarbeiten?

In meinen Texten handelt sich eigentlich alles darum, dass ich … ja, so jeden ficke, dass ich der Größte bin. Eigentlich so ein richtiges Gangster-Leben, sagen wir mal so.

Würdest du sagen, dass du ein Gangster-Leben führst?

Mittlerweile schon, ja. Also ich hab jetzt wirklich angefangen zu rauchen, angefangen zu trinken, angefangen zu kiffen. Ich weiß jetzt, wie das so ist, wenn man Gras kauft, Gras verkauft. Ich war in so Plantagen drin, geschaut, wie man das alles macht und so. Ich hab schon alles gesehen. Natürlich, das war neu für mich. Ich hab das nur aus den Texten gehört, aber ich dachte immer: Ja, ja, komm, die labern nur so, aber in echt machen die das nicht. Auf einmal seh ich das so und denk: Oha, aber mit dem kann man doch übel viel Geld verdienen! Warum hab ich das nicht früher gemacht? Dann hätt ich so ein Problem nicht. Aber nein, Mann, ich will wirklich nichts damit zu tun haben. Ich weiß: Mein Bruder, hätte der noch eine Anzeige gehabt, wär der in 'n Knast gewandert. Und mein Bruder hat viele Anzeigen bekommen, auch wegen so was. Ich will nichts mit dem zu tun haben. Ja, ich hab jetzt auch aufgehört zu kiffen und zu trinken auch. Aber da sind so diese falschen Freunde … Jemand hat etwas dabei: „Ja, Bruder, nimm!", dann willst du nicht nein sagen, weil jeder macht das.

Könntest du dir auch vorstellen, einen Text darüber zu schreiben, dass du aufgehört hast?

Also das Ding ist, ich rappe immer zu Hause und voll laut. Meine Eltern haben schon so 'n richtigen Kopf. Und dann, wenn die hören, dass ich so was schreibe … [lacht] nicht gut! Ich schreib so was lieber nicht, weil, weißt du, die Leute kennen mich so als den Gechillten, der eigentlich keine Scheiße baut, und so 'n netten Menschen, der immer auch hilfsbereit ist. Natürlich wissen die, dass ich rappe, aber da sag ich nicht, dass ich kiffe oder dass ich trinke oder so.

Hab ich das richtig verstanden, dass du das allein machst? Oder hast du 'ne Gruppe?

Ich mach's allein. Ich hab einen Cousin, der hat mit mir zusammen angefangen, aber der wohnt in Koblenz. Wir tauschen uns jetzt immer in *WhatsApp* aus: Der schickt mir seinen Text, ich schick ihm meinen Text. „Bruder, lies mal durch, ist der gut? Hast du Beats? Schick mal!" Wir tauschen uns immer aus. Immer wenn wir zu Besuch sind. Wir haben jetzt einen Text zusammen geschrieben, der ist zwar noch nicht fertig, aber immer, wenn wir zusammen sind, schreiben wir den. Natürlich können wir den auch so weiterschreiben, aber es ist besser, wenn wir an einem Tisch sitzen und uns direkt austauschen.

Kannst du mir erzählen, wie du drauf bist, wenn du schreibst?

Ich hör zuerst nur den Beat, nur den Beat. Ich lad den direkt runter. Ich klick drauf, ich hör den, ich fang direkt an zu freestylen. Und dann: Ich rapp, ich rapp. Okay, der gefällt mir – ich schreib den direkt auf, dann mach ich weiter, schreib immer direkt auf und immer so weiter. <u>Das kommt aus meinem Kopf und dann in meinen Arm und dann schreib ich auf, direkt</u>.

Und gibt's dann irgendein bestimmtes Gefühl? Dass du zum Beispiel sagst, immer wenn ich traurig, wütend oder so bin, schreib ich?

Wenn ich rappe, zeig ich keine Emotionen. Ah, vielleicht doch, eine Emotion: Aggressivität. Wenn ich traurig bin, dann schreib ich keine Lieder, weil ich kann keine traurigen Lieder. Ich hab nur einen, diesen Mama-Song, aber sonst gar nichts in der Art. Aber das ist auch nicht mein Style. Ich rapp halt, was ich fühle. Ich hab vorhin gesagt, ich fühl nichts, aber eigentlich schon so, wie ich drauf bin: Okay, ich bin voll auf Party-Stimmung, dann schreib ich was auf Party. Bin ich aggressiv, schreib ich was Aggressives.

Okay. Hast du eigentlich auch schon mal 'n Video gemacht?

Nein. Aber vor eineinhalb Jahren war ich draußen mit paar Freunden und Freundin. Wir haben gechillt und die hatten 'ne Box dabei. Die wussten, dass ich rappe. Und dann eine so: „Ey, weißt du was? Du lässt jetzt den Beat laufen, du rappst und ich nehm dich auf!" Die war auf *Facebook*, hat schon 'ne hohe Reichweite bei *Facebook* und übelst viele Freunde. Und ich rapp so und der Beat läuft und, ja, dann hat sie das auf *Facebook* hochgeladen. Ich dacht mir, das werden vielleicht so hundert oder so angucken. Jetzt sind es zweitausend-irgendwas. Das haben voll viele geteilt, voll viele „gefällt mir", voll viele kommentiert. Ich dacht mir so: Okay, krank, niemand weiß eigentlich, dass ich rappe, aber jetzt wissen's auf einmal voll viele. Dann kam ein neuer Junge in unsere Klasse, der rappt auch, der hat ein Tonstudio. Ich hab das ja noch nie gemacht: Aufnehmen oder sonst was. Dann hab ich den gefragt: „Ey, hast du mal Zeit, dass ich mal 'n Song aufnehmen kann?" „Ja, Bruder, kein Problem, kannst vorbeikommen!" Dann bin ich vorbeigekommen und guck so: Mikro und alles. <u>Ich schwör: Ich rapp das so einfach, und dann war alles fertig</u>. Ich hatte es so zwei, drei Monate nur auf meinem Handy und hab's niemandem geschickt. Und dann hab ich zu dem gesagt: „Hey, mach mir mal 'nen *YouTube*-Kanal auf, lade direkt das Video hoch, ohne Video oder so, nur so ein Bild!" Der so: „Ja, okay, kann ich machen!" Der hat das jetzt hochgeladen und bis jetzt sind das 1.700 Klicks, viele „gefällt mir"-Angaben, viele Kommentare.

Was sagen denn die anderen dazu? Du hast ja vorher gesagt, deine Lehrer wissen das auch …

Also meine Lehrer haben's erst gar nicht gewusst. Dann haben aber alle gesagt: „Hey, Mensur kann rappen!" Und meine Lehrerin, die ist voll gechillt, ich seh die auch nicht als Lehrerin, sondern eher als Freundin, und die so: „Hey, jetzt mach mal! Hat jemand Musikbox dabei?" Jemand hatte dabei, wir schließen das an, einfach so im Klassenzimmer, wir hatten Unterricht, wir lassen so das Lied laufen und sie so: „Komm Mensur, rapp jetzt!" Ich rapp also und alle klatschen.

Und wie findet's deine Familie?

Mein Bruder, der feiert das schon. Der findet das schon gut. Meine Schwestern – ich hab zwei Schwestern – die halten sich raus, die hören auch kein Rap. Mein Vater und meine Mutter, die sind schon so 'n bisschen religiös. <u>Wenn du Musik hörst, dann ist das schon eine schlechte Tat</u>. Bei uns darf man eigentlich keine Musik hören.

Woher kommen deine Eltern?

Aus Kosovo. Also ich bin Kosovo-Albaner. Und wir sind Moslems: Lieber Koran hören als Musik machen. Ich war mal 'ne Zeit lang übel religiös. Ich hab fünfmal am Tag gebetet, hab das Rappen ganz aufgegeben. Ich hab aufgehört zu rauchen, alles, weg von der schiefen Bahn, den geraden Weg. Hab aufgehört zu rappen, nur Koran gehört, nur gebetet. Ich hab meine Eltern voll stolz gemacht. Und dann hat mir irgendwas gefehlt, genau dieses Rappen hat mir gefehlt. Immer wenn mir langweilig ist, muss ich irgendwas machen. Und dann hab ich wieder angefangen, ab da wieder Koran nicht mehr gehört, nicht mehr fünfmal am Tag gebetet. Natürlich sind meine Eltern jetzt enttäuscht. Die sagen immer: „Ey, guck mal, du hast so gut angefangen und jetzt bist du so und so. Hör doch mal auf, mach doch richtig!" Und ich so: „Ja, <u>Mama, was soll man machen? Ich kann nicht anders!</u>"

Denkst du, dass du rappen würdest, wärst du anders aufgewachsen?

Ich denke, ich hätte auch angefangen zu rappen, aber meine Texte wären nicht so krass wie heute. Ich glaub, die wären dann wirklich anders. Wär ich anders aufgewachsen, so mit Wohnung und Geld und alles, wären meine Texte nicht so krass wie jetzt, weil in den Texten schreib ich ja, was ich gesehen hab, wie ich so bin, wie ich aufgewachsen bin. Ich wüsste dann ja gar nicht, über was ich rappen sollte, weil da hätte ich ja auch nichts gesehen, hätte ich auch normale Freunde und so gehabt.

In deinen Texten schreibst du also schon von der Realität, von dem, was du wirklich gesehen hast?

Ja, aber meine Texte sind auch so 'n bisschen komisch. Ich glaub, du würdest das nicht direkt beim ersten Hören verstehen. Das ist ja so die Straßensprache, Ghettosprache.

Machst du die Musik eigentlich für dich oder willst du auch, dass das rauskommt?

Wenn ich mit paar Freunden unterwegs bin, dann sag ich: „Ey, Jungs! Ich hab 'n neuen Text, hört mal rein!" Dann rapp ich.

Auch bei dem Mama-Text?

Den Mama-Song hab ich nur für mich selber gemacht. Mein Cousin weiß, dass ich den hab. Aber wo ich jetzt in Italien war mit der Klasse, es war so 20, 21 Uhr, meine Lehrer und alle waren am Strand. Und deutsche Klassenkameraden haben extra so Gitarren mitgenommen und ich so: „Ey, blamiert doch unsere Klasse nicht!" Die spielen da so am Strand Gitarre und ich setz mich dazu. Auf jeden Fall, die haben sich so angefreundet mit paar Leuten aus Saarland, und da waren paar Typen und paar Mädchen, die haben zugehört. Auf jeden Fall: Einer, der spielt so Gitarre und der aus meiner Klasse macht so 'n Beat auf der Gitarre. Ich dacht mir: Oha, das hört sich voll geil an. Ich so zu meiner Lehrerin: „Soll ich rappen?" Die so: „Ja, komm!" Ich so: „Ey, Nico, mach noch mal den Beat und du, du machst so Melodie!" Der: „Ja, okay." Die haben direkt auf mich gehört, Alter. Und ich dacht mir so: Jetzt oder nie. Da waren Mädchen, ich darf mich nicht blamieren … Auch wenn ich 'ne Freundin hab. [lacht] Dann hab ich angefangen zu rappen, jeder klatscht und ich bin erleichtert. Dann hatte ich voll Bock zu rappen. „Hey, hat jemand Musikbox dabei?" – „Ja, du, hey, gib her!" Ich schwör, ich kannte den nicht, nehm dem seine Musikbox, mach den Beat an, rapp so und dann dachte ich so: <u>Ey, hier gibt's Deutsche und es sind Lehrer da, du darfst nicht so dreckige Texte sagen, bring einfach diesen Mama-Text raus</u>, obwohl der nur für mich ist. Ich hab mich überwunden und hab den Beat laufen lassen, scheiß drauf. „Hey, hört mal zu: Der Text geht an meine Mama, als ich Streit mit ihr hatte, hab ich den Text geschrieben." Und die ganzen, ich will die jetzt nicht beleidigen, aber die ganzen Dummköpfe, die haben alles aufgenommen! Genau diesen Mama-Song haben die aufgenommen! Und ich dachte: Okay, scheiß drauf. Und dann, nachdem ich den gerappt hab, jeder klatscht und: „Oha, voll krass! Du liebst ja deine Mutter wirklich!"

Dann hast du von denen voll die gute Rückmeldung dafür bekommen?

Ja, genau. Dann kam ein Mädchen und wollte direkt meine Nummer. Ich dacht nur: Oh, Alter, nein! Warum will die jetzt von mir Nummer? Ich hab Freundin. Aber die hat mir voll leid getan, weil die war schon süß. Also ich so: „Okay, nimm!" Aber jetzt hab ich sowieso keinen Kontakt mehr zu der. Das war halt nur für Italien, so bisschen chillen.

MENSUR: MAMA-SONG

Ich weiß es nicht Mama wie soll anfangen
Alles fing doch nur als Spaß an
Ich wollte auch so cool sein
Zuerst zugucken dran ziehen und rauch rein
Doch nein so war es nicht
Es tut mir leid ich ließ dich öfter im Stich
Mama dein Sohn wird langsam kriminell
Ich habe Angst denn ich mache auf der Straße haram Geld
Ich weiß Mama
Ich bin dumm Mama
Warum habe ich nie auf dich gehört Mama
Ich muss dir was sagen ich vermisse dich sehr
Das letzte Mal als ich dich lächeln sah ist lange her
Ich mache dich gar nicht mehr glücklich
Es tut mir leid ich nehm gar nicht mehr Rücksicht
Mama du weißt dass ich dich brauche
Das merkst du nicht weil ich öfter draußen bin als zu Hause
Und das macht dir Angst
Dein kleiner Sohn wird langsam zum großen Mann
Ich mache alles damit du ins Paradies kommst
Und das ist egal was für ein Höllenfeuer ich bekomme
Aber Mama ich verspreche dir ich werde mich ändern
An dieser Stelle möchte ich dir und Papa sagen ihr seid die besten Eltern

Bei Mädels kommt das schon gut an oder?

Ja.

Kennst du auch Mädchen, die rappen?

Mir gefallen Mädchen, die rappen, nicht.

Und warum?

Ich mein, das ist eher so ein Männer-, so ein Jungen-Ding.

Weil es so hart ist?

Ja, genau. Wie gesagt, ohne Beleidigung kann ich nicht rappen. Johanna [Mitarbeiterin in einem Jugendhaus, in dem Mensur regelmäßig verkehrt] wollte auch, dass ich über *Domino* [Name des Jugendhauses] schreib, weil wir haben da bald ein Fest. Da kommt der Bürgermeister und so. Johanna meinte: „Hey, warum rappst du nicht?" – „Johanna, ich kann keinen Song ohne Beleidigung schreiben. Das weißt du auch!" – „Ja, komm, versuch!" Ich schwör auf alles, ich hab versucht, aber es geht einfach nicht. Wenn's dann sein muss, diss ich den Bürgermeister.

Okay, keine gute Idee! Das gehört aber für dich schon zusammen: Beleidigungen und Rap.

Ja, Mensur ohne Beleidigungen – geht nicht. Geht wirklich nicht.

Du hast aber vorher auch erzählt, dass du voll nett bist und hilfsbereit. Im Alltag geht's dann schon, nur in den Texten nicht, stimmt das so?

Genau. Es gibt zwei verschiedene Mensurs. Einmal der Nicht-Rapper, der ist voll gechillt. So wie jetzt halt. Wenn ich rappe – komplett anders.

„schocken und 'n bisschen Anarchie reinzubringen, anders zu sein, nicht Schema F durchzuspielen …"

FOOSIN (19)
Anästhesietechnischer Assistent und Graffiti-Sprayer

Foosin, du sprühst. Kannst du dich noch daran erinnern, wie du dein erstes Graffiti gemalt hast?

Ja, das kann ich. Insgesamt daraufgekommen bin ich in der achten Klasse im Gymnasium. Da hab ich angefangen, auf Straßengraffitis zu achten und das dann halt auch mal ausprobiert. Vor allem hab ich zuerst mal gezeichnet. Mein erstes Graffiti hab ich dann vor drei Jahren gemalt, und zwar im besetzten Haus in der Eisenhartstraße.

Also hast du erst mal angefangen zu sketchen?

Ja. Ich hab zwei Jahre davor nur gesketcht. Am Anfang hab ich ja gar nicht gewusst: Wo kann man Dosen kaufen? Wo kann man dies, wo kann man das kaufen? Wie geht das überhaupt? Deshalb hab ich erst mal sehr viel gezeichnet. Auch grad viel vom Internet irgendwelche Buchstabenvorlagen genommen und dann die abgezeichnet, bis mir die Sachen gefallen haben, und dann hab ich mich an die Wand getraut und gesprayt. Dann kam ich so langsam in die Szene rein.

Und wie bist du zu den Leuten gekommen?

Ich bin auf die zugegangen. Weil ich gesehen hab: Cool, die machen Graffiti. Die haben alle schon ein bisschen Erfahrung gehabt und konnten mir dann meistens auch viel zeigen: Grad welche Cap für was ist, wie man nebelt, welche Farben zu welchen passen. Da hab ich einen kennengelernt bei 'ner Vernissage in 'nem besetzten Haus. Die haben da auch gesprayt. Da hab ich irgendwann mit einem geredet. Dann hat man sich ausgetauscht. Nummer ausgetauscht. Dann halt gesagt: „Joa, hey, dann treffen wir uns mal, sprayen mal zusammen." So hat's angefangen.

Würdest du sagen, du hattest ein Vorbild? So von Anfang an?

Ja, hab ich: den Looven. Der ist von hier. Und der hat mich sehr inspiriert. Mit dem hab ich auch heute noch viel zu tun. Der hat mir oft geholfen bei verschiedenen Styles, oder grad farbmäßig hat er mir oft geholfen. Hat mir viel erklärt. Hat auch meine Ansichtsweise zu Graffiti geändert. Weil er meinte: „Es ist doch scheißegal, wie Bilder aussehen. Es muss nicht anderen gefallen, es muss dir gefallen!"

Sind die Freunde, die du übers Graffiti hast, auch im normalen Leben deine Freunde?

Ja! Also es dreht sich nicht nur immer um Graffiti und ich treff sie nicht nur immer zum Sprayen, natürlich hauptsächlich zum Sprayen, aber ich hab manchmal mit denen auch gefeiert oder einfach so mal geredet.

Und wenn du dich mal erinnerst an deine ersten Graffitis … In welcher Lebenssituation hast du dich da befunden?

Ziemlich viel Stress zu Hause. Da wollte man anders sein als die Eltern. Dann waren das Zeiten, wo ich noch gekifft hab, was ich jetzt auch schon wieder aufgehört hab … Ja, wenn's Stress zu Hause gibt, dann fängt man halt irgendwas an, was einen nicht mit den Eltern verbindet, weil man anders sein will. Aber es war nicht nur, um rebellisch zu sein, es war einfach auch das Interesse. <u>Ich suchte halt 'n anderes Leben, eines, was man nicht zu Hause führt, wo man ganz anders sein kann</u>. Es geht darum, das zu repräsentieren, was man sein will. Sich ganz anders zeigen, seine eigene Kunst rauslassen.

Hat sich an deiner Persönlichkeit seitdem auch was geändert?

Das ist schwer zu sagen. Aber das Sprayen hat mir schon viel geholfen. Ich bin kreativer geworden. Früher war ich um einiges unkreativer und auch unwissender. Und dann hat man natürlich Vorurteile, wie manche Leute sind. Wie man insgesamt gegen die verschiedensten Leutegruppen Vorurteile hat, bis man sie mal kennenlernt. Und ich probier mehr aus. Ich geh mehr raus. <u>Es ist einfach wunderschön, draußen zu sein und ein Bild zu malen</u>. Was will man mehr? Freunde treffen, hab sehr viele gute Freunde kennengelernt, mit denen man nicht nur über Graffiti reden kann, sondern auch über ganz andere Sachen.

Wie oft gehst du denn malen, so ungefähr?

Also sketchen mach ich fast täglich. Malen – das ist situationsbedingt. Wenn ich viel Zeit hab und grad die Farben dazu hab, dann kann's auch mal sein, dass ich vielleicht zwei-, dreimal oder viermal in der Woche malen gehe. Manchmal mehr, manchmal weniger.

Boah, das ist ja schon viel. [beide lachen]

Hast du nie Momente, wo es dich auch ein bisschen stresst?

Ja, also oft wenn man mit der Familie Essen gegangen ist, dann bin ich nicht gekommen, weil ich halt malen war, aber weißt du, für mich es ist so was Schönes und es macht mir Spaß! Natürlich schluckt's Zeit, aber es ist Zeit, die meiner Meinung nach sinnvoll investiert ist.

Sinnvoll? Was motiviert dich denn genau?

Die Liebe zum Graffiti und auch Freunde, wenn dann halt gesagt wird: „Kommste mit malen?" Es ist einfach was, was ich gerne mach. Und das motiviert mich. Das Wetter ist super. <u>Du hast gute Laune. Du hörst gute Musik. Triffst nette Leute und dann geht man gerne malen</u>.

Aber Kritik gibt's ja sicher auch mal, oder? Wie gehst du damit um?

Es kommt darauf an, was für Kritik es ist. Wenn dann so kommt: „Oha, das sieht kacke aus!", dann ist es mir meistens komplett egal, weil ich mir denk: Es muss mir gefallen, nicht dir! Konstruktive Kritik dagegen find ich immer super. Weil man da mal sagt: „Komm! Da kannst du noch was besser machen! Hier fehlt noch was! Probieren wir beim nächsten Mal das!" Das ist super. Dann versuch ich mir auch die Ver-

KLEINES GRAFFITI-GLOSSAR

→ **BANKSY:** ein auf der ganzen Welt bekannter britischer Streetart-Künstler. Für seine Werke fertigt er Schablonen an, mit deren Hilfe er seine Bilder dann in Sekundenschnelle mit Sprayfarbe an die Wand anbringen kann. Sie sind zumeist sehr gesellschaftskritisch und sollen eine alternative Sichtweise auf politische und wirtschaftliche Themen zum Ausdruck bringen.

→ **BILD/ER:** ein fertiges Graffito an der Wand oder eine Zeichnung.

→ **CAP:** Aufsatz der Spraydose, der ausgewechselt werden kann. Es gibt verschiedene Stärken von Caps, mit denen unterschiedliche Effekte erreicht werden können. Einige zeichnen eher dünne Linien, andere sehr dicke. Letztere sind eher zum schnellen Ausmalen oder zum illegalen Malen geeignet.

→ **CREW:** Sprayer schließen sich zusammen, um in „Crews", also in Teams zu sprühen. Jede Crew hat ihren Namen und versucht, diesen gemeinsam zu verbreiten.

→ **MALEN:** nicht nur das Zeichnen auf Papier, sondern auch das Sprayen selbst. Sich anschicken, ein Graffito zu sprayen, bezeichnet man auch als „malen gehen".

→ **MASKE:** eine für den Umgang mit Spraydosen geeignete Atemschutzmaske, die schädliche Gase filtert, die beim Sprayen entstehen. Es ist dringend empfohlen, eine solche Maske zu verwenden.

→ **ROOFTOP MALEN:** das Besteigen eines großen Gebäudes, um von dessen Dach aus ein großes Graffito zu malen, das gut sichtbar ist.

→ **SKETCHEN:** Zeichnen auf Papier, also das Anfertigen einer Skizze.

→ **STREETART:** die nichtkommerzielle Kunst jeglicher Art, die im öffentlichen Raum angebracht wird und damit für alle Menschen zugänglich sein soll. Im Unterschied zu Graffiti legt diese Kunstrichtung einen größeren Schwerpunkt auf den Bildanteil – dagegen Graffiti hauptsächlich auf die Schrift – und darauf, den Menschen etwas mitzuteilen. Oft sind die Kunstwerke gesellschaftskritisch und sollen zum Nachdenken anregen. Es werden die unterschiedlichsten Materialien und Techniken verwendet. Graffiti wird in der heutigen Zeit auch oft zu Streetart gezählt, wobei sich die meisten Graffitikünstler davon eher abgrenzen.

→ **TAGEN:** Das „tag" ist das persönliche Zeichen bzw. die Unterschrift des Sprayers. Unter „taggen" versteht man das Verbreiten dieses Schriftzugs in der Stadt. Mit Lackstiften oder Edding wird das „tag" schnell an verschiedenen Orten angebracht, um so den eigenen Namen bekannt zu machen.

besserungsvorschläge zu Herzen zu nehmen.

Ist es dir auch wichtig, Lob zu bekommen und dass deine Bilder gesehen werden?

Natürlich: Wenn ich ein schönes Bild gemacht hab, find ich's toll, wenn's Leute sehen und sich darüber freuen! Aber ich bin nicht drauf angewiesen. Es ist mir auch sehr egal, wie viele Leute mich vom Namen her kennen. Mich könnte auch niemand kennen und ich hätte trotzdem meinen Spaß dran. Es geht nicht darum, super berühmt zu sein. Es geht mir um meinen Spaß, mich mit Freunden zu treffen ...

Und in welcher Situation gehst du am liebsten malen? Wie muss so ein schöner Tag zum Malen aussehen?

Schönes Wetter, Sonne, gute Laune, gut geschlafen. Einfach schöne Farben dabei, die Leute passen, gute Musik. Dann macht's am meisten Spaß. Nicht wie im Winter, wenn einem die Hände abfrieren, sondern wenn die Streiche einfach schnell trocknet, alles super läuft, die Farben super stimmen. Das ist einfach das Perfekte! Und wenn du nicht mit Restdosen sprayen musst, sondern wenn man genug von allem hat, wenn man eher noch was übrig hat. Das ist echt das perfekte Bild von Graffiti für mich.

Okay, und was machst du sonst so, also als Hobby? Hast du noch weitere?

Das ist immer die schlimmste Frage nach Hobbys. Ich treff gern Freunde, Stocherkahn fahren, ich geh ins Fitnessstudio, essen, Computer spielen, zeichnen, nicht nur Graffitis, sondern auch Mandalas oder irgendwelche Leinwände ...

Würdest du sagen, dass irgendeins von diesen Hobbys für dich den gleichen Stellenwert oder sogar mehr einnimmt als Graffiti?

Nee. Graffiti dominiert bei mir wirklich sehr meine Freizeit. Es ist wirklich was, wo ich am meisten Zeit reinstecke und was ich am meisten liebe, weil es einfach sehr wichtig ist.

Wenn du dir jetzt vorstellst, dass du gar nicht mehr malen dürftest. Das ganze Graffiti würde jetzt auf einmal weg sein. Was würde sich dann für dich verändern?

Ich wäre wahrscheinlich sehr, sehr traurig, weil's ja doch immer ein Teil von meinem Leben ist. Ich würde mir Mittel und Wege suchen, es trotzdem weiterzumachen. Das ist was, das gibt man nicht so schnell auf. Das will man auch weitermachen. Ich glaub, da würd ich auch 'ne ganz andere Person werden, weil man dann auch den Kontakt zu den Freunden verliert, weil man sich auch oft durchs Sprayen sieht. Das wäre halt einfach schade.

Da würde fast schon ein Stück von deiner Identität weggehen?

Genau, das ist wirklich eine der Sachen. Wir hatten in der Schule zu Weihnachten so 'ne Aktion „Was toll an dir ist", so Komplimente. Da stand dann fünfmal für mich drauf: Du kannst toll malen. Es ist halt schon so: Die meisten Leute, wenn sie an mich denken, denken erst mal ans Malen, weil's mich am meisten auszeichnet. Genau. Es prägt mich doch sehr.

Was sagt deine Familie dazu, dass du sprayst?

Am Anfang fanden sie das natürlich scheiße: „Bla, bla, bla, Graffiti ist ja nur Vandalismus, ist doch eh alles nur hässlich, ist doch eh nur giftig! Es ist ganz schädlich!" Mittlerweile finden sie es selber cool. Manchmal wollen sie auch, dass ich ihnen was male. <u>Inzwischen haben sie es akzeptiert, weil das ein Ding ist, was man mir sowieso nicht wegnehmen kann</u>. Wenn sie es verbieten würden, fände ich trotzdem meine Wege, es weiterzumachen, weil's einfach schon ein zu großer Teil von mir geworden ist. <u>Weil mein Herz für Graffiti schlägt!</u>

Gab's denn viele Konflikte mit deinen Eltern deswegen?

Ja. Es hieß oft: „Ha, darfst nicht mehr weggehen!" Oder wenn ich Dosen zu Hause hatte, wurden die weggeschmissen. Aber dann hab ich mir halt neue gekauft. Ich hatte nicht viel Geld, aber es hat mich nicht aufgehalten. Es gab oft Ärger, auch wegen der Maske. Aber irgendwann hat mir dann meine Mutter 'ne Maske gekauft. Hat dann extra nachgeschaut, damit's 'ne richtige ist, damit's auch die richtigen Schadstoffe rausfiltert. Dann haben sie's akzeptiert und meinten: „Ja, da kannste doch mal was machen! Mal mir doch mal was Schönes!" Dann hat sich das alles gelegt.

Nun weiß man ja, dass das Malen auf gewissen Wänden legal ist, aber auf dem Hauptteil eigentlich nicht. Hast du auch schon illegal gemalt?

Ja, hab ich, und nein, mach ich nicht mehr, weil es mir einfach zu stressig ist. Ein richtig gutes Graffiti braucht einfach Zeit, damit man sich Zeit für Effekte nehmen kann. Und ich find's einfach schöner, wenn man an 'nem sonnigen Tag ganz in Ruhe malen kann als unter Hektik und ich keine Angst haben muss: Oh, jetzt kommt gleich jemand. Jetzt werde ich gleich erwischt. Manche machen's wegen dem Adrenalinkick. Das brauch ich nicht. Ich will ja meinen Spaß und der soll ja möglichst lang erhalten bleiben.

Hast du schon legal angefangen oder doch eher illegal?

Wie 90 Prozent der Sprayer habe ich auch illegal angefangen und bin dann ins Legale übergegangen. Hab aber nie wirklich Bilder gemalt, war dann eher taggen.

Und was hat dich gereizt am illegalen Malen am Anfang?

Der Adrenalinkick, wenn man durch die Stadt läuft und seinen Namen sieht und dann die Leute so: „Boah, guck mal da! Wer hat das gemacht? Wie ist man da hingekommen?" Grad wenn man ein Rooftop malt oder so. Ein bisschen auch die Bewunderung von den Leuten. Kann man nicht beschreiben, wenn man's nicht kennt.

Gab's in der illegalen Zeit für dich auch schon mal Konflikte mit der Polizei oder sonst irgendwas?

Nee, zum Glück nie. Aber ein Freund von mir wurde erwischt und das war dann die Zeit für mich, wo ich gesagt hab: „Nee, das muss nicht mehr sein." Ich konnte am Anfang auch nicht mal die legalen Flächen. Waren zu schlecht ausgeschildert.

Hattet ihr bestimmte Orte im Auge beim illegalen Malen?

Ich habe nie bestimmte Orte ausgeguckt. Ich hab nur geschaut: Wo sieht's gut aus, wo sehen's vielleicht viele Leute, wo hab ich meine Ruhe und wo schaut grad niemand hin? Nen Tag setzen kann man innerhalb von zwei Sekunden, schnell auf dem Stromkasten was hinterlassen, auf dem Zigarettenautomaten und so. Und dann mal noch

kurz 'nen Sticker hinkleben. Das geht ja super schnell: Man läuft vorbei und klatscht das kurz hin. Mal wieder den Namen in der Stadt zu verbreiten, 'n bisschen die Polizei ärgern, also einfach ein bisschen „Fuck-the-system"-mäßig.

Aber da ging's dir noch nicht so groß um Kunst, oder?

Nein, da ging's mir eigentlich mehr drum, die andern zu schocken und 'n bisschen Anarchie reinzubringen, anders zu sein, nicht Schema F durchzuspielen und immer der Gleiche zu sein und super gerade geschnitzt zu werden und so zu sein wie alle. <u>Ich wollte anders sein als die anderen</u>. Mich halt irgendwie von den anderen absetzen durch solche Aktionen.

Wie kam es dann dazu, dass du gesagt hast: „Ich konzentrier mich jetzt eher auf meine Kunst. Will mehr Zeit haben beim Malen."?

Hat einfach mehr Spaß gemacht. In der Sonne noch zu sitzen und sich das anzuschauen, nicht die ganze Zeit unter Strom zu stehen, sondern einfach mal entspannt hinzugehen, anzufangen, halbe Stunde Pause machen, nichts tun, reden und dann wieder weitermachen.

Und was denkst du jetzt über die Leute, die illegal malen?

Halb-halb. Manche respektier ich. Ich find's cool, dass es die Leute noch machen. **Es gehört einfach in 'ner Stadt dazu, find ich. Ne Stadt ohne Graffiti ist langweilig**, da hat man nichts zu sehen beim Zugfahren, beim Busfahren oder durch die Stadt laufen. Es definiert das Bild der Stadt. Es zeigt halt auch: Hier sind nicht nur Studenten oder eingeschnappte Schnösel, die Jura studieren. [beide lachen]

Also gut: Probleme mit der Polizei hattest du selber noch nie. Auch keine weiteren Konflikte, zum Beispiel mit anderen Crews?

Nee. Ja gut, es gab ab und zu mal Ärger, weil mich einer übermalt hat. Dann hab ich ihn wieder übermalt, aber nie wirklich 'ne große Auseinandersetzung. Es ist immer nur so passiert, und irgendwann lernt man halt: Okay, mach ich was Neues drüber, ist mir egal. Sollte man nicht so 'nen großen Wert drauf legen, weil Kunst ist vergänglich.

Sollte deiner Meinung nach Graffiti legal sein?

Es sollte mehr legale Flächen geben, denn wenn's mehr legale Flächen gibt, warum sollt ich mir den Stress antun, erwischt werden zu können? Und es gibt ja auch viele Sachen, die sind halt Kunst. Da kann man sich drüber streiten.

Manche finden Picasso schön, andere finden ihn scheiße. So ist das. Da wird's, glaub ich, immer Streit geben.

Graffiti ist ja quasi Streetart, auf jeden Fall in der Straße und für alle Menschen sichtbar. Was willst du mit deinen Graffitis den Leuten dort zeigen, ihnen mitteilen?

Ein anderes Ansichtsbild. Damit sie nicht immer nur ihre eigene Meinung sehen, sondern mal Meinungen von anderen sehen, einfach mal andere Sachen hören, sich vielleicht mal andere Sachen anhören, auch mal überlegen, was Neues zu tun, was Neues auszuprobieren. Eigentlich aber tu ich mit meinen Bildern nicht groß Sachen verbreiten. Ich hab Spaß dran. Ich verfolg da nicht gewisse politische Ziele, sodass ich sag: „Wählt die Partei, die ist toll!" Ich versuch nur, meinen Spaß zu haben und es zu genießen.

Und was denkst du über Leute, die immer so 'ne Message quasi mitteilen?

Find ich cool, aber alles davon halt ich nicht für Graffiti. Grad Banksy hat echt viele coole Sachen gemacht, aber das ist für mich mehr Streetart als Graffiti, weil's wirklich mehr 'ne politische Meinung ausdrückt. Graffiti ist für mich meistens eigentlich eher Buchstaben oder Characters. Stencils kann man natürlich auch als Graffiti sehen, aber die sind für mich auch mehr Streetart. Ich würd nicht sagen, dass ich Streetart mach. Mit Streetart wollen die Leute meist auch noch ihr Zeug verkaufen und darum geht's mir nicht. Ich verfolg keine Ziele dahinter außer Spaß.

Würdest du sagen, es ist eine Lebenseinstellung?

Das ist mehr ein Lebensstil. Wie manche gerne Fahrradfahren gehen, geh ich halt gerne an die Wand sprayen.

Und das Hobby zum Beruf machen – was denkst du darüber? Kannst du dir das vorstellen?

Ich kann es mir nicht so recht vorstellen, denn wenn man irgendwas immer und viel zu viel macht, nur noch die ganze Zeit, dann wird das auf die Dauer langweilig. Man braucht Abwechslung im Leben. Ich mach beruflich was komplett anderes. Wenn ich so an der Wand steh dagegen, find ich's super, weil ich halt einfach machen kann, was ich will. Niemand schreibt dir etwas vor. Ist einfach schön, die Freiheit zu genießen, was man halt oft im Leben einfach nicht mehr machen kann. Einfach mal was selber machen, immer neue Sachen entdecken. Oder auch mal Leute zu inspirieren, aufzumuntern. Und Leute zu verbinden und nicht so Abgrenzungen zu ziehen, weil's ja scheißegal ist, aus welcher Schicht man kommt. Auch alterstechnisch: Ich hab viele Freunde, die sind wesentlich älter als ich und sprayen. Und mit denen versteh ich mich trotzdem super gut. Da ist es mir ziemlich egal, wie alt sie sind, weil's Sprayen einfach verbindet.

Glaubst du, dass das Malen 'ne Phase ist, oder wirst du das für immer machen?

Es ist nicht nur 'ne Phase. Ich glaub, das ist so was, was ich wirklich sehr lange machen werd. Was ich auch irgendwann meinen Kindern mal zeigen werd. Weil's mich wirklich schon durch viele Situationen begleitet hat. Durch gute Zeiten, durch schlechte Zeiten. Es ist ein Teil von mir geworden und den will ich auch nicht loslassen. Warum sollte ich was aufhören, was mir Spaß macht?

Graffiti – dafür lohnt es sich zu leben?

Ich find, <u>es lohnt sich nicht, für Geld und Ruhm zu leben</u>. Es lohnt sich, zu leben, um Spaß zu haben, um zu genießen, um neue Sachen zu erleben. Man lebt nur einmal. Man sollte Sachen ausprobieren, die einen interessieren, und es sich so gut gehen lassen, wie es geht. Auch nicht nur immer an sich selbst denken, auch anderen Leuten helfen, auch mal deren Leben schöner machen – dafür lohnt es sich. Gutes tun – und Gutes hoffentlich wiederbekommen.

> „Ich glaub daran, dass jeder Mensch irgend 'ne Leidenschaft in sich hat und die auch irgendwann findet."

IDA (19)
Schülerin, macht Breakdance

Ida, du bist Breakerin. Erzähl doch mal: Wie bist du denn dazu gekommen?

Mit drei Jahren hab ich angefangen zu tanzen, Ballett. Bis ich zehn war. Später wollt ich aber weitermachen mit Tanzen und hab mich halt so in die Hip-Hop-Richtung entwickelt: Newstyle Hip-Hop. Das fand ich aber bald nicht mehr so cool und war dann, weil mein Onkel auch gerappt und gebreaked hat, mit ihm auf einem Breakdance-Battle. Fand das cool und hab dann geschaut, wo gibt's Breakdance-Unterricht, und damit angefangen. So hab ich in die Szene gefunden. 14 Jahre war ich da. Seit zwei Jahren tanz ich auch wieder Popping und Locking, die ganzen Streetdance-Sachen.

Bist du da allein draufgekommen oder hattest du Freunde, die das gemacht haben?

Ich hab allein angefangen, dann meine Freunde aus der Schule ein bisschen mit, aber die meisten haben mittlerweile aufgehört. Und dann hab ich eben ein paar Leute durchs Breakdancen kennengelernt, mit denen ich jetzt gut befreundet bin.

Gab's auch Vorbilder, die dich dazu gebracht haben?

Also mein Trainer Thomas Stark, der hat mich auf jeden Fall dazu gebracht, weiterzumachen. Der war der, der mich da so gefesselt hat mit Breakdancen. Und mein Onkel hat eben gerappt, mein Bruder hat Rap-Musik gehört. Meine Mutter hat auch Hip-Hop-Musik gehört. Deswegen ging ich schon immer so ein bisschen in die Hip-Hop-Richtung.

Was macht Breaken denn für dich besonders im Vergleich zu anderen Tanzrichtungen?

Ich find beim Breaken cool, dass du alle Tanzrichtungen reinbringen kannst. Ich hab zum Beispiel ein paar Ballettsachen von früher drin. Pirouetten, ein paar

Newstyle-Sachen nehm ich immer. Ich geh auch jetzt noch auf Workshops, nehm die auf und verpack sie in meinen Breakdance. Ich kann Powermoves und Freezes vom Breakdance reinbringen. Es ist so extrem vielfältig. Das ist bei anderen Tanzarten nicht so. Bei Ballett fand ich immer blöd, dass alles total steif ist und du genau machen musst, was der Lehrer sagt. Es ist für mich nicht wirklich dieses freie Tanzen. Und Newstyle Hip-Hop ist auch ein bisschen eingeschränkt, weil du meistens nur oben bist, du hast nicht viel auf dem Boden wie beim Breakdance, wo du Footworks hast. Beim Breakdancen kannst du dich komplett entfalten.

Ist der Hip-Hop für dich auch ein Lebensstil? Hat er viel Bedeutung in deinem Leben?

Ja, auf jeden Fall. Ich hör sehr viel Hip-Hop. Eigentlich nur Hip-Hop-Musik. Auch Jazz und Blues ein bisschen, aber vor allem Hip-Hop-Musik. Und ich hab auch 'ne Jahresarbeit gemacht über die Hip-Hop-Kultur. Hab mich da so voll reingelesen, weil ich mich einfach auch dafür interessier, wo es herkommt. Ja, ist mittlerweile auf jeden Fall Teil meines Lebens, auf jeden Fall ein Lebensstil geworden. <u>Es ist nicht nur Hobby, sondern Leidenschaft.</u>

Wie hast du das dann alles gelernt? Wie hast du dich informiert?

Ich hab mich mit älteren Leuten von der Szene unterhalten, sehr viel. Grad mit einem alten Oldschool-Rapper, mit meinem Onkel und mit den Leuten aus der Breakdance-Szene, und hab dadurch Informationen gesammelt. Auch Internet, Filme, wie man's halt macht.

Und das Tanzen?

Das eben durchs Jugendhaus, dort viel getanzt und mit den erfahrenen Leuten ausgetauscht. Auch durch auf Battles gehen und die Leute anschauen, um zu gucken, was die so machen. Und wenn ich irgendwas Cooles gesehen hab, dann merkte ich mir, wer das war, und hab danach gefragt so: „Hey, kannst du mir vielleicht das zeigen? Du hast da so was gemacht, wo du getanzt hast."

Breakdance ist ja etwas, was als etwas eher Männliches angesehen wird. Wie bist du da aufgenommen worden?

Aufgenommen wurde ich immer sehr gut. Es war nie ein Problem eigentlich. Die Leute finden es cool, wenn auch ein Mädchen mal Breakdance tanzt. Aber man merkt sehr, dass es eine männliche Sportart ist, weil eben auch fast keine Mädchen dabei sind. Oder wenn ein Mädchen mal kommt, dann macht es das zwei Monate und dann ist es ihr zu schwierig oder sie traut sich nicht vor den ganzen …, weil einfach nur Männer da sind, auch im Training. Deshalb bleibt das immer noch in der Männerszene. Wobei mittlerweile auch sehr viele Frauen da reinkommen. <u>Aber vor drei Jahren noch, da war ich wirklich das einzige Mädchen auf Meisterschaften.</u> [lacht] Mittlerweile kommen schon mehr.

Und was ist das Schwierige für eine Frau, da reinzukommen?

Erstens geben viele schnell auf, weil sie einfach sagen, sie können das nicht, weil sie nicht so Muskeln haben, was natürlich nicht stimmt. Denn du kannst das auch als Frau machen. Und viele sind einfach sehr schüchtern. Wenn so muskulöse Männer neben einem stehen und meistens noch im Sommer dann oben ohne, da werden halt viele ein bisschen eingeschüchtert. Man cycled ja immer. Also man steht im Kreis und geht dann nacheinander rein zum Training. Und dann gehen sie nicht rein, weil sie sich klein vorkommen. [lacht] Mir ging's auch am Anfang so, dass ich mich nicht getraut hab, aber irgendwann kommt man rein und ist Teil der Gruppe.

NEW STYLE HIP-HOP

Dieser Tanzstil entstand in den 1990er Jahren, er basiert auf den Oldschool-Stilen des Hip-Hop, also Breakdance, Popping und Locking, lässt aber das Improvisieren und Bodenpositionen beiseite. Stattdessen sind die Choreographien synchronisiert. Sie sind ausgerichtet, um in Videos, auf Konzerten oder sonstigen Veranstaltungen vorgeführt zu werden.

- **POPPING:** Popping ist neben Bboying und Locking einer der Grundtanzstile des Breakdance. Dieser Stil besteht aus roboterähnlichen mechanischen Bewegungen, die durch Muskelan- und -entspannung ausgeführt werden.

- **LOCKING:** Dieser Tanzstil ist im Gegensatz zum Popping deutlich dynamischer. Die Bewegungen sind sehr groß, teilweise übertrieben und werden mit viel Ausdruck getanzt.

- **POWERMOVES:** Powermoves ist ein Element des Bboying. Diese Bewegungen sind sehr akrobatisch und oft mit Drehungen verbunden.

- **BBOYING/BGIRLING:** Bboying wird heute im Volksmund als Breakdance bezeichnet. Bgirling ist der Ausdruck dafür, wenn Frauen diesen Tanzstil ausführen.

- **FREEZES:** Freezes sind ein weiteres Element des Bboyings/Bgirlings. Hier sind Posen gemeint, in denen Tanzende verharren. Diese sollen möglichst eindrucksvoll aussehen.

- **BATTLES:** Bei Breakdance-Battles treten einzelne Tanzende oder ganze Teams gegeneinander an. Eine Jury entscheidet, wer die besseren Moves getanzt hat.

- **BATTLE OF THE YEAR:** Battle of the Year ist sozusagen die Olympiade des Breakdance, also das größte und wichtigste Battle. Es wird einmal im Jahr auf nationaler und internationaler Ebene durchgeführt.

- **CYCLEN:** Bei Battles und auch im Training stehen die Tanzenden im Kreis. Nach und nach geht eine Person in den Kreis und tanzt ihr Set.

Hip-Hop for Hope: *www.hiphop4hope.com*

Macht dann auch keinen Unterschied mehr, ob du jetzt Mann oder Frau bist.

Also da braucht man dann schon relativ viel Selbstbewusstsein.

Ja, aber man sammelt auch viel Selbstwert. <u>Ich bin viel selbstbewusster geworden durch Breakdance</u>. Grad auch durch Battles. Wenn man da teilnimmt, wird man mit jedem Battle immer selbstbewusster. Wenn man dann auch Feedback bekommt, dass man gut ist, dann wird man automatisch immer selbstbewusster. Breaken stärkt die Persönlichkeit.

Warst du immer schon eine Person, die sich viel traut und viel ausprobiert oder kam das erst mit der Zeit?

Trauen ja. Also als Kind irgendwo hochgeklettert und Scheiße gebaut. Aber so gegenüber Menschen bin ich durch Breakdance selbstsicherer geworden. Davor hab ich mich nicht getraut, Menschen direkt anzusprechen. Es ist auf jeden Fall so, dass ich mehr aus mir rausgekommen bin, selbst so meine Persönlichkeit charakterisiert hab. So mehr zu mir selbst gefunden hab.

Wie oft trainierst du denn so?

Ich trainier fünf- bis sechsmal die Woche, jeweils zwei bis drei Stunden. Manchmal natürlich auch weniger. Kommt drauf an, wie viel Zeit ich hab.

Wenn du so viel trainierst: Hast du dann auch bestimmt Ziele, auf die du hinarbeitest?

Ja, immer so Meisterschaften oder manchmal auch Battles. Aber da trainier ich nicht wirklich drauf hin, ich tanz einfach nur und will mich selbst verbessern. Hab so Ziele wie: In zwei Wochen will ich jetzt den und den Move können. Nur wenn's ein ganz großes Battle oder 'ne Show ist, dann trainiert man schon drauf. Jetzt zum Beispiel hatte ich 'ne Audition im März, da hab ich natürlich drauf trainiert, weil ich dafür 'ne Show vorbereiten musste. Ich hab da 'ne Show aus verschiedenen Tanzstilen kombiniert.

Gibt es irgendetwas, das du erreicht hast und auf das du besonders stolz bist?

Ich wurde in Zürich angenommen, bei einer Bühnentanzhochschule. Da bin ich stolz drauf.

Das würde jetzt nach deinem Abi kommen?

Genau, im August fängt's an. Und ich hab beim Battle of the Year, das ist das größte Breakdance-Battle weltweit, national mitgemacht. Das war richtig cool. Da machen nur die Besten von Deutschland mit.

Ist es dir wichtig, dich mit anderen Leuten zu messen? Gehört das für dich da dazu?

Vor 'n paar Jahren hat es für mich auf jeden Fall dazugehört, da bin ich auch wirklich sehr oft auf Battles gegangen. Mittlerweile tanz ich lieber für mich und verbesser mich für mich. Ich geh immer noch gerne auf Battles und mess mich manchmal mit den Leuten, auch weil's mir Spaß macht und um die Leute wiederzusehen, die man von Battles kennt. Manchmal so zeigen, was man kann. Sich mit den Leuten messen, macht unglaublich Spaß. Ich mag auch voll diese Battle-Attitude, aber mittlerweile eher für mich selbst. Wenn ich drei Tage nicht getanzt hab, bin ich die ganze Zeit so … Woaaaaaaah! [lacht]

Hast du auch noch andere Hobbys?

Ich spiel manchmal Saxophon, so rumtüdeln mehr. Ich hatte mal ein Pferd und bin regelmäßig ausgeritten mit dem, aber das musste alles zurückweichen. Ich hab alles runtergestuft und hab jetzt halt Breakdance, sodass ich jetzt eigentlich nur noch tanze.

Also gibt es nichts, was dir gleich wichtig oder sogar wichtiger ist als Breakdance?

Nö. Ich glaub nicht.

Wenn du dir jetzt mal vorstellst, es würde das Tanzen gar nicht mehr geben in deinem Leben. Was würde sich dann verändern?

Viel. Sehr viel. Also ich wüsste erst mal gar nicht, was ich überhaupt machen sollte. Klar, vielleicht wär ich besser in der Schule, definitiv, weil ich nicht statt in die Schule zu gehen oder statt Hausaufgaben zu machen getanzt hätte oder auf Battles gefahren wäre. Aber vielleicht hätte ich mich irgendwo anders reingefressen und mich darin gefunden. Aber <u>ich könnt mir keine Welt mehr ohne Tanzen vorstellen</u>. Ich wüsst nicht, was

ich da machen würde, auch jetzt nach der Schule.

Du hast dann also vor, das Tanzen zu deinem Beruf zu machen?

Ja, genau. Ich geh auf die Bühnentanzhochschule in Zürich und dann mal schauen. Wenn sich was ergibt, nehm ich das natürlich sehr gerne an, aber wenn nicht, dann halt nicht. Dann hab ich immer noch genug Zeit, um mir was anderes zu suchen. Aber es ist auf jeden Fall ein Traum von mir, vom Tanzen zu leben, was natürlich ein sehr großer Traum ist, weil es sehr schwierig ist.

Kommen wir noch mal zu deinen Freunden. Wie sieht denn dein Freundeskreis momentan so aus?

Ist sehr klein, aber ein sehr guter Freundeskreis. Ich hab die ganzen Breaker, also die Leute, mit denen ich trainier, die Crew, und die Leute aus Tübingen, mit denen ich mich auch abends mal nach dem Training treffe. Aus dem ganzen Hip-Hop-Bereich kenn ich Leute: Mein Freund rappt, die ganzen Freunde von ihm, die Rapper-Freunde sind auch in meinem Freundeskreis und dann noch so ein paar vereinzelte Schulfreunde, so zwei, drei. 98 Prozent Hip-Hop-Szene sind mein Freundeskreis.

Du hast eben gesagt, du hast auch eine Crew.

Ja, genau. Einmal tanz ich mit den *Battle Toys* zusammen, wo auch mein Trainer mit dabei ist. Daneben haben wir hier in Tübingen 'ne kleine Crew, mit der wir auf Battles gehen. Nur Männer.

Bist du dann nicht manchmal einsam so als einzige Frau? [lacht]

Nö. Ich hab auch fast nur männliche Freunde. Ich weiß nicht, ob es daran liegt, dass ich in der Breakdance-Szene bin oder … keine Ahnung.

Hat deine Familie dich da von Anfang an unterstützt?

Die haben mich alle unterstützt, ja. Die waren immer vollkommen dahinter und stolz.

Gehen die dann auch mal mit auf Battles?

Ja. Und das war mir auch nie peinlich oder so. Nie.

Wann tanzt du denn am liebsten? In welchen Situationen? Zu welcher Musik?

Wenn ich gestresst bin, tanz ich sehr gerne. Auch nicht nur zu Hip-Hop-Musik oder zu Breakdance-Beats, sondern auch manchmal zu klassischer Musik. Je nachdem, wie meine Stimmung ist. Manchmal zu irgendwelchen traurigen Vokalliedern. <u>Wenn's mir schlecht geht, tanz ich auch gerne, um einfach mal das rauszulassen. Wenn ich glücklich bin, tanz ich aber auch.</u> [lacht] Ja, am liebsten, wenn ich ganz krasse Gefühle hab. Dann ist es nicht nur Training. Manchmal hab ich auch diese Tage, wo ich einfach dieses Feeling tanz. Wirklich nur Gefühle und weniger Technik vom Tanz.

Was macht Hip-Hop für dich aus – in solchen Situationen und überhaupt?

Was ich schön finde, ist, dass, egal in welchem Element von Hip-Hop du bist, ob in der Musik oder im Tanz, oder ob du sprayst oder DJing oder Battles machst, es ist irgendwie so eine Gemeinschaft immer. Gerad bei so kleinen Battles ist es familiär. Es ist einfach wie ein kleines Familientreffen. Aber auch bei ganz großen Battles, zum Beispiel dem Battle of the Year, da war es extrem krass: War eine Riesenhalle mit 10.000 Menschen und trotzdem gehst du rein und es ist eine Gemeinschaft irgendwie, also du hast dieses Gemeinschaftsgefühl immer. Und ich find's auch schön, dass du immer in Hip-Hop reinfinden kannst. Ob du lieber Musik machst, lieber malst, sprayst oder tanzt: Ist für jeden was dabei, jeder kann da was finden, was ihn begeistert. Und ich hab noch nie erlebt, dass ich bei irgendeiner Hip-Hop-Veranstaltung blöd angemacht wurde, sondern man wird immer herzlich aufgenommen und ist immer hilfsbereit.

Gut, wenn wir jetzt noch ein bisschen zu deiner Zukunft kommen … Was ist denn so das größte Ziel, dass du mit Breakdance erreichen möchtest?

Was richtig cool wäre, wär mal beim International Battle of the Year mitzumachen. Und was ich auch sehr cool fände, wenn ich deutschlandweit so ein bisschen bekannter wär, also so unter der Szene: Boah krass, Ida Winter! [lacht]. Ich will Leute begeistern mit dem, was ich mach, dass ich Leute fesseln kann, dass die auch vielleicht sich da reinfinden und dann auch so die Leidenschaft und die Liebe dazu entwickeln, fänd ich sehr schön.

Glaubst du, dass das Tanzen nur so eine Phase sein wird in deiner Jugend oder dass sich das durch dein ganzes Leben ziehen wird?

Das ist definitiv nicht nur eine Phase meiner Jugend. Klar wird man irgendwann älter, man kann nicht mehr so viel tanzen, aber <u>es wird auf jeden Fall immer ein Teil von mir bleiben</u>. Ich werde, solang ich die Möglichkeit habe, immer tanzen. Solang ich mir nicht meine Beine breche. Und falls doch, dann tanz ich halt mit meinem Oberkörper! [lacht]

Und wenn alles glatt geht, was wär deine Wunschvorstellung für die Zukunft?

Was ich sehr gerne machen würde, wenn ich mein Studium fertig hab, ist so ein bisschen rumreisen, auf Battles gehen, Workshops geben, international Shows tanzen, wie eine bekannte Hip-Hop-Gruppe. Das würd ich gerne so zwei, drei Jahre lang machen, und dann würd ich sehr gerne eine Tanzschule aufmachen, einfach mein Wissen weitergeben, dass die nächste Generation auch was davon hat. Was ich auch sehr cool finde, wo ich auch vielleicht mitmachen will: Es gibt <u>Hip-Hop 4 hope</u>. Das ist auf den Philippinen. Die helfen durch Hip-Hop, also durch Tanzen, Sprayen und so <u>… die helfen den Kindern von der Straße</u>, sodass sie ein Hobby haben, geben dann Tanzunterricht und dann tanzen die … Immer mal wieder da hinreisen, den Kindern Unterricht geben, das find ich auch sehr cool. Da würd ich gern mal hin.

Für so was, denkst du, lohnt es sich zu leben?

Ja, zu leben, damit man für andere da ist und so sein Glück findet. Was ich jetzt durch Tanzen gefunden hab. Ich glaub daran, dass jeder Mensch irgend 'ne Leidenschaft in sich hat und die auch irgendwann findet. Manche finden sie erst mit sechzig, manche finden sie schon früher. Ich glaub, dass kein Mensch einfach nur lebt und irgend 'nen Beruf macht, der ihm keinen Spaß macht, und dann sein ganzes Leben so verbringt. Ich glaub, dass irgendwann halt irgendwas kommt.

„Sinn macht es, wenn es ein Paradox gibt, wenn es Reibepunkte gibt, eben nicht die absolute Freiheit, die total eben ist."

PHILIPP (22)
studiert Sprechkunst und Sprecherziehung, arbeitet als Sprecher, Regisseur und Kommunikationstrainer

Philipp, erzähl doch mal bitte, was du gerade so als kreativer Mensch machst.

Ich bin im Verein Kunstdruck e. V. aktiv. Den habe ich 2013 gegründet und der macht Theaterproduktionen mit Autodidakten einerseits und professionellen Künstlern und Künstlerinnen andererseits. Wir machen das so, um die Schwelle, die in der darstellenden Kunst sehr stark ist zwischen denen, die eine Ausbildung haben, und denen, die keine haben, ein bisschen zu überwinden. Unser Motto ist: <u>Es geht nicht darum, was man bisher gemacht hat, sondern darum, was man jetzt tut</u>. Der zweite Teil meiner Aktivitäten ist Festivalmanagement. Wir organisieren zum Beispiel jetzt gerade ein Straßenkunstfestival in Esslingen. In einer eher konservativen Stadt ist das was ganz Neues. Man merkt es schon beim Telefonat mit dem Ordnungsamt: Das ist keiner gewohnt und keiner versteht es. „Eine Skulptur in der Fußgängerzone? Das geht nicht. Und überhaupt: Was bringt das? [lacht] Das geht nicht!" Und dann arbeite ich zum Dritten als Sprecher für Hörbücher und Features, also Fernsehen und Hörfunk. Schließlich biete ich viertens noch freiberuflich Sprecherziehung an und mache Coachings im Bereich Sprech- und Rhetoriktraining für verschiedenste Leute: Für Schüler, Studenten und für die Wirtschaft. Jede Führungskraft will Smalltalk-Training.

Puh, du hast viel zu tun und bist anscheinend ziemlich ausgebucht! [lacht]

Ja, es sind viele verschiedene Bereiche. Und es funktioniert auch nur deshalb, weil ein Ausgleich da ist: Also, wenn ich dann wieder vier Tage Coaching hatte mit BWL-Typen, so Unternehmensberatern, dann denk ich mir: Ihr seid doch alle gestört. Ich bin dann froh, dass ich mich anschließend wieder Künstlern zuwenden darf, denk dann aber auch wieder: Oh Mann, genauso verrückt! Nur andersrum! [beide lachen]

Dann interessiert mich jetzt mal zuerst dein Theaterspielen. Wann hast du damit angefangen?

Schon in der Grundschule. Damals haben wir ein sogenanntes Frühlingstheater gemacht. Es war spannend und hat irgendwie bei mir was angeklickt. Wohl auch deshalb habe ich mich in der vierten Klasse bei der Landesbühne in Esslingen für den Spielclub beworben. Da spielt man einmal in der Woche ein bisschen nettes Theater. Aber dann hat es in der achten Klasse richtig intensiv angefangen, als das Projekt *Die Räuber* noch zusätzlich dazukam. Das war auch ein Projekt von der Landesbühne, für das aber wirklich gecastet wurde. Ich bin da richtig reingesprungen. Da wurde ich regelrecht gebraucht und das war eine sehr gute Motivation für mich. Da waren vier, fünf Tage die Woche Proben, Schule wurde dann nebensächlich und das Wochenende war natürlich voll. Ich hatte eine sehr kleine Rolle, arbeitete aber mit professionellen Schauspielern zusammen. Das war schon spannend und ich bin froh, dass ich es durchgezogen hab. Auch die Schule mal zur Seite zu stellen, war schon gut. Und in der Oberstufe gegen unseren Klassenlehrer mit seinem Spruch: „Ihr Hauptberuf ist immer noch Schüler!" anzukämpfen. Natürlich war das nicht so leicht, aber <u>ich hatte ein Gefühl einer inneren Bestimmung: Hey, es ist dein Ding! Das musst du jetzt machen!</u> Und da musst du dann halt auch mal leiden.

Leiden? Solche Gefühle hattest du schon auch?

Ja, es war manchmal auch doof. Da gab's zum Beispiel mit einem professionellen Regisseur, der sehr hart gearbeitet hat, wirklich mal eine sehr starke Konfrontation, sodass ich dachte: Wow, Scheiße! Die erste Frage, die er mir gestellt hat, als wir uns kennengelernt haben bei der Probe, war: „Philipp, wie oft befriedigst du dich in der Woche selbst?" – und das als Neuntklässler ist krass. Und dann musstest du Go-Go-Tanzen an der Stange – das ist auch krass und da fühlst du dich gar nicht wohl und denkst dir: Was soll das? Und das wurde gar nicht aufgefangen, weil es war ein gelernter Schauspieler und kein Pädagoge, der das von mir verlangt hat. Trotzdem war's schön. Heute sage ich immer: „Schlauer durch Aua!", also <u>gerne auch mal auf die Fresse fliegen. Besser als gar nichts machen</u>. Wir haben dann jedenfalls eine Produktion

erarbeitet, die sehr, sehr intensiv war. Unser Spiel war viel zu pathetisch, aber es tat mal gut, es rauszulassen. Ja, und dann hat der Weg sich so entwickelt, dass er letztlich in der Sprechkunst endete und nicht im Schauspiel, weil das Wort mir dann irgendwie wichtiger war. Schauspieler sehen zuerst den Körper und dann das Wort. Dagegen habe ich mir gesagt: „Nein, erst ist das Wort, und das Wort kommt aus dem Körper."

Wie haben deine Eltern reagiert, als du beruflich in diesen Bereich gegangen bist?

Meine Eltern haben immer gesagt: „Woher kommt denn das bei dem Jungen? Wir haben keine Ahnung, weil wir sind nicht so." Die haben nie Theater gemacht, keiner in meiner Familie. Meine Mutter hat schon gesagt: „Das ist zu viel." Vielleicht war es eine Rebellion, es dennoch zu tun, um sagen zu können: „Ich mach's." [lacht] Mein Vater hat das stark wertgeschätzt. Das war ein sehr starker, sehr wichtiger Faktor, später auch beim Studium. Meine Mutter war nicht erfreut vom künstlerischen Studium, weil jedem liegt diese Vorstellung von der brotlosen Kunst im Hinterkopf. Irgendwann war's aber für sie in Ordnung.

Wie haben deine Freunde und Mitschüler reagiert?

Es haben sich zwei Welten entwickelt. Und die Welten wussten nichts voneinander. Es gab zum einen die Freunde in der Schule, die haben sich nicht interessiert fürs Theater und wussten auch sehr wenig darüber, was ich mache. Bewusst erzählt habe ich relativ wenig. Ich hab meine Freunde aus der Schule auch nicht eingeladen zu meinen Theaterproduktionen, weil ich das Gefühl hatte, die interessieren sich nicht dafür, und ich will nicht, dass sie nur wegen mir kommen. Und daneben hat sich gleichzeitig eine andere Welt des Theaters entwickelt, die Freundschaften, die sich dort entwickelt haben, und diese zwei Stränge haben sich sehr lang nebenher aufrechterhalten. Es gab dann irgendwann zwei Philipps.

Wie war das für dich?

Das war schon gut, weil die Schule war für mich vor allem blöd. Da war alles vorgegeben. Ich hätte gerne mehr rebelliert, hab's aber nicht in der Schule gemacht, hab's immer gedeckelt gehalten. Im Theater hat mir auch keiner auf die Nase gebunden, dass das, was ich mache, dieses Kunstding, keinen Sinn macht. Von außen hieß es: „Das ist schon wichtig für die Selbstfindung." Ich wollte aber keine Selbstfindung. <u>Ich wollte was machen, was für andere gut und wichtig ist</u>. Ja, es ist schon wichtig, dass Jugendliche Theater spielen, damit sie sich selbst ausdrücken, aber es hat schon noch einen höheren Wert.

Erzähl doch bitte mehr über die Bedeutung vom Schauspiel für dich.

Als Schauspieler arbeite ich eher wenig. Wenn ich live auf der Bühne steh, dann bin ich eher Sprecher. Das ist schon ein Unterschied, weil es mehr ums Wort geht. Wenn ich heute mit Schauspielern sprecherisch arbeite, dann sage ich immer: „Mehr Demut!" Ich finde ganz, ganz eklig, wie viele Schauspieler sich seelisch nackt vor mir ausziehen. Ich will aber nicht die Probleme der Schauspieler sehen, ihre persönlichen Probleme gehen mich nichts an und ich will auch nichts davon wissen. Und ich sag immer: „Nimm 'n bisschen mehr Abstand von dir selbst!" Deswegen ist für mich auch Schauspiel 'ne Kunst, in der man am Anfang aus sich schöpft, wo man aber irgendwann Abstand zu sich gewinnen muss. Das ist keine Selbsttherapie. Theater ist ein Raum, in dem ich im besten Fall Fragen stellen kann. Fragen, die man sich auch als Zuschauer sonst nicht stellen würde, vor denen man davonläuft. Da kann ich als Schauspieler ein Bild setzen und die Zuschauer müssen sich dieses Bild anschauen. Wenn sie sich entscheiden, es nicht anzuschauen und zu gehen, ist es eine gute Entscheidung, weil dann bezieht jemand Stellung. <u>Für mich ist gutes Theater, wenn es so polarisiert, dass ich darüber sprechen muss, weil es in mir was anstößt</u>. Das ist keine Darstellung der wirklichen Welt draußen. Wenn ein Regisseur sagt: „Wir holen die Welt von draußen rein", dann ist es ein ziemliches Dampfgequake. Ich arbeite gerne mit Experten des Alltags, so nenne ich Leute, die keine Schauspielausbildung oder künstlerische Ausbildung haben. Die wissen über die Dinge des Alltags, über Dinge, die sie täglich machen, besser Bescheid als jeder Schauspieler.

Jetzt erzähl mir doch bitte mal von dem Verein, den du gegründet hast. Wie ist der entstanden?

Wir hatten ein Theaterprojekt und haben dabei gemerkt, dass, wenn du kein Verein bist, es mit der Wahrnehmung in der Öffentlichkeit schwierig ist und auch schwierig ist, Fördergelder zu bekommen. Mit einem Verein hat man einen geschlossenen Rahmen, mit dem man auch nach außen treten kann, man wirkt seriös und bekommt leichter Stiftungsgelder. Aber das reicht gerade so hin. Ich arbeite da unentgeltlich. Das Coaching für die Wirtschaft gleicht es aus, da bekommt man mehr. Man guckt halt, wo man bleibt. <u>Schauspieler irren ja ganz oft in der Welt herum und suchen Arbeit</u>. Diese arbeitslosen Schauspieler treffen sich mit anderen arbeitslosen Schauspielern, um über die Arbeitslosigkeit im Schauspielbereich zu reden. Das ist schwachsinnig. Das ist eben anders mit diesem Verein, mehr perspektivisch gedacht. Sich auch mit anderen Sachen zu beschäftigen, mit Vereinsrecht, mit Steuerrecht, und Organisation gehört dazu und macht total Sinn. Darstellender Kunst mangelt es an leitender Struktur.

Okay. Nun zu deiner Arbeit als Regisseur ...

In den meisten Fällen suche ich die Themen von Stücken aus. Vom Stuttgarter Haus der Geschichte wurde ich zum Beispiel angefragt, ob ich nicht was über die Gestapo machen könnte. Da habe ich einen Roman ausgesucht von Fritz Lehner und den für die Bühne adaptiert. Ein anderes Beispiel ist das Projekt *Nichts, was im Leben wichtig ist*. Da ging's um Sinnhaftigkeit. Ich finde, es gibt so viele Jugendliche gerade, die keine Stellung beziehen können. Es ist komisch, dass die Schule nur Inhalte, aber überhaupt keine Persönlichkeitsbildung vermittelt. Was hat Sinn? Was hat überhaupt Bedeutung? Das wissen Jugendliche vielfach nicht. Ich habe dann Gespräche geführt mit vielen Jugendlichen und daraus ist dieses Stück *Nichts, was im Leben wichtig ist* entstanden. Es ist eigentlich ein Roman, aber der wurde mit ganz viel Inputs von Jugendlichen aufgebrochen. Die haben dann auch mitgespielt. Das war halt ein Thema, das mich interessiert hat: <u>Warum ist da so viel Unklarheit bei Schülern und auch bei Studenten über die Frage: Was hat eigentlich Bedeutung?</u> Es ist für mich teilweise schockierend, wie brav heute die Schüler und Schülerinnen sind. Die machen das, was man von ihnen erwartet. Da ist keine Rebellion spürbar. Wir hatten zum Beispiel einen, der studierte technische BWL, und wenn du ihn gefragt hast, „Wie geht's dir?", war die einzige Antwort: „Zu 90 Prozent Stress." Und das sagte er mit einem ganz starken Stimmdruck. Ich dachte: Wow, krass. Der hat keine Worte für seine Gefühle, keinen Zugang dazu. Und dann sind wir an die Körperlösung gegangen, Einzelunterricht gemacht mit dem. Da ging dann ganz viel los und kam ganz viel hoch, viele Tränen. Plötzlich kam da in gewisser Weise ein ganz anderer Mensch raus. Er musste irgendwann feststellen, dass das, was er macht, für ihn keine Bedeutung, keinen Sinn hat und dass es nur Funktionieren ist. Inzwischen arbeitet er freiberuflich nebenher als Schauspieler. Und er sagt: „Das macht Sinn." Ein anderes Beispiel ist eine Cellistin, die an der Musikhochschule Musik studiert hat und meinte: „Das ist so ätzend." Sie hatte mal angefangen, Musik zu studieren, weil sie mit dieser Musik Menschen bewegen wollte. Aber sie wurde nur noch zu irgendwelchen Mugen, also Musik gegen Geld – so heißt es bei den Musikern – eingeladen. Da muss sie auf irgendeiner Hochzeit spielen, es ist alles vorgegeben und sie bewegt überhaupt nichts, sondern sie soll irgendwas funktional erfüllen. Wir haben mittlerweile schon mehrere Projekte zusammen gemacht, wo sie Musik improvisieren durfte, passend zu Worten. Das war wunderschön, und sie kam her und sagte: „Philipp, so macht für mich Musik Sinn."

Kamst du auch schon mit anderen Arten der darstellenden Kunst in Berührung?

Mit Tanz haben wir immer wieder Berührung. Im Projekt *Nichts, was im Leben wichtig ist* haben wir auch mit Tanz gearbeitet. Dabei hat eine Tänzerin die Gefühle vertanzt, die in den Worten vorkamen und die die Schauspieler auf der Bühne dargestellt haben. Interessant ist, dass manche Menschen manche Worte einfach nicht verstehen beziehungsweise für sich anders verstehen und im Tanz dann ihren Ausdruck finden. Auf jeden Fall ist das vielschichtiger. Apropos vielschichtig: Im Projekt *Broken*, das ist eine Auseinandersetzung zum Thema Gewalt, haben wir zuerst einen Kurzfilm gezeigt, dann haben die Schauspieler auf der Bühne zusammen mit den Schauspielern im Kurzfilm interagiert. Dazu gab's einen Musiker. Dann hat man den Ort gewechselt, da gab's Tanz, dann ging man wieder an einen anderen Ort, und da gab's Schauspiel.

Da hatten wir alles drin. Das ist etwas, wo sich alles verbindet.

Ne ganz schöne Menge. Was macht das alles mit deinem Alltag?

Es ist Fluch und Segen. Ich kann teilweise nicht mehr unterscheiden: Bin ich eigentlich jetzt beruflich anwesend oder privat? Ich werde als Sprecher natürlich immer als Sprecher gesehen und muss deswegen auch immer Sprecher sein. Weil <u>Stimme kommt von Stimmung</u>. Es ist so nah, jeder von uns agiert damit, gleichzeitig ist es mein Beruf. Es ist nicht so wie bei einem BWLer, der seine Finanzen weglegt nach Feierabend. Ich muss immer das Sprechersein repräsentieren, das wird schon erwartet. Das ist manchmal blöd, weil sich Funktion und Person mischen. Wo bin ich da? Wir wollen als Menschen geliebt werden und nicht als handelnde Wesen, die irgendwas machen, als Instrument sozusagen. Es ist teilweise zu viel, was ich gleichzeitig mache. Andererseits: Das tut mir auch gut, weil ich in der Überforderung aufgehe, eine Überforderung, die ich mir selber setze. Ich arbeite auf meinem Rechner, und da sind zwanzig Fenster offen mit verschiedenen Sachen. Jeder sagt, das ist total ineffizient und das ist total hohl. „Mache eine Sache fertig!" Nee, wenn ich nur ein Projekt hätte,

dann würde ich das nicht fertigkriegen. Hab da mal mit einem gesprochen, der Corporate Identity versucht hat mit mir zu erstellen, und er hat gesagt: „Mehr als drei berufliche Bezeichnungen können Sie nicht tragen, kein Mensch nimmt mehr wahr". Ich nehm's auch nicht wahr. Das ist diffus.

Wer kennt den wahren Philipp?

Ich würde sagen: Ich gebe in meinem beruflichen Alltag sehr viel von meiner Person raus. Freude ist immer wahre Freude, Leute kennenlernen ist immer wahre Freude, das ist nie eine Taktik oder eine Technik, weil damit würde ich nicht glücklich werden.

Weil deine Arbeit auch gleichzeitig dein Hobby ist?

Ja, Hobby, Leidenschaft, da mischt sich alles. Da muss man immer bereit sein. Das ist ein Paradox, aber an dem Paradox wächst man auch. <u>Sinn macht es, wenn es ein Paradox gibt</u>, wenn es Reibepunkte gibt, eben nicht die absolute Freiheit, die total eben ist. Weil Leidenschaft ist nicht immer nur schön. Leidenschaft ist positiv bei uns besetzt, aber sie schafft auch Leiden. Es ist nur eine Leidenschaft, wenn es körperlichen Bedürfnissen entgegenspricht, zum Beispiel dem Bedürfnis nach Schlaf oder nach Essen. Es wird oft einseitig gesehen: Du hast deine Leidenschaft gefunden, ja, aber sie hat auch dich gefunden.

Was macht das alles mit dir jetzt? Hat es dich verändert?

Im Studium haben wir sehr viel Körperarbeit gemacht. Dadurch habe ich mich sehr stark verändert, weil ich sehr viel losgelassen hab, sehr durchlässig geworden bin in diesen vier Jahren. Ich entdecke Sachen in mir, die ich früher ignoriert habe. Das Studium hat mich stark verändert, im Wesen, im Denken und wie ich mich fühle. Mein beruflicher Alltag hat mich auch verändert, es ist eine sehr große Freude entstanden, mit Menschen zu interagieren.

Freude, was mit Menschen zu tun zu haben … Für was lohnt es sich denn sonst noch zu leben?

Es lohnt sich, neue Dinge zu erschaffen. Zum Beispiel ein Straßenkunstfestival, zum Beispiel eine Inszenierung. **Eine Inszenierung ist für mich wie ein Baby**.

Du möchtest was hinterlassen?

Ja. Am schlimmsten ist, wenn man sagt: „Das war nett!" Das ist furchtbar. Also „nett" kann ich nicht akzeptieren, eher noch „scheiße!" [lacht] Wie gesagt: Eine Inszenierung ist wie ein Baby, wie ein Kind. Und bei der Premiere lasse ich den Teenager losziehen und habe keinen Einfluss mehr drauf.

Das ist hart, weil dann ist er auch weg. Manchmal habe ich das Gefühl, diese darstellende Kunst ist danach auch weg. Das ist vielleicht der Grund, warum ich so gerne als Mediensprecher arbeite, da habe ich danach eine Aufnahme, die kann ich mit nach Hause nehmen, das sehe ich auf meinem Computer, sonst kann ich nur Flyer sammeln und Eintrittskarten.

„Versackt nicht einfach in 'nem normalen Job und vorm Fernseher! Das Ende ist erst, wenn man stirbt."

KUBILAY (26)
Groß- und Außenhandelskaufmann, Mitglied der türkischen Rockband *Tuz*

Hallo Kubi, du hast eine Band. Erzähl mal darüber.

Ja. Die Vier-Mann-Band, in der ich spiele, heißt *Tuz*. Wir spielen türkische Rockmusik und der Name übersetzt sich ganz einfach mit dem Wort „Salz". Die Band heißt einfach *Salz*.

Ah okay, wie seid ihr darauf gekommen?

Das war ein Einfall von mir. Das hat den Sound der Band irgendwie gut repräsentiert. Und es ist natürlich 'n Vorteil, dass *Tuz* nur aus drei Buchstaben besteht und auch Leute, die kein Türkisch sprechen, es aussprechen und sich merken können. Kurz, knapp, einfach.

Und wie seid ihr überhaupt zur Bandgründung gekommen?

Mit fünfzehn Jahren gab's die beste Entscheidung meines Lebens: Du brauchst 'ne E-Gitarre. Das ist das, was dir in deinem Leben gefehlt hat. Und nach anfänglichen Widerständen der Eltern hab ich meine erste E-Gitarre bekommen und meinen ersten Gitarrenunterricht. Es war der Spaß am Entdecken, es war der Spaß, Musik zu machen, selbst diese Sounds zu produzieren, die man von Rockgrößen kennt. Der Spaß am Entdecken hat in den letzten zehn Jahren nicht abgenommen. Von E-Gitarre hab ich mich erweitert auf E-Bass, den ich in meiner jetzigen Band spiel. Ich hatte nämlich Lust, mir 'nen Bass zu kaufen. Der Bass ist immer da, man hört ihn aber nie richtig raus. Was der so eigentlich macht und welche Rolle der spielt, weiß man nicht ohne

Weiteres. Der Bass war so 'ne Art Mysterium. Das wollte ich erkunden. Gitarre lernen hab ich mit dem Hintergedanken gemacht: Ich will rocken! Laut, hart, dreckig und schnell! Aber wenn man mal 'ne gewisse Zeit damit verbringt, dann entdeckt man auch andere Musikrichtungen. Ich versuch mal irgendwas, was klassisch klingt, nachzuspielen. So erweitern sich die Horizonte … Jedenfalls, dann hab ich irgendwann mitbekommen, dass der Baris und der Erdi, unser jetziger Gitarrist, zusammen ein Musikprojekt starten. Und da Bassisten rar sind, hab ich mich angeboten. Und so kam es dann, dass wir uns im Jahr 2012 zusammengefunden haben. Und im Jahre 2013 kam unser Sänger hinzu. Dann waren wir komplett.

Habt ihr euch gleich einigen können, in welche Richtung es gehen soll?

Ja. Wir wussten relativ schnell, dass wir türkischen Rock machen wollten. Denn wir haben auch selbst türkischen Rock gehört. Und durch die Bands, die wir aus der Türkei kennen und hören, waren wir halt inspiriert. Und wir haben gleich gesagt, wir möchten auf jeden Fall eigene Musik machen.

Also, wenn ich hör „türkischer Rock", dann ist das für mich persönlich eher exotisch. Wie sind die Reaktionen darauf?

Ich zitiere jetzt mal verschiedene Leute, die uns gehört haben: „Hey, geil, Mann! Ich versteh zwar kein Wort, aber es gefällt mir richtig gut", und: „Macht weiter so!" Ich persönlich kann mir vorstellen, dass die meisten Leute auch so 'ne Art Urlaubsgefühl damit verbinden. Weil ansonsten hört man ja die Art von Musik auch nur im Ausland, wenn man irgendwie am Strand liegt oder so was.

Habt ihr schon Auftritte gehabt?

Unser erster Auftritt war ein Bandcontest im Irish Pub. Da dacht ich dann nur so: Okay, Irish Pub und türkische Rockmusik, wie kann das zusammenpassen? Ja gut, versuchen wir's einfach mal. Tja, wir haben gewonnen! [lacht] Wir sind so 'n Nischending. Wir passen nicht unbedingt in jede Konzertreihe rein. Das macht's schwierig. Aber andererseits funktioniert's. Wir hatten über 'nen Bandcontest unsern ersten Auslandsauftritt in der Türkei bei einem der landesweit größten Rockfestivals. Am Strand. Das war zwar eher so 'ne Newcomer-Bühne, auf der wir gespielt haben, aber wir waren in der Türkei und haben vor Leuten gespielt.

Zu eurer Musik: Kannst du kurz beschreiben, um was es da geht?

Wir sind keine Band, die politische Protestmusik oder so was macht. Ich würde mal eher behaupten, die Musik von *Tuz* ist da, um gute Laune zu verbreiten. Um was geht's in unseren Texten? Uff. Wir wollen einfach witzig sein. Wie gesagt, bei uns geht's ab. Deshalb auch der Name: Wir sind das Salz in der Suppe.

Du hast gesagt, ihr seid nicht politisch motiviert. Da würde ich gerne fragen, was bedeutet denn Musik für dich? Weil für manche ist es ja mehr als 'n Hobby, für manche ist es auch 'ne Lebensweise. Wie ist es bei dir?

Da würde ich dir vollkommen zustimmen. <u>Musik hat mich tatsächlich auch auf so Themen gebracht wie Umweltschutz oder Tierschutz</u>. Dass man auch anfängt, sich darüber bewusst zu werden, dass es auf der Welt viele Probleme gibt. Ich bin ja in meinen jungen Jahren, mit so sechzehn, siebzehn, mit Punkrock aufgewachsen. Auch mit Bands wie *Rage Against the Machine*, die offen über Kapitalismuskritik singen. Musik ist deshalb für mich nicht nur Zeitvertreib, sondern es beeinflusst mein Leben tatsächlich auch in fast allem. Ich kann mir ein Leben ohne Musikmachen gar nicht mehr vorstellen.

Ja? Kein Leben ohne Musik?

Ja, also das müsste eigentlich auf alle Leute zutreffen. Selbst für Leute, die Musik nicht auf so 'ner tiefen Ebene wie ich betrachten. Weil jeder hört ja in irgendeiner Form gern Musik. Klar, die einen hören nur Elektromusik und tanzen drauf. Für die ist das vielleicht dann nur in dem Moment wichtig, weil sie gerade feiern und tanzen. Die meiste elektronische Musik hat auch keine politische Message.

Aber denkst du, das hat genauso seine Daseinsberechtigung?

Jeder hat seinen Musikgeschmack: Manche mögen eher Hip-Hop. Für die ist Rock Krach. Man kennt es ja von den Eltern: „Mann, was ist das für 'ne Katzenmusik!" und: „Der schreit nur rum. Was findest du daran toll?" Ich sag mal, jede Musik hat ihre Daseinsberechtigung: Kirchliche oder chorale Musik hat in der Kirche ihre Daseinsberechtigung. Ja, ich denk tatsächlich, Musik hat in all ihren Formen ihre Daseinsberechtigung. Was ich dagegen schwierig finde, ist Gangster-Rap oder Musik, wo's dann textlich meistens darum geht, Drogen zu konsumieren oder Frauen herabzuwürdigen. Da ist es wichtig, den Unterschied zu machen, dass es jetzt nicht unbedingt die Realität abbildet, sondern dass es Entertainment ist. Das hat grade auch Haftbefehl gesagt, der uns bestimmt allen bekannt ist.

Dem einen mehr, dem anderen weniger ... [lacht]

Na gut. Wenn ich auch seine Musik nicht mag, hab ich doch in dem Moment Achtung vor ihm, wo er dann gesagt hat, es ist Entertainment. Er möchte nicht unbedingt zu Gewalt gegen die Polizei aufrufen und zum Drogenkonsum. Aber trotzdem hab ich manchmal 'n bisschen Bedenken, dass grad Jugendliche das ernster nehmen, als es tatsächlich ist.

Das heißt ja dann, dass Musik auch ein Stück weit Macht hat. Also man kann sich auch ins Schlechte beeinflussen lassen?

Das könnte passieren. Wobei ich aber auch nicht immer mit mir selbst einig bin, wie ich das betrachten soll. Weil: Damals, als eines dieser zahlreichen amerikanischen Schulmassaker stattfand, wurde ja auch relativ schnell Heavy Metal zum Sündenbock gemacht. Ich hab allerdings noch nie jemanden mitbekommen, der sich, nur weil er solche Musik gehört hat, 'ne Knarre besorgt hat, um Leute umzulegen.

Meinst du, es ist zu einfach, wenn man das auf die Musik schiebt?

Ja, die Täter hatten wirklich andere Probleme, die dann zu dieser Tat geführt haben. <u>Das war nicht so einfach, dass die Heavy Metal gehört haben und sich dann gedacht haben: Boah, Leute abschlachten!</u> Ich persönlich bin auch ein Fan von Heavy Metal. Und nur, weil ich so Musik gehört hab, ist es mir noch nie in den Sinn gekommen, nachts auf den Friedhof zu gehen und Katzen zu opfern. Das ist doch völlig Banane, so was zu behaupten.

Noch mal zurück zu deiner Band: Trefft ihr euch auch, ohne Musik zu machen?

Ja, wir treffen uns auch außerhalb des Proberaums, um zusammen Spaß zu haben. Das war immer schon so, dass es auch Freundschaft außerhalb des Proberaums war. Man ist auch mit seinen Bandkollegen einen trinken gegangen, man ist zu Konzerten gegangen. Wenn nicht freundschaftliche Bande entstanden wären, wären auch Bands nicht zusammengeblieben.

Gab's denn nicht mal größere Schwierigkeiten untereinander?

Ja, schon, aber da haben wir uns wie erwachsene Leute an einen Tisch gesetzt und gesagt: Okay, jetzt muss jeder mal die Eier haben, zu sagen, was er fühlt, was er denkt, was ihn an dem anderen stört und ob der andere es genauso sieht, ob er es einsieht.

Wenn ich so dran denk, wie wohl Rockbands ihre Probleme lösen, würde ich nicht draufkommen, dass die sich als Erstes ganz vernünftig an einen Tisch setzen. Aber das ist wahrscheinlich auch mein verqueres Bild von Rockbands. [lacht]

Man mag's kaum glauben, aber Rockmusiker sind die meiste Zeit auch nur normale Menschen. Im Ernst: Wenn man sich mit seinen Bandkollegen gar nicht versteht, auf zwischenmenschlicher Ebene, ist es nicht möglich, Musik zu machen. Außer vielleicht man ist Berufsmusiker und wird bezahlt, um gewisse Stücke zu spielen. Das ist auch für Studiomusiker zutreffend. Die kommen ins Studio, weil sie halt technisch gut sind. Die sollen was aufnehmen und fertig.

Aber bei euch steckt dann was anderes dahinter?

In erster Linie ist es immer der Spaß an der Sache. Und wir haben gedacht: Okay, wenn wir die Sache richtig angehen, könnten wir eventuell echt was reißen. Was wir dann auch geschafft haben mit dem Sprung in die Türkei und in die anderen Städte. Wir haben auch schon immer versucht, ein bisschen Geld damit zu verdienen. Aber natürlich rein mit dem Hintergrund: Hey, jetzt stecken wir so viel Zeit und Geld in die Band, da muss auch was kommen in Form von Gagen. Oder zumindest mal Getränken. [lacht]

Damit seid ihr dann zufrieden, wenn man euch mit Getränken versorgt?

Fürs Erste, ja. Aber wenn man dann in 'ne andere Stadt fahren muss, muss Sprit bezahlt werden und wir müssen dort auch irgendwo schlafen. Wenn man das immer als Nullnummernspiel macht, dann geht das halt auch ins Geld.

Und was ist mit Sex, Drugs and Rock'n'Roll?

Sex manchmal, Drugs eher weniger, Rock'n'Roll auf jeden Fall immer! [lacht] Man wird als Band auch nicht so oft flachgelegt. Es waren auch nicht so oft irgendwelche Groupies im Backstagebereich.

Nein? Oder liegt es vielleicht daran, dass du Bassist bist? [lacht]

Hallo?! Bassisten haben den längsten … Gitarrenhals! [lacht] Nee, dazu möcht ich sagen, dass das Rockbusiness sich generell verändert hat. Es ist tatsächlich nicht mehr so, wie es zu Zeiten von den *Rolling Stones*, *Led Zeppelin* oder den *Beatles* war. Von den *Beatles* wurde nämlich das Tour-Management, wie wir es heute kennen, erst mehr oder weniger erfunden. Dass da zum Beispiel immer eine Security dasteht, das gab's früher noch nicht in der Form, wie es das heute gibt. Man sagt auch manchmal, dass der Rock'n'Roll tot ist. Ich würde sagen, es stimmt in der Hinsicht, dass das Rockbusiness immer ein Stück professioneller werden wollte.

Also sind die Rockmusiker heute braver als früher?

Mit Sicherheit ein Stück weit, ja. [lacht] Aber Ausnahmen bestätigen die Regel.

Was machst du denn, wenn du keine Musik machst?

Na ja, arbeiten, einen ganz stinknormalen Job.

Was würdest du sagen, wie viel Platz nimmt Musik denn in deinem Leben ein?

Ich investier so viel Zeit, wie's mir möglich ist. Ist halt tatsächlich schwierig. Für einen ganz normalen Job gehen schon mal neun Stunden drauf. Dann fällt auch mal der Haushalt an – was jetzt auch nicht so Rock'n'Roll ist. [lacht] Aber es muss halt dann doch getan werden. Jetzt in meiner aktuellen

Lebenssituation ist es tatsächlich etwas schwierig, regelmäßig Musik zu machen. Es ist nicht mehr so, wie es damals war, als ich 16, 17 und noch in der Schule war. Da war das gar kein Problem, wenn man um zwei oder drei oder spätestens um vier Uhr nach Hause kam, erst mal die Gitarre in die Hand zu nehmen … Gegenwärtig schaffen wir's nur einmal unter der Woche zu proben. Drei Stunden. Und auch, wenn man mal keine Lust zum Üben hat: Die beste Motivation ist, regelmäßig Auftritte zu haben. <u>Man macht's dann doch auch wegen dem Applaus</u>.

Wie fühlst du dich, wenn du auf der Bühne stehst? Kannst du das beschreiben?

Also ich persönlich fühle mich dann größer, als ich bin. Man wird dann ja auch einfach sehr viel mehr wahrgenommen. Man steht im Rampenlicht und alle schauen einen an. Ja, man fühlt sich einfach größer und cooler. Es ist auf alles noch mal 'ne Schippe drauf.

Das ist ja auch 'ne Offenbarung, man entblößt sich ja auch ein bisschen, wenn man seine eigenen Sachen präsentiert …

Ja, auf jeden Fall. Aber wenn man sich nicht auf die Leute konzentriert, sondern auf sich selbst, dann steckst du die Leute an. An meinem 24. Geburtstag hatten wir einen Auftritt. Ich war total betrunken und hab mich auch in einem Song durchgehend verspielt. Aber, hey, das hat im Endeffekt eigentlich nur meine Bandkollegen gestört, weil die sehr viel nüchterner waren als ich. Aber da ist jetzt keiner von den Leuten danach gekommen und hat gesagt: „Du hast aber schon scheiße gespielt, was war da los?" Na gut, ich bin auf der Bühne nur rumgeschwankt. Aber, hey, ich hatte 'ne gute Zeit, die Leute hatten 'ne gute Zeit, es war sowieso mein Geburtstag, es war grandios …

Hast du diese Selbstsicherheit von der Bühne in dein normales Leben übertragen können?

Ein Stück weit vielleicht. <u>Die Entscheidung, Musik zu machen, hat mein Leben vom immateriellen Gesichtspunkt in die allerbeste Richtung gelenkt</u>. Es hat dafür gesorgt, dass mein Selbstbewusstsein sich gesteigert hat, auch wenn ich immer noch das Problem hab, irgendwas zu präsentieren, bei dem ich reden muss. Ich bin mit meinem Instrument in der Hand 'n anderer Mensch. Das ganze Gefühl ist dann anders. Auf der Bühne ist es wirklich 'ne total andere Welt. Ich mach dann auch manchmal irgendwelche lustigen Ansagen sogar.

Wenn ich dir jetzt die Möglichkeit geben würde, Berufsmusiker zu werden, würdest du das Angebot annehmen?

Aber hallo! Das wär auf jeden Fall die Erfüllung eines Traums. Man muss nicht unbedingt Millionär werden, aber es wäre schon eine immense Steigerung der Lebensqualität, wenn man davon leben könnte, ohne am Hungertuch zu nagen. Das wär schon echt top.

Gibt's denn Ziele, die ihr euch gesteckt habt als Band?

Auf jeden Fall mehr Konzerte spielen, weil es mehr Spaß macht, so zweimal im Monat ein Konzert, das dann natürlich auch halbwegs angemessen bezahlt wird. Dann wächst die Fanbase, dann kann man mehr CDs verkaufen und T-Shirts und so Sachen. Also eine Kombination von diesem kommerziellen Gedanken, aber auch vom Spaßgedanken.

Geht's da auch darum, möglichst viele Leute zu erreichen?

Ja! Immer wieder vor neuen Leuten stehen, immer wieder neu diese Begeisterung erleben! Wenn sie dann auf einen zukommen und sagen: „Boah, voll geil, was ihr macht! Wo kann man was von euch anhören? Gibt's 'ne CD?" Dieses Gefühl der

Bestätigung und der Anerkennung ist dann doch der Lohn, der über dieser Geldsache steht.

Ich hör bei dir immer wieder raus, da geht's auch viel um Gemeinschaft, um Kontakt mit anderen Menschen …

Ja, klar. Auf jeden Fall! Aber das kommt leider manchmal zu kurz: Wenn das Konzert dann vorbei ist, dann denkt man sich: Boah, jetzt müsste man eigentlich an die Bar gehen, mit den Leuten einen trinken und sich ein bisschen feiern lassen, 'n paar Mädels anquatschen. Nein, du musst erst mal deinen Kram zusammenpacken. Und das dauert dann auch mal 'ne Stunde. Und wenn das Konzert vorbei ist, dann gehen auch die meisten Leute. <u>So lassen sich Sex, Drugs and Rock'n'Roll manchmal doch nur auf ein Bier begrenzen</u>. Ja, der Lifestyle kommt in unserem jetzigen Status einfach viel zu kurz.

Wenn ich dir jetzt sagen würde, du kannst nie wieder Musik machen, wie wär das für dich?

Hm, ja schon irgendwie katastrophal. Wenn ich einen echt hässlichen Unfall hätte und dabei einen Arm verlieren würde, selbst dann könnte ich nicht mit Musik machen aufhören. Von der Band *Deaf Leppard* hatte der Schlagzeuger auch 'nen Unfall und hat einen Arm dabei verloren. Man könnte meinen: Oh Scheiße, jetzt ist es vorbei! Nein, die haben den immer noch in der Band. Der hat jetzt seinen Stil geändert und spielt halt nur noch mit einem Arm Schlagzeug.

Auch du würdest es irgendwie möglich machen?

Einfach aufgeben ist keine Option. Ich hatte echt schon ein paar Unfälle oder Fast-Unfälle, bei denen ich dachte: Okay, das hätte jetzt echt mal komplett vorbei sein können mit dir. Mir ist bewusst, dass Sachen schlagartig einfach vorbei sein können; sei es Musik machen, sei es das Leben selbst. Das hat zum Teil zum Erwachsenwerden auch irgendwie beigetragen. Dass man bewusster durchs Leben geht. Ein alter Bekannter von mir hatte einen Motorradunfall, lag ein halbes Jahr im Koma auf der Intensivstation und kann jetzt grad mal so wieder laufen. Da denkt man sich auch: Scheiße, mir geht's gut, ich bin noch da. Man wird sich bewusst: Das Ende könnte tatsächlich um die Ecke lauern. Aber <u>das Bewusstsein, dass was plötzlich zu Ende sein kann, motiviert mich, noch mehr zu leben</u>, Sachen zu machen und zu riskieren. Noch 'ne Inspiration ist zum Beispiel der Gitarrist von *Black Sabbath*. Der hat zwei Fingerkuppen verloren und die Ärzte damals haben gesagt: „Hey, sorry, Bro! Gitarre spielen ist nicht mehr!" Was hat er gemacht? Er hat sich selber aus eingeschmolzenen Plastikflaschen Fingerprothesen hergestellt und hat damit den Sound von *Black Sabbath* begründet. Was am Anfang nach einer Sackgasse aussah, hat dann im Endeffekt 'ne ganze Musikrichtung mitbegründet. Wenn's jetzt ganz schlecht läuft und ich beide Hände nicht mehr benutzen könnte, um Musik zu machen, na gut, dann würd ich's halt mit Singen probieren. Hauptsache, ein Stück Selbstverwirklichung weiter vorantreiben, dass ich nicht denken muss: Boah, ich hab mein Leben verschwendet, mein Leben ist in eine Bahn gelaufen, wo ich nicht sein wollte. Hauptsache, so was wendet man ab.

Das hört sich doch schon mal nach einem Plan an. Gibt es noch irgendwas, was du unbedingt sagen möchtest, aber noch nicht zur Sprache gekommen ist?

Ich möchte auf jeden Fall den Leser oder die Leserin dieses Buches motivieren: Fangt mit eurer Zeit was an! Ich finde, dass es sich super lohnt, einfach was zu machen. Es muss gar nicht mal künstlerisch sein, es muss gar nicht mal ein Musikinstrument lernen sein. Es gibt so viele Wege, irgendwas Positives zu machen. Malerei ist so was, was mich sehr berührt: Eine Freundin setzt sich ehrenamtlich für Flüchtlinge ein. Die ist nach Griechenland in diese Camps gefahren, hat dort den Leuten geholfen. Macht irgendwas außer arbeiten, dann nach Hause kommen und vorm Fernseher sitzen. Erschafft irgendwas! Verwirklicht euch! Wählt selbstbewusst, was ihr möchtet! Versackt nicht einfach in 'nem normalen Job und vorm Fernseher! Das Ende ist erst, wenn man stirbt.

...MACHT SINN!

- auf sich selbst hören
- Bildung
- Essen / Schlafen
- jede Sekunde in seinem Leben genießen!
- Glücklich sein
- Die Familie unterstützen.
- eine gute Beziehung
- Geld verdienen
- gute Zukunft...
  - Job
  - Familie / Freunde
- lernen
- Liebe
- Leben
- man selbst zu sein
- nicht auf die Meinung anderer achten
- Sich selbst zu lieben
- Ziele zu setzen und hinarbeiten
- Sport
- Urlaub
- Wissenschaft
- für andere dasein
- sein Leben zu leben

WAS ERFÜLLT DEIN LEBEN?

- Die Liebe des Lebens erfüllt dein/mein Leben.
- Freundschaft
- Abenteuer
- Bücher
- Hobby's
- Musik anhören
- Schlafen
- ein geregelter Alltag
- Freunde
- Familie
- Geld
- Freiheit
- Freundin
- Konzerte
- Verein, Gemeinschaft
- Hartz VI
- Mein Freund!
- Zocken
- Freunde
- tanzen
- Familie

Antworten von Berufsschüler_innen auf die jeweiligen Fragen auf Flip-Charts

WOFÜR ES SICH ZU LEBEN LOHNT...

- Ehepartner und eigene Kinder
- anderen in Not helfen
- Die Zukunft
- Freunde und Familie
- Sport
- Für die Familie
- Für Pläne
- für die Liebe
- nicht für andere leben, sondern für sich selber
- shoppen
- um das Glück zu finden
- für sich selbst
- Ziele
- gute Zeiten

...WILL ICH BEVOR ICH STERBE

- Roadtour
- unabhängig sein
- auf eine Bühne vor tausenden Menschen stehen und singen etc.
- Auswandern
- frei sein
- glücklich sein
- mit dem Motorrad durch Amerika reisen
- männlich sein
- Bungee jumping
- alt werden → nicht jung sterben
- eine Weltreise machen
- nach Afrika
- Ins Ausland ziehen mit seinen engsten Freunden ♡
- Familie haben
- Essen
- ein verlassenes Haus gehen
- Ein erfülltes Leben haben
- einen perfekten Mann fürs Leben
- Reisen!
- Weltreise + Freunde!
- Graffiti sprühen
- Heiraten
- Kinder?
- Zwillinge bekommen ☺
- MS Fahren
- Mama wiedersehen
- mit dem neusten Auto fahren

Antworten von Berufsschüler_innen auf die jeweiligen Fragen auf Flip-Charts

3 nah & näher

> „Der Wendepunkt war die Schwangerschaft ... Das war der Aufwachschuss: Wach jetzt auf, tu mal was!"

Nils, wir interessieren uns für dich, da du eine sehr bewegte Jugend und Kindheit hattest, du jetzt aber Vater bist und deine Rolle sehr ernst nimmst.

Ja, ich habe einen Sohn, der unbedingt zu mir ziehen wollte. Seine Mutter wollte das zuerst nicht, daher musste das über das Jugendamt gehen. Es war eine Durststrecke von eineinhalb, zwei Jahren, bis er dann zu mir gekommen ist. Mein Sohn hat jetzt 'nen geregelten Ablauf. Das ist zwar schwierig, wenn man Vollzeit arbeitet in 'ner Führungsposition, weil Kindererziehung ist doch sehr anspruchsvoll und bedeutet sehr, sehr viel Zeit. Geht aber schon.

Wie sieht denn dein Tagesablauf normalerweise aus?

Ich steh meistens so um drei Uhr morgens auf, geh dann um halb fünf arbeiten, mach um eins Feierabend, hol dann manchmal den Kleinen von der Schule ab, von der Kernzeitbetreuung 14 Uhr, da hat er meistens schon mittaggegessen dort. Ja, dann muss man sich überlegen, ob man sich noch mal hinlegt, mittags. Dann werden Hausaufgaben gemacht, oft wird dann spazieren gegangen, Spiele gespielt, und gegen Abend darf er noch eine Stunde fernsehen und dann geht's auch schon ins Bett.

Und morgens machst du dich fertig und dann ihn?

Nee, nicht direkt. Ich wohn ja bei meinen Eltern und meistens bringen die ihn dann morgens in die Schule. Das klappt aber oft auch nicht, weil beide ja arbeitstätig sind, ich muss dann 'n bisschen früher im Geschäft anfangen, alles fertig machen, dann fahr ich heim, weck den Kurzen so um halb sieben, sieben rum, mach Frühstück und bring ihn dann in die Schule.

NILS (27)
Filialleiter eines Bio-Supermarktes und alleinerziehender Vater

Wie kam es dazu, dass du dich dafür entschieden hast, deinen Sohn zu dir zu holen?

Es war mehr oder weniger ein Hilferuf von ihm. Er hatte starke Auffälligkeiten in der Schule, er wurde gemobbt auf dem Schulweg und auf dem Schulhof. Und da war's dann für mich Zeit, einzugreifen. Deshalb hab ich alles in die Wege geleitet mit dem Jugendamt. Es war schwierig, aber es hat geklappt.

So ist also dein Leben heute von deinem Vatersein bestimmt. Aber vor der Geburt deines Kindes hattest du, nehm ich an, einen anderen Lebensstil!?

Ja, ich hatte 'ne sehr extreme Phase zwischen 14 und 17: mehrere Alkoholvergiftungen, war öfter im Krankenhaus. Also ich hab mich bis zum Maximum ausgelebt, viel Alkohol, auch unter der Woche, falsche Freunde, bin dann vom einen falschen Freundeskreis in den anderen falschen Freundeskreis gerutscht. Das war schon sehr extensiv. Drogen waren auch sehr viel dabei.

Kannst du mir dazu noch mehr erzählen?

Es hat so angefangen, als ich auf der Waldorfschule war. Da hatte ich einen Freund russischer Nationalität, der hat mich dann in die ersten Kreise eingeführt, was so Freunde heißt. Dann hat man auch öfter was zusammen gemacht, bis es wirklich 'ne „enge Freundschaft" war. Dann hat man sich auch unter der Woche getroffen, viel Alkohol getrunken und ja … Da ging es wirklich auch sehr intensiv und exzessiv zu. Da hatte man auch keine Schamgefühle mehr oder Hemmungen, weil man war ja der Gruppe zugehörig, und die war stark.

Wie sah das dann aus, wenn ihr Alkohol getrunken habt?

Man hat sich eigentlich nur getroffen, um zu trinken und irgendwie gute Laune zu haben. Das hat erst nur am Wochenende angefangen, aber wo es dann so extrem war, wurde auch unter der Woche sehr oft sehr viel getrunken. Also bis hin zum Koma. Man muss halt dazusagen, ich hatte früher in der Kindheit nicht sehr viele Freunde und das war dann so der erste Kontakt, wo man wirklich Freunde gefunden hatte. Die Phase ging so zwei, drei Jahre wirklich exzessiv, auch Drogen, Alkohol bis hin zu Alkoholvergiftungen.

War das so eine Art Wetttrinken?

Ja, Wetttrinken gab's öfter. Da wurde dann 'ne Flasche Wodka auf ex getrunken und der, der danach noch gerade stehen konnte, hat gewonnen.

Hast du auch mal gewonnen?

Des Öfteren, ja.

Und was habt ihr dann gemacht? Also die, die noch laufen konnten?

Wir sind eher so rumgefläzt, so an Bahnhöfen. Haben eigentlich abgewartet, was so passiert. Wir haben öfter auch mal Fahrräder geklaut und sind dann betrunken nachts rumgetüddelt. Da gab's nicht ein Ziel, was man erreichen wollte oder was man halt tun sollte. Öfter ist man dann noch in die Disco gegangen, aber das wurde eher spontan entschieden.

Und würdest du mir noch etwas zum Thema Drogen erzählen?

Mit Marihuana hab ich in der Hauptschule angefangen, weil's jeder gemacht hat und es cool war. Die Lehrer haben es auch geduldet, obwohl sie es gerochen haben. Und dann kam irgendwann mal Speed auf den Tisch. Das hat man dann auch mal probiert.

Was war dir damals wichtig daran, so zu leben?

Wenn man in so einer Phase lebt, schaut man nicht darauf, was wichtig ist, da lebt man sich einfach nur aus. Da zählt einfach nur der Augenblick. Da denkt man nicht bis zehn, sondern man lebt. Vielleicht denkt man auch mit 14, dass man die Sau rauslassen kann. Es ist schwierig zu erklären, was man damals so gedacht hat, wenn man echt Scheiße gebaut hat.

Du hast von falschen Freundeskreisen gesprochen. Welche Bedeutung hatten diese Freundeskreise für dich?

Ne sehr, sehr hohe damals. Komischerweise erinnere ich mich auch sehr gerne zurück, obwohl es doch sehr durchwachsen war alles. Ich glaub, das war einfach die Zusammengehörigkeit damals, weil man wirklich zusammen durch dick und dünn gegangen ist.

Kannst du uns von einer Situation erzählen, an die du dich gerne zurückerinnerst?

Das hört sich jetzt vielleicht krass an, aber ich war damals auf der Hauptschule und da war ein junger Kerl, der wollte mich verprügeln, weil ein Mädchen auf mich stand. Der hat mir voll Angst gemacht: „Ich hol meine ganzen Freunde und die machen dich platt", und das hab ich dann meinen Freunden erzählt und die sind dann wirklich gekommen an dem Abend, von ihm keiner, und da war auch das Gefühl von Zusammenhalt. Weil die mussten mit dem Bus 20 Kilometer weit fahren und trotzdem haben die es gemacht. Um mich zu unterstützen. Eigentlich ist auch Familienzusammenhalt für mich wichtig. Aber vielleicht hatte ich den damals in der schwierigen Zeit nicht. Vielleicht wurde mir in meiner Familie auch nicht so viel zugetraut, sodass ich im Prinzip mein eigenes Ding machen musste. Da hab ich halt den Zusammenhalt woanders gesucht.

Waren Schlägereien öfter Thema?

Ja, jeder musste irgendwie was in der Hand haben, tagtäglich. **Ob's Schlagringe waren oder Messer, man musste immer irgendwas dabeihaben**, weil es hätte ja sein können, dass jemand anruft und Hilfe benötigt.

Hattest du dann auch mal Probleme mit der Polizei?

Ja, des Öfteren hat man Platzverweise bekommen, in der Ausnüchterungszelle war ich auch schon, bezüglich Körperverletzung hab ich drei oder vier Anzeigen gehabt. Wir sind auch in irgendwelche Läden eingestiegen. Ja, und den ersten coolen Augenblick, den hatte ich, als wir in einem Jugendhaus, das abgerissen werden sollte, 'ne Party veranstaltet haben. **Da hat man sich total cool gefühlt – bis dann das SEK kam und geräumt hat**. Wir sind dann alle aus dem Fenster gesprungen und weggerannt.

Versteh ich das richtig, dass es für dich auch einen gewissen Reiz hatte, an die Grenzen der Legalität zu gehen?

Ja, man probiert immer das aus, was man nicht machen darf. Das pusht einen dann auch, weil man immer damit durchkommt. Das ist so das Gefühl, immer stärker als der andere, also in dem Fall stärker als die Polizei oder das Gesetz zu sein. Vielleicht auch ein Gefühl von Überheblichkeit. Ich hab auch gemerkt, dass ich mit extremen Sachen Anerkennung bekommen hab. Dadurch hab ich immer mehr extreme Dinge gemacht.

Von wem war denn die Aufmerksamkeit da?

Vom Freundeskreis. Wenn man was total Cooles gemacht hat, hat man da Anerkennung für bekommen. Auf die Schulter klopfen und so: „Wow, Hammer!" Das ist ja totaler Blödsinn. [lacht] Aber damals, als Jugendlicher, hat man das so gefühlt: Da ist jemand, der akzeptiert mich so, wie ich bin.

Mehr oder weniger, also ich war ja nicht so, wie ich bin. Aber ich hab was gemacht, für das ich Anerkennung bekommen hab. Vielleicht auch dadurch, dass ich in der Schule immer so schlecht war, hat mir das auch gut getan, diese Anerkennung zu bekommen. Weil ich das halt in der Schule nicht bekommen hab.

Dein Leben jetzt hört sich schon nach einem riesengroßen Unterschied zu früher an. Welche Unterschiede sind für dich am gravierendsten?

Der Wendepunkt war ganz klar die Schwangerschaft meiner Ex-Partnerin und dass da ein Kurzer unterwegs ist. Das war der Aufwachschuss: Wach jetzt auf, tu mal was! Ich war damals in der Hauptschule nicht unbedingt mega toll in den Noten. Bin dann aufs BVJ gekommen, weil ich einfach den Arsch nicht hochbekommen hab und es nix anderes gab. Im BVJ wurde mir dann aber bewusst, auch durch die Schwangerschaft, dass ich doch irgendwas erreichen möchte. Vielleicht so das klassische Leben: Familie, eigene Wohnung. Hab danach mich darum gekümmert, auch mehrere Praktika zu machen, nach 'ner Ausbildung zu gucken. Und das hat dann auch geklappt. Bin jetzt schon zehn Jahre in dem Beruf.

Ich stell mir diesen Wandel ziemlich schwer vor. Hattest du da auch Schwierigkeiten?

Es ist halt sehr schwierig, vom einen Extrem ins andere zu rutschen. Klar gab's auch von meinem 17. bis 20. Lebensjahr herum immer irgendwelche Ausreißer. Es war auf jeden Fall schwierig zu Beginn der Ausbildung, weil wir beide ja sehr jung waren als Eltern. Meine Ex-Partnerin war noch mal eineinhalb Jahre jünger als ich. Und dann wirklich mit 18 Jahren den Lebensalltag zu bewältigen, war sehr schwierig. Vor allem dann auch, mit der Ex-Partnerin auf einen Nenner zu kommen, was Haushaltsführung anbelangt. Da hatten wir auch täglich eine Familienhelferin. Ich hatte ein ganz anderes Verantwortungsgefühl und 'ne ganz andere Sicht als die Ex-Partnerin, die eher gedacht hat: Ich leb jetzt in den Tag hinein, schaun 'mer mal, was heute kommt. Bei mir dagegen hat es eben doch klick gemacht. Ich hatte da eine klarere Sicht, hatte ein Ziel vor Augen, und das war dann auch letztendlich der Genickbruch für die Beziehung.

Gab es denn auch Situationen, in denen du dachtest, das pack ich nicht mehr?

Ja, oft. Die Ausbildung beim *Marktkauf* war nicht gerade einfach. Die Arbeitszeiten waren ganz, ganz schlimm und dann wirklich noch nach Hause, in eine Müllhalde zu kommen, das machst du 'ne Zeitlang mit und dann tust du dich entweder anpassen oder bist kurz vorm Durchdrehen. Vor allem, wenn auch schon mal die Polizei zu Hause war und gefragt hat, ob alles okay hier ist, weil es so komisch aussieht. <u>Das sind dann wirklich Situationen, wo du denkst: Oh, mein Gott, ich pack das so gar nicht mehr!</u>

Und wie ging es dann weiter? Ich höre raus, ihr habt euch dann getrennt?

Ja, die Trennung war vor knapp fünf Jahren. Weil die Ideen von uns beiden dann doch komplett in 'ne andere Richtung gegangen sind. Ich glaub, erst Mitte 20 tut man so ein Bewusstsein entwickeln: Was möchte ich? Wer bin ich? Das hat wirklich nicht gepasst.

Wie ist es jetzt?

Schön. Ich kann mein Leben selber gestalten, dadurch, dass der Kurze bei mir wohnt. Und ich hab 'ne wunderbare Freundin. Meine Familie hilft mit, das ist einfach Zusammenhalt.

Hast du heute trotzdem noch mit Schwierigkeiten zu kämpfen?

Es sind andere Schwierigkeiten, die ich lösen muss. Wie zum Beispiel Schulalltag, Zahnarzttermine, Ärzte, Untersuchungen, alles Mögliche. Aber das ist dann etwas, bei dem ein Ziel vorgegeben ist; wie ich diesen Weg gehe, ist im Prinzip egal. Hauptsache, das Ziel wird erreicht.

Ich hör raus, dass du großen Wert auf Familie legst.

<u>Wenn man auf Familie keinen Wert legt, braucht man auch keine Kinder in die Welt setzen</u>. Ich denk, es gibt auch Menschen, die es einfach nicht wertzuschätzen wissen, Kinder zu haben und die Verantwortung wahrzunehmen.

Was hat dich damals motiviert, diesen Weg zu gehen, mit Familiengericht etc.? Ich stell mir das unglaublich belastend vor.

Kinder sind wie ein leeres Glas, das du mit Wissen und allem Möglichen auffüllen kannst, oder wie so ein Schwamm. Ich hatte die ersten drei Jahre wirklich nicht das Bewusstsein dafür, was Kindererziehung heißt. Aber wie kann man das schon mit 17 oder 18 haben? Ich habe auch gesehen, dass mein Sohn sehr darunter gelitten hat oder auch nicht viel von mir mitbekommen hat … Ja, und das gesehen zu haben, dass mein Sohn so sehr drunter leidet, bei seiner Mutter gelebt zu haben, das hat mir die Augen geöffnet. Dabei war es eine harte Zeit. Denn ein so unselbstständiges Kind hab ich noch nie gesehen. Er musste in psychologische Betreuung gehen. Mein Kind hat wirklich gelitten, das erste Jahr, wo es bei mir gelebt hat, weil es einen Verhaltens- und einen Wissensrückstand von drei, vier Jahren hatte. Das heißt, er konnte nicht richtig in der Schule anknüpfen, er war komplett zurückgeschmissen. Und der harte Weg, den wir da zusammen gestaltet haben, mit sehr viel Schmerzen und Heulen und Schreien, trägt jetzt Früchte. Die letzten sechs Monate trägt wirklich alles Früchte, und das ist schön zu sehen, dass dein Kind so aufgehen kann.

Aber was hat dich damals motiviert? Du wusstest ja nicht, dass es wirklich mal Früchte tragen wird.

Ich hatte keine andere Wahl, ich musste das ja durchziehen. Ich hab sehr viele Tipps bekommen von der Kinderpsychologin, von der Kernzeitbetreuung, von meiner eigenen Mutter natürlich. Und die haben damals schon gesagt: „Geh den Weg! Das ist zwar total anstrengend, aber du wirst sehen, dass es sich lohnt." Und es lohnt sich wirklich. Er macht selber seine Hausaufgaben, er kommt von der Schule, er hat jetzt einen Freundeskreis, er knüpft immer mehr wirklich altersgerecht auch an. Es gab nicht die eine Motivation – er war da und ich wusste, da muss ich jetzt durch.

Alleinerziehende Väter sind ja immer noch eine Besonderheit. Wie ist das für dich, alleinerziehender Vater zu sein?

Es macht für mich keinen Unterschied, ob ich jetzt alleinerziehender Vater bin oder ob ich keine Kinder hätte oder Single wär: Ich bin nicht beeinträchtigt in meinem Lebensstil, ich fühl mich ganz normal. Es ist für mich jetzt nicht so, dass ich denk: Boah, ich bin voll was Besonderes und krieg immer meine Sonderscheiben. Ich fühl mich wie jeder andere.

Kannst du mir noch erzählen, was das Schöne daran ist, Vater zu sein?

Ich glaub, das ist, was wir alles durchgestanden haben, wir zwei. Das, was wir jetzt wie Phönix aus der Asche rausgeholt haben. Das ist einfach ein schönes Gefühl, was man da erreicht hat, auch durch die schwierigen Phasen. Und je älter er wird, desto schöner wird es auch für mich als Vater. Ich glaub, für 'ne Mutter ist das anders, weil wenn die klein sind, sind die noch so unbeholfen, dann kann man die betüddeln, bei 'nem Vater ist es halt so, wenn die älter werden, kann man auch mehr mit ihnen anfangen.

Hat das auch was mit Sinn für dich zu tun?

Ich denke, <u>es macht alles Sinn, wofür du dich begeisterst</u>. Würde mir das Vatersein keinen Spaß machen, würde es für mich auch keinen Sinn machen.

Was glaubst du, wo du in zehn Jahren bist?

Das hat mich mein Chef vor Kurzem auch beim Mitarbeitergespräch gefragt. [lacht] Mein Ziel ist, einfach 'ne schöne Zukunft zu haben und dass ich für meinen Sohn auch weiterhin so da sein kann, wie ich es die letzten Jahre gewesen bin. Dass er wirklich zu einem anständigen Mann herangezogen wird, der Arbeit hat und 'ne Ausbildung und vielleicht studiert. Ich unterstütz ihn die nächsten zehn Jahre, dass er wirklich alles machen kann, was er will.

„in der Zeit damals habe ich mich sehr erwachsen gefühlt, nicht wie 18, sondern viel, viel älter ..."

Du hast die Pflege deiner Oma bis zu ihrem Tod übernommen. Wie alt warst du und wie kam es dazu?

Ich war 18 Jahre alt, als ich zu meiner Oma gezogen bin. Mein Opa und meine Oma waren jahrelang zusammen, und als mein Opa gestorben ist, tat mir meine Oma mega leid. Es kommt ja öfter vor, dass, wenn ein Partner stirbt, der andere auch stirbt. Und daher habe ich mir gedacht, ich zieh zu meiner Oma. Ich mochte die ganz arg, wollte das auch schon davor tun, und als mein Opa dann starb, hab ich das quasi als Zeichen empfunden.

Was hast du zu dem Zeitpunkt beruflich gemacht?

Zu der Zeit habe ich im Hallenbad gearbeitet als Fachangestellte für Bäderbetriebe.

War das nicht schlimm für dich, als dein Opa gestorben ist?

Ja, aber ich habe mir mehr Gedanken um meine Oma gemacht. Als mein Opa starb, kam das ziemlich plötzlich. Aber meine Oma war wichtiger, weil sie ja noch gelebt hat.

Was haben deine Freunde und deine Familie zu deinem Umzug zur Oma gesagt?

Meine Familie war darauf vorbereitet, weil ich ja schon mit meinen Großeltern zusammenziehen wollte, als sie noch beide gelebt haben. Ich mochte sie einfach so. Und meine Freunde fanden es cool, dass ich ausziehe und meine eigene Wohnung hatte. Es war ja so, dass Opa und Oma in ihrem Haus unten drunter wohnten.

Gab es auch Leute, die negativ reagiert haben?

Meine andere Oma. Und meine Mama war davon auch nicht überzeugt. Aber ich hab denen klargemacht, dass ich das als richtig empfinde und deswegen tun möchte. Ich mochte meine Oma und fand es einfach schön, bei ihr zu sein, weil ich ihr sozusagen sehr freundschaftlich verbunden war.

DINO (21)
Fachangestellte für Bäderbetriebe und Auszubildende für Heilerziehungspflege, pflegte ihre Oma

Welche Aufgaben hast du denn übernommen?

Am Anfang eigentlich gar keine. Sie hat für uns gekocht. Sie hat auch selber gewaschen, wir sind zusammen einkaufen gegangen …

Das klingt ja so, als wäre die Pflege nicht geplant gewesen.

Ja, war so nicht geplant.

Wie sah denn so ein typischer Tag mit deiner Oma aus?

Als es ihr noch gut ging, haben wir oft zusammen gegessen, miteinander geredet oder zusammen Fernsehen geguckt. Später, als sie nicht mehr kochen konnte, habe ich halt gekocht. Als es dann schwieriger wurde, war's belastender, weil sie mir natürlich was bedeutet hat. Man hat gemerkt, es geht aufs Ende zu und ich kann ihr nicht helfen: <u>Egal, was ich versuche zu tun, ich kann einfach den Prozess des Sterbens nicht aufhalten</u>.

Hast du dir viel Gedanken gemacht?

Ja, ich hab allerdings 'ne Freundin, die mir in der Zeit sehr, sehr viel geholfen hat. Die hat auch oft bei mir übernachtet, um mich zu unterstützen und zu sagen: „Du machst das gut." Man weiß ja nicht, macht man's richtig? Soll man mehr machen oder soll man weniger machen? Sie hat mir einfach Mut gegeben und gesagt: „Du schaffst das!" Mein Vater hat auch eine ganz wichtige Rolle gespielt. Den habe ich zu der Zeit jeden Tag gesehen, und wenn ich irgendwas nicht konnte wegen Arbeit oder weil ich psychisch nicht mehr konnte, dann hat er geholfen.

Gab's denn mal hin und wieder 'ne besonders schwierige Situation?

Ja, anfangs, als es ihr noch relativ gut ging. Wenn wir im Wohnzimmer saßen, hat sie im Garten immer eine Frau stehen sehen, die ich nicht gesehen hab. Aber die war für sie einfach immer da. Und weil wir echt oft – also eigentlich jede Woche – beim Arzt waren, hab ich nachgefragt, ob wir nicht zu 'nem Psychologen gehen können, weil sie halluziniert und Sachen sieht, die einfach nicht da sind. Meiner Meinung nach gehört der Hausarzt in Rente geschickt, weil er meinte: „Hm, sind halt noch drei oder vier Monate, bis Sie überhaupt einen Termin kriegen", und dann saß ich da und habe angefangen zu heulen, weil ich mich einfach so machtlos fühlte. Ich meine, man ist eigentlich an der richtigen Stelle und sagt „Ich komme nicht weiter, bitte helfen Sie mir", und der Mensch sagt: „Hm, nö. Will ich nicht."

Krass. Das heißt, du hast deine Oma auch zu Arztterminen begleitet?

Ja, das war quasi die Hauptaufgabe. Sie hatte jede Woche 'nen anderen Arzttermin. Als es angefangen hat, ihr schlechter zu gehen, hat sie, wenn sie etwas gegessen oder getrunken hat, immer wieder erbrochen und wir sind immer wieder zum Arzt, weil der Arzt gesagt hat: „Okay, wir gucken, ob es an den Medikamenten liegt und ob sie irgendetwas anderes nicht verträgt." Deshalb hatten wir jede Woche einen anderen Termin, um zu schauen: Hat sie's vertragen oder nicht.

An was ist deine Oma eigentlich erkrankt?

Ein Jahr, bevor sie gestorben ist, hatte sie einen Oberschenkel- und Hüftbruch, von da an ging es bergab: Sie lag nur noch im Bett. Mein Opa musste quasi alles machen, was sie davor gemacht hatte. Die beiden hatten sich vorher nie gestritten, aber in der Zeit haben sie sich andauernd gestritten. Dann hat mein Opa versucht, Selbstmord zu begehen, was nicht funktioniert hat. Als er gemerkt hat, er kann sich nicht selber umbringen, aber so geht es nicht, da hat er meinen Vater gebeten, ihn in die Psychiatrie zu fahren. In der Psychiatrie haben sie gesagt, erst braucht mein

Opa einen gesunden Körper – mein Opa war Alkoholiker –, um einen gesunden Geist zu haben. Sie wollten ihn dann operieren, weil etwas wegen seinen inneren Organen komisch war. Aber es war zu riskant. Er lag dann auch schon im Koma. Deshalb haben wir gesagt: „Lass uns die Maschinen abstellen." Meine Oma hatte Wasser in den Beinen und dann sind wir ins Krankenhaus. Dort haben die ihr das Wasser zu schnell rausgezogen, sodass sie dann länger bleiben musste. Und einen Tag, bevor sie hätte entlassen werden sollen, ist sie aus dem Bett gefallen und hat sich die Schulter gebrochen. Später kam sie in eine Tagesklinik. Es ging ihr erst besser, dann aber wieder schlechter und sie hat angefangen, mehr zu halluzinieren.

Also so wie auch mit der Frau, die sie ständig im Garten gesehen hat?

Genau. Sie hat auch Spinnen und alles gesehen. Ich weiß nicht, ob sie geträumt hat, aber irgendwie hat sie dann auch nachts ihren verstorbenen Mann gesehen. Vielleicht hat sie geträumt und es einfach nur für wahr empfunden oder halluziniert, ich weiß es nicht. Sie kam dann in die Psychiatrie, aber es ging ihr zunehmend schlechter.

Hast du dir auch Auszeiten genommen?

Ja, ganz am Anfang, als es ihr noch sehr gut ging, habe ich eine einmonatige Reise gemacht. Da hatte ich schon zwei Monate bei ihr gewohnt und gedacht: Ihr geht's ja gut, daher kann ich die Reise machen. Aber als ich wieder nach Hause kam, ging's ihr nicht gut. Es war also eine schlechte Idee gewesen. Und ganz am Ende habe ich einen Urlaub mit 'ner Freundin geplant, aber an dem Tag, an dem wir losgeflogen sind, wurde sie ins Koma versetzt, weil es von den Organen her nicht mehr geklappt hat.

Wie war das genau?

Als ich sie im Krankenhaus besucht habe, kam die Krankenschwester rein und meinte, sie müssen sie jetzt auf die Intensivstation verlegen, weil sie morgen operiert wird.

Wie ging''s dir in dem Moment?

Ich hab meine beste Freundin angerufen und ihr gesagt: „Ich habe gerade meine Oma besucht und sie wurde jetzt verlegt", und sie hat dann einfach nur gefragt: „Möchtest du denn morgen in den Urlaub fliegen oder sollen wir hierbleiben?" Ja, und dann sind wir geflogen. [weint]. Es war echt so toll von ihr. Sie wäre ja nur wegen mir hiergeblieben. Wir sind dann aber geflogen, weil wir gesagt haben: Genau deswegen sollte ich gehen, weil es so schwer und viel auf einmal war. Genau deswegen wollten wir ja den Urlaub machen.

Tolle Freundin ...

Ja. Und auch eine tolle Familie, denn man hätte gleich die Maschinen abstellen können. Aber meine Eltern haben gewartet mit Abstellen, bis ich wieder zurück war vom Urlaub. Das war auch sehr nett. [weint]

[reicht Taschentuch] [Pause] **Geht es wieder?** [Nicken] **Hast du Schuldgefühle wegen der Reise?**

Ja. Wenn ich die Zeit zurückdrehen könnte, würde ich nicht wissen, was ich machen würde, weil die Reise extrem viel Spaß gemacht hat und mir sehr viel gebracht hat. Andererseits denke ich: Vielleicht hätte meine Oma noch länger gelebt oder wäre in kein Loch gefallen. Also Schuldgefühle, schon ein bisschen, aber ich bin insgesamt froh, dass ich für sie da sein konnte.

Okay. Hat die Zeit bei deinen Großeltern dich irgendwie beeinflusst? Würdest du sagen, es hat dich verändert?

In der Zeit damals habe ich mich sehr erwachsen gefühlt, nicht wie 18, sondern viel, viel älter. Von der Aufgabe her musste ich auch sehr erwachsen sein. Das heißt, ich hatte überhaupt keine Zeit, darüber nachzudenken: Hey, andere Leute in meinem Alter machen was ganz anderes als ich. Dieser Gedanke war nie da. Aber es ist schon zwei Jahre her, und jetzt fühl ich mich wieder wie 21.

Du hast deinen Beruf gewechselt hin zur Heilerziehungspflegerin. Hat das was mit der Zeit zu tun, als du deine Oma gepflegt hast?

Nee, den Berufswechsel wollte ich schon in meiner Ausbildung machen. Meine Eltern haben mich dazu bewegt, ein Jahr zu arbeiten und mir dabei genau zu überlegen, was ich machen möchte. Bevor ich dann zu meiner Oma gezogen bin, hatte ich schon gekündigt und eine FSJ-Stelle in meinem jetzigen Betrieb bekommen. Der Berufswechsel hatte nichts damit zu tun, es hat einfach nur extrem gut in die Situation reingepasst. Dennoch hab ich durch mein FSJ viel gelernt, zum Beispiel wie ich richtig mit ihr reden kann und auch, wie ich sie richtig pflegen kann.

Wenn es Tage gab, an denen du überfordert warst, an denen es dir nicht so gut ging – was hast du dann gemacht?

Ich habe mit meinem Vater viel geredet, weil er war der Einzige, der auch in der Situation gesteckt hat, der es deswegen verstanden hat und gute Tipps geben konnte, zum Beispiel wie ich etwas anders machen kann oder was ich gut mache.

Hast du dich manchmal allein gefühlt in dem großen Haus?

Nein, weil meine Oma war ja da. Und wenn sie im Krankenhaus war, dann auch nicht, weil ich wusste ja: Sie kommt wieder. Als sie dann jedoch gestorben war, habe ich mich sehr, sehr allein gefühlt.

Und wie ging es für dich danach weiter?

Ich war wirklich sehr, sehr traurig nach dem Tod. Davor war immer Leben da, es war immer etwas zu tun, und auf einmal war einfach nichts mehr da. Mein Vater kam nicht mehr vorbei, weil nach mir musste er ja eigentlich nicht gucken. Meine beste Freundin wohnt 60 Kilometer entfernt, die kam dann so oft, wie es ging. So gesehen war die Arbeit das, was mich aufgefangen hat. Dieses: Ich bin auch für andere Leute da und andere Leute brauchen mich.

Ist es denn auch ein bisschen dieses Gefühl von Gebrauchtwerden, das dich dazu gebracht hat, deine Oma zu pflegen und dann auch noch den Heilerzieherberuf zu ergreifen?

Vielleicht ja. [lacht]

Wenn du jetzt zurückblickst – Würdest du alles noch mal genauso machen?

Ja, auf jeden Fall. Ich würde vielleicht noch etwas früher zu meinen Großeltern ziehen, um auch mit Opa zusammenzuwohnen, aber auf jeden Fall.

Kannst du mir noch ein paar schöne Momente mit deinen Großeltern beschreiben?

Ja. Einmal zum Beispiel saßen wir zusammen beim Essen. Mein Opa und meine Oma hatten komischerweise beide den Wunsch zu sterben. Also haben sie sich die Todesanzeigen durchgelesen und gesagt: „Oh, der durfte sterben und ich muss weiterleben." Da habe ich mit meinem Opa eine Wette abgeschlossen, dass er erst stirbt, wenn ich verheiratet bin und er meine Kinder kennengelernt hat. Leider hat er weder meinen Ehemann, den ich nicht habe, noch meine Kinder, die ich nicht habe, kennengelernt.

Okay, hast du sonst noch was aus der Zeit mitgenommen? Für dich persönlich?

Ja, dass ich mich auf jeden Fall immer auf meinen Vater verlassen kann. Und dass man nie allein ist.

Zum Schluss vielleicht noch, weil ich es ehrlich gesagt immer noch nicht so richtig kapiert habe: Warum hast du dich überhaupt dafür entschieden, zu deinen Großeltern zu ziehen? Es ist ja schon etwas Ungewöhnliches, dass man so eine gute Beziehung zu seinen Großeltern hat.

Wenn man meine Großeltern kennt, würde man es besser verstehen. **Meine Oma war einfach, wie man sich eine Oma im Bilderbuch vorstellt**. Also so eine Oma, die sagt: „Ach, nimm doch noch einen Keks und iss noch einen Kuchen und soll ich dir nicht noch irgendwas bringen?" Montags, wenn ich bei ihnen war zum Essen, wenn ich gesagt habe: „Habt ihr nicht noch einen Kuchen oder so? Oder ein Eis?", dann hat mein Opa keine Sekunde gezögert, hat sich ins Auto gesetzt und uns ein süßes Stückchen oder so geholt. Das waren einfach so herzensgute Menschen. Ich denke, das war der ausschlaggebende Punkt, weil es einfach unglaubliche Vorbilder für mich waren. Sie haben eine tolle Ehe geführt. Sie hatten keine leichte Vergangenheit gehabt, und trotzdem waren sie für mich super Vorbilder – einfach von ihrer Art her, wie sie waren. Sie waren so nett, so liebevoll und so offen.

So wie du jetzt.

Na hoffentlich. [lacht]

NATHAN (27)
Promotionsstudent der Systemischen Biologie, befindet sich im Geschlechtsangleichungsprozess

DINA (27)
seine Partnerin, macht einen Master in Ingenieurswissenschaften

„*Mich gibt es so, wie ich bin. Alles andere ist einfach kein Ich.*"

Nathan und Dina, ihr kommt aus Russland, lebt aber seit drei Jahren in Deutschland. Vor allem aber seid ihr ein etwas ungewöhnliches Paar, weil du, Nathan, gerade eine Geschlechtsangleichung durchläufst. Wie habt ihr euch kennengelernt?

NATHAN: Wir kennen uns schon seit der achten Klasse. Wir sind zusammen erwachsen geworden und haben so zueinander gepasst, dass es immer noch schön miteinander ist.

Und jetzt seid ihr in Deutschland …

NATHAN: Ja, nach Deutschland sind wir gezielt ausgewandert. Man kann sagen, es war eine politische Flucht. Denn wir haben gesehen, welche komischen gesetzlichen Initiativen in Russland in Sachen Homosexualität erschienen sind. Wir hatten in Russland keine Sicherheit. Deswegen haben wir uns entschieden auszuwandern. Mit Deutschland haben wir uns für die günstigste und vorteilhafteste Variante entschieden, denn Kaiserslautern war die einzige Universität mit einem englischsprachigen Programm für uns beide.

DINA: Bis man diese Gesetze ganz aktiv in Russland unterstützt hat, hat es mir in Russland sehr gefallen. Ich bin eine Patriotin. Aber eine Freundin, die jetzt in der Schweiz wohnt, hat uns gesagt: „Es riecht hier nicht nach was Gutem in der Zukunft. Macht was! Überlegt euch was!"

NATHAN: Ja, uns war klar: Es würde auf jeden Fall nicht besser werden. Wir gingen auf Demos, wir waren auf zwei oder …
DINA: … auf drei Demos.
NATHAN: Wir haben nicht einfach zu Hause gesessen und die Nachrichten gelesen. Ein bisschen haben wir auch teilgenommen. Ich kann mich nicht genau erinnern, wann dieses Gesetz in Kraft getreten ist. Ich glaube, es war Anfang 2014 oder Ende 2013. Wir sind jedenfalls im August 2014 nach Deutschland ausgewandert, haben aber schon im Winter 2013 mit der Zusammenstellung der Unterlagen für unsere Ausreise begonnen. Man hat schon deutlich gesehen, wohin alles geht.

Dass ihr ausgewandert seid, hat mit deiner geschlechtlichen Identität zu tun, Nathan. Wann ist dir zum ersten Mal der Gedanke gekommen, dass dein Körper nicht mit deinem empfundenen Geschlecht übereinstimmt?

NATHAN: Ich war zwölf. Schon damals habe ich mich am meisten mit Jungs unterhalten, weil ich Mädchen nicht verstanden habe. Ich habe ihre Hobbys und Interessen nicht geteilt. Ich habe mich immer von Mädchen distanziert. Aber ich habe mich auch nicht als Junge begriffen. Nein, <u>ich habe mich als was Einzigartiges begriffen</u>. Mich gibt es so, wie ich bin. Alles andere ist einfach kein Ich. Ich habe Menschen nicht nach Geschlecht eingeteilt. Als dann meine Pubertät begonnen hat, habe ich verstanden, dass irgendeine Scheiße passiert. [lächelt] Und seit diesem Moment begann diese Geschlechtsidentitätsstörung, die Ablehnung des eigenen Körpers, die Unzufriedenheit mit dem eigenen Körper.

Ich erinnere mich an einen Moment, als ich vielleicht 13 war. Da habe ich eine Doku geguckt. Dort hat man über ein Mädchen erzählt, die bis zum Alter von 14 Jahren als Mädchen gelebt hat. Dann hat sie eine magische Veränderung im Körper bekommen und wurde ein Junge. Das hat mich stark beeindruckt. Ich begann zu träumen, es wäre schön, wenn es mit mir auch passieren würde. Aber ich habe nicht gedacht, dass ich was Entsprechendes machen muss, bis vielleicht mit 18 Jahren. Gut, ich wollte schon damals mein Geschlecht ändern, natürlich. Aber ich habe nicht wirklich darüber nachgedacht. Für mich war es was Irreales und so wie ein Zauber. Ich habe das nicht als reale Situation betrachtet. Ich gehöre zu den sogenannten Genderqueers, die Gender nicht als Binärsystem betrachten, sondern als Skala. Ich befinde mich auf dieser Skala nicht so genau auf der Seite von Männlichkeit. Ich bin irgendwo in der Mitte, aber mit der Neigung dahin. <u>In meiner idealen Vorstellung betrachte ich mich vielleicht als A-Gender. Das heißt, mir sind diese Unterschiede zwischen den Geschlechtern ganz egal</u>. Ich möchte gar keine Anzeichen haben. Aber A-Gender bekommen schwerer die Hormontherapie. Wenn du gar keine Anzeichen haben möchtest, gibt man dir keine männlichen Hormone. Generell ist es sehr kompliziert. Deswegen habe ich mich als Transgendermann positioniert.

Heißt das, dass es für dich dadurch ein leichterer Weg zur Hormontherapie ist?

NATHAN: Ja. Aber ich kann nicht sagen, dass es nicht die Wahrheit ist. Wenn wir dieses Binärsystem betrachten, stehe ich auf jeden Fall im männlichen Spektrum.

DINA: Man rundet auf. [lacht]

Nathan, hast du mit deinen Eltern darüber gesprochen?

NATHAN: [sehr traurig, tief durchatmend] Ja. Ich habe mit ihnen gesprochen. Aber das war eine sehr schmerzhafte Erfahrung. Vor sieben Jahren. Ich habe sozusagen ein Doppel-Coming-out gemacht. Ich habe meinen Eltern erstens erzählt, dass ich eine romantische Beziehung mit Dina habe. Danach habe ich gleich ohne Pause gesagt, dass ich Transgender bin und überlege, mein Geschlecht physisch zu ändern. Mit dem ersten Coming-out haben sie keine Probleme gehabt. [lacht] Aber das zweite Coming-out hat bei ihnen sehr starke negative Reaktionen ausgelöst. Mama hat das nicht kommentiert. Sie hat geschwiegen. Vater hat sehr stark reagiert. Er sagte, dass er sich umbringt. [lacht nervös] Ich war natürlich nach dieser Reaktion schockiert. Vielleicht ist mein Vertrauen zu meinen Eltern deswegen vollkommen kaputtgegangen.

Ich habe dieses Thema mit ihnen fünf Jahre lang nicht besprochen. Erst nach unserem Auswandern habe ich noch mal mit meinen Eltern geredet, durch *WhatsApp* in getrennten Chats. Ich war doppelt überrascht. Zum einen, weil meine Mutter ihre Meinung nicht geändert hat. Zum anderen, weil mein Papa mir sagte: „Nachdem wir mit dir damals gesprochen haben, habe ich mich mit dem Thema befasst. Ich begann darüber zu lesen und jetzt bin ich nicht mehr dagegen. Ich entschuldige mich für das, was ich damals gesagt habe." Er versucht jetzt, mich mit meinem männlichen Namen anzusprechen. Jetzt ist es für mich schwieriger mit der Mutter. Sie hat Probleme damit, weil sie religiös geworden ist. Orthodoxe Kirche.

Dina, wie haben denn deine Eltern reagiert? Hast du deinen Eltern über Nathans Entscheidung erzählt?

DINA: Ich kann mich nicht erinnern, ob wir über unsere jetzige Position gesprochen haben. **Mein Vater ist ein Mensch, der sagt: „Mach, was du willst. Du weißt selbst, was für dich das Beste ist."** Wie wir uns früher mit ihm nur über Computer und Autos unterhalten haben, so unterhalten wir uns auch jetzt darüber. Und Mama hat selbst Probleme, sie ist mit ihrem Leben nicht zufrieden. Sie möchte durch ihre Kinder leben. Sie hatte einen goldenen Traum gehabt, dass ich eine tolle Karriere machen würde. Wie bei einem mittelmäßigen Menschen, der einen Millionär heiratet. Sie hat wirklich daran geglaubt und das wirklich gewollt.

Das heißt, deine Eltern wissen nichts über eure Beziehung?

DINA: Sie wissen es schon, aber sie ignorieren sie.

NATHAN: Es ist übrigens sehr witzig, dass mein erstes Coming-out mit den Eltern fast genötigt wurde. Es hat so angefangen, dass meine Oma mit mir darüber gesprochen hat. [lacht]

Deine Oma?

NATHAN: Ja, meine Oma. Sie hat damals bei uns gewohnt, weil sie zu irgendeiner Untersuchung in Moskau gehen musste. Sie hat da bemerkt, dass meine Beziehung mit Dina einen ganz engen Charakter hat. Sie ist zu mir gekommen und hat gefragt, ob alles so ist, wie sie es sieht. Ich bewundere ihre Tapferkeit, mit mir zu reden. Ich glaube, sie ist das kommunikativste Mitglied in meiner Familie. Im Prinzip wollen meine Eltern immer schweigen. Und Oma ist im Gegensatz ganz aktiv, sie möchte sich immer unterhalten. Deswegen hat sie das auch initiiert. Sie war natürlich zuerst dagegen. Sie sagte: „Es ist nicht richtig. Das ist nicht so, wie es sein muss." Aber inzwischen ist es mit ihr normal.

Hast du mit ihr gesprochen, dass du dich in deinem Körper unwohl fühlst und ihn ändern willst?

NATHAN: Nein. Dieses Thema haben wir mit ihr nicht besprochen. Ehrlich gesagt, als ich in Russland gewohnt habe, habe ich darüber nicht nachgedacht. Es war für mich etwas Fantastisches, etwas Unrealistisches.

Und jetzt im Prozess der Therapie?

NATHAN: Jetzt fällt es mir viel leichter. Als ich mich entschieden habe, diesen Prozess des Übergangs zu gehen, wurde ich offener und freundlicher …
DINA: Kommunikativer auf jeden Fall.
NATHAN: Ja. Durch das habe ich mehr Selbstbewusstsein. Als ich damals in einer weiblichen sozialen Rolle war, wollte ich nicht über mich reden, meinen Namen nennen, mich vorstellen oder so was … Es war immer Stress, weil ich mich so nicht gefühlt habe. Deswegen wollte ich mich generell nicht mit Menschen unterhalten.

Das bedeutet, dieser Prozess hat sich auf deine Persönlichkeit ausgewirkt?

NATHAN: Nein, nicht auf meine Persönlichkeit.
DINA: Mehr auf zwischenmenschliche Beziehungen. Ich merke keine persönlichen Veränderungen an ihm.
NATHAN: Es gibt aber wirklich die Befürchtungen über Hormone, Testosteron, dass man dadurch aggressiver wird. Ich habe in meiner Gruppe gefragt, was da dran ist. Einige haben erzählt, ich könnte aggressiv werden, wenn ich Alkohol trinke. Deswegen trinke ich keinen Alkohol. Ein anderer Mensch hat mir erzählt, dass die Hormone ihn ungeduldig gemacht haben. Ich dagegen habe noch gar nichts gefühlt. Es ist ohnehin keine schnelle Sache. Irgendwelche Veränderungen können erst nach einem halben Jahr beginnen. Der Prozess dauert fünf Jahre.

Es gibt Menschen, die männliche Kleidung anziehen, um sich männlich zu fühlen. Wie ist das bei dir?

NATHAN: Bei mir gibt es zwei verschiedene Richtungen: Erstens meine innere Empfindung und zweitens wie du in den Augen anderer Menschen aussiehst. Ich habe Probleme in beiden Bereichen gehabt. Damit ich mich gut mit anderen Menschen unterhalten und agieren kann, ist für mich der zweite Teil wichtig: Wie mich andere Menschen wahrnehmen, wie sie mich sehen. Früher habe ich Probleme gehabt, weil ich wusste, dass andere Menschen mich als Mädchen sehen. Deswegen haben sie bestimmte Erwartungen an mich. Daher habe ich mich männlich angezogen und benommen. Das war immer so, seit ich mich erinnern kann. Weil ich mich so wohl gefühlt habe, weil ich ein solches Bild von mir für andere schaffen wollte. Innen hatte ich einen etwas anderen Konflikt. Ich hatte ein sehr deutliches Bewusstsein von mir selbst: Es gibt mich und ich bin so. Ich konnte nicht sagen, dass ich ein männliches Geschlecht habe. Das war auch für mich schmerzhaft. Alle diese Anzeichen fürs Mannsein sind sehr relativ. Ich kenne weiblich aussehende Männer. Und das macht sie nicht weniger zu Männern. Und das ist für mich genug.

Ich möchte dich fragen, Dina: Als Nathan dir erzählt hat, dass er diesen Übergang machen will, wie war da deine Reaktion?

DINA: Zuerst habe ich negativ darauf reagiert, weil es für mich ein Risiko ist, was mit dem eigenen Körper zu machen. In dieser Zeit glaubte man noch, wenn du den Übergang machst, verkürzt sich die Lebensdauer, man bekommt Krankheiten und so weiter. Alles habe ich mir negativ vorgestellt. Mir schien es so: Man muss das nicht machen. Hauptsache, ich bin eine Persönlichkeit. Ich habe darauf gehofft, es psychologisch bekämpfen zu können. Aber ich habe gesehen, wie er leidet, weil er das nicht machen kann. Und seitdem wir in Deutschland sind, habe ich ihn unterstützt. Ich möchte, dass sein Leben für ihn leichter und angenehmer wird.

Und wie hast du Nathan am Anfang wahrgenommen? Als Mann oder als Frau? Als ihr einander kennengelernt habt, als eure Beziehung begann?

DINA: Im Allgemeinen war unsere Lieblingsbeschäftigung damals, auf Bäume zu klettern, zu wandern und später auch einander zu schlagen. Andere Mädchen aus der Klasse haben sich geschminkt und Röcke getragen. Und wir dann so: <u>Oh, das ist wie eine andere Klasse, andere Menschen, die uns nicht verstehen. Wir verstehen sie auch nicht</u>. Ich hab gedacht: Ich bin gern mit Nathan zusammen. Mit ihm ist es interessant, weil er Nathan ist und nicht, weil er Mädchen oder Junge ist. Ich habe andere Mädchen gesehen, die für mich gar nicht attraktiv waren, nicht als Partnerinnen und auch nicht als Gesprächspartnerinnen. Und Jungs aus unserer Klasse auch nicht. Ich habe Nathan mit niemandem verglichen. Er ist ein einzigartiger Mensch. Es war Nathan – so wie er war. Wir haben zusammen sehr viele LGBT-Filme geguckt. Und in einem Film hat der Hauptdarsteller gesagt: „Die Sache ist nicht, ob sie Mädchen oder Junge ist, sondern die Sache ist in dem Menschen." Diese Theorie ist mir nah. Ich kann nicht über mich selbst sagen, dass ich mich als Mädchen fühle oder mich schminken und Röcke tragen will. Ich will's nicht. Aber ich habe keine Probleme, dass ich weibliche Anzeichen habe. Ja, es gibt sie, sie

GESCHLECHTSANGLEICHUNGSPHASEN

Die Behandlung ist in fünf Behandlungsphasen unterteilt:
(1) die Diagnose anhand der Kriterien der medizinischen Klassifikation von Krankheiten ICD-10,
(2) die psychiatrisch-psychotherapeutische Behandlung/Begleitung und die psychiatrisch-psychotherapeutisch begleitete Alltagserprobung,
(3) die gegengeschlechtliche Hormonbehandlung,
(4) die operative Geschlechtsangleichung sowie
(5) abschließend die Nachbetreuung.

Mehr Infos zum Transgenderthema:

→ World Professional Association for Transgender Health: Standards of Care.

→ Versorgungsempfehlungen für die Gesundheit von transsexuellen, transgender und geschlechtsnichtkonformen Personen 2012: *http://www.wpath.org/*

→ Deutsche Gesellschaft für Sexualforschung: *http://dgfs.info/category/aktuelles/*

→ TransX – Verein für Transgender Personen: *http://www.transx.at/TransX.php*

→ Die Kampagne Stop Trans Pathologization 2012: *http://www.stp2012.info/old/de*

gefallen mir nicht, mit den Brüsten ist es schwierig zu laufen. Ich möchte zum Strand in Badehosen gehen. Aber ich kann damit leben. Ich ärgere mich nicht, wenn ein Mann mir die Tür öffnet. Gefällt es der Person, das zu machen, ist es toll.
NATHAN: Mir scheint, Dina ist auch in der Mitte der Skala.
DINA: Ich habe nie darüber gedacht. Wenn meine Mutter mir Mädchenoberteile kauft, kann ich sie tragen oder nicht tragen. Aber öfter trage ich Kleidung ohne irgendwelche offensichtlichen Gendermerkmale.

Und wie wird eure Zukunft aussehen? Nathan, du befindest dich jetzt seit Januar in der Hormontherapie. Du hast noch einen sehr langen Weg vor dir ...

NATHAN: Fünf Jahre. Die zeitkürzeste Wirkung ist die Umstrukturierung der Stimme. Sie ist in den ersten sechs Monaten tiefer. Alles andere wird lang dauern. Ich muss noch lange warten.

Denkst du, wenn du deinen Übergang beendest, wird sich etwas in deinem Leben ändern?

NATHAN: Ich erwarte äußerliche Änderungen. Ich erwarte sie mit Ungeduld. Aber mir ist das Äußerliche nicht so wichtig. Die Veränderungen, auf welche ich am meisten warte: Ich möchte noch selbstbewusster sein. Keine Angst vor den Konflikten mit den Menschen haben. Keine Angst haben, mich zu zeigen.

Dina, wie denkst du: Was ändert sich nach Nathans Übergang? In eurer Beziehung und im Zusammenleben vielleicht?

DINA: Ich glaube, es ändert sich nichts. In fünf Jahren werden wir irgendwelche anderen Probleme haben. Ja, der Übergang ist sehr wichtig. Aber ich denke jetzt über die Abschlussarbeit im Studium nach. [beide lachen]

Welche Pläne habt ihr für eure Familie? Denkt ihr über Kinder nach?

NATHAN: Ja. Wir haben solche Gedanken.
DINA: Ja, wir denken schon. Aber diese Gedanken sind vom Geld abhängig. Zuerst muss man das Studium beenden, einen guten Job finden. Und dann kann man überlegen.

Habt ihr auch über eine eingetragene Lebenspartnerschaft nachgedacht?

NATHAN: Die ist unmöglich, weil wir russische Bürger sind. Es ist nur für die Leute aus den Ländern möglich, wo man das akzeptiert.
DINA: Wir können warten, bis wir die deutsche Bürgerschaft bekommen. Oder wir können nach Amsterdam oder Dänemark fahren und das da machen.
NATHAN: Oder wir können warten, bis ich neue Unterlagen bekomme. Dann können wir in Russland heiraten. Das alles ist im Prozess.

Ihr denkt intensiv nach, eure Beziehung offiziell zu machen?

NATHAN: Ja.
DINA: Wir haben sogar schon unser gemeinsames Geldkonto. Als wir das gemacht haben, waren wir voll begeistert. Wow! Da stehen wir offiziell zusammen. [beide lachen]

Nathan, jetzt interessiert mich noch dein Blog. Du beschreibst da auf Russisch sehr offen, was mit dir gerade passiert, zum Beispiel Situationen aus deiner Therapie. Welche Bedeutung hat für dich dieser Blog?

NATHAN: Erstens mache ich das mit dem Ziel, den Prozess publizistisch zu beschreiben. <u>Mir fehlte damals eine solche Beschreibung des Übergangs</u>. Zweitens ist es für mich wie eine persönliche Psychotherapie. Ich denke mit Wörtern. Wenn ich was bewerte, was in meinem Leben passiert, muss ich das formulieren. Ich kann das im Kopf formulieren, aber am besten als Text. Das ist mein Überlebensmechanismus. Und ich möchte, dass meine Erfahrung für jemanden hilfreich wird. Wenn ich es auf ein Zettelchen oder in ein Heft schreiben würde, würde es für mich weniger bedeuten. Ich glaube, dass der Sinn des Lebens von dem Menschen selbst bestimmt wird. Für sich selbst. Das Einzige, was Sinn bestimmen kann, ist der Mensch selbst.

DINA: Man muss einen eigenen Kopf haben und den selbst entwickeln. Eine Theorie, die mir gefällt, sagt, dass jeder Mensch seine eigene Welt hat. Nathan hat seine Welt, ich habe meine Welt. In meiner Welt gibt es eine Vorstellung über Nathan. Diese Vorstellung und Nathan selbst sind aber ganz verschiedene Sachen. Sie korrelieren, sind aber ganz unterschiedlich.

NATHAN: So wie Projektion und Bild.

DINA: <u>Du kannst den anderen nicht so wahrnehmen, wie er „wirklich" ist. Du hast nur deine Erfahrung</u>. Wenn ich den Menschen sehe und seine Taten, vergesse ich nicht, dass es meine Vision ist. Vielleicht hat er was anderes gemeint. Besser ist es, noch mal nachzufragen.

„Wenn einer ein kleines Fellstück entdeckt hat, aber dann erzählt: ‚Ich hab drei Biber auf einmal gesehen!', dann ist der kein richtiger Freund."

MAGNUS (11)
DOMINIK (11)
Freunde in Dorflingen

Magnus und Dominik, ihr seid eng befreundet. Wie lange kennt ihr euch schon?

BEIDE: Seit der Mutter-Kind-Gruppe …
DOMINIK: … vom ersten Tag an, schon als Baby. Unsere Eltern sind auch befreundet.
MAGNUS: … also schon sehr, sehr lange.

Was unternehmt ihr denn so zusammen?

DOMINIK: Mal machen wir 'ne Radtour. Ganz oft reden wir miteinander.
MAGNUS: Wir helfen manchmal seinem Papa beim Bäume schneiden. Im Sommer bin ich dann manchmal bei ihm und dann mähen wir zusammen Rasen. Er fährt den Rasenmäher und ich den Bollerwagen, und er kippt dann das Gras gleich in den Bollerwagen, und ich fahr das dann auf so 'nen Platz. Und da vergärt das dann, bis es Humus ist.
DOMINIK: Ja, wir haben schon sieben Schubkarren.

Und was macht ihr dann mit dem Boden?

MAGNUS: Im Garten stehen mehrere Hütten und da hat der Dominik eine davon. Und hinter seiner Hütte – die nennen wir übrigens Clubhaus – hat er ein paar Bäume eingepflanzt und bei denen haben wir den Humus hingetan.

Was macht ihr dann da im Clubhaus?

MAGNUS: Wir spielen da oft. Was spielen wir? Schwierige Frage ...
DOMINIK: Kommt auch drauf an, wie's Wetter ist und was grad so ansteht.
MAGNUS: Wir haben mal 'nen Cocktail gemacht, 'ne Bowle mit Fruchtsäften und Apfelsaft, Himbeeren und Zitronen. Da haben wir 'nen ganzen Bottich voll Saft hergestellt.
DOMINIK: Das haben wir dann zum Schluss alles getrunken.

Ihr seid sehr viel draußen, oder?

MAGNUS: Ja, sehr viel.

Was macht ihr sonst noch?

MAGNUS: Wir sind am Brunnenbach unterwegs und bauen Dämme und erkunden halt, was es da alles gibt ...
DOMINIK: ... Frösche fangen und dann schauen, ob es ein Männchen oder ein Weibchen ist.

MAGNUS: Ja, das ist gerade unser aktuelles Projekt. Wir gucken auch, wo's tief ist, wo's flach ist, wo's matschig ist ... Und irgendwann weißt du das halt. Unser Plan ist es, mal den ganzen Brunnenbach auswendig zu wissen. Und da gibt's auch Schlamm, eher dunkleren, das ist so aufgeweichte Erde. Mit der bauen wir den Damm. Und dann gibt's hellere, das ist eher aufgeweichter Lehm. Und den nenn ich immer Ton, denn damit kann man gut etwas töpfern. Und ich hab festgestellt, wenn man die zu 'nem Ball macht und dann trocknet, dann kann man die wie Straßenmalkreide benutzen ...

DOMINIK: ... und da haben wir zwei so große geformt. [deutet die Größe eines Fußballs an] Na gut, ich mag's ganz gern übertrieben. Aber ich mag das auch, wenn wir zusammen sind, also die Atmosphäre, gell? Dann machen wir ab und zu Späße und reden sehr viel, was grad so im Alltag ist.

MAGNUS: Und wir haben eine Terrasse gemacht aus Schichten von abgerissenem Schilf und Matsch. Wir haben auch in der Nähe so kleine Blumenübertöpfe gefunden. Und mit den Töpfen bauen wir dann ... Im Winter haben wir Pause

gemacht mit an den Brunnenbach gehen, und dann sind wir im Frühling das erste Mal wieder da hin und haben von unseren zwei Töpfen nur noch einen ganzen Topf vorgefunden. Aber <u>der Topf ist schon was Wertvolles, weil mit dem transportieren wir Wasser, Schlamm, Moos, Frösche</u> …
DOMINIK: Also fast alles. An unserem See kommt auch manchmal der Biber vorbei und Rehe.
MAGNUS: Ja, wir sind ganz in der Nähe vom Biber. Unser Damm ist richtig nah am Damm vom Biber.

Aber den Biber habt ihr jetzt noch nie gesehen?

MAGNUS: Nö.
DOMINIK: Ich schon, da am Badesee hinten. Manchmal haben wir da auch Fische gefunden … also solche kleinen. [zeigt mit der Hand ca. 10 cm]
MAGNUS: Das machen wir im Winter, da gehen wir manchmal an den abgelassenen Badesee, da ist dann so viel Matsch [zeigt bis zum Knie] und …
DOMINIK: … da haben wir einen kleinen Fisch gesehen, an Land, den haben wir dann mitgenommen und in unserer Stelle am Brunnenbach freigelassen. Und im Sommer sind wir durch so Rohre immer ganz schnell durchgegangen und dann war da plötzlich so ein großer Fisch [zeigt ca. 20 cm] in dem Rohr. Bei solchen Wasseraktionen bin ich normal der Rücksichtslosere, aber wenn ich so ein Tier seh, dann hab ich schon ein bisschen Angst. Bin ganz schnell vorbeigegangen.

Ihr habt ja jetzt ganz viel erzählt. Nun interessiert mich aber: Was ist euch wichtig an eurem Freund?

DOMINIK: Mir ist es wichtig in 'ner Freundschaft, dass man dem Freund vertrauen kann. Also, wenn ich ein Geheimnis habe und es 'nem Freund erzähl und er es gleich weitererzählt, dann ist er für mich kein richtiger Freund.
MAGNUS: Ja, dann ist's kein bester Freund.
DOMINIK: Und in unserer Freundschaft: Wir beide sehen schon an der Mimik, ob es dem anderen gut geht …
MAGNUS: … ob's wem nicht passt.
DOMINIK: Gute Freundschaft ist auch so, dass man dem glauben kann, dass er nicht lügt.
MAGNUS: Ja! Und dauernd so übertreibt: Wenn einer ein kleines Fellstück entdeckt hat, aber dann erzählt: „Ich hab drei Biber auf einmal gesehen!", dann ist der kein richtiger Freund – wenn der dauernd so lügt.

Gibt's für dich, Dominik, einen Moment, der für dich ganz bedeutsam ist oder für dich ganz besonders schön war mit Magnus?

DOMINIK: Ja. Wir waren im Freizeitpark *Tripsdrill* mit den Ministranten und da sind wir *Mammut* [Achterbahn] gefahren. Und was auch ganz schön war, war das Zelten bei mir. Da sind wir morgens um sechs losgefahren mit dem Fahrrad und haben erst mal den Hasen Futter geholt. Und <u>dann haben wir Feldhasen gesehen und ein Reh und das beim Sonnenaufgang, das war schön</u>.
MAGNUS: Das war richtig schön.

Gibt es Momente, die für euch schlimm oder traurig waren? Momente, in denen ihr gemerkt habt, dass ihr einen Freund braucht?

DOMINIK: In den Sommerferien. Da hat mir Magnus richtig gefehlt. Da sind unsere Hunde verkauft worden und alle unsere Hühner waren tot. Da hab ich einen Freund gebraucht. Aber Magnus war nicht da.

Habt ihr euch auch schon gestritten?

DOMINIK: Ja, sehr oft sogar. Zum Beispiel mal an 'nem Mittwoch. Da hab ich Magnus' Schuh geklaut. Und dann sind wir weggerannt, und dann hat Magnus auf den Sattel von meinem Fahrrad gespuckt, und dann hab ich auch auf seinen gespuckt …

MAGNUS: Am Anfang war's nur Spaß und das ist dann richtig in 'nen Streit ausgewuchert ...
DOMINIK: Am Schluss wollte ich mich entschuldigen und dann haben wir wieder was ausgemacht, um uns zu treffen. Also länger als zwanzig Minuten halten wir das nicht aus!
MAGNUS: Wenn der andere dann wütend ist und abhaut, dann ist das schon hart für einen.

Habt ihr auch andere Freunde? Was unterscheidet die von eurem besten Freund?

MAGNUS: Wenn ich mit dem Dominik was ausmachen will, dann ruf ich ihn an und fahr mit dem Fahrrad zu ihm. Bei denen ist es dann schon schwieriger. Da musst du dann schon 'ne Strecke mit dem Auto fahren, weil die weiter weg wohnen. Mit denen ist es halt nicht so wie mit dem Dominik. Der ist besser irgendwie.
DOMINIK: Ich hatte mal einen, aber der ist mir dann zu dumm geworden. Weißt du, da wurde mal hinter der Schule Gülle geführt und da wollte der gar nicht mehr in die Pause raus, weil es gestunken hat. <u>Das war ganz normale Kuhgülle, das stinkt doch nicht</u>! [schaut verständnislos] Und dann wusste ich schon: Der passt nicht zu mir!

Was denkt ihr: Sollen eure Eltern euren Freund mögen?

MAGNUS: Ja, eigentlich schon, weil, wenn seine Eltern mich verabscheuen würden, dann könnten die ihm heimlich einreden, dass ich kein guter Freund bin. Und mir macht es auch keinen Spaß, einen Freund zu haben, dessen Eltern brutaler Horror sind. Aber das ist ja zum Glück nicht so!
DOMINIK: Ja, und das Gleiche gilt für mich auch.

Wie bedeutsam ist euch denn eure Freundschaft? Wenn ihr das mal auf einer Skala von 0 bis 10 bewerten würdet.

MAGNUS: 9,999999999999 ... [lacht]
DOMINIK: 10.

Und an was macht ihr das fest? Warum würdet ihr diese Zahl wählen?

MAGNUS: Ohne Freundschaft ... was mach ich da? Vielleicht noch lesen. Aber wenn alle Bücher ausgelesen sind, mich langweilen. Meine Eltern nerven, dass mir langweilig ist. Rausgeschmissen werden, weil ich meine Eltern nerve, dass mir langweilig ist.
DOMINIK: Ohne meinen Freund hätte ich auch nicht den Brunnenbach entdeckt. Unser nächstes Projekt ist dann der Schanzenbach. Mit 'nem Kanu da runterfahren.

Es ist euch also wichtig, etwas mit eurem Freund zu unternehmen?

DOMINIK: Ohne den Magnus hätte ich meine Kindheit anders verbracht!
MAGNUS: Das wäre dann gaaanz anders verlaufen!

Das hört sich jetzt so an, als wenn ihr euch ein Leben ohne Freund nicht vorstellen könnt?

DOMINIK: Also Freundschaft – eigentlich könnte ich ganze Tage erzählen, was das uns bedeutet. Also das bedeutet mir richtig viel!!
MAGNUS: Ja, ohne Freundschaft ist es schwierig!
DOMINIK: <u>Freundschaft bedeutet Spaß am Leben</u>!
MAGNUS: Genau, das ist es! Das ist ein guter Satz! Wenn ich mir vorstell, ohne Dominik an den Brunnenbach zu gehen, dann wäre mir nach zehn Minuten langweilig. Ich würde ein bisschen im Matsch rummachen oder auf und ab laufen, aber dann würde ich wieder nach Hause gehen. Mit dem Dominik könnte ich da 24 Stunden verbringen.
DOMINIK: ... jeden Tag.
MAGNUS: Zu zweit kannst besser mit anpacken, kannst mehr machen. Du hast auch andere Ideen. Da kannst du richtig viele Sachen

machen. Wir haben zum Beispiel die Idee, einen Fischteich zu bauen. Mein Opa hat auch einen Teich und da vermehren sich die Fische ganz schnell. Der hat da jetzt einen Plastik-Reiher aufgestellt. Seitdem vermehren die sich rasend. Also da könnten wir Fische haben. Aber am Teich hapert's noch ein bisschen.
DOMINIK: Also ich hätte schon ein Gefäß, wo man die Fische reintun kann. Aber da fehlt die Wasserpumpe!
MAGNUS: Ja, die Pumpe ist das Kritischste, die braucht man!

Denkt ihr, ihr seid in zehn Jahren immer noch befreundet?

DOMINIK: Auf jeden Fall! **Freunde, bis wir Opis sind**!
MAGNUS: Bestimmt, ja! Wäre eigentlich richtig cool, einen Freund zu haben von Beginn an, wenn man auf der Welt ist, bis man stirbt.
DOMINIK: Ich kann mich noch erinnern, wie ich in der Mutter-Kind-Gruppe Magnus gefragt habe, ob wir Freunde sein wollen. Da hab ich zu ihm gesagt: „Willst du mein Freund sein?" und …
MAGNUS: … da hab ich „Ja" gesagt.
DOMINIK: … das war auch einer meiner schönsten Momente!

4 hin & weg

„Jeder sollte unbedingt allein reisen. Dann wär die Menschheit eine bessere, ganz klar!"

Dezember 2016, am Tag vor ihrer Abreise

Sabi, du fliegst morgen mit einem One-Way-Ticket nach Neuseeland, wie kam es dazu?

Ich wollte nicht mehr in meinem Job arbeiten und als ich Anfang des Jahres auch noch eine Art leichtes Burn-out diagnostiziert gekriegt habe, war mir klar: Ich muss raus aus dem Job. Dann war die Frage: Was mach ich denn jetzt? Eigentlich hatte ich gar keinen Plan, hab aber gedacht: Vielleicht geh ich erst mal in Urlaub. Und dann hab ich mit Menschen darüber geredet, und die haben mich immer wieder gefragt: „Wie läuft's mit deiner Reiseplanung? Weißt du schon, wo du hingehst? Hast du schon 'nen Flug gebucht?" Eigentlich hab ich das nie so richtig entschieden, dass ich das wirklich mache, das hat sich einfach so entwickelt, weil ich mit Menschen drüber geredet hab. [lacht]

SABI (28)
Artdirector, hat ihren Job und ihre Wohnung gekündigt, ihr Auto und fast ihren gesamten Besitz verkauft und ist mit einem One-Way-Ticket nach Neuseeland geflogen

Wie geht's dir denn jetzt damit, dass es sich so entwickelt hat?

Komisch, [lacht] die Vorfreude ist irgendwie noch nicht da, die Aufregung schon, aber ja, ich lasse mich überraschen. In erster Linie möchte ich einfach gucken, dass ich das mach, worauf ich Lust hab, und mich nicht stressen lass und einfach nur für mich selber entscheide. Jaaa, einfach mal das tun, wozu man sonst nie die Möglichkeit hat. Anderen Menschen gegenüber muss man ja im Beruf sehr oft kuschen und Sachen abnicken, um der Karriere nicht zu schaden. Davon bin ich jetzt erst mal frei, und das möchte ich auf jeden Fall zelebrieren. Im Grunde genommen ist das Sinnsuche irgendwie. <u>Vielleicht ist das auch der Sinn, einfach nach ihm zu suchen</u> oder einfach mal so in den Tag hinein zu leben.

Die Reise stellt für dich also schon eine Sinnsuche dar, verstehe ich das richtig?

Ja, genau. Also noch bin ich nicht an dem Punkt, dass ich sagen kann: Der Sinn meines Lebens ist es, zu reisen oder etwas Derartiges. Das ist mehr so die Suche nach dem, was Sinn macht. Man sagt ja auch, der Weg ist das Ziel. Darauf hoff ich.

Und ist es so, dass du früher, bevor du diese radikalen Veränderungen in deinem Leben vorgenommen hast, noch einen anderen Sinn hattest oder den Sinn noch woanders gesucht hast?

Ja. Im Alltag schlichtweg. Das war aber eben immer das Problem, dass alle irgendwie so [atmet tief aus] mehr oder weniger zufrieden mit ihrem Leben waren, so wie es ist, so ganz normal, Job und Freundeskreis und so weiter, ich aber einfach mit dem, was ich hatte, nicht zufrieden war. Ich bin sowieso immer schon auf der Suche, sei es ein neuer Job oder neue Hobbys. Jetzt hab ich mal zumindest die Freiheit, einfach alles auszuprobieren, was ich möchte. Keine Wohnung mehr, kein Auto mehr, kein Job mehr. Das war zwar jetzt ein großer Schritt, aber ein Stück weit ist es so dieses *simplify your life*. <u>Je weniger man besitzt, desto weniger muss man sich auch Sorgen um diese Dinge machen</u>, und das finde ich schon sehr befreiend.

***Simplify your life?* Kannst du mir das noch mal etwas genauer erklären?**

Na ja, ich hab irgendwann einfach beschlossen, dass ich jetzt meiner psychischen und physischen Verfassung zuliebe meinen Job kündigen muss. Daraufhin hab ich einfach mal gekündigt [lacht] und meine Wohnung auch, hab mein Auto und meine ganzen Möbel verkauft. <u>Ich besitze jetzt nur noch das Nötigste und das fühlt sich gut an</u>.

Hast du auch Dinge abgegeben, die früher für dich einen Sinn ergeben haben?

Ja, möglicherweise, ein Stück weit schon. Der Job hat ja am Anfang auch einen Sinn ergeben, und es war natürlich auch immer toll, ein Auto zu haben und eine Wohnung und so. Das sind ja ein Stück weit Grundbedürfnisse. Die haben für mich schon Sinn gemacht, ja. Aber es hat halt jetzt nicht mehr gereicht.

Und was macht dies jetzt mit dir, wie empfindest du momentan?

Momentan empfinde ich eigentlich, sagen wir mal, zu 90 Prozent Panik [lacht] und Aufregung und Angst vor dem Ungewissen. Aber auch Vorfreude, dass jetzt etwas Neues kommt und dass ich sehr schöne Sachen erlebe und einfach, ja [atmet tief aus], dass es irgendwie weitergeht.

Was sagt dein Umfeld dazu?

Mein Umfeld findet es toll! [lacht] Alle, durch die Bank! Meine engen Freunde sind natürlich traurig, weil halt mal kurz täglich telefonieren auch nicht mehr drin ist oder sich regelmäßig sehen. Aber alle finden die Entscheidung gut und freuen sich für mich. Das ist schön.

Cool. Trotzdem würde ich das gern genauer wissen: Was treibt dich an, diese Reise zu machen?

[Atmet tief aus] In erster Linie Veränderung. Es kann nur besser werden, wenn man was macht. <u>Ich hatte irgendwie jahrelang diesen gefühlten Stillstand</u>. Dass ich einfach nicht vorangekommen bin in meinem Leben. Ich will für mich persönlich eine Weiterentwicklung, um einfach mal rauszufinden, was ich in meinem Leben wirklich will. Im Alltag einfach nur so vor sich hin zu leben, da glaub ich nicht, dass man so viel von sich selber bewusst kennenlernt. Ich möchte mal rauskommen, um neue Perspektiven für die Zukunft zu sammeln, zum Beispiel anstatt einem Bürojob vielleicht mal was Handwerkliches zu machen. Bei Work and Travel kann man ja in ganz vielen Jobs arbeiten. Einfach neue Dinge ausprobieren, ob es jetzt Kühe melken ist, Schafe scheren oder doch vielleicht einen Bürojob. Einfach mal auch was von der Welt sehen, auch die Natur genießen, die gerade in Neuseeland unglaublich schön ist. Ja, einfach auch mich selber besser kennenlernen, auch mal die Zeit zu haben dafür und nicht nur diesen Alltag, in dem man für sich selber ja relativ wenig Zeit hat oder sich selten Zeit nimmt. Dass man mal wirklich auch mit sich selber allein ist, ein Stück weit. Natürlich lernt man mit Sicherheit Leute kennen, aber ich glaub, man lernt Leute in erster Linie sehr gut kennen durch so eine Erfahrung, allein in einer fremden Welt zu sein und auf sich selbst gestellt zu sein, so komplett ohne Connections. Im Grunde genommen war der Urantrieb wirklich Veränderung.

Und hattest du auch mal Zweifel?

Ja, natürlich. Immer. Jetzt. [lacht] In jeder Situation. Es ist natürlich schon auch, ja, beängstigend, plötzlich auf sich allein gestellt zu sein, und dann bin ich auch aus meinem Job total raus. Bedeutet, dass ich da schwer wieder einen Anschluss krieg, eventuell. Und einfach, ja, weg sein, während alle hier weiterleben. Einfach so weit entfernt zu sein, das ist schon aufregend.

Wie gehst du mit diesen Zweifeln um?

[Atmet tief ein] Tja, gute Frage. Ich versuche mir immer wieder klar zu machen, dass ich das erste Mal in meinem Leben etwas nur für mich tue. Für keine sozialen Zwänge, für keine Gesellschaft, die sagt, du musst einen Job haben, du musst eine eigene Wohnung haben, du musst dich selbst finanzieren, du musst, musst, musst. Ja, das versuch ich mir immer wieder vor Augen zu halten, dass ich mir da doch was Gutes tue, obwohl ich eigentlich tierisch Angst davor hab.

Das hört sich für mich gerade so an, als würdest du ans Ende der Welt reisen, aber doch auch zu dir.

Ja, ich glaub, das ist im Grunde genommen die große Hoffnung. Also ja, weit wegzukommen, um dabei zu mir zu finden.

Wenn du es noch mal entscheiden könntest, würdest du dich dann wieder so entscheiden?

Ja, auf jeden Fall. Also gefühlt habe ich das nicht wirklich entschieden, sondern es ist einfach so passiert, aber doch, <u>so sehr ich auch Angst davor hab, ist das auf jeden Fall das Richtige</u>.

Jetzt muss ich noch mal auf deine Lieben zurückkommen. Das hat sich gerade für mich so angehört, dass dein Umfeld und dein soziales Miteinander schon auch Sinn für dich ergeben hat.

Ja, auf jeden Fall. Das auf jeden Fall, klar. Es ist nur halt, wie soll ich sagen? Allein von Freundschaften kann man halt nicht leben. Freundschaften und Familie sind ein wichtiger Teil im Leben, aber das reicht nun mal nicht. Die Selbstverwirklichung, ich habe das Gefühl, ich muss mich weiterentwickeln, ich muss weiterkommen, neue Dinge sehen. Ich hoffe, danach kann ich glücklich sein, also morgens aufstehen und wissen, dass was ich tue, für mich das Richtige ist.

Februar 2017: Sabi ist inzwischen in Neuseeland

Sabi, du bist nun schon fast sieben Wochen unterwegs. Erzähl doch mal, was du erlebt hast!

[Atmet laut aus] Viel. Natürlich schöne Orte gesehen und tolle Sachen unternommen, viele, viele Menschen getroffen. Ich bin das erste Mal allein getrampt und bin dann auch ganz oft getrampt, weil das sehr einfach hier ist und Spaß macht, weil man immer sehr lustige Leute kennenlernt. Zurzeit bin ich auf der Suche nach 'nem Job und hab mich ganz viel auf diverse Sachen beworben, aber leider noch nix gefunden.

Und was hat sich für dich verändert, seit du unterwegs bist?

Ich hab viel über mich selber gelernt. Ich hatte immer Angst davor, allein zu reisen, weil ich dachte, ich kann das nicht und ich komm allein nicht klar, ich hab dann niemanden, mit dem ich reden kann. Es ist aber genau das Gegenteil. Ich komm super klar, ich find's viel besser, allein zu reisen als mit jemandem zusammen, weil man auch ganz anders auf die Leute zugeht, viel mehr Leute kennenlernt und man auch über sich selber lernt, wie einfach es ist, alles selbstständig zu machen. Ja, das macht einfach Spaß, immer das zu machen, worauf man gerade Lust hat, und nicht sich mit jemandem abzusprechen. Ich glaub nicht, dass ich mich verändert hab, aber mein Verständnis für mich selber hat sich verändert, und zwar ins Positive.

Kannst du mir das erklären?

Ich hab über mich gelernt, dass ich mich ganz gut leiden kann, [lacht] dass ich eigentlich sehr gerne sehr viel Zeit mit mir selber verbringe und sehr viel selbstständiger bin, als ich das je gedacht hätte. Zum Beispiel dichtet man mir ja auch immer an, ich sei so negativ. Und ich hab dieses Klischee auch ein Stück weit bedient, hab aber jetzt festgestellt, dass es gar nicht stimmt. Ich bin gut gelaunt und hab gelernt, dass meine schlechte Laune sehr davon abhängig ist, wie andere Leute um mich rum sind, und dass ich da stark beeinflussbar bin. Ich versuche mir das jedes Mal bewusst zu machen: Nee, warte mal, mir geht's gut. Nur weil da jetzt jemand anders 'nen miesen Tag hat, heißt das noch nicht, dass ich auch einen miesen Tag hab. Und ich versuche mich selber mehr zu kontrollieren, ja, mich nicht so sehr beeinflussen zu lassen. Das war für mich schon 'ne ziemliche Erkenntnis.

Kannst du mir hierzu von einer Situation erzählen?

Ja, zum Beispiel war ich mit zwei Leuten unterwegs in der Stadt auf dem Weg zum Strand und es ging darum, dass wir irgendwo essen gehen wollten, und die beiden konnten sich nicht entscheiden, was sie essen möchten. Wir sind an allem Möglichen vorbeigelaufen, vom Türken bis zum Inder, asiatisch, alles, was man sich so vorstellen kann, also eigentlich wunderschön, riesige Auswahl. Die beiden waren aber so verunsichert, was sie essen wollten, dass daraus 'ne Riesendiskussion entstanden ist. Dann hab ich gemerkt, wie meine Stimmung gekippt ist, weil die sich so gestresst haben, bei dieser wunderschönen Auswahl irgendwas zu essen zu finden. Da hab ich dann gesagt: „Okay, was auch immer ihr macht, ich geh jetzt an den Strand und lese mein Buch und mache das, was ich möchte. Macht ihr doch was auch immer!" Ich hab mich ein bisschen ausgeklinkt, um auch meine Laune wieder in den Griff zu kriegen. [lacht] Jeder sollte unbedingt allein reisen. Dann wär die Menschheit eine bessere, ganz klar! [lacht] Ist übrigens auch interessant, wie man das hier an den anderen Leuten sieht: Hier sind viele Deutsche, die in Gruppen reisen. Ich bin der Meinung, denen entgeht was, weil die nur in ihrer Gruppe bleiben und sich so nicht viel mit Leuten aus anderen Ländern unterhalten. Da fehlen dann ganz viele interkulturelle Erfahrungsaustausche. Ja, ich glaub, dass das eine der besten Sachen am Reisen ist, sich mit Leuten zu unterhalten. Denen ihre Geschichten zu erfahren. Da hab ich schon so spannende Geschichten gehört, ganz andere Lebenswege, und tatsächlich hab ich auch viele Leute getroffen, denen es ähnlich geht wie mir, die festgestellt haben: <u>Moment mal! Das, was ich jetzt tue, will ich eigentlich gar nicht! Was will ich denn eigentlich</u>? Es gibt einem auch Hoffnung, weil ich viele kennengelernt hab, die in ähnlichen Situationen waren wie ich und jetzt das machen, was sie wirklich machen wollen, und glücklich damit sind.

Ich hab, während du erzählt hast, die Begriffe Selbstständigkeit, Eigenständigkeit und Verständnis für mich selbst aufgeschnappt, und dass du jetzt machen kannst, was du willst. Welche Bedeutung hat das für dich?

Im Grunde genommen bedeutet das für mich Freiheit. Weil ich die letzten Jahre nie das machen konnte, was ich wollte. Weil ich beruflich immer dazu gezwungen war, das zu machen, was jemand von mir verlangt, auch wenn ich das nicht tun möchte oder wenn ich 'ne andere Meinung dazu hab. Jetzt kann ich einfach entscheiden: Möchte ich das? Das ist für mich ein ganz großer Schritt, einfach selber zu entscheiden und zu sagen: „Ich möchte das jetzt nicht! Wenn das für dich ein Problem ist, ist es nicht mein Problem!" Das ist nicht so einfach für mich, weil ich das jahrelang nicht konnte und ich es auch anders gelernt hab, weil wir dazu erzogen werden, höflich zu sein. Aber es fühlt sich richtig an, einfach zu sagen: „Nö, heute nicht!" [lacht] Ja, das ist echt schön. Auch zu sagen: „Nein ich geh jetzt allein weiter, ich möchte jetzt lieber woanders hin. Deswegen trennen sich unsere Wege jetzt hier." Mehr befreiend, mal keinerlei Rücksicht nehmen zu müssen, einfach nur auf sich selber zu hören.

Du hörst dich sehr zufrieden an?

Ich bin sehr zufrieden, dass ich den Schritt gewagt habe, und hab's noch keine Sekunde bereut. Klar, ich vermiss meine Familie und Freunde, aber ansonsten nichts. [lacht] Ja, ich genieß es total, hier zu sein, mit mir selber hier zu sein und einfach in den Tag rein zu leben und spontan zu entscheiden, wo möchte ich als Nächstes hin und was möchte ich als Nächstes tun. Ja, das ist ein schönes Gefühl. Viele Leute, die ich hier treff, haben ihre vorgefertigte Reiseroute und haben alles total durchgeplant: Da muss ich hin, und da muss ich hin und in drei Wochen bin ich dann da und so weiter. Dagegen genieß ich es total, dass ich das nicht hab, dass ich einfach morgen beschließe, wo ich übermorgen hinwill oder einfach noch bleib.

Gibt es auch Situationen, die nicht so leicht sind?

Ja, momentan ist es die Jobsuche, weil ich's aus Deutschland so gewohnt bin: Ich brauche eine Arbeit, damit ich mich finanzieren kann. Das ist das, was du immer eingetrichtert kriegst. Wenn du keine Arbeit hast, bist du nur ein halber Mensch, du bist nicht so viel wert in der Gesellschaft. Für mich ist das sehr schwer, diesen Druck abzulegen. Ich merk, wie ich mir selber Stress mach bei der Jobsuche, obwohl ich das gar nicht müsste. Ich habe sechs Jahre gearbeitet, jeden Tag, ich kann deshalb jetzt auch einfach mal nichts tun. Aber es ist schwierig, diese Zwänge abzulegen und diese Verhaltensmuster zu ändern. Ich muss mir immer wieder selber sagen: Nein, mach dir keinen Stress! Alles ist gut so, wie es ist, es wird sich irgendwie was ergeben.

Sonst noch was gelernt auf Reisen?

Ja. Ich war immer so unzufrieden mit meinem Leben, mit allem, obwohl alles eigentlich relativ okay war, mal abgesehen von meinem Job, und ich glaub tatsächlich, dass es daran liegt, dass ich irgend 'ne Art von Aufgabe brauch, die mich befriedigt. Ich glaub, dass es das ist, was mir in meinem Leben bisher gefehlt hat, was ich brauche, um glücklich zu sein. Klar, das zielt natürlich schon darauf ab, was mach ich, wenn ich von meiner Reise zurückkomme. Weil ich muss irgendwas ändern, ich kann auf gar keinen Fall in meinen alten Job zurückgehen.

April 2017: Sabi ist immer noch in Neuseeland

Sabi, wo bist du gerade und wie geht's dir?

Auf der Südinsel von Neuseeland. Jetzt geht's mir wieder gut, aber man hat hier so seine Höhen und Tiefen, wie auch sonst so im Leben. Da muss man halt irgendwie durch. Das ändert sich nicht, wenn man im Paradies ist.

Hast du dafür ein Beispiel?

Ich hab einige Zeit in einem Hostel gearbeitet, wo die Leute nichts mit mir anfangen konnten – und ganz offensichtlich auch nicht wollten. Zum Beispiel haben wir uns über einen Kinofilm, den ich gerne sehen wollte, unterhalten, und die anderen gingen dann in diesen Kinofilm, ohne mich zu fragen, ob ich mitkommen möchte. Solche Geschichten. Ich war einen Monat lang da und hab auf engstem Raum mit Menschen zusammengelebt, mit denen ich nichts anfangen konnte. Ich hab mich dann viel mit mir selber beschäftigt, viel allein unternommen. Das Beste draus gemacht.

Du hast dich viel mit dir beschäftigt? Wie kann ich mir das vorstellen?

Ich hab's mir zur Aufgabe gemacht, jeden Tag rauszugehen, mich zu bewegen, was zu unternehmen. Hab viele kleine Wanderungen gemacht, Stadtbummel, solche Sachen. Hab mir Perlen in 'nem Laden gekauft und angefangen, mir Schmuck selber zu machen, hab mir Hennafarbe gekauft und mir selber Henna auf die Hände gemalt, [lacht] solche Dinge.

War noch was schwierig?

Naja, wenn man allein reist, ist man immer auf sich selber gestellt. Man muss alles selber organisieren, man hat niemand, von dem man 'ne zweite Meinung einholen kann, keinen, der einem mal 'ne Entscheidung abnimmt. <u>Man muss halt alles mit sich selber ausmachen</u>. Das ist auf der einen Seite sehr angenehm, weil man keine Kompromisse eingehen muss. Andererseits ist es anstrengend, wenn man alles selber organisiert.

Dann hast du jetzt auch schon erste Schattenseiten am Alleinreisen erlebt?

Auf jeden Fall. Man lernt ständig Leute kennen, aber meist doch eher oberflächlich. Nach 'ner gewissen Zeit merkt man schon, dass man es vermisst, sich mit jemandem zu treffen, ein normales Gespräch zu führen und nicht erst abzuklopfen: Woher kommst du? Wo warst du schon überall? Wohin reist du als Nächstes? Sondern sich einfach mal mit jemandem zu treffen, mit dem man 'ne gemeinsame Vergangenheit hat. Wo man kein Vorstellungsgeplänkel machen muss.

Versteh ich dich richtig, dass das, was eigentlich auch aufregend und toll ist, also neue Leute treffen und kennenlernen, dass einem da auch manchmal ein bisschen die Tiefe fehlt?

Ja auf jeden Fall, ganz klar. Man ist dann schon dankbar für Telefon und Internet, um einfach mal mit den Freunden zu Hause sprechen zu können und mit der Family.

Würdest du trotzdem sagen, dass du daraus was gelernt hast?

Ja. Auf jeden Fall. Zum einen, dass ich immer alles allein geschaukelt krieg. Zum anderen natürlich auch, dass ich meine Freunde schon sehr vermiss. Und ja, dass eben normale Gespräche, die man sonst als nebensächlich abtut, einem doch mehr geben, als man so denkt.

Was geben die einem?

Über Probleme reden zu können, hilft einem schon bei der Verarbeitung. Natürlich kann ich mit anderen Reisenden darüber reden, dass ich mal Heimweh hab, das kennt ja jeder. Aber es ist was anderes, wenn man das mit seinen Freunden besprechen kann als mit irgendjemandem.

Würdest du sagen, dass Freunde und Familie jetzt 'nen anderen Stellenwert für dich bekommen haben?

Ja, schon. Mir ist echt bewusst geworden, dass es wichtig ist, Kontakte ordentlich zu pflegen.

Du hast erzählt, dass das Alleinreisen zwar toll, aber manchmal auch ganz schön schwierig ist. Würdest du trotzdem wieder allein reisen?

Ja, auf jeden Fall. Aber ich hab schon das Gefühl, dass ich zwischendrin mal wieder unter meine Freunde muss. Ich finde das schön, aber ich könnte es jetzt nicht zwei Jahre am Stück machen. Mir ist zeitweise einfach auch langweilig. <u>Da kann alles noch so schön sein, wenn man es mit niemandem teilen kann, ist es doch nur halb so schön</u>.

Und gibt es etwas, das dir hilft, wenn dir langweilig ist oder du dich allein fühlst?

Ja. Entweder nach Hause telefonieren oder schlichtweg Leute ansprechen. Es gibt immer Leute, mit denen man sich unterhalten kann. Man muss halt aktiv werden.

Würdest du sagen, dass solche Krisen trotzdem hilfreich sind auf der Reise zu dir selber, wenn wir jetzt mal bei dem Bild bleiben?

Ja, auf jeden Fall. Als ich in dem Hostel war, hab ich irgendwann meine Mutter angerufen und ihr erzählt, wie schlecht es mir dort geht und wie doof alles ist. Da hat meine Mutter zu mir gesagt, und das hat mir sehr geholfen: „Du hast doch deinen eigenen Arsch bis jetzt noch immer aus der Scheiße gezogen! Das kriegst du diesmal auch hin." Das hab ich mir dann zu Herzen genommen. Ich glaub, <u>man muss Tiefs auch einfach akzeptieren. Es bringt ja nichts, sich da reinzusteigern. Man muss da durch, und irgendwann kommen auch wieder gute Zeiten</u>. Das hat sich bei mir auch immer wieder bestätigt.

Und wie geht's jetzt weiter bei dir?

Erstmal bin ich jetzt superglücklich, dass ich aus dem Hostel endlich wegkonnte, und freu mich sehr drauf, wieder voranzukommen, weiterzureisen, wieder was zu sehen. Ich werd mir jetzt noch ein bisschen die Südinsel ansehen und hab dann aber vor, wieder nach Auckland zu gehen, um da einen Kumpel zu besuchen, den ich am Anfang meiner Reise kennengelernt hab. Der arbeitet da jetzt für die nächste Zeit. Und dann mal sehen – vielleicht geht's dann weiter Richtung Asien.

Mai 2017: Sabi ist inzwischen in Indonesien

Sabi, wo bist du gerade?

Ich bin auf einer kleinen Insel namens Gili Trawangan in der Nähe von Bali.

Wie bist du denn da gelandet?

Nach vier Monaten in Neuseeland hab ich gemerkt, dass ich eigentlich alles gesehen hab, was ich sehen wollte, und da Neuseeland sehr teuer ist, hatte ich die Wahl, mir einen Job zu suchen, um länger zu bleiben, oder mein restliches Geld zu nehmen und dahin zu gehen, wo es billig ist. Dementsprechend bin ich jetzt in Südostasien. Zwischendrin hab ich noch für zwei Wochen einen Abstecher nach Samoa gemacht, was wunderschön war. Hab da noch ein bisschen den Strand genossen, relaxt.

Erzähl mir von Samoa!

Samoa ist sehr klein, ich war auch nur auf der einen Insel namens Upolu. Als ich angekommen bin, hatte ich erst mal 'nen Kulturschock. Es gibt da natürlich auch Tourismus, allerdings nicht so sehr wie zum Beispiel auf Fidschi. Dementsprechend wird man da als weiße Person angestarrt. Es war einfach wieder was ganz Anderes als Neuseeland, aber schön. Dort war ich zwei Tage in der Hauptstadt und bin dann in den Süden der Insel ins Paradies, in ein Strandresort. Allein die Hinreise dorthin war schon sehr interessant, weil ich mit den öffentlichen Bussen gefahren bin. Mein Bus hätte um zehn fahren sollen, als ich mal endlich den Bus gefunden hatte, saß ich da noch ungefähr 'ne Stunde, weil die Busse erst dann losfahren, wenn sie voll sind. Und weil die Busse eigentlich immer gnadenlos überfüllt sind, ist es gängig und völlig normal, dass man sich gegenseitig auf dem Schoß sitzt. Also ich persönlich hatte nicht die Freude, aber ich hab von anderen Touris gehört, dass sie im Bus saßen und plötzlich ein älterer Herr kam und sich ihnen auf den Schoß gesetzt hat. Nach dieser längeren Reise bin ich am Strand angekommen und habe dann dort elf Nächte lang in einer sogenannten Beach Fale gewohnt, was im Grunde genommen einfach ein kleines Holzpodest ist mit Dach und runterhängenden Bambusmatten zum Abdunkeln. Dann ist da noch 'ne Matratze drin und ein Moskitonetz, und das war's.

Keine Wände?

Nee, nur Matten. Man schläft mehr oder weniger draußen, direkt am Strand. Was einerseits wunderschön ist, weil man direkt mit Strandblick aufwacht, andererseits aber auch ziemlich laut, weil der Wellengang relativ heftig ist. Ja, war schön! Allerdings nach zwei Wochen hat man dann auch alles gesehen, weil die Insel ist ja nicht so groß. Vom einen bis zum anderen Ende braucht man drei Stunden, allerdings auch nur deshalb, weil man nie schneller als 25 km/h fahren kann, weil die ganze Zeit Schweinefamilien die Straße kreuzen oder Hühner oder Hunde oder Menschen. Aber ist ja auch schön, 'ne andere Kultur kennenzulernen. Das ist ja auch einer der Gründe, warum man überhaupt reisen geht.

Was macht das so schön?

Naja, einfach zu sehen, wie andere Menschen auf der Welt so leben. Und dadurch, dass die Verhältnisse relativ ärmlich sind, lernt man zu schätzen, was man zu Hause hat, wie sicher man ist. Andererseits sieht man halt auch, wie wenig die Leute hier haben und wie glücklich sie trotzdem sind.

Sag mal, wenn du jetzt in Südostasien bist, hast du dich ja quasi schon auf den Heimweg gemacht, oder?

Ja, definitiv. Ich hab ja hier auch nur ein Touristenvisum. Das geht meistens nur so dreißig Tage pro Land. Das kann man natürlich endlos ausreizen, aber mir geht's doch inzwischen so, dass ich anfange, Heimweh zu kriegen, und schon mit dem Gedanken spiele, relativ zeitnah wieder heimzufliegen, also in 'nem Monat oder so. Ich fange auch an, mich darauf zu freuen, wieder nach Hause zu kommen, was ich am Anfang der Reise für utopisch gehalten habe. [lacht] Aber es ist eben auch ein schönes Gefühl, sich auf zu Hause zu freuen.

Was ist jetzt anders?

Gute Frage. Ich glaub, ich bin einfach den ganzen Stress von zu Hause endgültig losgeworden und hab ihn irgendwie verarbeitet. Und ich hab das Gefühl, dass ich zu Hause ganz neu anfangen kann. Ich hoff, dass ich nicht allzu schnell in meinen alten Trott zurückfalle. Und dazu muss ich sagen, dass ich des Reisens etwas müde werde. So schön es auch ist, so ist es auch anstrengend, weil man immer wieder neu anfangen muss, immer wieder neue Leute kennenlernen, immer wieder darum kümmern: Wo bleib ich? Komm ich mit dem Geld hin? Wie lange kann ich noch bleiben? Muss ich da was reservieren? Wie lang will ich da bleiben? Langsam merke ich, wie ich mich darauf freue, mir darüber keine Gedanken mehr machen zu müssen.

In den ersten Interviews ging es ja viel ums Müssen, um soziale Zwänge und Druck. Es hört sich jetzt so an, als konntest du dich davon freimachen?

Ich weiß natürlich nicht, wie es ist, wenn ich wieder zu Hause bin. Aber ich hab so viele Leute getroffen und so viele andere Lebensstandards gesehen – ich glaub, ich habe mich davon freigemacht, dass, wenn ich wieder nach Hause komm, ich wissen muss, was ich machen möchte. Denn ich weiß das jetzt noch nicht, und ich werde das ganz sicher auch bis dahin nicht wissen. Das ist aber auch gar nicht wichtig. Ich werde zu Hause einfach erst mal irgendeinen Job machen, und sei es, dass ich erst mal im Supermarkt an der Kasse sitze, um Geld zu verdienen. Ich will mir einfach keinen Stress mit dem Gedanken machen, welchen Job ich bis an mein Lebensende machen möchte.

Du hattest mir mal bei einem Telefonat erzählt, dass du es gut findest, zu Hause viele Arbeitsmöglichkeiten zu haben. Ich hatte den Eindruck, dass du früher eher den Druck hattest, dass du diese vielen Möglichkeiten hast und du da was Supergutes für dich finden musst. Stimmt das?

Ja genau, das trifft's. Vor der Reise war ich im Grunde genommen einfach überfordert mit all dem, was ich machen könnte und was für mich jetzt das Richtige ist. Macht das Sinn? Hab ich Spaß daran? Jetzt ist es eher so, dass ich denk: Schaun'mer mal, es wird sich schon was Gutes ergeben. Genau dadurch, dass es eben so viele Möglichkeiten gibt. Ich seh das alles deutlich entspannter.

Würdest du also sagen, dass du auf deiner Reise zu dir selbst ein Stückchen weitergekommen bist?

Ich hoffe es! Im Moment würde ich das auf jeden Fall sagen, aber ich kann nicht einschätzen, wie schnell einen der Alltag zu Hause wieder einholt. Ich werde mir immer wieder vor Augen führen, dass man sich einfach gar nicht so viel Stress machen sollte. Wie das dann in der Realität umsetzbar ist, steht natürlich auf 'nem anderen Blatt. Ich war zum Beispiel immer der Meinung, dass mein Job mich erfüllen muss. Mittlerweile bin ich der Meinung, dass es nicht zwingend so ist. Natürlich ist es bestimmt schön, wenn man einen erfüllten Job hat, aber es ist viel wichtiger, dass man ein Privatleben hat, das einen erfüllt, und der Job einen über Wasser hält. Also im Grunde genommen ist die Erkenntnis für mich, ich sollte mich mehr um mein Privatleben kümmern als um meine Jobsituation. Darin einen Ausgleich zu kriegen.

Und wie geht's jetzt weiter bei dir?

Tja, [lacht] gute Frage. Erst mal werde ich von hier aus auf die nächste Insel weitergehen und Bali, Lombok und die Umgebung erkunden, in der Sonne brutzeln. Dann werd ich höchstwahrscheinlich nach Malaysia weiterfliegen und möglicherweise dann über Thailand zurück nach Hause.

Das heißt, du hast den Entschluss gefasst, nach Hause zu gehen. Wie fühlt sich das jetzt für dich an?

Zweigeteilt. Einerseits freue ich mich sehr auf zu Hause, darauf, meine Freunde wieder zu sehen, meine Mutter wieder zu sehen, auf den Alltag freu ich mich tatsächlich auch und natürlich auf so Annehmlichkeiten wie dunkles Brot, Käse, [lacht] mein eigenes Bett im eigenen Zimmer ... Andererseits hab ich schon 'ne ordentliche Ladung Respekt davor, was dann kommt. Wie locker denn das Arbeitsamt meine Pläne so sieht. Wenn man nach Hause kommt, hat man zwar wieder diese schönen Annehmlichkeiten, andererseits aber auch wieder die Bürokratie Deutschlands.

Heißt das, du hast schon Pläne?

Mich in irgendeine andere Richtung zu entwickeln, das ist eigentlich der einzige Plan.

Hast du schon Richtungen?

Viele! [lacht] Ich habe in Neuseeland ein Mädchen kennengelernt, die mich sehr inspiriert hat. Sie ist 24 Jahre alt, hat aber schon zehn Bücher geschrieben und veröffentlicht. Von Liebesgeschichten über Krimis über Fantasy. Das war allgemein eine sehr nette Bekanntschaft, mit der ich auch 'n paar Tage unterwegs gewesen bin. Aber mal ganz abgesehen davon, dass wir uns auf persönlicher Ebene gut verstanden haben, hat sich daraus auch ein Projekt entwickelt: Da eine Freundin von ihr gerade Mutter geworden ist und sich von ihr ein Kinderbuch wünscht und es schon immer mein Traum war, ein Kinderbuch zu illustrieren, werden wir das bald zusammen in Angriff nehmen. Mal ein Kinderbuch illustrieren zu können, war schon immer mal mein Traum. Möglicherweise geht's aber auch in Richtung Lehramt für mich, möglicherweise doch noch ein Studium. Möglicherweise in Richtung Handwerk: Schreiner. Konkret kann ich das jetzt noch nicht sagen. Ich hab mich damit noch nicht wirklich auseinandergesetzt, weil ich immer denk, ich sollte meinen Urlaub noch genießen, solange ich hier bin.

Wow! Also ich kenn dich ja schon lange, aber dieses „Auf-mich-zukommen-Lassen" ist was ganz Neues für dich!

Ja. Ein ganz großer Schritt!

SASCHA (21)
Reservist bei der Bundeswehr, und

ANGELIQUE (19)
Krankenpflegehelferin, sind seit zwei Jahren ein Paar und kurz vor dem Aufbruch zu einer Wanderung für ein ganzes Jahr durch Deutschland

„*generell einfach weg von diesem ganzen Stress, von der Zivilisation ...*"

Sascha und Angi, wir haben über euch erfahren, dass ihr in Kürze ein Jahr lang durch Deutschland wandern wollt ...

SASCHA: Ja, weil man einfach viel erlebt beim Wandern und es Spaß macht.
ANGI: Man bekommt auch einen Ausgleich vom Alltag. Es ist so entspannend.

Entspannend? Tatsächlich? Zieht es nicht gerade junge Menschen heutzutage mehr ins Ausland? Warum wollt ihr in Deutschland bleiben?

SASCHA: Weil Deutschland sehr schön ist, auch abseits vom großen Trubel. Und man kann sich gut verständigen. Wenn ich hierzulande zwei Stunden in eine Richtung laufe, dann werde ich höchstwahrscheinlich immer in irgendeine Zivilisation kommen, in irgendein Kaff. Nur falls mal irgendwas wäre. Das passiert mir zum Beispiel in Russland nicht so. Hier dagegen kann man jederzeit nach Hause. Es ist einfach eine gewisse Sicherheit.

Sicherheit? Hört sich an, als hättet ihr euch auf alle möglichen Eventualitäten eingerichtet ...

SASCHA: Ja, haben wir natürlich für den Fall, dass irgendwas nicht klappt. Das war auf jeden Fall keine Schnapsidee, die uns plötzlich gekommen ist. Wir gehen öfter wandern, so einmal im Quartal, kann man sagen. Und dann auch mehrere Tage.

Wann habt ihr denn mit dem Wandern angefangen?

SASCHA: So mit 18. Angefangen hat es durch Freunde. Einfach mal draußen zelten auf 'nem Grundstück von 'nem Kumpel. Als das dann nicht mehr ging, hab ich angefangen, auch allein zu wandern. Angis Interesse wurde dann quasi durch mich geweckt.

Und was genau macht Spaß daran?

SASCHA: Man ist einfach allein – wenn man allein ist, natürlich. [lacht] Einfach weg von allem, weg von diesem ganzen Stress, von der Zivilisation. Immer gibt es irgendwo Lärm oder sonst was. Es gibt ganz selten in Deutschland mal eine Ecke, wo man nichts hört außer Vögel. Man lernt auch andere Leute ganz anders kennen, weil die ganz anders auf einen reagieren, wenn man da mit Rucksack allein jung rumläuft oder zu zweit. Dann sind sie viel freundlicher, als wenn ich da in Jogginghose rumlaufe. Es macht auch Spaß, weit zu laufen, weil man dann einfach was geschafft hat. Und am Abend kann man entspannen.

Und Angi, was macht dir Spaß am Wandern?

ANGI: Einfach, dass man so viel sieht, was man im Alltag nicht sieht. Wenn man irgendwo durchs Gras läuft, dass man ein Reh sieht. Man ist abends total erschöpft, aber man weiß, dass man was geschafft hat. Es ist auch ein bisschen Ehrgeiz dabei, persönliche Herausforderung.

SASCHA: Es bezieht sich ja nicht nur aufs Wandern, sondern es geht auch generell um die Zeit, die man draußen verbringt. Es ist etwas ganz anderes, ohne fließend Wasser und Strom klarzukommen. Draußen die Natur genießen, allein sein. Was Gescheites zu essen, ein Lagerfeuer …

Ist es also anders, als mit dem Flugzeug oder dem Auto zu reisen?

SASCHA: Für mich ist das Besondere, dass man die Strecke, die man zurücklegt, ganz anders wahrnimmt, weil man diese Strecke viel länger läuft als mit dem Zug. Man sieht auch ganz andere Dinge. <u>Wenn man läuft, beobachtet man ganz anders</u>. Und es kommt eine gewisse Gelassenheit auf.

Ihr habt bestimmt auf euren vorherigen Wanderungen schon einiges erlebt?

ANGI: Ja, voll schön war es zum Beispiel, als wir unser Einjähriges hatten. Wir waren in der Oldenburger Gegend unterwegs. Und da hat Sascha mich damit überrascht, dass wir abends noch woanders hinfahren, nämlich nach Hamburg.

SASCHA: In Hamburg haben wir auf einem Reiterhof übernachtet. Ich war nämlich vorher schon mal in der Gegend gewesen, damals aber hatte die Jugendherberge zu. Da gab's aber einen Reiterhof in der Nähe und ich hab einfach gefragt, ob ich irgendwo pennen kann. Und Teddy, ein älterer Mann, der da Stallmeister ist, hat mich dort pennen lassen und ich habe auch Essen bekommen. Er war echt cool drauf. Mit dem habe ich mich damals angefreundet und auch Nummern ausgetauscht. Deswegen habe ich den angerufen und gefragt, ob wir dort noch mal übernachten dürften. Und so waren wir dann zwei Tage da. Was mir auch im Kopf hängen geblieben ist: Ich war allein mal draußen irgendwo am Dorfrand im Wald und hab da übernachten wollen. Die ganze Zeit hat aber irgendwo eine Taschenlampe geleuchtet, sodass ich nicht schlafen konnte, und ich dachte: Wer ist das? Was ist jetzt los? Ist das ein Jäger? Was will der? Also: Taschenlampe geschnappt, Messer geschnappt, erst mal hingegangen. Das war dann 'ne ältere, dicke Frau, die ihre Katze gesucht hat! Als mir das klar war, haben wir zusammen noch um halb eins die Katze gesucht, bis wir sie gefunden haben.

Macht ihr das öfter, dass ihr irgendwelche Leute fragt, ob ihr dort übernachten könnt?

SASCHA: Wenn wir länger weg sind, ja, weil es einfach günstiger ist und komfortabler als mit dem Zelt. Wenn wir kurz weg sind dagegen, dann wollen wir auch draußen sein. Eben, um dieses Anders-Schlafen zu haben. Wenn wir nun ein Jahr lang wandern gehen, werden wir auch öfter mal auf Bauernhöfen und so fragen, ob wir da irgendwo im Stall unsere Isomatten und Schlafsäcke aufschlagen können – gerade im Winter, wenn es kalt und regnerisch ist. Aber ansonsten: draußen und Jugendherbergen.

Das ist was anderes, als in einem Hotel zu schlafen …

SASCHA: Ja, natürlich. Man braucht eine gute Ausrüstung. Kostet zwar viel Geld, ist aber sehr wichtig, wenn man das nicht nur als Sommerhobby betreibt. Man braucht gute Schlafsäcke, gute Rucksäcke. Und man muss auch ein eingespieltes Team sein. Angi macht immer Feuer, ich hacke immer Holz, ich baue das Zelt auf. Morgens ist es eher mein Part, Feuer zu machen, vor allem wenn es kalt ist.

Kocht ihr auch selbst?

Angi und Sascha gleichzeitig: Ja!
SASCHA: Wir kochen draußen alles frisch.

Gefährlich war es noch nie, draußen zu schlafen?

SASCHA: Nachts ist noch nie jemand ans Zelt gekommen. Und irgendwelche Begegnungen mit Jägern oder sonst wem waren nie der Fall. Sicher, weil wir auch immer abseits von Wegen übernachten.

Angi, wie ist es für dich als Frau? Was hast du für Erfahrungen gesammelt mit dem Draußen-Übernachten?

ANGI: Ich hab gelernt, in der Dunkelheit nicht mehr so viel Angst zu haben. Es hat mir schon viel gebracht.

Ihr hattet also noch nie wirklich Angst auf euren Wanderungen?

SASCHA: Na gut. Einmal waren wir in Hamburg am Bahnhof, um von einer Wanderung zurückzufahren. Dort hatte dann allerdings die NPD oder die AFD 'ne Demo und auf der einen Seite war ein schwarzer Block. Und dann hauten die sich da! Überall Polizei, und eigentlich will man nur nach Hause!
ANGI: Ja, da in Hamburg hatte ich auch Schiss, weil man mitten zwischendrin war.

SASCHA: So viele aggressive Leute hat es draußen halt nicht!

Das scheint euch ja mehr aus der Fassung gebracht zu haben, als allein draußen im Wald zu übernachten?

SASCHA: Ja, [lacht] die Menschheit bringt uns mehr aus der Fassung als die Natur.

Musstet ihr eine Reise auch schon mal abbrechen?

SASCHA: Eine Tour, die letzte, haben wir verkürzt und sind mit dem Zug nach Hause, weil es doch recht viel geschneit hat.

ANGI: Es war saukalt.
SASCHA: Ja, stimmt, kalt und nass die ganze Zeit. Angi hat alles wehgetan. Man muss sich auch nicht kaputtlaufen. Irgendwann muss man unter Umständen abbrechen und sagen: Jetzt war es schön, aber weiterlaufen ergibt keinen Sinn, weil es nur noch schmerzhaft ist und ätzend.

Arbeiten wollt ihr während dem Wanderjahr gar nicht nebenher?

SASCHA: Nein. Wir arbeiten nicht. Wir haben jetzt so viel Geld angespart, dass wir auf jeden Fall nicht arbeiten müssen! Unsere Verträge laufen im Mai aus, und dann geht es los.

Welche Jobs habt ihr denn aufgegeben?

ANGI: Ich habe im Altenheim gearbeitet. Danach möchte ich eine Krankenpflegeausbildung machen. Nach dem Jahr, wenn ich wiederkomme, fang ich dort wieder an zu arbeiten.

SASCHA: Ich war 26 Monate bei der Bundeswehr und lasse meinen Vertrag quasi auslaufen.

Was passiert mit eurer Wohnung?

SASCHA: Wir lösen unsere gemeinsame Wohnung auf und bringen die Sachen zu meiner Mutter in den Keller.

Ein ganzes Jahr wandern. Warum eigentlich ein ganzes Jahr?

SASCHA: Um alle Jahreszeiten mitzunehmen! Jede Jahreszeit hat was Schönes und jede Jahreszeit bietet auf ihre Art und Weise gewisse Herausforderungen. Deutschland ist im Winter sehr schön. Im Herbst ist alles sehr bunt, im Sommer an irgendwelchen Seen, am Meer ... so was wie Backpacking. Nur nicht Backpacking, sondern viel cooler!

Wie wird es dann sein, wenn ihr wieder zurückkommt? Ihr seid dann ein Jahr lang unterwegs gewesen, der Job wurde unterbrochen ... Habt ihr euch schon Gedanken gemacht, was ihr dann in den Lebenslauf reinschreibt?

SASCHA: Das wird wahrscheinlich als Erlebniswanderung durch Deutschland oder so abgekürzt. Es gibt ja viele Leute, die Backpacking im Ausland, in Australien, in Afrika oder so machen. Das ist ja nichts Unübliches in Lebensläufen. Bei uns ist es dann doch wieder was anderes, weil es nicht von Hostel zu Hostel ist. Dann werden die Leute in den Bewerbungsgesprächen hoffentlich genauer fragen.

Habt ihr eure Route schon genau geplant?

SASCHA: Nein, nein. Wir haben nichts genau geplant. Das Einzige, was klar ist, weil wir schon Tickets gebucht haben, ist, dass wir im Sommer oben sein wollen an Nord- und Ostsee. Deswegen werden wir wahrscheinlich von oben grob im Zick-Zack runterlaufen, um alles mal zu sehen. Aber wie genau, wissen wir nicht und planen wir auch nicht. <u>Das ist ja auch das Schöne: spontan zu sein</u>.

Also ihr lauft einfach drauf los?

ANGI [lachend]: Ja, sozusagen.

Besondere Sehenswürdigkeiten spielen keine Rolle?

SASCHA: Die Hauptstädte der Bundesländer nehmen wir auf jeden Fall mit, und wir wollen auch in jedem Bundesland den höchsten Punkt erreichen. Es ist doch cool, in jedem Bundesland an der höchsten Stelle gewesen zu sein. Ich mein: Wer kann das schon von sich behaupten?

Hattet ihr auch schon mal Heimweh auf einer Wanderung?

SASCHA: Ich muss sagen, wo ich allein gewandert bin, ja. Gerade, wenn man länger unterwegs ist ... Handy und so haben wir natürlich dabei, um in Kontakt mit Familie und Freunden zu bleiben und auch wegen dem Navi. <u>Wenn die anderen Party machen und man da ganz allein im Wald ist, dann fragt man sich schon</u>, vor allem in den ersten zwei, drei Tagen, immer: <u>Warum macht man das eigentlich?</u> Warum ist man jetzt nicht daheim und feiert mit den anderen oder macht irgendwas mit Freunden oder geht zur Freundin? Zu zweit hatte ich eigentlich nie Heimweh.

ANGI: Ich hatte auch noch nie Heimweh.

Und in den Momenten, wo es dir, Sascha, dann so ging, was hat dich dann weitermachen lassen?

SASCHA: Das verflüchtigt sich auch irgendwann. Man sieht sehr viele schöne Aussichten, sehr viele schöne Eindrücke von Deutschland, von gewissen Locations, die sich einfach lohnen. Wenn man viel sieht, wenn man weit sieht. Vor allem, wenn man sieht, von wo man schon gekommen ist, weil man eine Stadt hinter sich gelassen hat, dann denk ich mir: Mann! Ich habe es geschafft, bis hierher!

Hat das Wandern euch auch irgendwie verändert, eure Persönlichkeit beeinflusst?

SASCHA: Ja, auf jeden Fall zum Positiven. <u>Weil man viel über das Leben nachdenkt, weil man sehr viel Zeit zum Nachdenken hat</u>. Gerade über Dinge, die man macht oder gemacht hat in letzter Zeit. Ich kann auch gut meine Perspektive draußen ändern und manche Dinge ganz anders betrachten, wie ich sie vielleicht davor gesehen habe.

Angi, hat es dich auch irgendwie beeinflusst?

ANGI: Schon irgendwie, weil man sieht schon alles anders. Und es ist ein Ausgleich, nicht so stressig wie im Alltag. Das verändert einen schon, weil man merkt, dass man es auch anders schaffen kann im Leben und man eigentlich nicht so viel Stress haben muss.
SASCHA: Ja, dann ist man viel gelassener. Das können viele heutzutage nicht: einfach abschalten.

Ihr seid dann in dem Jahr auch sehr stark aufeinander angewiesen, wenn ihr immer zusammen seid. Was ist, wenn ihr euch mal streitet? Ihr habt dann ja überhaupt keinen persönlichen Rückzugsort?

SASCHA: Ja, das ist wohl wahr. Streits werden vorkommen, wie sie aber auch im alltäglichen Leben vorkommen. Grade, wenn man müde ist vom Wandern, wird man auch mal pampig. Aber ich denke nicht, dass das ein großes Problem für uns darstellt, weil wir eigentlich schon, seit wir zusammen sind, in unserer Ein-Zimmer-Wohnung ununterbrochen auf engem Raum zusammenleben und es da auch nie große Probleme gibt. Deswegen denke ich: Draußen erst recht nicht.
ANGI: Da ist eben auch viel Teamwork gefragt, weil wenn jeder nur sein eigenes Ding macht …
SASCHA: … das funktioniert natürlich nicht, man muss an einem Strang ziehen. Und das wird, glaub ich, eher verstärkt.

Also auch das Gemeinsame spielt für euch eine große Rolle?

SASCHA: Genau. Ich mach mir keine Sorgen darüber, dass da irgendwas schiefgeht. Wir sind jetzt auch schon zweieinhalb Jahre zusammen und es hat eigentlich immer gut geklappt. <u>Das ist halt keine Schnapsidee: Frisch zusammengekommen, wir wollen jetzt ausbrechen, lass uns ein Jahr wandern</u>, YOLO, kein Geld in der Tasche, aber jung und dumm! <u>Das ist nicht so</u>. Wenn man nicht zusammenarbeitet da draußen, wird man schnell merken, dass das nicht funktioniert. Und dann arbeitet man zusammen.

Apropos schiefgehen: Wie habt ihr euch das vorgestellt, wenn ihr jetzt weiter weg von zu Hause seid? Auf euren vorherige kürzeren Wanderungen konntet ihr ja zur Not umdrehen – das ist nicht mehr der Fall, wenn ihr ein ganzes Jahr unterwegs seid. Was macht ihr zum Beispiel, wenn sich einer von euch beiden verletzt?

SASCHA: Naja, das Verletzungsrisiko steigt ja jetzt nicht, egal wie lang man weg ist. Und wenn man sich das Bein bricht. irgendwo im Wald, dann muss man halt Hilfe holen. Zurück können wir auch jederzeit. Wenn wir nicht mehr wollen, können wir einfach den nächsten Bus oder die Bahn nehmen und zurückfahren, weil wir bei meiner Mom noch das Zimmer haben. Wir wissen, wir haben ein Dach über dem Kopf. Da gibt es also auch einen Plan B.

Was sagen eure Freunde und eure Familie zu eurem Plan, wandern zu gehen?

ANGI: Meine Familie findet es nicht so toll, dass ich ein Jahr weg bin. Aber sie verstehen es auch, dass ich einfach mal mein eigenes Ding machen will. Jetzt ist das für sie in Ordnung. Sie wissen, dass wir das auch schon öfter gemacht haben und dass es gar nicht so schlimm ist. Und es beruhigt sie, dass wir in Deutschland sind und nicht irgendwo.
SASCHA: Sorgen sind natürlich immer da bei den Müttern. Aber meine Mutter hat auch recht schnell kapiert, dass ich es ernst meine. Und Freunde, denen ich das erzählt habe, finden das alle nur gut beziehungsweise beneiden uns teilweise auch. Denn das macht ja nicht jeder – einfach mal so ein Jahr tschüs sagen.

ABDULLAH (23)
Schüler an einer Sprachschule, ist aus Syrien nach Deutschland geflüchtet

„Ich habe gar nichts mehr in Syrien. Alles zerstört. Warum soll ich sagen, da ist meine Heimat?"

Kannst du mir einen Tag hier in Deutschland beschreiben?

Ich stehe um 7 Uhr auf, ich frühstücke nicht, dann gehe ich in die Schule bis 13 Uhr. Dann mache ich Mittagessen und wir sitzen ein bisschen – ich wohne mit meinem Bruder –, spielen, studieren und dann schlafen. Manchmal mit dem Fahrrad in die Stadt gehen oder auch lesen oder ich spiele am Computer.

Und wie war dein Tagesablauf vor fünf Jahren?

Ich hatte auch eine Schule in Syrien, ich hatte Abitur. Stehen wir morgens auf und gehen in die Schule, wie hier. Aber wir waren mit unserer Familie, das war der Unterschied. Und wenn der Krieg beginnt, hatten wir Action. Wir können nicht auf die Straße, wenn wir wollen.

Wie hat sich dein Leben durch den Krieg verändert?

Früher hatten wir Sicherheit, aber nicht Freiheit. Danach war beides weg. Zuerst war mein Leben ganz normal, Schule und Kurse, Freunde besuchen. In der Freizeit gehen wir ins Gym, spielen Fußball. Aber das war alles früher, vor 2011. Da habe ich bei meiner Familie gewohnt. Vor der Abiturprüfung die Security hat mich festgenommen. Das war wegen einem Comment in *Facebook* und ich konnte nicht die Abiturprüfung machen oder den Abschluss bekommen. Dann musste ich sofort rausgehen aus Syrien. Also wenn der Geheimdienst einen Mann nimmt und ihn nach zwei Tagen wieder rauslässt, soll er aus Syrien gehen. Wenn man aus dem Gefängnis entlassen wird, heißt das in Syrien, er hat einen neuen Geburtstag. Als sie mich freigelassen haben, das war wie eine neue Geburt. Deshalb muss man sofort rausgehen. Klar, zweites Mal muss man nicht versuchen.

Also du warst in Syrien im Gefängnis? Kannst du erzählen, was da passiert ist?

Ja, ein Tag. Wir waren zehn Jungen. Sie haben mich von Zuhause genommen. Dann hören wir nur, was passiert. <u>Den Ersten haben sie genommen und ich habe einen Schuss gehört. Sie haben gesagt, dass sie ihn getötet haben</u>. Und der Nächste, der Nächste, der Nächste, bis ich dran war. Sie schlagen alle, sie haben einen Stock zum Schlagen oder eine Waffe. Und das war nur ein Tag. Ich war glücklich, als ich danach wieder herauskam.

Dein Bruder ist mit nach Deutschland gekommen. Wie kam es dazu?

Er war nicht im Gefängnis, aber weil wenn man keine Schule hat, muss er in die Army gehen. Deshalb fast alle sind geflohen. Deshalb Syrien hat fast keine Jungen. Zum Beispiel in der Uni, du siehst nie Jungen, nur Frauen, weil die sind alle in der Türkei, im Libanon. Früher waren es zwei Jahre, die man in die Army gehen musste, aber jetzt weiß niemand wie lange.

Nachdem du aus dem Gefängnis gekommen bist, was ist dann passiert?

Ich bin in Libanon zwei Jahre geblieben. Wir hatten eine Druckerei geöffnet. Und dann ich bin in die Türkei. Ich habe dort in einer arabisch-syrischen Schule gearbeitet. Aber dort ist schwierig zu lernen, weil man keine Zeit hat. Man muss zwölf Stunden dort arbeiten. Und dann haben wir entschieden, dass wir nach Deutschland gehen wollen. Von Griechenland mit dem Boot und danach nahmen wir einen Bus und einen Zug bis hierher. Das war eine fünf Tage lange Reise. Wir waren erst in Heidelberg. Davor Aachen, dort haben wir zwei Monate gelebt, dann Heidelberg fünf Monate und dann nach Esslingen.

Du musstest ja vor dem Abi aus Syrien raus. Heißt das, du hast gar kein Zeugnis?

Nein.

Wo ist deine Familie jetzt?

Als ich in der Türkei war, hat der Geheimdienst meinen Vater genommen und wir wussten gar nichts über ihn. Als mein Bruder nach der Türkei kam, wussten wir, dass mein Vater gestorben ist. Unsere Wohnung war in einem kleinen Dorf bei Damaskus und der Staat kann die Wohnung nehmen, weil mein Vater war gegen Assad. Sie haben die Wohnung genommen und dann haben wir eine neue Wohnung gemietet für die Familie. Wir waren fünf Brüder und eine Schwester. 21, 18 und 14 Jahre alt. Die Schwester ist acht Jahre. Sie leben in Damaskus.

Warum sind sie nicht mitgekommen?

Das Meer ist schwierig. Viele Leute sind gestorben. Es ist gefährlich. Meine Mutter wollte nicht aus Syrien gehen. Sie sagt: „Das ist meine Heimat und hier sind meine Freunde." Meine Mutter hat auch auf meinen Vater gewartet. Sie hat nicht geglaubt, dass er gestorben ist. Sie wollte das nicht glauben.

Bist du da nicht manchmal traurig?

Das einzige Problem für mich ist, dass meine Familie ist nicht da, und ich kann nicht nach der Türkei oder Syrien. Aber ich habe mich nicht verliebt in meine Heimat wie die anderen. Zum Beispiel meine Mutter sagt: „Das ist meine Heimat." Aber für mich das ist nicht wichtig.

Magst du deine Heimat?

Joah. Und wenn du jetzt nach Syrien gehst und du siehst dreißig Fehler und hier in Deutschland du siehst fünf Fehler. Das heißt, du möchtest nicht deine Heimat verlassen. Aber für mich, ich verlasse wegen diesen dreißig Fehlern meine Heimat. Verstehst du? Mein Freund hat Medizin studiert, aber er konnte nicht seine Praxis öffnen. Oder er konnte auch nicht in einem Krankenhaus arbeiten. Bei uns gibt es keine gleichen Chancen für alle. Der Staat muss die Arbeit genehmigen. Ich habe jetzt einen Fehler erklärt.

Aber es gibt viele Fehler. Ein anderer Fehler ist Freiheit. Wenn ich zum Beispiel sage, ich mag Assad nicht, dann haben sie mich ins Gefängnis gesteckt. Weißt du, was ich habe kommentiert auf *Facebook*? Ich habe gesagt, dass wir beten, dass Gott diese Leute von Assad wegnimmt. Sie haben das gesehen. Jetzt hier in Deutschland fast alle jungen syrischen Leute waren im Gefängnis. **Als ich im Gefängnis war, waren wir zehn Leute. Neun von diesen zehn Leuten sind gestorben**.

Gefällt es dir hier in Deutschland?

Deutschland ist gut zum Leben und studieren und alles. Deutschland ist sehr schön.

Willst du nicht mehr zurück nach Syrien?

Nein. Man kann nicht in Syrien leben.

Gibt es auch negative Sachen in Deutschland?

Viele Deutsche haben mich gefragt, aber es gibt sie nicht. Nein. Oder vielleicht haben wir sie noch nicht gefunden.

Okay, und was ist das Beste hier?

Das System. Wenn ich zum Beispiel ein Polizeiauto sehe und es an der Ampel steht, lache ich. Bei uns geht das nicht. Bei uns, wenn Security- oder Polizeiauto kommt, alle Leute sollen warten. Die Polizei hält nicht an der Ampel. Und die Leute können die anderen hier sofort akzeptieren. Zum Beispiel wenn wir als Syrische nach Libanon kommen, es ist schwierig zu leben. Sie sagen immer: „Er ist Syrer, er ist Syrer." Oder in der Türkei auch. Aber in Deutschland oder in den Niederlanden gibt es so was nicht. Und die Leute hier sind immer glücklich. Wenn ich auf der Straße laufe, wenn ich eine Frau angucke, sie lacht immer. Ich war an einem Tag mit meinem Bruder und wir sitzen so wie hier, und eine Frau war mit dem Fahrrad unterwegs. Ich kenne sie nicht, er kennt sie nicht und sie kennt auch uns nicht. Sie ist durchgefahren und sagt: „Hallo, wie geht's?" Und wir sagen: „Hallo! Gut, und Sie?" Aber wir kennen sie nicht. [lacht] Die Leute sind immer zufrieden. Immer freundlich. Ja, immer strahlen sie. Weil die Leute haben keine Probleme, darum bist du immer glücklich, und man lacht immer. Aber bei uns haben fast alle viele Probleme.

Es gibt Leute, die sagen, in Syrien sind die Menschen offener. In Deutschland hat man mehr „Höflichkeitsabstand". Was denkst du?

Ja, zum Beispiel in unserer Wohnung haben wir keine Deutschen kennengelernt. Bei uns in Syrien, wenn wir eine Wohnung mieten, wir sollen das ganze Haus kennen, als Freundschaft. Hier in Deutschland gibt es das nicht.

Mit welchen Leuten triffst du dich so?

Ich habe viele arabische Freunde, aber ich habe keine deutschen Freunde. Nur manchmal schreibe ich mit Leuten auf *WhatsApp* aus dem Projekt von der Hochschule. Aber wir machen nichts zusammen.

Was für ein Bild hattest du von Deutschland, bevor du hierhergekommen bist?

Wir haben viele Freunde, die vor uns nach Deutschland gekommen sind. Sie haben viel über Deutschland erzählt. Ich habe es hier, so wie ich es mir gedacht habe, gefunden. Kein Unterschied.

Du hast beschrieben, dass hier alles gut ist. Gab es am Anfang auch Schwierigkeiten?

Sprache. Als erstes war es die Sprache. In der Kultur haben wir auch viele Unterschiede. Ja, aber man kann das schaffen.

Wie meinst du das?

Die Sprache kann man lernen. Die Kultur: Man kann auch lernen. Vielleicht kann man nicht seine Kultur verlassen, aber man kann die Leute verstehen.

Was macht die Kultur hier schwierig für dich?

Zuerst das Problem, dass ihr in Deutschland habt viele Kulturen, nicht nur eine. [lacht] Zum Beispiel es gibt die „Neuen Deutschen", die aus der Türkei kommen. Sie haben internationale Identität. Einen deutschen Pass. Ja, es gibt viele Kulturen. Aber bei uns das Wichtigste ist die deutsche Kultur.

Was meinst du mit „deutsche Kultur"?

Jede Kultur hat etwas anderes. Zum Beispiel Schwein zu essen. Oder Wein. Das ist nicht nur Religion, sondern auch Kultur. Bei uns in Syrien ist das nicht normal, wenn ein Mann Alkohol trinkt. Wenn ich ihn sehe, dann sage ich, dass er schlecht ist. Aber hier in Deutschland ist das normal. Das ist der Unterschied. Zum Beispiel wenn du in die Türkei gehst, du hörst immer in der Moschee den Ton fünfmal am Tag – wie hier die Glocken. Wenn du in der Türkei leben möchtest, dann soll das für dich normal sein. Und bei mir auch, Alkohol und Schwein soll bei mir normal sein. Vielleicht esse ich das nicht. Aber wenn die anderen essen, ist das normal. Das haben wir schon akzeptiert. Das haben wir geschafft. Und zur Kultur gehört auch: Wenn man hier eine Freundin hat, wie fragt der Mann die Frau, ob sie einen Freund hat?

Keine Ahnung.

Bei uns, wenn man eine Frau kennenlernen möchte, dann komme ich zu ihr und sage: „Ich möchte dich mehr kennenlernen, etwas unternehmen, rausgehen und so." Wenn sie einen Freund hat, dann sagt sie: „Danke, ich hab einen Freund, ich möchte das nicht machen." Aber hier in Deutschland ist es anders. Man weiß es nicht. Das ist ein bisschen schwierig.

Was machst du, wenn der Krieg morgen in Syrien aufhört.

Ich weiß nicht, aber ich gehe nicht zurück. <u>Viele Leute sagen, sie gehen zurück, aber ich nicht</u>. Denn wenn ich hier studiere und ein Zertifikat bekomme, was kann ich mit diesem Zertifikat in Syrien machen? Nix.

Wie stellst du dir dein Leben in fünf Jahren vor?

Also in fünf Jahren bin ich hier in Deutschland arbeiten. Ich will eine Ausbildung machen.

Ausbildung oder Studium?

Ausbildung, ich kann nicht ein Studium machen. Es gibt ein neues Gesetz, das sagt, wenn ich kein Zertifikat von meinem Abitur habe, kann ich keine Ausbildung machen. Wenn ich in der Bewerbung schreibe, dass ich musste vor der Abi-Prüfung Syrien verlassen, vielleicht ist die Firma einverstanden, aber normalerweise kann ich nicht mal eine Ausbildung machen.

Kannst du das Abitur noch nachholen?

Es gibt nur ein Zeugnis von meiner neunten Klasse von mir.

Man kann das Abitur nachholen in zwei Jahren.

Zwei Jahre, das ist sehr lange. Ich habe Bewerbungen geschrieben bei vielen Firmen. Vielleicht klappt es. Ich habe einen Kurs gemacht. Bewerbungsschreiben, extra für das.

Wie war der Abschied von deinen Eltern?

Das letzte Mal in der Türkei ich wusste nicht, dass es das letzte Mal ist, deshalb war es normal.

Wie lange hast du sie schon nicht mehr gesehen?

Seit 2012.

Wie habt ihr noch Kontakt?

WhatsApp, Facebook. Aber dort gibt es nicht immer Strom. Aber wenn es kommt, dann sprechen wir immer.

Wie lange hast du eigentlich noch während dem Krieg in Syrien gelebt?

Vierzehn Monate.

Hattest du da Angst?

Nein. Man gewöhnt sich daran. Ich habe mich an alles gewöhnt, Bomben, dass es gefährlich ist in der Straße. Nicht nur die Security, aber es gibt auch viele Leute, die Waffen bekommen, die sind auch gefährlich. Zuerst waren die Bomben nicht in Damaskus. Weil in Damaskus sind alle für Assad, es gibt keine Gegner. Die Bomben waren später in Damaskus auch immer in einem Bereich weiter weg von uns. Wir konnten die Bomben nur hören. Ja, und jetzt sind die Gegner nach Damaskus gekommen. Man gewöhnt sich daran. <u>Wir haben das Sprichwort: „Man stirbt nur einmal."</u>

Wenn du jetzt deinen Bruder fragst: „Was bin ich für ein Typ?", was würde er zu dir sagen?

Ich weiß nicht, ich hab das nicht probiert.

Was sagen andere Leute, die du kennst?

Wir sprechen nicht über das. Vielleicht, wenn ich einen Witz mache, dann sagen sie: „Du bist komisch" oder so. Wenn mich meine Freunde zum ersten Mal sehen, sie sagen: „Warum bist du böse?" Aber danach sagen sie: „Du bist nett." Zum Beispiel ein Freund hat mir mal gesagt, als er mich zum ersten Mal gesehen hat, wollte er mich schlagen. Ich sage: „Warum?" Er sagt: „Du warst sehr unfreundlich." Für das erste Mal die Leute sehen mich unfreundlich. Was denkst du von mir?

Du zeigst wenig Gefühle.

Ja, vielleicht bin ich schüchtern. Ich habe keine Angst, aber ich habe viele Gefühle.

Aber du zeigst sie nicht. Warum?

Ja, der Mann muss die Frau beschützen. Wenn der Mann Angst vor etwas hat und die Frau auch, dann siehst du es bei dem Mann nicht. Aber bei der Frau weißt du das sofort. Also zum Beispiel wenn der Mann auch Angst vor Spinnen hat, dann zeigt er es nicht.

Warum?

Der Mann muss stärker sein. Bei euch ist das vielleicht gleich, der Mann und die Frau. Aber bei uns gibt es Unterschiede. Der Mann muss stärker sein und dann die Frau schützen. Zum Beispiel im Krieg, wenn es Schüsse gibt. Wir haben viele gehört. Die Frau hat immer Angst. Die Frau zeigt immer ihre Gefühle. Wenn die Frau zum Beispiel jemand liebt, sie kann nicht das verbergen wie der Mann. Der Mann kann das verbergen.

Wie schafft man das, seine Gefühle zu verstecken?

Ich weiß nicht. Vielleicht gibt es hier auch Männer, die können das nicht. Ich sage nicht, dass die ganzen Männer so sind.

Hast du deinen Vater schon mal weinen gesehen?

Nein, nie.

Hast du selbst schon mal geweint?

Ja, als ich ein Kind war. Aber als ich im Gefängnis war und als mein Vater gestorben ist, nie. Vielleicht wird mein Sohn seinen Vater auch niemals weinen sehen.

Findest du das gut?

Warum muss man weinen, wenn man nichts ändern kann? Macht es glücklich?

Wie hast du dich in der Zeit hier verändert?

Wenn ich zum Beispiel dich zum ersten Mal sehe und ich dich nicht mag, versuche ich nicht mit dir zu sprechen oder nicht viel zu sprechen. Das ist ein Problem. Aber jetzt in Deutschland mache ich das nicht mehr. Ich habe gelernt, dass man freundlich sein muss.

Wie kann man freundlich sein?

Man muss die anderen akzeptieren. Ja, das war die wichtigste Veränderung. Zum Beispiel, wenn ich einen anderen Irani gesehen habe, sie kämpfen für Assad und mein Vater ist im Gefängnis wegen ihnen. Es ist normal, sie zu hassen. Aber ich kenne hier viele Irani und auch Leute aus Russland. Ich akzeptiere sie, und hier bin ich auch freundlich.

Der Weg hierher, hat der dich stärker gemacht?

Bei mir war der Fluchtweg wie eine Reise. Bei anderen dauert es einen Monat. Für mich dauerte es nur vier Tage. Im Boot waren das drei Stunden, wirklich, wie eine Reise. Ich habe Griechenland gesehen, Belgrad gesehen, Österreich gesehen, Wien gesehen. Ja, es war schwierig. Man muss viel laufen, viel warten.

War das Hierherkommen die richtige Entscheidung?

Ja. Verglichen mit vielen Leuten, die Sachen bei uns klappen am besten. Wir haben nur ein Interview gemacht bei BAMF und drei Jahre Aufenthalt bekommen. Von unserem Camp wir sind am besten gestellt worden. Uns geht es gut. Besser als den anderen. Auch unsere Wohnung. Wir haben ein Wohnzimmer, ein Schlafzimmer, eine Küche und ein Bad.

Kann es sein, dass Deutschland mal deine Heimat wird?

Ja. Wenn man keine Heimat hat.

Hast du eine Heimat?

Nein.

Wo ist deine Heimat?

Hier. Aber meine Familie ist nicht da. **Ich habe gar nichts mehr in Syrien. Alles zerstört. Warum soll ich sagen, da ist meine Heimat?** Als ich in Syrien war, habe ich mein Recht nicht bekommen. Warum soll ich sagen: Das ist meine Heimat? In der Deutschklasse haben wir einmal eine Stunde gehabt über Heimat. Und die Leute sind ungefähr 50 Prozent aus Syrien. Und alle sagen: „Ich will nach Syrien zurück." Es gibt ein junges Mädchen aus Aleppo, die weint. Ich gehe zu ihr und frage: „Warum weinst du?" Und sie sagt: „Ich vermisse meine Stadt, ich vermisse meine Nachbarn, meine Straße, wo ich wohne." Und sie hat gesagt: „Hast du kein Herz?" Und ich sage: „Nein, weil meine Freunde sind alle hier in Deutschland." Sie hat gesagt, dass sie vermisst, wo liegt ihre Wohnung. Und ich habe

gesagt, wo meine Wohnung liegt, ist alles zerstört, nur meine Familie ist noch da. Ich vermisse meine Familie, aber warum vermisse ich die Straße oder die Wohnung, wenn sie zerstört ist? Sie weint. Wenn wir nur sagen: „Aleppo", sie weint. Sie weint immer. Deshalb sagen wir auch: Der Mann ist stärker als die Frau.

Jetzt hast du noch drei Wünsche frei, was wünschst du dir?

Meine Familie kommt hierher. In Syrien kein Krieg. Aber das heißt nicht, dass ich wünsche zurückzugehen. Und drittes? [überlegt lange] Eine Frau.

5 auf & ab

„Eigentlich bleibt nur die Hoffnung, dass ich noch mal irgendwie drumrumkomm."

JAN (27) wurde vor wenigen Tagen überraschend aus der Haft entlassen, hat aber eine weitere Haftstrafe unmittelbar vor sich

Jan, kannst du kurz erzählen, was grad so in deinem Leben abgeht?

Ich bin am Dienstag aus der JVA Rottenburg rausgekommen. Hab da einen Monat und eine Woche Strafe abgesessen wegen Betrug, Beleidigung und Bedrohung. Ja, und bis vor einem Monat hatte ich noch 'n festen Arbeitsplatz in einer Bautrocknung als Handwerker, das heißt Baubeheizung, Wasserschadenbeseitigung ...

Hast du das gelernt?

Nee, da wird man eingelernt. Und jetzt steh ich so da, dass ich keine Wohnung hab, keine Arbeit hab und erst mal dran bin, meine andere Bewährung, die schon widerrufen ist, wieder rechtskräftig rückzurufen, weil sonst sitz ich in den nächsten paar Tagen wieder für zehn Monate im Knast.

Diese zehn Monate – würdest du mir sagen, warum du die verbüßen musst?

Die sind wegen Widerstand gegen Vollstreckungsbeamte in Tateinheit mit Körperverletzung. Ich hab bei meiner Festnahme Polizisten körperlich angegriffen und geschlagen.

Du wurdest also schon festgenommen ... Weswegen eigentlich?

Wegen 'ner anderen Schlägerei im Vorfeld in der Innenstadt. Da kam die Polizei dazu und als die mich festnehmen wollten, bin ich ausgetickt und hab die beleidigt und geschlagen, um dann flüchten zu können, aber dann kam's leider nicht so ... Die haben mich auch geschlagen, aber das ist ja klar ...

Hattest du davor schon mal Kontakt mit ...

Mit der Polizei? Ja. Seit meinem 14. Lebensjahr.

Ist da irgendwas passiert in deinem 14. Lebensjahr?

Ich sag's mal so: Meine Kindheit war ganz normal. Ich bin mit zwei Geschwistern aufgewachsen – in meinem Elternhaus – bis zu meinem 18. Lebensjahr. Hab ganz normal den Kindergarten absolviert, dann die Grundschule, dann bin ich auf die Realschule gekommen. Da war ich ein Jahr. Nach der Realschule auf die Hauptschule gekommen. Und da hat's dann schon angefangen mit Schulschwänzerei, Nachsitzen und so die Kleinigkeiten – Kindergartensachen. Kein Bock auf Schule und das Ganze. Den ersten Joint geraucht mit 14, dann Schule geschwänzt. Ab der achten oder neunten Klasse war ich eigentlich nur noch auf der Hauptschule gemeldet und bin nach Lust und Laune in die Schule gegangen – oder eben auch nicht.

Weil du keinen Bock mehr hattest?

Genau. Das hat für mich einfach gar keinen Sinn gemacht. Ich war kein guter Schüler, aber auch kein schlechter, sondern eher 'n durchschnittlicher: Immer so auf 'ner Drei, hab auch mal 'ne Zwei geschrieben oder in besonderen Fächern wie Sport, da war die Eins eh immer da. Aber so wirklich zur Schule gegangen bin ich nicht mehr jeden Tag. Am Schluss nur noch zweimal die Woche zu den Fächern, die Spaß gemacht haben. [lacht] Und 2006 hat die Schule kurz vor der Abschlussprüfung, vor dem Hauptschulabschluss, gesagt: „Weißt du was? Wir schmeißen dich von der Schule! Es macht doch eh keinen Sinn. Guck, wie du klarkommst. So wichtig ist dir die Schule nicht, sonst würdest du regelmäßig kommen. Verpiss dich!" Auf gut Deutsch. Und: „Hier kriegst du dein Abgangszeugnis!" Das war natürlich grottenschlecht, ich glaub: 4,0 oder 4,5. [lacht] Ja, genau. Da war ich 16 und meine Schulkarriere war dann mal abgeschlossen und ich hatte keinen Schulabschluss und nichts.

Und dann?

Dann hatte ich noch mehr Zeit zum Chillen am Tag. Also: 24 Stunden Chillen, das heißt 24 Stunden mit den Kumpels, der Clique unterwegs gewesen. Jeden Tag gekifft, getrunken, Scheiße gebaut, keine Ahnung ... Der Tagesablauf war eh erst ab abends. 17, 18 Uhr ist man aufgestanden, auf die Straße raus, geguckt: Wo kriegt man sein Gras her? Wo kriegt man seine Drogen her?

Also warst du da auch schon mit Drogen unterwegs?

Mit Koks, mit Speed, mit Tabletten, mit Ecstasy, Teile. Das hat schon mit 16 angefangen. Ich glaub, mit 16 hab ich auch das erste Mal Koks gezogen und Teile gegessen oder Ecstasy genommen.

Woher hattest du denn die Kohle dafür?

Man hat geklaut oder so. Da fing das dann auch an mit den Kleinstraftaten: Man klaut einen Roller, man bricht irgendwo ein, man macht 'n Überfall oder zieht Leute ab, nimmt das Handy von denen aus der Tasche raus. Oder wir sind in Schulen gegangen und haben die Turnbeutel und Taschen kontrolliert. Da hat man mal noch 'n paar Euro drin gefunden. Also wie Junkies halt: Gucken, wie kommt man irgendwie an Geld, dass man sich wenigstens den Tag mit Drogen finanzieren kann. Wenn's nicht genug Geld war, hat man halt Alkohol gekauft, weil's günstiger war.

Zu der Zeit hast du noch bei deinen Eltern gewohnt, oder? Wie fanden die das so?

Genau. Die fanden das mit dem Schuleschwänzen gar nicht gut, weil die das voll wichtig fanden, dass ich zur Schule geh. Sie haben auch immer wieder gesagt: „Hey, du musst zur Schule!" Aber wie man so ist: Man weiß es ja besser mit 16. Man muss nicht auf die hören. Und klar gab's dann immer Theater, weil ich immer mit Polizei nach Hause gebracht wurde. Die Polizei stand vor der Tür und hat in dem Zeitraum zwischen 14 und 18 Jahren zwei- oder dreimal unsere Wohnung durchsucht, auf geklaute Ware, Drogen oder so. Klar, das Verhältnis zu den Eltern wird dann immer schlechter und schlechter. Das Vertrauen stirbt, die sind enttäuscht, die sind selber verzweifelt und fragen sich, was sie falsch gemacht haben bei der Erziehung der Kinder.

Das heißt aber, du wurdest oft erwischt zu der Zeit, oder?

Ja, bei vielen Straftaten wurde ich erwischt. Bin auch mehrmals vor Gericht gewesen und wurde verurteilt.

Saßt du schon mal dafür ein?

<u>Das erste Mal im Knast war ich mit 17 Jahren</u>. Da saß ich in der JVA Stammheim für einen Monat wegen räuberischer Erpressung, bin aber dann auf Haftprüfung rausgekommen und hab 'ne Bewährungsstrafe bekommen. Bewährung ist: Du bekommst zwar 'ne Strafe, aber du darfst auf freiem Fuß bleiben und musst dich in den zwei oder drei Jahren der Bewährungszeit sauber verhalten und darfst dir nichts Neues zuschulden kommen lassen, sonst musst du die ganze Strafe verbüßen, die du aufgebrummt bekommen hast.

Hast du das hingekriegt?

Ähm, nee, nie! [lacht] Immer nur bis zu 'nem gewissen Zeitpunkt, dann ist wieder irgendeine Straftat vorgefallen und dann wurde entweder die Bewährung verlängert oder man hat Therapie eingeschlagen statt Haft.

Und das hast du auch gemacht?

Ja, Therapien hab ich auch gemacht. [lacht]

Würdest du sagen, das war gut für dich?

Das war schon auch gut, aber es war auch negativ, weil in Therapien bist du auch mit Leuten zusammen, die aus dem gleichen Milieu kommen, die Drogen genommen haben, Alkohol getrunken haben, Straftaten begangen haben, im Knast gewesen sind.

Meinst du, da wird man eher wieder rückfällig?

Es waren gute Zeiten, aber man hat da halt auch mehr Kontakte knüpfen können zu anderen Leuten, zu anderen Städten oder hat noch mehr Scheiß kennengelernt, den man noch machen kann.

Jetzt bist du ja draußen. Was machst du jetzt so den ganzen Tag?

[lacht] Ich bin eigentlich grad dran zu gucken, ob ich 'ne Therapie einschlagen kann, 'ne Drogentherapie, 'ne Alkoholtherapie, um nicht wieder in den Knast zu müssen, oder ob ich das Urteil – die zehn Monate, die ich noch absitzen muss – irgendwie rückgängig machen kann.

Nimmst du grad noch Drogen?

Nee, seit über einem Monat bin ich clean.

Ging wahrscheinlich auch im Knast nicht anders, oder?

Du kannst im Knast genauso Drogen nehmen wie hier draußen. Wahrscheinlich kommst du sogar noch schneller an Drogen ran, weil <u>das ist ein viel kleinerer, eigener Planet hinter den Mauern</u>. Du musst nicht erst in 'nen anderen Stadtteil fahren. Es ist einfach 'ne ganz andere Welt.

Ich stell mir das so vor, dass man da den ganzen Tag sitzt und total viel nachdenkt …

Man denkt viel nach über sich selber, über Familie, über Sachen, die einen grad beschäftigen, Gefühle. Oft ist es Langeweile, manchmal sind es auch Ängste, Sorgen, sei's familiäre, sei's mit Freunden. Viele haben 'ne Frau draußen und Kinder.

Wird da viel drüber geredet?

Man spricht schon mit dem einen oder anderen, aber so wirklich vertrauen tut man keinem, weil man kennt keinen. Alle sind dort kriminell und alle sind falsch auch irgendwo auf 'ne Art. Deswegen ist immer ein gewisser Nachgeschmack da: Was erzähl ich wem? Tut der das gegen mich verwenden? Rammt der mir das Messer in den Rücken, wenn ich dem den Rücken zudreh? Es gibt einfach auch kranke Leute dort. Das ist keine schöne Welt.

Steht denn deine Familie hinter dir oder sagen die schon mal: „Was machst du da eigentlich für 'n Scheiß?"

Die steht schon voll hinter mir, aber die sind auch sehr enttäuscht, weil das ist jetzt mein dritter Aufenthalt im Knast gewesen. Das verletzt auch 'ne Familie, 'ne Mum oder 'nen Vater, wenn der weiß: Der eigene Sohn sitzt im Knast.

Vielleicht suchen die dann auch die Fehler bei sich: Was hab ich falsch gemacht bei der Erziehung? Oder wie kann es so weit kommen, dass mein Kind straffällig geworden ist?

Redest du da mit deinen Eltern drüber?

Mit meiner Mum schon. Mit meinem Dad auch mal, aber der Kontakt zu meinem Dad ist nicht so gut. Der Kontakt besteht nur darin, indem ich anruf und mich mal meld. Von seiner Seite aus ist es nicht so. Wenn ich mich nicht melden würde hin und wieder, an seinem Geburtstag, zu Weihnachten, dann würde gar kein Kontakt stattfinden. Zu meiner Mum ist der Kontakt eigentlich voll gut, das ist eigentlich so 'ne Freundin-Beziehung. Ich kann mit der über alles reden, die weiß alles von meinem Leben, von mir.

Wenn du dein Leben beschreiben würdest: Wo war's richtig geil und wo war's richtig scheiße?

Klar gab's geile Zeiten. Es gab geile Zeiten mit Mädels, mit Frauen, mit Freundinnen, Freundschaften, die man geschlossen hat, oder Lebensabschnitte, sei's in 'ner Therapie, im Gefängnis, irgendwo in 'ner Jugendherberge gewesen oder sei's in der Schule. Ich glaub, da gab's überall Ereignisse oder Momente im Leben, die mega geil waren, genauso aber auch negativ. **Ich würd mein Leben beschreiben wie 'ne Achterbahn**: Es gibt Höhen und Tiefen, bergauf, bergab, bergauf, bergab. Eigentlich ist das Ziel irgendwann mal, dass ich es schaff, bodenständig zu sein. So, dass eine gerade Linie entsteht, wo dann schon auch mal Höhepunkte und Tiefpunkte sein können, aber halt nicht so krasse Abschnitte, dass man dann wieder im Knast ist, dass man dann wieder wohnungslos ist oder kein Geld hat oder so. Sondern dass ein gewisser Lebensstandard da ist und Normalität wie bei anderen Menschen auf der Welt: Keine Straftaten, kein regelmäßiger Alkohol- und Drogenkonsum, feste Arbeitsstelle, feste Wohnung, Frau, Familie, Kinder …

Was denkst du, wie könntest du das für dich so regeln? Was kann dir da helfen?

Ich muss halt mein Alkohol- und Drogenproblem angehen. Wenn ich nichts mach, sei's Therapie oder so, werd ich nie aus dem Teufelskreis rauskommen. Dann bin ich vielleicht ein paar Jahre in Freiheit, muss dann aber wieder ins Gefängnis. Das geht dann so das ganze Leben, bis man draufgeht.

Hast du schon mal probiert, rauszukommen?

Ne kurze Zeit, aber dann bleibt man da nicht dran. Dann ist es halt einfacher, den einfachen Weg zu nehmen und das zu tun, was man schon kennt. Wenn ich weiß, wie ich mir 'ne Bierflasche öffne oder 'ne Nase leg, weil ich das schon jahrelang gemacht hab, und dann gibt's da irgendwelche Leute, die das auch machen, da hat man wenigstens schon mal was, was man miteinander teilen kann, irgend 'ne Verbindung. Was anderes – was weiß ich: 'n Buch lesen oder so – muss man auch erst mal trainieren, so wie man jahrelang das andere trainiert hat: Alkohol zu trinken, Party zu machen …

Würdest du sagen, dass du dich in den letzten drei Jahren sehr verändert hast?

Die Einstellung zu meinem Leben hat sich schon verändert in den letzten drei Jahren. Sie ist anders als vor zehn Jahren. Man wird älter, gewinnt auch an Lebenserfahrung und sieht viele Dinge anders, was das Leben angeht oder was einen selber angeht, seine Gesundheit, oder man hat andere Ziele wie mit 14 oder 15. Mit 14 oder 15 hab ich vieles auch noch cool und super gefunden, was ich jetzt mit 27 nicht mehr so super find: Knast, Drogen, Alkohol … Jetzt ist es eher so, dass ich mir wünsch, dass es gar nie soweit gekommen wäre, dass ich überhaupt in so 'nem Teufelskreis drin bin. Jetzt ist es extrem schwierig, da wieder rauszukommen. Dauert ja schon die Hälfte meines Lebens.

Und als du im Knast warst, wie war das da?

Klar macht das was mit einem, wenn man eingesperrt ist, wenn man weiß: Man sitzt hier, kann nicht in Freiheit sein, nicht hingehen, wohin man will. Man kann seine Familie nicht sehen, man kann Freunde und Verwandte nur sehen an bestimmten Besuchsterminen. Das ist dann auch mit Trauer und Selbstzweifel verbunden. Über längere Zeit hinweg wird man auch wütend … auf sich selber, auf andere Menschen, auf den Staat.

Bereust du auch, was du gemacht hast?

Natürlich. Ich bereu viele Sachen, die ich im Leben gemacht hab. Ich hab ja auch in vielen Fällen meine Familie verletzt oder enttäuscht oder Freunde und Freundinnen. Aus ein paar anderen Fehlern hab ich auch was gelernt. Klar ist mein Leben bis jetzt immer noch nicht perfekt, es steht immer wieder auf der Kippe. Es ist schwierig, 'n normales Leben zu leben. Aber bei mir ist noch Hoffnung, dass ich's irgendwann pack, mein Leben.

Was treibt dich denn dabei an?

Ich glaub, dass ich mich noch nicht komplett aufgegeben hab. Dass ich selber noch an mich glaub, dass ich es irgendwie schaffen kann, ein guter Mensch zu sein.

Was gibt dir Kraft und Energie?

Meine Familie, meine guten Freunde und ich glaub auch, das Leben trotzdem. Dass es schon wert ist, immer wieder für irgendwas zu kämpfen. Es gibt so viele Menschen, die haben was Ähnliches erlebt, auch Knast, Therapien, Drogen, Schulabbrüche oder Obdachlosigkeit, und stehen ganz allein im Leben da. Die wissen wirklich nicht: Wo können die mal 'ne Nacht unterkommen, sondern müssen vielleicht 'ne Nacht unter der Brücke verbringen. Und ich hab noch 'nen Rückhalt und das gibt mir auch Kraft.

Gibt's Sachen, die im Gegensatz zu früher 'ne andere Bedeutung bekommen haben? In denen du mehr Sinn siehst?

Ja klar. Für mich ist 'n richtiger Schulwerdegang jetzt viel wichtiger wie mit 14. Mit 14 hab ich mir gedacht: Ach, warum soll ich in die Schule gehen? Und: Boah, ist das blöd. Und jetzt denk ich mir so: <u>Wenn ich die Zeit rückgängig machen könnte, ich würde jede freie Minute nutzen</u>, wie ein kleiner Junge eben in die Schule gehen, Bücher lesen und gucken, dass ich so lang wie möglich Schule machen kann und gute Abschlüsse oder auch studieren kann oder so was. Wenn ich die Zeit zurückdrehen könnte, dann würd ich noch mal mit 14 anfangen, aber mit dem Wissen von jetzt und den Erfahrungen.

Aber trotz dieses Wissens ist es dir ja jetzt dummerweise doch wieder passiert. Hat doch nicht ganz geklappt, oder? [lacht]

Jetzt hast du mich! [lacht] Ja. Ich nehm mir vieles vor und setz dann immer nur einen Teil um. Ich bleib nicht intensiv an irgendeinem Punkt dran. Wenn ich jetzt nicht „intensivst" trocken bleib, dann hab ich bald wieder 'n Problem.

„Ich habe mir mein Leben selbst so gestaltet, dass ich sagen kann: Es macht Sinn."

CATALINA (26)

Studentin der Tiermedizin, mit der Familie aus Rumänien nach Deutschland umgezogen und durch etliche Sinnkrisen gegangen

Catalina, du studierst zurzeit Tiermedizin. Wie kam es dazu?

Eigentlich wollte ich als kleines Kind schon Tierärztin werden. Aber dann habe ich's während der Pubertät aus dem Blick verloren. Das ging, bis ich 20 war. Da habe ich Freunde und Familienangehörige in Rumänien besucht und wieder in unserer alten Wohnung übernachtet. Über uns im Haus wohnte immer schon eine ur-uralte Musiklehrerin. Mit der habe ich als Kind immer viel gemacht: Tiere gefüttert, Bäume gegossen und solche Sachen. Und als wir eben zu Besuch da waren, kam sie und hat mich angesprochen: „Hallo, wie geht's dir, Catalina? Ist denn dein Traum in Deutschland in Erfüllung gegangen? Damals, als du klein warst, hast du mir immer erzählt, dass du Tierarzt werden willst. Machst du das jetzt?" Irgendwie hat sie mich wieder dran erinnert. Aber nachdem ich Abi gemacht hatte, war ich ein bisschen in der Selbstfindungsphase, bin dann in der Zeit bei meinen Eltern ausgezogen und habe was total anderes angefangen zu studieren. Habe es dann aber abgebrochen und bin nach Berlin gegangen, um Tiermedizin zu studieren. Also ich habe aus theologischen Gründen das Studium angefangen. Wenn man ein Medizinstudium anfängt, macht man das nicht unbedingt, weil man Medizin mag. **Ich möchte gerne den Tieren helfen und auf denen ihrer Seite stehen**. Und eben diese Tier- und Mensch-Balance ausgleichen. Tiere können sich ja nicht selber vor dem Menschen schützen. Ich seh mich als Ausgleicher dieser Balance.

Magst du Tiere mehr als Menschen?

Ja, und deshalb stehe ich auf denen ihrer Seite. Ich bin eher so 'n Hippie, der denkt: „Geld, wer braucht das schon?" [lacht] Also ich habe nicht so viel Mitleid mit kranken Menschen wie mit 'nem kranken Tier. Das tut mir von Grund auf leid und ich finde, was mit den Tieren passiert, daran hat der Mensch viel Schuld. Die ganzen überfahrenen Katzen und die ganzen psychischen Knackse bei Hunden. Die haben ja auch ihre Aggressionen.

Wenn sich der Mensch da nicht eingemischt hätte, wäre das nicht so.

Ist das dann dein innerer Hippie?

Ja, mein innerer Hippie bebt dann. Genau.

Noch mal zu der Abbruchphase, von der du eben gesprochen hast: Was ist da passiert und wie haben deine Eltern reagiert?

In diesem Jahr ist halt sehr viel passiert. Ich hatte so ein gutes Abi, dass ich quasi alles hätte studieren können. Aber das wurde mir zum Verhängnis, weil mein Vater – so konservativ und bodenständig wie er ist – sagte: „Mit dem Abi musst du Ingenieurwesen studieren oder was anderes Gescheites, also Beamtin oder so was." Klar, ich verstehe ja auch, dass er mir einen Job wünschte, der sicher und stabil ist. Aber ich habe mich furchtbar dagegen gesträubt, denn das war alles andere als das, was ich wollte. Ich wollte eher ... Ach, weiß nicht: Ich wollte einfach alles, was er nicht wollte. [lacht]

Trotz, Gegenwehr, Rebellentum?

Der hat mir das richtig aufgezwungen, so lange auf mich eingeredet, dass ich schon selber gedacht habe, vielleicht will ich das ja wirklich. <u>Ich habe mich sehr manipuliert gefühlt</u>. Dann habe ich mich eben bei drei Studiengängen beworben, bei unterschiedlichen Hochschulen und wurde auch überall angenommen. Darunter war auch Tiermedizin in Hannover. Aber dann bin ich mit meinem Ex zusammengekommen, bin von meinen Eltern weggezogen und habe was anderes angefangen zu studieren, das dann aber nach ein paar Monaten abgebrochen. Also das alles war für meine Eltern eine Katastrophe! Wie auch immer. Es gibt ein paar Sachen, auf die ich richtig stolz bin: mein Abi, meinen Führerschein und dass ich bei meinen Eltern ausgezogen bin. Dies sind die größten Ereignisse in meinem Leben, die ich bis jetzt geschafft habe, tatsächlich. Das habe ich selbst gemacht, da kann ich stolz auf mich sein. Bei meinem Abi hat mir keiner geholfen, meinen Führerschein habe ich selber bezahlt und von meinen Eltern auszuziehen war einfach psychisch eine sehr, sehr große Hürde. Überhaupt ihnen mitzuteilen, dass ich wegziehe. Ich dachte, die flippen völlig aus. Aber es ging dann eigentlich. Und dann hatte ich meine erste Wohnung. Es war echt schön,

wirklich ein unfassbares Gefühl. Ich weiß noch: Damals habe ich meinen Kleiderschrank eingeräumt und dachte mir dabei: Oh Gott, du bist jetzt wirklich frei!

Hast du dich in deinem Elternhaus denn beengt gefühlt?

Ja, ich habe mich furchtbar eingeengt gefühlt. Meine Eltern, vor allem mein Vater, waren sehr streng. Ich musste genau um eine bestimmte Uhrzeit nach Hause kommen und wenn ich eine Minute später kam, gab's Strafregeln, da wurde ein ganzes Strafverfahren eingeleitet: [lacht] eine Minute – eine Woche Hausarrest. Das hat er wirklich durchgezogen. **Wenn ich schlechte Noten nach Hause gebracht habe, dann hatte ich ein Jahr lang kein Internet**. Und er war tatsächlich sehr konsequent und radikal mit seinen Strafmaßnahmen. Ich durfte sehr viel nicht und musste sehr viel leisten. Das hat mich wirklich kaputt gemacht. Ich bin zum Uni-Psychologen gegangen, weil ich dachte, ich drehe durch. Ich dachte, ich werde verrückt, wenn ich da bleibe.

Du wurdest in eine falsche Richtung gelenkt?

Ja, der hat damals gesagt: „Wenn du nicht Ingenieur werden willst oder Architekt, dann studier doch Chemie!" [lacht] Da habe ich mir gedacht, wenn ich schon in der Uni studiere, die er mir aufdrängt, dann nehme ich mir auf jeden Fall nicht die Chemie. [lacht] Ich habe mir einfach dieses Heft genommen von der Uni, das vom Tag der Offenen Tür, in dem halt Studiengänge standen und welche Note man dafür braucht, und da habe ich einfach die höchste Note genommen. Hab gedacht: Wenn du willst, dass ich dort studiere, dann wenigstens nicht das, was du sagst. [lacht] Ich habe dann aber ganz schnell erkannt, dass das nicht meins ist.

Du hast vorhin gesagt, du bist zu einem Uni-Psychologen gegangen. Für viele ist das ein großer Schritt. Wie war das für dich?

Es war für mich auch ein sehr großer Schritt, aber ich dachte, ich stehe das nicht allein durch und brauche Rat. Ich war da fix und fertig und ich wollte einfach mal einen Menschen, der mich verstehen kann. Ich habe ja auch mit mir gehadert, ob ich jetzt abbreche oder nicht. Und der hat mir wirklich sehr geholfen. Er hat mir nur gesagt: „Du bist nicht verrückt! Ziehe von deinen Eltern weg, sonst drehst du durch! Und hör auf dein Herz und nicht auf irgendjemanden! Pass auf dich auf!" Es ist gut so, dass ich jetzt allein wohne. Nichts auf der Welt bringt mich wieder zu meinen Eltern zurück! Nee, nie wieder. **Man sagt zwar, die Kindheit ist die schönste Zeit, aber ich finde das überhaupt nicht**. Ich kann nicht als kleiner Mensch, der seine Bedürfnisse und Wünsche hat, völlig übergangen werden. Völlig willkürlich wird über den Kopf hinweg irgendwas beschlossen – du wirst nicht gefragt. Du gehörst dir nicht selber. Ich finde, das ist furchtbar, da wurde ich psychisch vergewaltigt. Die Zeit, die ich jetzt habe, ab dem Zeitpunkt, als ich von meinen Eltern ausgezogen bin, ist die schönste Zeit meines Lebens.

Du hattest schlimme Erlebnisse und diese sind immer noch sehr belastend. Kannst du das an einer Situation festmachen?

Bestimmte Situation wahrscheinlich nicht, aber es war ja so, dass ich bei meinen Großeltern aufgewachsen bin, bis ich sechs war. Dann hat meine Mama geheiratet und ich bin dann zu ihr und ihrem Mann gezogen, der jetzt mein Vater ist.

Warum konntest du davor nicht mit deiner Mutter zusammenleben?

Die ist zu ihm gezogen und hat mich dagelassen. Ich bin ein bisschen mit Bearbeiten beschäftigt, weil das sehr weh tut, aber auch einiges erklärt, was in mir drinnen passiert. **Ich habe eine Essstörung, sodass ich ohne Ende esse und einfach nicht satt werde**. Bisher habe ich gedacht, sie musste arbeiten. Als ich die Wahrheit erfahren habe, dachte ich, es ist mir egal. Aber mir ging es dann so schlecht, ich hatte überhaupt kein Sättigungsgefühl, wirklich Heißhunger permanent. In meiner Gruppentherapie habe ich drüber nachgedacht, was der Weggang meiner Mutter in mir ausgelöst hat. Die hat ihre Sachen eingepackt, außer ihr Kind halt. Mich hat sie dagelassen. Das ist hart. Einerseits ist meine Mutter eine echt liebe Person und ich denke mir, wie schlimm mussten die Umstände für sie sein, dass sie das gemacht hat, andererseits denke ich, es ist doch für ein Kind viel besser, mit der Mutter zu sein, egal wo.

Das muss sehr belastend sein ...

Wenn's mir schlecht geht, kommt immer so ein Grundeinsamkeitsgefühl, traurig aufgrund von Einsamkeit. Ich habe das auch in der Therapie erkannt, dass ganz, ganz viel Bedürfnis nach Trost da ist. Das ist einfach, weil dieses Bedürfnis nicht gestillt ist. Gut, mein Opa war die Bezugsperson Nummer Eins für mich, er war Mutter, Vater und alles Mögliche. Mein leiblicher Vater ist ja gestorben, den kannte ich quasi nie. Und mein Opa hat das super gemacht, das war echt toll. Aber eine Mutter ist halt eine Mutter.

Traurig ...

Ja, traurige Geschichte, aber auch für sie. Es muss wirklich sehr schlimm für sie gewesen sein. Sie hat bestimmt gedacht, das ist das Beste für mich. Ich kann und werde sie nicht verurteilen. Zuerst war ich auch wütend, klar: Wie konnte sie ...? Aber jetzt denke ich mir: Die war echt sehr, sehr jung. Sie hat mir auch vor ein paar Jahren gesagt, sie findet es schade, dass sie so wenig Zeit mit mir verbracht

hat, als ich klein war. Ich habe dann gesagt: „Mama, ist doch nicht so schlimm!" Aber ich habe das gar nicht so empfunden. <u>Im Tiefsten hat es schon geschrien.</u>

Wie war es für dich, nachdem du zu deiner Mama gezogen bist und dort war dann plötzlich ein Mann da?

Das war noch schrecklicher. [lacht] Ich wollte da nicht hin, weil ich dafür meinen Opa verlassen musste. Der war ja meine Bezugsperson. Und meine Mutter – das war schon schön irgendwie, aber er war halt da. Ich habe mich mit ihm überhaupt nicht verstanden, ich mochte den Kerl einfach nicht. Er hat sich absolut den Scheiß dafür interessiert, was und wer ich bin, dass ich überhaupt existiere. Wir sind ja damals in seine Junggesellenbude eingezogen und er hat wirklich gar nichts dran verändert, dass es irgendwie kindgerecht war. Und damals hatte er Geld, aber er wollte keins ausgeben. Da war weder ein Kinderbett noch ein Kindertisch. Es war eine große Ein-Zimmer-Wohnung. <u>Ich habe tatsächlich von 7 bis 15 Jahre auf einem Klappsessel geschlafen.</u> Wenn wir nach Hause kamen, wurde sofort der Fernseher angemacht – in dem Zim-

ESSPROBLEME?

Du fragst dich, ob du eine Essstörung hast? Oder du kennst jemanden, der so ein Problem hat und Hilfe braucht? Auf der Internetseite der Bundeszentrale für gesundheitliche Aufklärung (BZgA) findest du wichtige Informationen dazu. Es werden verschiedene Formen der Beratung und Behandlung beschrieben. Deutschlandweit findest du Adressen für die passenden Beratungsstellen. Dieses Internetangebot richtet sich an weibliche und männliche Betroffene, Eltern bzw. Angehörige sowie Lehr- und Mittlerkräfte.

Hier ist der Link dazu:

→ www.bzga-essstoerungen.de

Außerdem steht dir das anonyme Beratungstelefon der BZgA zu Fragen rund um Essstörungen zur Verfügung: (02 21) 89 20 31

mer, wo ich Hausaufgaben machen musste. Ich habe mich nicht willkommen gefühlt. Ich habe mir von ihm Nähe gewünscht. Ich habe mir gewünscht, dass er mich ein bisschen verwöhnt, dass er mich, was weiß ich, auf den Schoß nimmt. Aber man hat auch körperlich gespürt, dass ich einfach ein fremdes Kind für ihn bin. Ich war dann immer am Wochenende bei meinem Opa und wollte nie zurück. Einmal bin ich sogar weggelaufen.

Es ist traurig, dass deine Mama sich nicht für dich eingesetzt hat?

Ja, genau. Sie war so was von ihm abhängig, dass sie nichts gesagt hat. Echt heftig. Ich fühle mich schon ein bisschen geopfert. Und echt übel: Die Familie von dem Mann hatte eine Datscha, so ein Sommerferienhaus im Dorf. Wir sind da ab und zu mit der ganzen Familie hin, für ein Wochenende. Da war dann noch die Tochter meines Stiefvaters aus erster Ehe – genauso alt wie ich – und ihre Cousine, sechs Monate jünger als ich. Und ich durfte nicht mit denen im Zimmer schlafen, da war angeblich kein Platz mehr, obwohl das überhaupt nicht stimmte. So musste ich im Flur schlafen, noch vor der Haustür irgendwie. Auch wenn ich Angst hatte, durfte ich nicht bei den anderen Mädchen sein. Das war echt furchtbar. Es sind viele Sachen passiert, die ich nicht verstanden und als sehr ungerecht empfunden habe. **Ich fand die Zeit einfach schrecklich. Die könnte ich aus meinem Leben wegschmeißen**, ich könnte wirklich mein Leben ab 21 anfangen.

Wie war das, als du nach Deutschland kamst? Wie war das für dich?

Ich fand das total super. Ich dachte: Wow, mein Leben wird jetzt total anders werden. Auch wenn wir alle kein Deutsch gesprochen haben. Naja, dann sind wir erst mal in so 'n Wohnheim. Nach ungefähr drei Monaten sind wir da ausgezogen und haben 'ne Wohnung gefunden, drei Zimmer auf 63 qm. Und ich hatte wirklich das erste Mal in meinem Leben mein eigenes Zimmer! Das war echt cool! Die Familienmitglieder und Freunde, die in Rumänien geblieben sind, meinten so: „Boah, ihr kommt von Rumänien nach Deutschland und da wird euch quasi alles nachgeworfen." Aber es ist wirklich so, dass du dir das hier erst mal echt hart erarbeiten musst. Der große Unterschied zwischen den Ländern ist, dass, wenn du hier hart arbeitest, dann bekommst du auch was dafür. Das ist gerecht. Das ist wunderschön. Das ist für mich auch echt wichtig.

Okay, du hast schon ganz offen erzählt, dass du eine Essstörung hast. Fällt es dir mittlerweile leichter, darüber zu sprechen?

Ja. Es kommt allerdings darauf an, mit wem. Also mit meinen Eltern nicht.

Kannst du dich daran erinnern, wie du das erste Mal gemerkt hast, dass da irgendwas nicht stimmt?

Das war, als ich mit 19 richtig bulimisch wurde und innerhalb von drei Monaten 13 Kilo abgenommen habe. Da habe ich gemerkt: Das ist nicht normal. Da ist irgendwas Krankhaftes dahinter. Mir ging es auch richtig beschissen. Da habe ich dann im Internet recherchiert. Als ich das Krankheitsbild gelesen habe, war es einfach eins zu eins ich. Also wie von mir abgeschrieben. Und dann dachte ich mir: Oh, du bist krank.

Da hat es dann angefangen?

Nee, angefangen hat das schon in der Kindheit. Diese Essanfälle, dieses Binge-Eating, dass man nicht aufhören kann mit Essen, das hat mit zehn angefangen. Ich war schon als Kind immer so auf Süßes aus, und das war ja auch wirklich kein Wunder, wenn man meine Vorgeschichte anschaut. Meine Mama war immer sehr schlank, die war ihr Leben lang auf Diät, und das hat mich auch sehr geprägt. Also ich kam nach der Schule nach Hause, keiner war da, weil meine Eltern gearbeitet haben, und dann gab's immer so was Vorgekochtes, das ich mir warm machen musste. Und dann gab's halt noch Süßes. Da wurde das Süßigkeiten-Regal geplündert. Ich konnte auch wirklich nicht aufhören – das war 'ne Sucht ... Mein Vater hat dann jedes Mal versucht, mir ein schlechtes Gewissen zu machen. Er hat's nicht verstanden, wieso ich alles aufesse. Und ich habe mich immer und immer wieder entschuldigt und gesagt: „Ich tu es nie wieder." Und ich habe es wieder und wieder getan. Da hat es schon so richtig angefangen mit diesem wahllosen, unkontrollierten Essen in Mengen.

Und wie geht es dir damit jetzt?

Diese Sucht zu überwinden ist schwer! Ich habe immer noch Essanfälle. Es wird immer noch von einer Depression begleitet, was auch ganz oft ist. Und es hängt halt mit dem zusammen, was ich durchmache. Mittlerweile sehe ich meine Essstörung wie so 'n Signal, das mir sagt: „Schau, da stimmt was nicht! Versuchst du schon wieder, deine Probleme zu deckeln mit irgendwas?" Bei anderen Süchtigen, bei Alkoholsüchtigen oder Drogenkonsumenten nimmt man darauf Rücksicht. Aber Essen – du musst ja essen. Du brauchst deine Droge, aber in Maßen. [Das ist so, als müsstest du als Alkoholiker jeden Tag drei Gläser Wein trinken – aber nicht mehr und nicht weniger.]

Hast du mittlerweile irgendwelche Strategien entwickelt? Hast du Unterstützung?

Ich habe mir ganz viel Unterstützung geholt. Das ist auch einfach so toll hier, das wäre in Rumänien nicht denkbar. Angefangen hat alles damit, dass ich eines Tages in die Notaufnahme kam, weil ich total schwach war und tagelang gearbeitet habe, ohne zu essen. Krass, was man sich da antut, ne? Egal, welche Störung es ist: Das ist immer ein Hilfeschrei. Man versucht seine Essstörung im Hintergrund zu behalten, aber es ist immer eine Art, der Welt mitzuteilen: „Hey, bitte helft mir!" Danach wurde ich zu 'nem Therapeuten geschickt, der dafür spezialisiert ist. Und da habe ich gemerkt, das wiederholt sich. Man denkt ja immer, wenn man gute Zeiten hat: „Ich bin gesund. Mir geht's gut." Aber es wiederholt sich eben immer und immer wieder. Und dann habe ich mich beim Caritas Sucht- und Essstörungszentrum angemeldet, wo ich Gruppentherapie und Einzeltherapie angefangen habe. Sie haben mich auch dazu ermutigt, eine stationäre Therapie zu machen. Und die habe ich dann monatelang gemacht. Jetzt bin ich auch beim Essstörungszentrum. Da bekomme ich sozialpädagogische Unterstützung mit meiner Einzeltherapeutin. Bin ganz gut abgedeckt, finde ich. Ich habe mir das ja auch selbst gesucht, weil ich komm nicht allein klar. Und ich habe einen Anspruch an mich selbst. Wobei meine Therapeutin erst letztens zu mir gesagt hat: „Ja, vor zwei Jahren – da hätten Sie mal ein paar Jahre in der therapeutischen Wohngruppe wohnen sollen." Aber jetzt ist der Zug eh abgefahren. Also ihrer Meinung nach bin ich untertherapiert, meiner Meinung nach bin ich fast schon übertherapiert.

Wie sehen deine Eltern deine Krankheit?

Die Depression existiert für meine Eltern nicht als solche. Es ist ja 'ne bewiesene Krankheit, aber gut. Meine Mama sagt: „Ja, dann hast du halt mal 'n Durchhänger – wahrscheinlich bist du einfach nur müde und musstest dich ein paar Tage hinlegen. Und jetzt kannst du dich schon wieder aufraffen." Jeder, der 'ne Depression hat, weiß, dass es das Allerschlimmste ist, einem zu sagen: „Ja, dann raffst du dich halt einfach auf!" Es ist wirklich überhaupt nicht möglich. Du kannst nicht aufstehen! Aber sie versteht das nicht. Und das ganze Psychische, die nehmen das nicht so ... – meine Mutter hat gemeint, das denke ich mir nur aus und ich kann jederzeit aufhören, wenn ich will. Was ja nicht so ist, weil sie hat ja selber Bulimie. Das habe ich von ihr. Aber sie nimmt das nicht an. Es gab auch einen Riesenstreit, als ich in die Klinik gegangen bin. Weil das hat ja bedeutet, dass ich mein Studium aufschiebe, und da haben sie gar nichts davon gehalten. Sie haben das auch überhaupt nicht verstanden. Ich habe nie so mit ihnen darüber gesprochen. Das ist für die wirklich fremd. Aber es ist eben eine psychosomatische Krankheit.

Wie kam es zu der Entscheidung, in die Klinik zu gehen? Das ist ja ein sehr großer Schritt ...

Ja, ich hatte nach dem sechsten Semester mein erstes Staatsexamen. Und da ging's mir essstörungsmäßig und depressionsmäßig richtig, richtig schlecht. <u>Bis ich irgendwann mal ganz starke Selbstmordgedanken bekommen habe</u>. Also ich habe auch schon als Kind das ein paar Mal gedacht. Auch als Jugendliche, habe es aber nie durchgezogen, weil ich doch irgendwie Angst hatte. Und das Leben ist dann doch nicht so scheiße ... Ich liebe das Leben schon. Wenn es einem gut geht und wenn man Glück empfinden kann, dann macht das Leben echt Spaß. Wenn man Liebe fühlen kann, dann ist das richtig schön. Aber wenn man depressiv ist und lange Phasen hat, wo man wirklich alles total ausweglos und hoffnungslos sieht und richtig grau ... Man kann sich über nichts freuen. Und wenn man denkt, es wird nur noch schlechter und es gibt überhaupt keine Aussicht ... Ich habe zu dem Zeitpunkt schon Gruppentherapie gehabt und habe das dann in der Gruppe erzählt und die haben mir gesagt: „Okay, Catalina, das nehmen wir wirklich ernst." Ich fand das auch wirklich schön, weil ich hab's damals sonst niemandem erzählt. Ich weiß noch, als ich klein war, als ich acht war, habe ich meiner Mama gesagt, ich fände das Leben so kacke, dass ich mich vor ein Auto schmeißen wollte. Wir wohnten auch an so einer ganz befahrenen Straße. Vielleicht wollte ich auch Aufmerksamkeit von meiner Mutter. Aber seitdem kann ich das meinen Eltern nicht sagen. Als die Gedanken in der Uni-Bibliothek aufkamen, habe ich mich für die Prüfungen entschuldigen lassen von meinem Psychiater. Und dann dachte ich mir eben, umgehend in die Klinik zu gehen. Und das war auch echt gut. Wenn ich an die Klinik zurückdenke, dann war das schon 'ne schöne Zeit irgendwie.

Erzähl mal mehr über die Klinik.

Die Klinik war nicht geschlossen, sondern offen. Da waren Depressionen, Essstörungen, Burn-out, Borderline, Traumata und solche Sachen. Und ich war eben in der Essstörungsgruppe und wir waren maximal acht Mädels. Das war echt schön: Leute kennenzulernen, denen es genauso geht. Das ist wie, wenn du als weißes Kind in Afrika aufwächst und nie einen anderen weißen Menschen gesehen hast und plötzlich kommst du nach Europa – so war das ungefähr für mich. Die waren alle so sensibel – auch die Depressionsleute, und jeder hatte auch so 'ne krasse Geschichte. Das hat schon gut getan. Wir hatten bestimmte Zeiten, zu denen wir gegessen haben. Frühstück und Mittagessen war begleitet von Schwestern oder Therapeuten und dann gab's immer so 'n kurzes Feedback: Isst man in der Zeit? Man hat vorgeschrieben bekommen, wie viel und was man isst. Da habe ich zum ersten Mal in meinem Leben einen Bezug dazu bekommen, was überhaupt normal ist, wie so ein Frühstück aussieht. In meiner Familie wurde nie gefrühstückt. Meine Mutter hat immer nur Kaffee getrunken und ist dann zur Arbeit gegangen. Wie sieht so ein Mittagessen aus? Nachtisch, was Süßes nach dem Essen, ist ganz normal und nicht verboten. Das hat mir ganz, ganz viel gebracht und ich versuche auch immer so zu essen, wie ich es in der Klinik gelernt hab. Klar, wenn's mir schlecht geht, dann geht's nicht, aber das ist trotzdem immer was, auf was ich zurückgreifen kann.

Du hattest in deinem Leben viele Stolpersteine. Wie hat es dich stärker gemacht? Was hat es dir gebracht?

Stolpersteine, ja? Also es wäre anders, wenn ich wüsste, was das Ziel ist. Dann wüsste ich: Okay, das ist ein Hürdenlauf und über die Stolpersteine muss ich rüber … Aber <u>man muss sich das so vorstellen, als würde man mit verbundenen Augen irgendwo hinlaufen, man weiß nicht wozu, und dann hat man noch diese Stolpersteine dazu</u>.

Also bist du so der Mensch, der sagt „Sinn im Leben ist nicht das Ziel, sondern der Weg"?

Wenn ich das Ende vom Leben betrachte, dann ist das der Tod.

Der Tod – das Ziel?

Nein, ich möchte schon leben! Ich weiß, wieso ich mich noch nicht umgebracht habe. Es gibt immer noch einen Teil in mir, der denkt: Es wäre viel zu schade, du weißt doch gar nicht, was noch alles passieren kann. Das können vielleicht echt wunderschöne Sachen sein. Es kann einfach ein Abend an der Isar sein, mit einem Freund oder allein. Mal mit dem Fahrrad den Berg ganz schnell runterfahren. Ich möchte auf jeden Fall Kinder bekommen. Das wäre schade, wenn ich es nicht erfahren würde, wie es ist, Mutter zu sein. Vor allem will ich Oma werden. Das ist ja noch viel mehr, als Mutter zu sein, weil ich finde, Oma zu sein ist viel cooler, als Mutter zu sein. Da kann man die Kinder richtig schön verziehen. [lacht] Es lohnt sich, für die Gefühle zu leben, die man empfinden kann: Freude, Liebe, glücklich sein und das Ganze, überrascht zu werden …

Was sind deine Pläne und was hat dich dein Leben gelehrt?

Der Nietzsche hat ja gesagt: <u>„Was einen nicht umbringt, macht einen stärker."</u> Ich habe viele Jahre daran geglaubt. Aber seit ein, zwei Jahren bin ich überhaupt nicht mehr seiner Meinung. <u>Ich finde nämlich, das, was mich nicht umgebracht hat, hat mich schwächer gemacht</u>. Das hat mich meine Essstörung gekostet. Also wenn ich meine Stolpersteine nicht hätte, dann wäre ich stärker. Wenn das alles mit meiner Mutter, mit meinem Stiefvater und allem … das hat mich nicht wirklich stärker, das hat mich vielleicht böser gemacht. Das hat mich vielleicht abgehärtet. Nein, selbst das nicht! Mittlerweile habe ich gelernt: Ich muss einfach rausfinden, was ich möchte, und aufhören, das zu machen, was andere mir sagen. Damit könnte ich glücklich werden.

Es ist einfach besser, sich auf sich selbst zu konzentrieren?

Ja, denn ganz ehrlich: Wenn ich so über den Sinn des Lebens nachdenke … Es gibt da so einen Gedanken: Ist das, was um mich rum passiert, real? Oder ist es nur ausgedacht von mir selbst? Das, was unser Auge sieht, muss ja nicht wirklich so sein. <u>Wer sagt überhaupt, was wirklich ist? Der Vogel sieht zum Beispiel andere Farben und andere Dinge, die wir nicht sehen können</u>. Er sieht ganz andere Strukturen und Farben. Und dann habe ich so darüber nachgedacht: Was alles um mich rum passiert, vielleicht ist das ja gar nicht real? Aber dann habe ich mir gedacht: Dann ist mein Freund ja auch ausgedacht. Und dann war ich sehr traurig. Da war ich wirklich fertig. Das war ein bahnbrechender Moment in meinem Leben. Dann habe ich mir gedacht, ich lebe jetzt damit. Es ist egal, ob das real ist oder nicht. Es ist nur wichtig, was ich dabei empfinde. Selbst wenn ich mir das ausdenke, so ist es doch wunderschön. Wenn ich mir meinen Freund ausdenke oder meine Katzen, ist das doch wunderschön, wenn das alles in meinem Kopf passiert. Das klingt jetzt richtig abgespaced, aber so bin ich zu dem Gedanken gekommen, dass eben nur das zählt, was ich empfinde. Das heißt: Eigentlich bin ich das Wichtigste in meinem Leben. Das ist, glaube ich, der Sinn des Lebens: Ich habe mir mein Leben selbst so gestaltet, dass ich sagen kann: Es macht Sinn.

> „… so wie Ikarus, Flügel an den Armen und einfach weg."

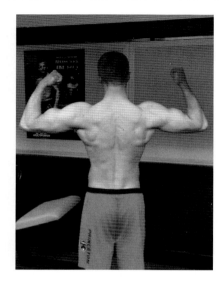

DAVID (23)
Maschinenbaustudent und immer wieder von Sinnkrisen gebeutelt

Hallo, David. Kannst du kurz erzählen, was du gerade machst?

Ich studiere Maschinenbau. Ich studiere das, weil ich mich als technisch denkenden Menschen bezeichnen würde und ursprünglich mal eine Faszination für perfekte Maschinen und perfekte Bauteile hatte. Jetzt mach ich es eigentlich, weil es für mich Sinn macht.

Was hat sich da gewandelt?

Die Ansicht. Früher hatte ich eben diese Faszination zum Beispiel für glatte Oberflächen, für sieben Meter lange Segmente, die 100 Prozent gerade sein mussten. Diese Perfektion von Produkten – ich denke, dass man in dem, was man tut, Vollendung anstreben soll. Und so war der Anfangsgedanke für mich, dass ich schöne Sachen machen wollte. Jetzt aber hat sich das gewandelt. Jetzt ist die Schönheit der Dinge zweitrangig geworden. Jetzt interessiert mich das Komplexe eigentlich mehr. Quasi dass man nicht mehr einzelne Teile perfekt macht, sondern das Gesamte im Blick hat.

Du studierst und arbeitest. Wie passt das zusammen?

Beim Maschinenbaustudium machen wir die Bachelorarbeit im Unternehmen. Ich wollte aber nicht über den klassischen Maschinenbau schreiben. <u>Ich wollte mit mehr gehen, als ich gekommen bin</u>. Deshalb mache ich Software-Entwicklung und mach da eine App. Das heißt, ich prügle mir die Hälfte der Zeit so eine Art IT-Studium rein. Da lernt man, weiträumiger zu denken. Man lernt, dass man mit Disziplin und Fleiß, wie beim Sport, weiter kommt, als man selbst annehmen würde.

Und dein Tagesablauf?

… ist relativ leer. Leer meint: Ich hab einen strukturierten Tagesablauf, um die Zeit, die der Tag bietet, rumzubringen. Aber so ist die Welt.

Gefällt dir deine Arbeit nicht?

Sie macht mich nicht glücklich. Es ist schon etwas, was mich interessiert, ich würde es sonst nicht machen. Aber dann hat man es gemacht, und dann verliert es seinen Reiz. Ich bin noch am Anfang der Entwicklung der App, aber ich weiß jetzt schon, wie ich vorgehen werde und die Bausteine oder die Etappenziele systematisch abarbeite. Das gefällt mir gar nicht. Ich denke mir manchmal rückblickend, ich hätte Schreiner oder Flugzeugbauer werden sollen, den ganzen Tag irgendwas sägen oder bauen, das hätte mich viel mehr erfüllt. Aber jetzt ist es zu spät. Jetzt gilt es, das Ganze noch halbwegs rühmlich irgendwie abzuschließen. Schauen, dass man das doch noch so hinbiegt, dass es glücklich macht.

Wie sähe für dich denn ein perfektes und glückliches Leben aus?

Man will keine Einsamkeit. Man will, dass das, was man tut, einen Sinn hat. Es würde mich nicht erfüllen, zu einem Schweizer Uhrmacher zu gehen, um da die perfektesten Uhren zu bauen, weil das am Ende absolut sinnfreie Produkte sind. Es ist nicht was, worauf ich stolz wäre, wenn ich Teil des Ganzen gewesen wäre. <u>Am Ende will man, was jeder will: eine Freundin und einen Job, wo man halbwegs gut verdient und der sich wenigstens sinnvoll anfühlt.</u>

Hast Du Lust, etwas zu zeichnen? Hier ist Zettel und Stift. Mal mal dein Leben, bitte!

Ich nehm mal das frische sommerliche Grün. Ich stell das als Lebensstrahl dar. Da ist der erste Bereich, da waren wir als Kinder noch in Deutschland im Kindergarten. Die zweite Phase ist der Kindergarten und die erste und zweite Klasse in den USA. Die dritte Phase sind die zwei Jahre Schweden. Danach kommt die Gymnasialzeit in Bamberg, humanistisches Gymnasium. Dann, abgrenzend davon, kommt die Abi-Zeit, weil das irgendwie ein neuer Bereich gewesen ist. Danach kommt ein Semester TU München. Dann kommt Esslingen. Da würde ich die ersten zwei Semester abtrennen von dem, was darauf gefolgt ist: [lacht] Eine Reihe von vielen Fehlsemestern oder sagen wir seltsamen Semestern. Und die Phase jetzt würde ich auch noch mal komplett abtrennen, weil das ein anderer Zeitbereich ist. Davor kommt das sechste Semester und mein Praxissemester. Ich hab mein Leben als Zeitstrahl aufgetragen, weil das alles Bereiche sind, die zusammenhängen und einen total geprägt haben. Das hab ich mir auch selbst schon mal aufgemalt.

Um Näheres zu erzählen: Ich fang mal mit dem Kindergarten in Erlangen an. Da war alles schöne heile Welt, da hat alles gepasst. Kann mich auch nicht beklagen, hab gute Eltern. Dann sind wir umgezogen, hab dann den Kindergarten und die erste und zweite Klasse in den USA gemacht. Das ist die Zeit, die mich am meisten geprägt hat. Das Heimische, was ich danach nie wieder gefunden habe. Da hat man ein schönes Haus gehabt im Stil vom American Way of Life, das klassische amerikanische, mit großen Laubbergen, in die man als kleines Kind springen konnte, und die Indian Summers mit den ganzen schönen Nationalparks. Wenn ich mir aussuchen könnte, wo ich mich heimisch fühle, dann ist es dort. Das ist die Zeit, wo ich mich verwurzelt habe, so im Alter zwischen sechs und acht.

Dann dritte, vierte Klasse in Schweden. Da war nichts, was mich oder meine Einstellungen in irgendeiner Weise beeinflusst hat. Es war eine schöne Zeit, aber in der Klasse galt ich als der Störenfried. War aber für mich nicht negativ.

Der Abschnitt Bamberg, Gymnasialzeit, endete eigentlich kurz vor dem Abitur. Ich war die ganze Zeit über sehr introvertiert. Im Nachhinein hab ich überlegt, was ich da eigentlich falsch gemacht habe. Ich hab eigentlich nie groß was mit Freunden gemacht. Mein Banknachbar war mein bester Freund, der ist immer noch mein bester Freund, wir haben immer noch Kontakt. Aber sonst hatte ich mit den Leuten wenig am Hut, ich bin am Wochenende nach Hause gekommen, dann sind wir Segelfliegen gegangen, haben Modellflugzeuge gebaut, teilweise bis nachts um zwei. Ich hab früher schon immer Sachen aus Lego gebaut, da habe ich auch den Perfektionswillen entwickelt, dass man das, was man macht, noch schöner macht.

In der Zeit habe ich mich dann das erste Mal verliebt. Und damals bin ich aus meiner komischen, gepufferten Scheinwelt aufgewacht. Ich war nie irgendwie einsam, ich hatte nie das Gefühl, mir fehlt was – bis zu diesem Moment. Da hab ich gemerkt, dass die komplette Schulzeit umsonst war. Dass ich während acht Jahren Gymnasium – abgesehen von den Modellflugzeugen – nie unter Leuten war. Später ist mir klargeworden: Das hat mir gefehlt. Das ist so ein bisschen über mich reingebrochen.

Ich wollte mich dann ändern, aber das ist ein Prozess, der geht nicht von jetzt auf gleich. Man kann sich nicht, wenn man vorher immer verschlossen war, sofort Menschen öffnen und einem Freundeskreis beitreten. Da bin ich überhaupt nicht mit klargekommen und dachte, wenn man besser aussieht, dann ändert sich das alles. Damals hab ich 'ne Essstörung gekriegt und so gut wie nichts mehr gegessen, nur noch Gemüse oder so. Später wurde auch die Abi-Zeit zur Zeit des extremen Joggens. Ich bin nicht klargekommen, weil ich es verkackt hatte, acht Jahre lang. Im Rückblick weiß ich, dass dadurch, dass wir so viel, also bis zum Gymnasium eigentlich fünfmal, umgezogen sind, ich gedacht habe, **es lohnt sich nicht, Freunde oder Menschen zu behalten, weil am Schluss zieht man eh weg**. Wahrscheinlich habe ich deshalb auch nie groß Freunde gesucht. Andererseits haben die mir tatsächlich auch nie gefehlt, bis das eben über mich hereingebrochen ist, dass ich in acht Jahren keine wirklich schönen Erfahrungen mit Menschen zustande gebracht hab.

Ich hab das dann versucht zu verdrängen, indem ich mich durch Musikhören abgeschottet habe. Dann habe ich angefangen, stundenlang zu rennen, um zu vergessen. Hab versucht, attraktiver zu werden, ganz wenig zu essen, bis ich richtig, richtig dünn war, und dieses extreme Joggen angefangen, was dann später zu einer Ess-Brech-Sucht ausgeartet ist. Es gibt Leute, die können Joggen genießen, und dann gibt es Leute, die müssen sich und anderen beweisen, dass man doch kein Versager ist. So hab ich das gesehen. Ich bin einmal 42 und einmal 65 Kilometer gejoggt. Dann fühlt man sich unbesiegbar für eine kurze Zeit, weil man etwas geschafft hat, was andere Leute nicht schaffen.

Später, als ich in München war, hab ich auch nie richtig Anschluss gefunden, weil ich draußen im Industriegebiet gewohnt hab und vielleicht, weil ich auch mental noch nicht so weit war und mich hässlich gefühlt hab. Dann konnte ich aber auch nicht mehr so viel joggen, um abzuschalten und Glücksgefühle daraus zu nehmen. Denn ich habe erbrochen, was ich gegessen habe. Das kam phasenweise. Das geht extrem auf die Psyche. Irgendwann fühlt man sich dann ganz am Ende. Dann muss man sich selber beweisen, dass man sich noch unter Kontrolle hat. Im Rückblick ist das vielleicht sogar witzig, wenn ich mich selbst aus der Vogelperspektive sehe, wie ich mir 600 Gramm Kekse kaufe, nur um mir zu beweisen, dass man nur einen einzelnen davon essen kann und genug Disziplin hat, alle anderen nicht zu essen. Aber dann schafft man das doch nicht, man stopft alle 600 Gramm rein. Als Folge fühlt man sich dick, hässlich und schuldig, und dann schaut man, dass man sie wieder hochwürgt und joggt wie ein Gestörter. Nicht nur wie ein Gestörter: Es ist auch tatsächlich gestört.

Und dann habe ich in Esslingen angefangen, auch 'n Maschinenbaustudium. Habe ich mir ausgesucht, weil es dort scheinbar die zufriedensten MB-Studenten gab, laut Rankings. **Seit dem Abi dreht sich mein Leben darum, die Vergangenheit aus dem Leben davor wieder geradezubiegen**. Im ersten Semester hab ich einen Freund getroffen, der gut aussah und Ausstrahlung hatte. Diesen Typ hab ich dann gefragt: „Was muss ich machen, um so zu werden wie du?" Dann hat er mir gesagt, ich soll Eiweiß essen und Gewichte heben. Ich hab mir gedacht: Okay, vielleicht hab ich dann ein besseres Leben und finde irgendwie die Eine.

Die ersten Semester hatte ich auch nicht mehr diese Einsamkeit, da bin ich bei einfach allem mitgegangen: Wohnheimpartys, Ersti-Partys … Hab mich immer volllaufen lassen bis zum Gehtnichtmehr. Aber nicht, um zu vergessen, sondern um dabei zu sein, um den Anschluss zu finden. Nicht, um irgendwas zu bewältigen, zu unterdrücken oder zu zerstören. Das kam später, im dritten Semester. Jemand, der Lehramt studiert, da wo es geschlechtermäßig halbwegs ausgeglichen ist, wird nie das Gefühl haben, er kriegt nie eine. Aber <u>irgendwie wählt man sich doch sein eigenes Schicksal aus. Im Rückblick denke ich mir, ich hab einfach das Falsche gewählt</u>. Dadurch, dass es ein männlich dominierter Studiengang ist, denkt man sich, man hat gar keine Chance, weil es zu viele Konkurrenten gibt. Wo will man denn da die Perfekte finden? Deshalb kam im dritten Semester wieder diese Einsamkeit von München.

Auch weil man so ein monotones Studium hat. Das stumpft am Ende ab. Es gibt Leute, die haben da kein Problem mit, aber ich brauch noch was anderes: was Kreatives, wo man nicht nur rechnet, wo man sich ausleben, was gestalten kann. Deshalb hab ich mich im Theater angemeldet. Und habe eine Freundin gefunden. Aber das war immer ein Auf und Ab mit ihr. Aus dem ganzen Auf und Ab hab ich am Ende viele Komplexe mitgenommen, die ich davor gar nicht hatte.

Dieses ganze Sichhinterfragen: Da denkt man sich, man ist hässlich. Eine Zeit lang habe ich diesen Frust mit Alkohol weggetrunken. Und dann mit Fitness. Das war schon immer irgendwie mein Ventil. Joggen war eine Art Bewältigungsstrategie, den Hass, den man auf sich hatte, die Zerstörungswut kontrolliert auslassen, wie es in einem Lied heißt: Beauty for pain. <u>Eine Zerstörung des alten Ichs als Strafe. Das war dann auch Alkohol und später Fitness</u>. Aber auf einem anderen Level. Nicht das, was normal und gesund ist. Ist vielleicht nicht groß anders im Vergleich zu den Leuten, die sich ritzen.

Jetzt kann ich das auch nachvollziehen: diesen Selbsthass, diesen Schmerz, den man einfach spüren will. Das Zerstörenwollen. Da hat man dann diese magischen Substanzen kennengelernt, die einen weiterbringen: Amphetamine. Dann kann man wieder mit voller Intensität … und geht glücklich nach Hause. Man ist noch high und glücklich, betäubt irgendwie, da vergisst man die Probleme, diese Beziehungs-Aufs und -Abs. Das geht eine Zeit lang gut, aber irgendwann dreht man komplett durch.

Ja, ich bin jemand, der braucht eine Aufgabe. Wenn ich keine Aufgabe hab, dann fühl ich mich irgendwo wertlos und nutzlos. Das war auch das Problem beim Studium, dass ich mich nutzlos gefühlt hab, wie eine Art Geldverschwendung. Und im Praxissemester hat man eine Aufgabe gehabt. Man hat

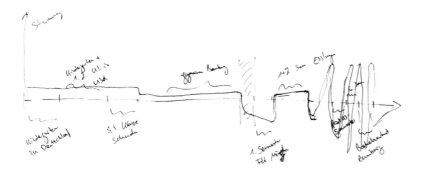

sich wertgeschätzt gefühlt, man hatte ein Projekt, an dem man im Team gearbeitet hat, und nicht irgendwelche nutzlosen Übungsblätter. Das hat mich dann auch mehr erfüllt. Aber auf diese Einsamkeit hatte ich ursprünglich diesen Fitness-Booster. Der hatte allerdings krasse Nebenwirkungen.

Und später im Praxissemester dann Ephedrin. Das ist auch ein Rauschgift. Ephedrin ist magisch beim ersten Mal: Man ist einfach besser drauf, gesprächig, wach, scharfgeschaltet. Es ist das, was man gefühlt hat: Da fehlt doch noch was im Leben. Das macht einen zu den 100 Prozent, die man eigentlich sein will. Man fühlt anders, man spürt anders, die Zeit vergeht anders, am Anfang. Später gewöhnt man sich daran. Das Komische ist, man bekommt nach den Höhen auch Depression und Wut. Danach versucht man diese ganzen negativen Gefühle durch das, was sie eigentlich mal ausgelöst hat, wieder zu bekämpfen und endet dann in einem Kreislauf. Das hat mir dann auch das sechste Semester zerstört. Ich hab vorher nie groß Hass auf Menschen gehabt, aber als ich verlassen war, da hab ich den das erste Mal richtig krass gehabt. Man denkt sich: Da kommen lauter Asylanten, die sind ja gefühlt 90 Prozent Männer. Man hat das Gefühl, man wird noch weiter verdrängt, sodass die Einsamkeit bleibt und man nie die richtige Person finden wird. Da kommt ein richtig tiefer Hass aus einem raus, der aber auch ohne das ganze Ephedrin dagewesen wäre. Am Schluss sieht man, wie man geworden wäre, wenn man andere Menschen reden hört, wie man selbst vielleicht geredet hätte. Dann merkt man, dass das unschön ist.

Deshalb bin ich auch aus Esslingen weggegangen, weil ich gefühlt hab: Die Deutschen werden verdrängt. Für eine Frau ist das vielleicht ganz cool: Da kommen lauter Typen, so Südländertypen, blabla. Ich werde einfach verdrängt. Man hat nichts Besonderes, was einen kennzeichnet. Man fühlt sich nicht konkurrenzfähig. Wenn man sich hilflos fühlt, dann flüchtet man. **Man sucht sich so sein Refugium, wie so ein Tier, was gehetzt ist, sich eine schöne warme Höhle sucht.** Eigentlich war diese Höhle bei mir schon immer das Fitnessstudio. Teilweise wusste ich gar nicht mehr, warum ich eigentlich trainiere. Ich habe nur diesen Hass auf mich gehabt, dass ich nicht besser bin. Dann Ephedrin und auch Speed. Straßenspeed. Dann merkt man auch wieder dieses Anfangshigh. Irgendwann gewöhnt man sich daran, dann ist man nur noch scharfgeschaltet. Da vergeht dieses Dreidimensionale, Kreative, die Träume, die man haben kann. Bei Speed ist das einfach: Man vergisst seine Sorgen. Man kann sich in ein warmes Zuhause flüchten. Man ist gut drauf und es läuft alles. Und danach – die Wirkung hält meist sechs Stunden an, bevor das Down kommt – ist man immer noch betäubt.

Aber dann habe ich den Schlussstrich gezogen und gesagt: Esslingen tut mir nicht gut. **So wie ich jetzt geworden bin, zum Hassenden, wollte ich nie werden**, deshalb bin ich weg aus Esslingen. Ich möchte auch nie wieder nach Esslingen gehen. Ich werde mein Studium auch nicht fertig machen, wenn ich dafür nach Esslingen gehen muss, das werde ich denen auch so sagen. Was von dieser Rastlosigkeit geblieben ist, ist die Komplexität und dass man sich wegschießen muss in so 'ne Art Vier-Stunden-Kurzurlaub. Da stehe ich jetzt im Prinzip. **Ich bin eh ein Eins-Null-Mensch**. Ich bin manisch depressiv, wie man das scheinbar nennt, das heißt, ich kenn extreme Niedergeschlagenheitsphasen, wo ich traurig und antriebslos bin, und dann gibt es die Phasen, da bin ich begeistert, motiviert, spritzig und so. Das zerreißt einen im Inneren. Es ist ein stetiger Wechsel.

Diese Aufs und Abs sind eigentlich immer noch geblieben. Mit Antidepressiva schaut man ja, dass man das in den Griff bekommt und die Ups und Downs dann wieder gegen null fahren lässt, aber das ist ja auch nur ein Kurzzeit-Prozess. Langfristig muss sich da was ändern. Was ich früher nicht hatte und was im Laufe der Zeit gekommen ist, das ist der Selbsthass. Und dass man zwischen völliger Euphorie und Selbstmordgedanken hin- und herschwankt. Und das innerhalb von 24 Stunden. Man setzt sich manchmal ins Auto und hat voll die seltsamen Gedanken ... Was einen am Ende daran hindert, ist vielleicht der Gedanke, dass es doch einen Gott geben könnte. [lacht] Aber es ist kein Glaube in dem Sinn, es ist nur eine Angst. Eigentlich voll dumm. Wenn man das so liest: **Es dauert nur zehn Sekunden, dann verliert man das Bewusstsein. Was sind diese zehn Sekunden im Vergleich zu diesem ganzen Leben**? Gar nix. Man wird bewusstlos und ist weg. Aber ich hab trotzdem nicht den Mut zu sagen: Mach ich's halt. Manchmal kurz davor, aber nie gemacht. Immer noch diese Angst. Das sind diese Aufs und Abs. Man sollte eben diese Mitte finden auf meinem Stimmungsbarometer ....

Wie hast du dir deinen eigenen Ausgleich geschaffen?

Vielleicht durch die Jugendgruppe. Da nimmt man sich jedes Mal etwas Gutes mit. Und dann eben Theater und Fitness. Ich werde jetzt schauen, dass ich einen Nebenjob mache, der komplett untechnisch ist, Kellnern vielleicht. Da braucht man nix für können, da vergeht die Zeit, verdient man Geld, es scheint die Sonne und man ist draußen. Wenn ich mich vor drei Jahren dazu entschieden hätte, Schreiner zu werden, hätte ich jetzt Meister sein können, würde tolle Holztische aus Massivholz herstellen oder so. Da wär ich wahrscheinlich viel glücklicher geworden. Auf der anderen Seite würde mich das vielleicht auch nicht erfüllen. Da, wo ich jetzt gelandet bin, das ist auch, wofür ich mich bestimmt fühle. Ich hab das Gefühl, das ist das, worin ich gut sein könnte, irgendwann mal. Was ich sagen will, ist, dass man auch offen für andere Sachen sein sollte, damit der Kopf klar bleibt.

In deinen Tiefpunkten, wer hat dich da unterstützt?

Ich hatte eine echt gute Familie, einen sehr netten Bruder, sehr nette Schwester und sehr nette Eltern. Deshalb kann ich mich nicht beklagen und bin auch gut ausgestattet worden. Mein Vater ist schon ein Vorbild. Er macht das, was ihm Spaß macht und was auch gut für die Gesellschaft ist. Er hat auch Makel, aber sonst ist er eine Art Vorbild. Er hat mir auch immer geholfen, wenn ich Schwierigkeiten hatte. Manchmal haben wir auch

aneinander vorbei geredet, weil ich ein bildlich denkender Mensch bin. Ich mag Flussdiagramme, wo man mit Symbolen einfach zeigt: Mach das, dann passiert das oder es passiert das. Meine Eltern haben mir geholfen, auch wenn sie andersdenkend sind. Meine Schwester wäre für mich da, aber ich hab nie so richtig danach gefragt. Und dann gibt's Freunde, mit denen ich mich unterhalte. Vielleicht auch welche, die falschdenkend sind und die ich mit der Zeit auch versucht habe zu vermeiden, weil ich ihre Ansichten nicht mag. Aber dann gibt es auch Leute, mit denen man in der Shisha-Bar einfach eine Stunde lang redet. Das tut dann auch gut.

Was ist denn dein großes Ziel?

Ich hab kein Ziel. Das macht es nicht wirklich einfacher. Es gibt schon Sachen, die ich richtig und gut finde, aber derzeit hab ich die nicht im Bild. Derzeit schaue ich, dass ich kleine Brötchen backe.

Wenn du aber diese Etappenziele erreicht hast, bist du dann zufrieden?

Nee, mir ist das wirklich gleichgültig. Wenn man mir jetzt sagen würde, ich bin exmatrikuliert, dann würde ich ehrlich sagen: Scheiß drauf! Dann mach ich halt irgendwas anderes. Es gibt nichts, was mich fesselt oder mich bewegen würde.

Ist diese Gleichgültigkeit eher positiv oder negativ? Würdest du dir das anders wünschen?

Also es ist kein sorgloses Gleichgültigsein, es ist negativ. Ich fühl mich gefangen und gehetzt. Dass

ich glücklich werde, ist unabhängig davon, ob ich einen Bachelor hab. Das ist überhaupt nicht miteinander verknüpft. Ich könnte noch so viel Geld verdienen, wenn ich nicht diesen Sinn oder diese Geborgenheit und den inneren Frieden hab, dann wird mich, egal was ich mache, das nicht glücklich machen.

Du hast gesagt „innerer Frieden". Was ist das für ein Zustand?

Jeder wird das schon mal gespürt haben. Diese Geborgenheit: Wie wenn du total erschöpft in ein kuschelig warmes Bett gehst und einfach so sorglos einschläfst. Dieses Zerstörerische, Gehetzte findet ein Ende.

Aber ist nicht Geborgenheit abhängig von anderen Personen?

Es kommt immer drauf an, wie man sich zu anderen Leuten verhält, wie man sich einfügt. Das ist auch nicht immer so einfach. Mein Bruder kann das zum Beispiel gar nicht nachvollziehen, weil er viel mehr VWL und Politik in seinem Studiengang hat und da auch die richtigen Leute zu finden sind, die halbwegs ausgeglichen sind und wo man mal was zusammen macht mit Freunden. Von solchen Leuten, die auch ich gern um mich hab, gibt es dort eigentlich viel mehr. Ich hätte das auch

studieren können, dann wäre ich vielleicht glücklich geworden. Am Ende reibt man sich an dem, was man sich ausgesucht hat, kaputt. Am Ende will ich auch, dass ich aufs Land geh, wo meine Schwester ist. Großstadt wäre nichts für mich. <u>Da fühl ich mich unnütz wie eine Ameise im großen Ameisenhaufen. Wenn die einer entfernt – so richtig auffallen tut das nicht</u>. Da gibt es vielleicht zwei, drei Ameisen, die haben die gekannt, aber am Ende war es doch nur eine Ameise. Je mehr Menschen es gibt, desto wertloser erscheint der Einzelne. Ich will Geborgenheit, mich an eine – noch nicht vorhandene – Freundin kuscheln und wissen, ich bin geliebt.

Wenn du jetzt zurückblickst, fühlst du dich dann besser als früher, so vor ein, zwei Jahren?

Die Höhen und Tiefen sind extremer geworden. Die Höhen werden besser, aber die Tiefen werden schlimmer. Ich bin glücklich, wenn Menschen um mich herum sind. Ich bin vielleicht ein Einzelgänger, aber doch will man nicht ganz allein sein. Letztes Jahr war ich nicht glücklich. Ich hab mein Glück auf die künstliche Weise gesucht – Ephedrin und Trance-Techno. Das ist so eine Musikrichtung, die den Kopf ausschaltet und eine Ebene zurücknimmt. Man kann sich darin verlieren, auf eine angenehme Weise. Es gibt da so ein Lied: „I'll always be your shelter" – da ist eigentlich die Magie drin, dass man die eigene innere Zerrissenheit in der Musik widerspiegelt.

Es ist schwierig, das auszudrücken, was man denkt. Du hast gefragt, ob ich glücklicher bin als vor einem Jahr. Ja, irgendwo schon. Dadurch, dass ich wieder zurück nach Bamberg gegangen bin, sehe ich auch wieder mehr Natur. Das hat mir in Esslingen auch gefehlt, dass man Vögel zwitschern hört, dass man die Sterne sieht. Insgesamt gesehen bin ich ausgeglichener als letztes Jahr. Manchmal bin ich tatsächlich glücklich, manchmal ist man auch mit sich im Reinen. Ich denk mir aber auch, ob nicht alles verfälscht und verzerrt ist, weil ja alles von den Antidepressiva kommt. Ich weiß ja gar nicht, was von meinem Erlebten wahr ist. Es kommt drauf an, aus welcher Perspektive man die Sachen sieht. Es gibt Menschen, die sind gleichartig wie man selber und die schaffen es, ein schönes, normales, sonniges Leben zu haben. Die hatten eigentlich die gleiche Grundvoraussetzung. An denen sollte man sich messen, das ist eigentlich meine Einsicht. Da war ein Typ auf einer Freizeit, der immer super sympathisch und sonnig drauf war. Ich fühl mich ja selbst schon klein, aber er ist noch ein Stück kleiner und trotzdem immer fröhlich. Von dem habe ich voll viel gelernt. Der könnte ja auch verbissen sein und traurig, aber er sieht das einfach aus der anderen Perspektive. Man fragt sich, ob man die Dinge nicht eigentlich auch optimistisch sehen könnte.

Du hast vorhin das Lied „I'll always be your shelter" erwähnt ...

Ja, Techno und Trance wirken direkt auf die Psyche. Da kann man sich so reinfliehen. Du fühlst dich eigentlich traurig, dann ziehst du dir eine warme Bettdecke drüber und gehst schlafen.

Also das Lied gerade klang für mich auch nach einem religiösen Bezug. Ist da was dran?

Also bei dem Lied jetzt nicht. <u>Das Problem an Gott ist, dass man will, dass er existiert, und so versucht, sich selber zu bescheißen</u>. Ich glaube, dass es ihn gibt, aber im Inneren nur, weil ich das Bedürfnis danach habe. Vielleicht gibt es manche Leute, die fragen gar nicht, warum sie nach irgendwas suchen. Die denken sich gar nicht, dass sie gerade versucht haben, sich selbst zu bescheißen, weil sie es nie hinterfragen.

Was müsste passieren, dass du glauben könntest?

Vielleicht, dass ich es einfach weiß. Glauben klingt ein bisschen vage. Faith [englisch: Vertrauen] klingt besser. Glauben klingt so nach 50 Prozent.

Was würde sich in deinem Leben ändern, wenn du glauben würdest?

Dann würde man sich selbst nicht mehr als Fehler sehen. Da weiß man ja, dass man so sein muss. Aber so denkt man sich, man hat evolutorisch irgendwie Pech gehabt. Und dann kann man ja nichts ändern, man ist dem hilflos ausgeliefert.

Würde der Glaube also deine Probleme lösen?

Ja, aber dafür müsste es erst mal soweit kommen, dass man sich denkt: Oh das passt! Am Ende ist es doch nur ein Wunschdenken, wo man sich bescheißt. Wie beim Lotto. Da glaubt auch jeder, dass er gewinnt.

Ist es auch das, was dich daran hindert, es zu versuchen?

Das ist, weil ich denke, ich bescheiß mich selber. So wie wenn jemand traurig ist und es dann heißt: „Ja, dann denk doch einfach, dass du glücklich wärst!" Dann bist du aber nicht glücklich, du kannst vielleicht so tun, aber du bist ja eigentlich immer noch traurig, weil du weißt, dass du dir eine Maske auflegst. Man weiß, es gibt einen Schatz, und man fängt an zu buddeln und irgendwann findet man einen großen Stein. Dieser Stein wird dann geschliffen, glänzt schön, sieht aus wie ein Schatz und wird zum Schatz. Hatte man also Recht, da war ein Schatz! Bei Gott ist auch das Komische, dass alle Völker ihren Gott haben. Und irgendwie funktioniert das bei jedem. Also zum Beispiel die Hindus haben lauter Götter, die einem die Wünsche erfüllen, sonst würden die ja nicht von Generation zu Generation weiter daran glauben. Sonst würden ja irgendwann die schlechten Götter abgelöst werden von leistungsfähigeren. Da würde sich ja am Ende eine Evolution der Götter hervortun. Am Ende würde der, der am meisten erhört hat, übrig bleiben.

An deiner Zeichnung sehe ich, dass es auch nach Tälern immer wieder hoch geht und du aus den Tiefen rauskommst. Wie schaffst du das?

Wenn nicht die richtigen Leute da sind, gehe ich halt allein feiern, dann bin ich sogar mit mir im Reinen. Früher hätte ich mich komisch gefühlt oder einsam, aber dann habe ich mir gesagt, wenn ich jetzt nur zu Hause rumsitze, dann wird nichts, gar nichts besser. Ich muss schauen, dass ich unter Leute komme. Vielleicht lernt man da Leute kennen. Da hat man dann wenigstens versucht, dass man irgendwo Anschluss findet. Wenn man es gar nicht erst versucht, ist es klar, dass man sich einsam fühlen wird. Wenn man es versucht hat, kann man sich nicht groß was vorwerfen. <u>Ich will keinen Menschen ausnutzen und habe doch bloß echte Liebe gesucht. Ich finde, jetzt wär's mal an der Zeit, dass Gott mir das schenkt</u>.

Hättest du in deinen Sinnkrisen eine Hilfe gebraucht?

Vielleicht eine gewisse Geborgenheit. Ja, manche Krisen wären gar nicht erst gekommen, weil es keinen Grund dafür in mangelnder Geborgenheit gegeben hätte.

Und welche Ressourcen hast du selbst persönlich, um Tiefs zu überwinden?

Ich weiß gar nicht mal, ob ich Ressourcen hab. Ich kann halt schauen, dass ich unter Leute komme. Was sollte ich da jetzt aktiv tun können? Ich bin kein Hellseher, sonst würde ich die da einfach wegschneiden [zeigt auf die Talsohlen seiner gezeichneten Lebenskurve] und da oben hinbiegen. Wie will man so was bekämpfen? Wenn un-

ter den Kollegen miese Laune ist, dann muss man einfach glücklich bleiben. Da muss man sich einen Smiley irgendwohin malen, auch wenn es kindisch ist – auf ein Post-it einen Smiley draufmalen und an seinen Bildschirm kleben. Der sieht dann wenigstens freundlich aus.

Vorhin hast du schon was von deinen Gefühlen erzählt. Kannst du deine Gefühle Angst und Wut noch etwas näher beschreiben?

Angst ist immer etwas, wo man sich hilflos und ausgeliefert fühlt. <u>Wenn man selber etwas kontrollieren kann, muss man keine Angst haben</u>. Angst ist, sich wie ein Spielball im Wind zu fühlen. Du wirst irgendwo hingetragen, so was Ungewisses, und du kannst einfach nichts machen. Wut ist ein Folgepfeil von Angst. Du kannst nichts mehr machen, so viel hast du nicht zu verlieren, deshalb ist dir alles egal. Wut auf sich selbst. Selbstzerstörung. Zerstörung des eigenen Ichs ...

Gibt's dafür einen Auslöser?

Ja, wenn man sich einsam fühlt. Ein Prozess, ausgelöst durch fehlende Ereignisse.

Kannst du deine Gefühle vielleicht mit Tieren vergleichen?

<u>Wut ist vielleicht ein Wolf</u>. Das ist ein einsames Tier. Eigentlich ist das auch ein schönes Tier, aber wenn es gereizt ist, dann kommen die Zähne zum Vorschein und dann spürt man, was in diesem kleinen Tierchen für eine Kraft geballt ist. Es ist komplett angespannt, und da ist dieser absolute Wille, irgendwas zu zerfetzen oder zu zerreißen. Da ist eine Kompromisslosigkeit, der zerfleischt dann irgendwas. So archaisch. Was ganz tief in einem schlummert und auf einmal geweckt wird. <u>Glück, das sind die ganzen Weidetiere, die sich auf eine saftige grüne Weide stellen und Gras mampfen</u>. Ein Schaf guckt nicht, wie es überlebt, denkt nicht dauernd nach, sondern erfreut sich seines Lebens. Angst ist immer dieses Gehetztsein, diese Rastlosigkeit. <u>Angst, das wären vielleicht Steppenrehe</u>. Tiere, die immer lauschen, <u>die nicht zur Ruhe kommen</u>, ständig aufschauen, <u>weil sie für andere Beute sind</u>.

Wenn du dir jetzt vorstellst, wie die Tiere zueinander stehen, was passiert dann?

Das Weidetier ist eigentlich der Willkür des Wolfes ausgesetzt. Ein kleines Wölfchen kann nicht schaden, das mitdenkt, das scharfsinnig ist. Aber generell sollte man seinen inneren Frieden finden. Also mehr Schaf sein als Wolf. Die Wölfe sollten Hütehunde sein. Der Wolf mit seiner Wut und Hemmungslosigkeit, rootless [englisch: entwurzelt], sollte eigentlich dazu dienen, die Schafe vor den anderen Wölfen zu schützen. Also ein komplett dummer, naiver Mensch zu sein ist gar nicht so das Ziel. Man sollte viele Schäfchen als inneren Frieden haben, aber wenn der Wolf der Hüter der Schafe ist, um den Rest des Gu-

ten nach außen hin zu verteidigen, dann wäre das ja ein ausgeglichener Mensch, der fest im Leben steht.

Noch eine kurze Nachfrage zu den Tieren: Was würden die eigentlich miteinander reden?

Das Schaf ist in meiner Weide ein naives Tier. Der Wolf ist unaufhaltsam. Das Schaf kann nur wegrennen. Aber groß was sagen kann es auch nicht. Das Schaf kann schauen, dass es den Wolf besänftigt, wenn es größer ist. Oder genug Schafe bilden eine große Schafemasse. Davor hat der Wolf vielleicht Angst und hält sich deshalb zurück. Aber schwierig, wenn irgendwann die Wölfe da sind, die sich nicht vor der großen Zahl Schafe fürchten. Dann gibt es keine Kommunikation, leider. Dem Wolf ist egal, was das Schaf sagt. Das Schaf ist irgendwie dumm, oder es kann intelligent sein, aber auf eine weltfremde Art.

Ich glaube nicht, dass der Wolf mit dem Schaf kommunizieren kann. Vielleicht über einen Zaun. Die gehetzten Rehe, die sind ja nicht immer gehetzt, die sind eigentlich relativ friedlich, nur wenn man kurz trinkt und dann den Kopf wieder hebt, um zu schauen, ob da ein Tiger im Busch lauert. Das könnte gut dafür sein, die Schafe zu informieren. Es braucht in der Schafherde auch ein paar wachsame Tiere, die merken, da bahnt sich was an: Dem Wolf, dem knurrt schon wieder der Magen, der ist wieder böse. Der ist wütend. Mit drei Arten Tieren auf der Weide ist dann aber die Kapazität erschöpft. Wäre ich der Wolf, würde ich mit einem der Schafe einen Vertrag aushandeln. „Ich fresse dich nicht, darf dich dafür abends als Kopfkissen benutzen." Dann wäre ich ein glücklicher Wolf und habe inneren Frieden. Und vielleicht würde ich die Schafe besser kennenlernen und verstehen. Und dann ab und zu mal mehr Gras, Nüsse oder Karotten essen. [lacht]

Was hieße das für deinen Alltag?

Dass man sich mit positiv denkenden Menschen umgibt, von denen man sich eine Scheibe abschneiden kann, vielleicht auch, wenn man so eine Art Fremdenfeindlichkeit hatte. Es gibt so eine Geschichte von Shakespeare, *The Taming of the Shrew*. Ein Kollege von mir ist der dunkle Spiegel meiner selbst. Man sieht sich nie aus der Vogelperspektive und weiß nicht, wie man selber wirkt. Aber wenn jemand ähnlich ist, dann finde ich das auch nicht sympathisch an dem Menschen. Ich muss mich also ändern, das ist aber ein Prozess.

Wie würden dich denn deine Freunde beschreiben?

Die meisten Leute kennen einen ja nicht von allen Seiten. Die Freunde, die man im Fitness hat, die denken, man hat nichts weiter als Fitness im Kopf. Die Leute, die einen durch das Modellbauen kennen, die denken, man macht nur das. Mir hat jemand mal gesagt, ich sei oft schlecht gelaunt. So habe ich das vorher eigentlich nicht gesehen.

Wie würdest du dich selbst beschreiben?

Das ist noch schwieriger! Ich weiß gar nicht ... schizophren klingt irgendwie blöd. Aber irgendwo ist da so das Zweiseitige in und an mir: Man hat einerseits den Wunsch nach der guten, heilen Welt, und andererseits denkt man sich, die gibt es eh nicht.

Was sind deine Fähigkeiten?

Ich kann Leute begeistern. Im Fitness schaff ich es immer, Leute zu begeistern. Ich kann motivieren. Ich kann auch zuhören. Ich bin handwerklich, jemand mit Liebe für Details. Andererseits bin ich einer, der das Ganze oft aus den Augen verliert. Aber das habe ich durch mein Studium gelernt: Das ist unprofessionell. Bei meinem Modellflugzeug war es zum Beispiel so: Ich wollte eine perfekte schöne Lackoberfläche haben und hab dafür in Kauf genommen, dass das Ding 300 Gramm mehr wiegt. Aber in dem Moment war mir einfach die schöne Lackoberfläche wichtiger als das Gesamtkonzept. Im Studium habe ich gelernt: Man teilt sich seine Ressourcen auf. Insgesamt auch ausgeglichener. Die Franzosen lästern ja: Die Deutschen kaufen sich einen teuren Grill und billiges Fleisch. Dass man die Prioritäten einfach besser setzt, ist wichtig. Man könnte versuchen, dieses Ingenieursdenken auf das Leben zu übertragen.

Was sind denn die fünf wichtigsten Dinge in deinem Leben?

Schwierig. Familie, Fitness und Fliegen. Wenn ich einen Wunsch hätte, dann so wie Ikarus, Flügel an den Armen und einfach weg.

Jetzt stell dir vor, es kommt eine Fee und hat drei Wünsche für dich. Was würdest du dir wünschen?

Ich würde mir wünschen, glücklich zu sein und mit mir im Reinen zu sein. Ja, ich glaube, dann ist der ganze Rest nicht mehr wichtig. Wenn man glücklich ist, braucht man nichts anderes mehr. Und ich würde gern mit Sicherheit wissen, ob es Gott gibt. Ja, das war's eigentlich. Ich könnte noch Gesundheit wünschen, aber ich glaube, dass auch jemand, der wirklich krank ist, glücklich sein kann. Er darf nur nicht verbissen auf das schauen, was er hatte, bevor er krank war. Es gibt bestimmt auch Kranke, die glücklicher sind als Unkranke.

Eine Freundin zu haben taucht bei dir als Wunsch jetzt nicht auf. Ist das Zufall?

Ich glaube, wenn man inneren Frieden hat, ist alles andere nachrangig. Dann ist das auch nicht mehr so wichtig. Im Idealfall würde die Fee natürlich gleich da bleiben, vielleicht ist sie da oben in den Wolken ja auch manchmal einsam …

DENIS (24)
Student, chronisch krank

„Die Situation kommt, haut mich um, und ich muss es immer wieder schaffen, aufzustehen. Es ist ein Dauerkampf."

Hallo Denis, du hast Rheuma, und das beeinträchtigt dich stark. Fällt es dir schwer, darüber zu sprechen?

Ja, mir fällt es sehr schwer. Die letzten drei Jahre konnte ich niemandem erzählen, dass ich die Krankheit hab. Es war eine Hürde, das überhaupt zugeben zu müssen.

Warum ist es so?

Ich dachte, dass ich, wenn ich das sage, ausgegrenzt oder benachteiligt werden würde. Ich dachte: Wenn jemand von meiner Krankheit weiß, dann nimmt er Abstand von mir. Und man sieht's mir ja nicht an. Wenn ich sag, ich habe irgendwas, dann wirkt es so, als wenn ich mich vielleicht in den Mittelpunkt stellen möchte oder damit rausreden würde, wenn etwas nicht so gut läuft.

Versteh ich. Wann hast du eigentlich die Diagnose erhalten?

Als ich sechs war, also in der ersten Schulklasse.

Huh. Das ist hart.

Ja, das war hart. Wobei ich mich nicht daran erinnern kann. Das sind Erzählungen von meinen Eltern. Ich denk mal, alles, was ich erlebt hab in der Zeit, habe ich verdrängt. Dadurch weiß ich nicht mehr so viel. Ich kam in die erste Klasse, ich hatte meine Gruppe, meine Peers und so, aber durch die Diagnose wurde ich dann ausgeschlossen. Ich konnte nicht mehr Teil davon sein, weil ich nicht mehr laufen konnte. Dadurch war ich in den Sommerferien zu Hause. Die anderen waren draußen spielen und ich war daheim. Meine Freunde damals hatten keine Lust, zu mir nach Hause zu kommen, weil draußen schönes Wetter war. Die haben das nicht nachvollziehen können, was da bei mir los ist.

Oft ist es ja mit einer Detektivarbeit verbunden, überhaupt rauszubekommen, was man hat. Man merkt, dass irgendwas mit einem nicht stimmt, aber man weiß nicht, was. Oft stehen auch

Ärzte ratlos da. Wie war das bei dir?

Ja, das war ein sehr großes Detektivspiel. Mein Knie war damals angeschwollen. Es war Wasser drin und ziemlich warm. Ich wurde von Ärzten zu Ärzten gereicht. Meine Eltern waren immer dabei. Die Ärzte wussten nicht, was es ist. Dann haben sie das auf einen Zeckenbiss zurückgeführt und gemeint, dass es vielleicht Borreliose oder so was sein könnte. Das war's aber nicht. Dann gab's die Vermutung, dass es einfach Wachstumsschmerzen sein könnten. Aber irgendwann kam ein Arzt auf die Idee, dass es vielleicht eine Art von Rheuma sein könnte. Ich hab das Gefühl, dass Rheuma dann diagnostiziert wird, wenn die Ärzte nicht mehr wissen, was es sein könnte. So fühlt sich das als Patient ein bisschen an.

Aber jetzt ist die Diagnose klar?

Ja, ich hab Rheuma: Rheuma ist eine Immunerkrankung. Das heißt, mein Immunsystem greift mich selber an. *Mein Immunsystem denkt, dass meine Gelenke Feinde im Körper sind und greift deswegen an.* Und dann entzündet sich das natürlich. Wenn man nichts dagegen machen würde, würde es im späteren Verlauf dazu beitragen, dass die Gelenke zerstört werden. Dann brauche ich künstliche Gelenke. Und jetzt nehm ich Alpha-Blocker. Die sorgen dafür, dass mein Immunsystem geschwächt wird. Der Nachteil davon ist natürlich: Ich bin anfälliger gegen andere Krankheiten.

Wie hat deine Familie auf die Diagnose reagiert?

Ich gehe davon aus, dass es ein ziemlicher Schock für meine Eltern war, weil ich starke Schmerzen hatte, damals als Kind, und auch sehr gelitten hab und viel Zeit bei den Ärzten und im Krankenhaus verbracht habe.

Aber hattest du nicht die Möglichkeit, einfach Medikamente zu nehmen?

Es gibt so viele Arten von Rheuma. Rheuma ist nur ein Überbegriff. Ich hatte damals juvenile idiopathische Arthritis. Das heißt vereinfacht übersetzt Kinderrheuma. Ich hab damals als Kind Schmerzmittel bekommen, für mein Alter ziemlich starke Schmerzmittel, und das zweimal täglich. Ich war schon damals ziemlich zugedröhnt. Das hat mir zwar geholfen und mir die Schmerzen und die Entzündungen genommen, aber ich musste sie halt ständig weiternehmen. Ich war quasi nie richtig clean. Eine Zeit lang haben die Schmerzmittel geholfen, irgendwann nicht mehr. Dann mussten wir die Dosis steigern. Das hat dann wieder eine Zeit lang geholfen und dann hat's wieder nicht geholfen. *Rheuma ist wie eine Achterbahnfahrt.* Dann hab ich Medikamente bekommen, die zwar getestet wurden, damit sie zugelassen werden, aber Langzeitstudien waren damit noch nicht gemacht worden. Mit mir wurden die quasi begonnen. Ich habe so 'nen TNF-Alpha-Blocker bekommen. Damit fing es an, dass ich mich ein bisschen als Versuchskaninchen gefühlt habe.

Das kann ich mir vorstellen. Also wenn man Schmerzmittel nimmt, wirken sie irgendwann nicht mehr?

Genau. Man kann eine Resistenz dagegen entwickeln. Die haben dann irgendwann nicht mehr gewirkt und deswegen bin ich zu diesen TNF-Alpha-Blockern übergegangen. Man hat zuvor auch Kortison ins Gelenk reingespritzt, aber das hat alles nichts gebracht. Der TNF-Alpha-Blocker hat dann geholfen. Mit 15 habe ich ihn bekommen. Von 15 bis 20 hatte ich keine Probleme mehr. Das war wirklich, als ob ich gesund wäre. Ich habe einmal die Woche diese Spritze gespritzt und dann war ich für mich gesund.

Spielt es eine Rolle in deiner Bewältigung, dass du deine Krankheit schon seit deiner Kindheit hast?

Die Ärzte haben damals als Kind zu mir gesagt, es besteht die Chance, dass ich später in der Adoleszenzphase meine Krankheit ablege. Ich hatte als Kind die Hoffnung, dass ich gesund werde. Leider ist es nicht eingetroffen. Ich hatte mit 16 Jahren erneut einen Schub und bekam den TNF-Alpha-Blocker, der aber mit 19, 20 aufhörte zu wirken: Die Probleme der Krankheit kamen zurück.

Wie hat dein Umfeld, wie haben deine Freunde darauf reagiert?

Ich hatte, bevor ich meine Krankheit diagnostiziert bekommen habe, einen besten Freund. Mit dem habe ich eigentlich jeden Tag was gemacht. Als dann die Diagnose kam, war Sommer und ich konnte nicht mehr laufen – also war ich viel zu Hause. Es fing an, dass der Kumpel sich nicht mehr gemeldet hat. Er wollte nicht mehr zu mir kommen. Er konnte ja nichts mehr machen bei mir. Und ich konnte natürlich nicht raus. Das war die erste Erfahrung, wo ich gemerkt habe: Okay, das schränkt mich ganz schön ein. Ich konnte nichts dafür, dass ich die Krankheit hab, und trotzdem wurde ich ausgegrenzt. In der Zeit, als es mir schlecht ging, war der Freund für mich nicht da, als

das wieder gut war, war er wieder da und wir haben was gemacht. Aber der Kontakt hatte sich verändert. Ich habe mich irgendwie verschlossen. Für mich war es als Erfahrung einfach schrecklich. Vielleicht auch deswegen habe ich alles verdrängt.

Chronische Krankheiten wirken stark in den Alltag hinein. Wie sieht es bei dir aus? Heute und damals?

Als Kind war ich ziemlich eingeschränkt, weil ich mich ja nicht bewegen konnte. Ich ging dann wieder in die Schule, hatte aber Krücken. Ich musste über ein Jahr lang mit Krücken laufen. In der Schule musste ich jede Pause runter, also vom ersten Stockwerk in den Pausenhof. Was übertrieben diskriminierend war. Denn als ich unten war, musste ich fast schon wieder hoch. Heute ist es allerdings für mich noch mehr einschränkend. Weil ich mir nicht vorstellen kann, dass ich ganztags arbeiten kann. Körperlich schaff ich das nicht mehr. Mein Alltag hängt sehr davon ab, wie es mir geht. Wenn's mir schlecht geht, dann ist mein Tagesablauf so, dass ich morgens aufstehe – und da fängt es schon an: Ich kann nicht richtig aufstehen, ich hab Probleme, überhaupt aus dem Bett zu kommen. Dann frühstücke ich und dann lege ich mich sofort wieder hin und versuche zu schlafen. <u>Ich versuche, viel zu schlafen, um den Schmerzen aus dem Weg zu gehen.</u>

Ich warte, bis es besser wird. Wenn es mir gut geht, versuch ich viel zu machen. Dann versuch ich Fahrrad zu fahren, Schwimmen zu gehen, einfach die Bewegungsfähigkeit zu erhalten. Ich hab Krankengymnastik, Wassergymnastik, Schmerztherapie, also ich hab wirklich Therapien pur. Akupunktur muss ich machen. Und ich bin jetzt auch in psychologischer Begleitung, wie man mit Schmerzen umgeht. Das ist mein Alltag. Ich versuche meinen Weg zu finden, wie ich all das mit der Hochschule vereinbaren kann und mit meinem Privatleben. Allerdings gibt es da wieder das Problem mit den Freunden: In der Zeit, als es mir gut ging, hatte ich Freunde, mit denen ich Party gemacht habe. Das kann ich mittlerweile gar nicht mehr machen, also bin ich wieder ausgegrenzt.

Du hast aber schon Menschen, auf die du auch in schlechten Zeiten zählen kannst?

Ja, schon. Aber es ist schwierig, Freundschaften zu halten. Weil ich mich eher zurückgezogen hab. Wahrscheinlich aufgrund der Erfahrung, die ich früher als Kind gemacht hab. Wenn ich mich öffne, entwickelt sich eine sehr schöne Freundschaft, und dann geschieht irgendwas krankheitsmäßig und ich werde im Stich gelassen. Das ist so mein Gedankengang.

Von Auswirkungen deiner Krankheit auf dein Arbeitsleben hast du eben erzählt. Mich interessiert aber noch, welche Auswirkung sie auf deine Partnerschaft hat?

Ich hab als Jugendlicher immer geglaubt, dass ich eh keine Freundin krieg, weil ich die Krankheit hab und weil sie sehr einschränkend ist. So jemanden will man ja nicht. Es ging sogar so weit, dass ich mir Gedanken darüber gemacht hab, dass ich nie Kinder haben möchte, weil ich den Kindern das ersparen wollte, dass sie solche Schmerzen haben. Weil das eine Erbkrankheit ist. Also die Wahrscheinlichkeit, dass sie es kriegen, ist eben vorhanden. Davor hatte ich ziemlich große Angst. Die hab ich zwar heute auch noch, aber ich geh anders damit um. Nur <u>jeder Dritte in unserer Familie hat das</u>.

Wie steht deine Freundin zu deiner Krankheit?

Das ist eine schwierige Frage. Am Anfang waren ihre Eltern gegen mich. Ja, ich glaub, sie haben immer noch was gegen mich, aufgrund dessen, dass ich die Krankheit hab. <u>Es ging so weit, dass, wenn ich an Geburtstagen da war, sie mir nichts zum Essen gebracht oder kein Trinken hingestellt haben</u>. Sie durfte auch nicht bei mir übernachten, als wir noch nicht 18 waren, aber ihre Schwester, die jünger ist, durfte bei ihrem Freund übernachten. Sie hat eine Oma, die auch Rheuma hat. Da sagen sie immer: „Die kann sich doch gar nicht bewegen. Bist du dir sicher, dass du dir so was antun möchtest?" Sie selbst steht aber hinter mir und hinter der Krankheit.

Wie war eure Anfangsphase? War es schwer für dich, ihr deine Krankheit zu erkennen zu geben?

Ja. Ich hab mir überlegt, wie ich das am besten mache, wenn ich eine Freundin hab. Ich hab's ihr gleich am Anfang gesagt, weil ich dachte, es ist einfacher, wenn man offen damit umgeht. Dann hat sie die Chance, zu sagen: „Okay, aber das kann ich nicht." Es war sehr schwer. <u>Ich musste mit der Gefahr rechnen, dass sie mich verlässt</u>.

Was und wer hilft dir, wenn du dich gerade in einer Phase befindest, wo es dir nicht so gut geht?

Meine Mutter vor allem. Sie ist mir eine ziemliche Stütze. Wenn ich den Alltag nicht meistern kann, weil ich nicht putzen oder kochen kann, dann hilft sie mir. Sie versucht mich auch immer zu motivieren, dass ich weitermach, vor allem in den Phasen, wo ich wirklich depressiv bin. Aber natürlich auch meine Freundin, oder 'ne sehr gute Freundin, die mich auch immer unterstützt.

Woraus schöpfst du sonst noch Kraft?

Ich versuch, alles positiv zu sehen. Ich versuch es so zu sehen, dass die Krankheit nichts Negatives ist, sondern man daraus Kraft schöpfen kann. Und dass man Dinge sieht, die andere nicht sehen können, und dass ich dadurch vielleicht sogar einen Vorteil hab – <u>ich dreh die Krankheit ins Positive um</u>.

Also könnte man sagen, du kommst heute mit deiner Krankheit relativ gut klar?

[lacht] Da bin ich mir selber nicht so ganz sicher. Die letzten zwei Jahre waren ziemlich schwer, da kam ich überhaupt nicht damit klar. Da wurde auch diagnostiziert, dass ich depressiv sei. Also da hab ich mich wirklich zurückgezogen. Jetzt wird es so langsam besser. Aber dadurch, dass es immer ein Auf und Ab ist, weiß ich nie, ob es jetzt gerade gut wird oder ob die Krankheit nur gerade nicht besonders aktiv ist.

Wo hast du das Gefühl, das meisterst du gut, trotz deiner Krankheit?

Ich würde sagen, das Studium habe ich jetzt im Griff. Ich hab das Studium so weit geschafft, obwohl ich manchmal gar nicht sitzen konnte, manchmal echt Probleme hatte, überhaupt zu folgen, gedanklich. Und trotzdem habe ich das auf meine Art gemeistert. Ich hab allerdings nicht im Griff, dass ich mir Ziele viel zu hoch stecke, also nicht realistisch. Da muss ich noch dran arbeiten

Fühlst du dich manchmal auch heute noch benachteiligt oder ausgegrenzt?

Natürlich fühle ich mich benachteiligt, in vielen Dingen. Schwere Türen sind für mich kaum zu öffnen. Das lange Sitzen in der Hochschule auf harten Stühlen – das sind schon Probleme, die ich hab. Auch der Weg zur Hochschule. Wenn ich kein Auto hätte, müsste ich Bahn fahren. Also müsste ich irgendwie zur Bahn und von Haltestelle zu Haltestelle. Da müsste ich wahrscheinlich laufen. All diese Sachen kann ich, wenn's mir schlecht geht, gar nicht meistern. Und dann natürlich bei den Freunden: Ich kann keine Party machen, ich kann nicht so lange weggehen wie andere.

Haben Menschen auch regelrechte Vorurteile dir gegenüber?

Also ich denk, würde man mir das ansehen können, würde es bestimmt Vorurteile geben. Andererseits: Dadurch, dass man mir das nicht ansieht und ich sag, ich habe Schmerzen, denke ich schon, dass es Leute gibt, die Vorurteile gegen mich haben. Im Sinne von: „Wie? Du kannst nicht so lange sitzen? Du siehst doch voll gesund aus."

Mal alles in allem genommen: Welche Beziehung hast du heute zu deiner Krankheit?

Damals als 14-Jähriger, als es mir richtig schlecht ging, habe ich meine Krankheit echt gehasst. Ich habe mich immer wieder gefragt: <u>Warum habe ich diese verdammte Krankheit, warum ausgerechnet ich</u>? Mittlerweile ist das nicht mehr so. Als die Medikamente gewirkt haben und es mir gut ging, habe ich begonnen, die Krankheit als Chance zu sehen. Aber es ist auch heute noch sehr, sehr ambivalent. Man kann die Krankheit nicht akzeptieren. Man kann immer wieder nur versuchen, es zu lernen. Immer wieder dieses Aufstehenmüssen. Das heißt, die Situation kommt, haut mich um, und ich muss es immer wieder schaffen aufzustehen. Es ist ein Dauerkampf.

Du wirkst eigentlich wie ein sehr positiver Mensch auf mich …

[lacht] Meine Bewältigungsstrategie ist zum einem das Vergessen, das Verdrängen. Und das andere ist, das Positive zu sehen, auch wenn es negativ ist. <u>Es gibt immer einen Weg, wie man es schaffen kann</u>. Deswegen wirke ich vielleicht auch so.

> *„Man möchte halt etwas erreichen, was umsetzen und die Welt verändern."*

Benjamin, du engagierst dich in der Jungen Union, seitdem du 16 bist. Wie kamst du denn dazu, dass du dich gerade bei der JU engagiert hast?

Ich habe mich immer für Geschichte interessiert, für Themen wie den Zweiten Weltkrieg. Auch Bismarck hat mich immer fasziniert. Ich habe dazu viele Bücher gelesen und bin über das Interesse an Geschichte dann zur Politik gekommen, denn ich denke: Da entscheiden sich die wichtigen Sachen unserer Zeit. Die vergangene Zeit ist ja schon noch relevant, aber im Hier und Jetzt kann man auch viel bewegen. Und gerade auch aktuelle Ereignisse haben mich interessiert, also das, was in der Zeitung steht.

Das ist ja etwas ungewöhnlich, weil sich 14- bis 16-Jährige häufig nicht so sehr von Geschichtsbüchern und Politik mitreißen lassen ...

Ja, das stimmt schon. Ich war der Einzige in der Klasse, der sich wirklich für Geschichte interessiert hat. Vor allem auch schon so früh. Ich habe auch niemanden gehabt, mit dem ich drüber reden konnte, und deshalb war es mir eben ein Bedürfnis, gleichgesinnte Menschen zu finden, um über diese Themen zu diskutieren. Da hat sich dann die Junge Union angeboten.

Warum hast du dir die JU ausgesucht?

Das war eine Parteijugend, die in der Nähe präsent war. Dann habe ich mal geschaut beziehungsweise mich darüber informiert, aber ich habe einfach mal die Junge Union ausprobiert und das hat mir da gefallen. Das waren nette Leute, man konnte gut diskutieren, und auch die politischen Ansichten haben mich überzeugt.

Was waren denn in der Vergangenheit deine Aufgabenbereiche und wie ist es jetzt?

Ich war, als ich 16 war, Schriftführer und habe die Protokolle geschrieben von den Vorstandssitzungen. Da muss man einfach dokumentieren, was gesagt wurde. Es ist durchaus auch wichtig,

BENJAMIN (19)
Jura-Student in Köln mit einem sehr schwierigen Lebensweg; Mitglied der Jungen Union

Benjamin möchte keine Fotos von sich abdrucken lassen.

was man beschlossen hat, festzuhalten. Momentan bin ich Beisitzer ohne besondere Funktion. Man packt natürlich auch mit an, wenn es zum Beispiel um Veranstaltungen geht. Oder man macht Treffen zu bestimmten politischen Themen und tauscht sich dann über diese Themen aus und entwickelt Positionspapiere. Und da kann man natürlich auch helfen, indem man recherchiert und so weiter.

Welchen Stellenwert hat die Mitgliedschaft bei der Jungen Union für dich?

Sie hat schon eine Bedeutung. Natürlich ist es wichtig, dass man irgendein Engagement hat, aber es ist eher etwas Ideelles. <u>Man möchte halt etwas erreichen, was umsetzen und die Welt verändern</u>. Auch für das persönliche Fortkommen hat es Bedeutung und dass man eben was bewirken kann in der Demokratie. Man bekommt ja Dinge mit, die schieflaufen, und möchte gewisse Dinge ausbessern und helfen, dass bestimmte Menschen bestimmte Erfahrungen nicht machen müssen.

Gewisse Erfahrungen nicht machen müssen? Was meinst du?

Ich zum Beispiel kam mit 14 Jahren in eine Pflegefamilie. Es gab dort ziemliche Probleme, die an der Pflegefamilie lagen. Damals hat mir meine Großtante ziemlich zur Seite gestanden. Die hat mich in gewisser Weise auch erzogen. Ich war oft bei ihr, und die hat mir noch Tugenden vermittelt, dass man fleißig sein soll und so weiter. Und das habe ich dann natürlich weiter fortgeführt. Wenn ich diese Werte nie gekannt hätte, dann wäre ich vielleicht auch heute nicht so. Das war das Fundament für mein weiteres Leben. Und wenn man die Eltern sieht, dann möchte man es natürlich besser machen in einer gewissen Form und später vielleicht doch erfolgreicher dastehen. Aus dieser Gefühlslage entwickelt sich dann eben ein Bestreben, etwas zu verändern. Und dies lag bei mir halt immer in Bildung, weil's eben die einzige Möglichkeit war, rauszukommen.

Ohne Bildung wäre das nicht möglich gewesen?

Ja, und ich denke, auch ohne unsere Gesellschaftsordnung an sich. Ohne die finanzielle Unterstützung des Staates wäre das alles so gar nicht möglich. <u>Das ist auch ein Grund, weshalb ich Politik machen oder mich engagieren möchte, weil ich dem Staat das zurückgeben möchte, was er für mich geleistet hat</u>. So ein Platz in einem Wohnheim, in einer Jugendhilfeeinrichtung ist nicht billig. Eher sehr teuer, auch für den Staat. Und auch Bildung wird kostenlos zur Verfügung gestellt. Also ich glaube, in anderen Ländern wäre ich hoffnungslos verloren gewesen. Und deshalb möchte ich das dem Gemeinwesen auch zurückgeben.

Dein Interesse für Geschichte – hängt das irgendwie mit deiner eigenen Lebensgeschichte, die du gerade andeutest, zusammen?

Es ist manchmal schwierig zu sagen, weshalb man sich für manche Dinge interessiert und für manche nicht. Ich weiß nicht, ob das Zufall ist. Das kam bei mir jedenfalls aus dem Inneren, einfach weil man dadurch auch viel für die Zukunft lernen kann. Auch in jungen Jahren blickt man schon zurück und sagt sich: Was ist jetzt da vorgefallen und wie ist es jetzt? Das hat mich geprägt damals in meinen verschiedenen Lebensphasen: einmal in der Wohngruppe, einmal in der Pflegefamilie. Ich bin ja immer hin- und hergekommen. Ich musste auch öfters die Schule wechseln. Da hat man auch schon oft zurückgeblickt.

Warst du als Jugendlicher oder als Kind eher allein oder hattest du viele Freunde?

Ich war nie ein Mensch, der unglaublich viele Freunde hatte. Aber das muss man ja auch nicht. Ich hatte ein paar Freunde, auf die man sich verlassen konnte. Aber natürlich war es auch schwierig als jemand, der keinen Sport mag und sich eher für Politik interessiert, schon in jüngeren Jahren. Man ist halt nicht immer auf der gleichen Wellenlänge gewesen. Ich wurde später in einer Außenwohngruppe untergebracht und da war es schön, dass es keine städtische Atmosphäre gab, sondern 'ne dörfliche. Da hab ich mich mit meinen Klassenkameraden, die in meinem Dorf gewohnt haben, gut angefreundet, und das sind auch noch heute gute Freundschaften.

Wussten deine Klassenkameraden damals, dass du in einer Wohngruppe lebst?

Ja, damit bin ich ziemlich offensiv umgegangen. Das, was meine persönlichen Erfahrungen und Erlebnisse betraf, habe ich natürlich nicht an die große Glocke gehängt.

Wurdest du denn nicht mal gefragt: „Wieso wohnst du nicht bei deiner Familie?"

Doch, natürlich. Aber ich habe immer versucht, es ziemlich vage zu halten und nicht näher darauf einzugehen. Ich habe auch versucht, die Fragen danach so gut wie möglich zu blockieren. Der Grund ist, glaub ich, der, dass ich schon immer sehr gut verdrängen konnte, unglaublich gut verdrängen. <u>Das Dumme beim Verdrängen ist nur, dass es immer wieder hochkommt</u>. Verdrängen macht die Sache nicht besser. Aber das Verdrängen hat mir auch geholfen, weil wenn man sich die ganze Zeit Gedanken macht über die schlimme Situation oder sich ständig einer Bedrohung ausgesetzt sieht, dann kann man nicht frei leben. Ich konnte oft nicht frei leben, aber dadurch, dass ich es verdrängt habe, war es erträglich.

Hast du denn mit SozialarbeiterInnen, PsychologInnen oder ähnlichen Leuten darüber sprechen können?

Ich konnte schon darüber sprechen. Es hat mir auch geholfen, aber es ändert sich ja nichts an der Situation, wenn man die Sachen erzählt. Ich hab detailliert auch schlimmere Erlebnisse angesprochen. Obwohl: Es ist einem wirklich unlieb, ganz detailreich zu erzählen, wenn's schlimme Erinnerungen sind.

Hattest du auch so etwas wie Schuld- oder Schamgefühle?

Ja, ein Schuldgefühl hatte ich schon am Anfang, weil man die Situation als Kind oder Jugendlicher noch nicht so versteht. Da weiß man halt nicht genau, was passiert ist. Aber irgendwann kam dann schon der Punkt, an dem ich dachte: Ich kann gar nichts dafür. Letztendlich kann man einem Kind nicht abverlangen, Wunder zu vollbringen. Es war immer die Angst vor den Eltern da. Ständig.

Hast du auch heute noch Angst, gefunden zu werden?

Ja, tatsächlich habe ich das noch. <u>Albträume und alles Mögliche sind auch noch vorhanden</u>. Das ist, glaube ich, noch der Effekt des Verdrängens.

Kannst du dich denn hier in der Gegend frei bewegen oder hast du manchmal das Gefühl, verfolgt zu werden?

Es hat sich Jahr um Jahr gebessert. Von bestimmten Orten wie dem Heimatort meiner Eltern habe ich mich ferngehalten. Ich gehe da bis heute nicht hin. Aber inzwischen kann ich mich wieder freier bewegen. Aber es schwingt immer noch eine Bedrohung mit.

Hätte es dir damals geholfen, wenn du weiter weg untergebracht worden wärst?

Ja. Aber es hat ja leider nicht geklappt. Ich war immer in der Region der Eltern. Wäre die Distanz größer gewesen, hätte ich mich schon freier fühlen können. Aber aufgrund der neuen Medien wie Internet, soziale Netzwerke und so weiter besteht heutzutage immer die Gefahr ... Ein Klassenkamerad postet etwas in 'nem sozialen Netzwerk oder ein Verein macht Bilder. Man kann sich gar nicht mehr entziehen. Man ist immer in der Öffentlichkeit. Sich aus der Öffentlichkeit rauszuhalten, ist heutzutage fast nicht mehr möglich.

Hast du denn einen *Facebook*-Account?

Nein, ich habe kein *Facebook*. Tatsächlich aus dem Grund, weil ich nicht gefunden werden wollte ...

Wie ist es denn mit der Partei? Da gibt es doch häufig Veröffentlichungen, die teilweise auch in den regionalen Zeitungen erscheinen?

Ja, am Anfang habe ich schon Angst gehabt. Aber ich hab irgendwann den Entschluss gefasst: Es muss jetzt besser werden. So unglaublich eingeschränkt zu sein, ist schon schwierig. Und dann habe ich den Versuch gewagt. Nicht nur durch die JU, auch schon davor kam ich öfter mal in die Zeitung. Und da ist mir auch nichts passiert ...

Also gab es nie einen Kontaktversuch seitens deiner Eltern?

<u>Indirekt gab es diese Kontaktversuche, verbunden mit Drohungen wie: „Ich mach dir die Hölle heiß, bald ist es mit dir aus."</u>

Wie bist du damit umgegangen?

Ich hab's einfach verdrängt.

Hast du in solchen Momenten nicht mal mit den Sozialarbeitern aus deiner Wohngruppe gesprochen, damit du dich sicherer fühlen konntest?

Ja, da hat man schon drüber geredet. Aber letztendlich war es Glück, dass nichts passiert ist in dem Zeitraum. Wenn man mich hätte wirklich finden wollen, dann hätte man mich gefunden. Aber meine Angst war auch nicht unbegründet. Es gab viele schlimme Erlebnisse. Da gibt's klare Indizien und auch Gerichtsdokumente, die das belegen.

Okay. Dann komme ich noch mal auf die Gegenwart zurück. Du studierst jetzt Jura und hattest auch ein sehr gutes Abitur.

Ja, da bin ich auch froh drüber, zumal es Umstände gab, die mich ein halbes Jahr lang daran gehindert haben, in die Schule zu kommen. Nicht Umstände von meiner Seite, sondern von der Seite der Eltern. Durch die vielen Umzüge musste ich auch oft die Klassen wechseln und dann stellt man fest: Oh, jetzt haben mich meine Eltern aus der Schule geholt – für einen sehr langen Zeitraum. Und dann muss man irgendwie wieder alles aufholen. Aber das habe ich zum Glück gut hingekriegt. Und ich hatte auch das Bestreben, alles gut hinzubekommen, denn ansonsten wäre ich verloren gewesen.

Was hat dir dabei geholfen, es zu schaffen? Gab es eine wichtige Stütze, die dir geholfen hat, den Stoff aufzuholen?

Ich war auf mich allein gestellt. Was mich unterstützt hat, war, dass ich bis jetzt nicht zusammengefallen bin durch die Erlebnisse. Außerdem hatte ich sehr gute Betreuer in der Wohngruppe. Die haben sich auch gekümmert um mich. Ohne die hätte es nicht geklappt. Und dann habe ich auch noch Pateneltern, das ist auch nicht selbstverständlich, die mich aufgenommen haben in ihren Kreis und mir wirklich so 'n Gefühl von Zugehörigkeit geben. Ohne solche Leute wüsste ich nicht, ob es so gut geklappt hätte. Denn ich hatte ja niemand.

Hast du noch Geschwisterkontakte?

Nein. Zu meiner Schwester habe ich keinen Kontakt, denn meine Schwester ist wesentlich jünger als ich. Ich denke, zwölf oder so müsste sie jetzt sein. Aber ich habe sie wirklich verdrängt, weil es eben wirklich schlimme Erfahrungen waren. Sie wurde auch aus der Familie rausgeholt und ist wie ich in eine Pflegefamilie gekommen, aber dadurch, dass sie jünger war, hat sie es nicht so ganz verstanden, was passiert. Sie durfte dann wieder zurück zu den Eltern. Und das ist dementsprechend schwierig, weil sie permanent mit der Gefahr leben muss, dass was passiert. Aber gut, da kann ich wirklich nichts machen.

Ich habe im Gespräch gemerkt, dass es dir schwerfällt, „Mutter" oder „Vater" zu sagen.

Mit dem Mutter- oder Vaterbegriff verknüpft man ja im Allgemeinen eine besondere Bindung oder jemanden, der einen beschützt, der sich um einen kümmert. Und das war bei mir nie der Fall. Sie haben sich nie um mich gekümmert. Deshalb haben sie meiner Ansicht auch nicht den Begriff verdient.

Was heißt nicht gekümmert? Kannst du mir ein Beispiel nennen, weshalb du heute noch immer diese Angstzustände hast?

Da kam es eben häufig zu Fällen häuslicher Gewalt. Ich erkläre mir das auch dadurch, dass meine „Mutter" meine physische Ähnlichkeit mit meinem Vater zum Anlass genommen hat, ihren neuen Ehemann auf mich zu hetzen. Deshalb kam es immer wieder zu Formen der Misshandlung. Das heißt willkürlich zu Ohrfeigen, zu einem Eingreifen in sensible Körperbereiche ... Also das war sehr entwürdigend. Und es kam auch zu Streitereien zwischen den beiden, die mit allen Mitteln ausgetragen wurden. Ich hatte ja damals noch eine kleine Schwester, deshalb hatte ich dafür zu sorgen, dass ich mit ihr flüchten konnte, also einen geeigneten Schutzbereich aufsuchen konnte. Das war sehr wichtig, auch weil es eine sehr, sehr kleine Wohnung war, in der wir lebten. Und die Gewalt war unberechenbar. Es konnte jederzeit dazu kommen, dass man mich heranzitiert und dann den Hass auf den Exmann an mir ausgelassen hat. Oder dazu, dass es eben zu diesen Streitereien zwischen den beiden kam, die mit allen möglichen Gegenständen ausgetragen wurden, die dann durch die Luft geflogen sind. Das war sehr gefährlich. Einmal haben wir Kinder uns vor Verzweiflung in der Küche eingeschlossen, und dann wollte der Stiefvater eindringen, weil er wieder einfach seinen Hass abtragen wollte. Also das war total nicht vorhersehbar, wann es zu 'nem Angriff kommen würde. Das ist das, was mich bis heute noch verfolgt, diese Ungewissheit: Jederzeit kann, auch in einem abgetrennten Raum, jemand Bedrohliches reinkommen. Man hat keine Schutzmöglichkeit, man kann nicht flüchten. Ich denke, dass das auch der Auslöser für meine jetzigen Angstzustände ist. Auf jeden Fall wollte er dann in die Küche eindringen und hat dies auch geschafft, mithilfe eines Bajonett-Messers. Das ist ein ziemlich großes und scharfes Messer. Damit hat er durch die Tür – das war so eine Holztür – mehrere Male durchgestochen, sodass die Tür am Ende total demoliert war, und dann konnte er eindringen. Er hat das Messer Gott sei Dank nicht gegen uns eingesetzt, das war das große Glück. Ich hätte es mir aber auch vorstellen können. Stattdessen haben wir dann „nur" „einfache" Schlagverletzungen davongetragen, aber das war auch schon schmerzhaft genug!

Da ist es verständlich, dass dich diese Erlebnisse noch bis heute verfolgen. Wer gibt dir heute Halt? Denn jeder braucht ja was in der Art, um weitermachen zu können, oder?

Der Halt im Leben ist bei mir eher was Ideelles. Ich muss auch sagen: Den Halt muss ich öfter suchen. Es ist nicht so, dass das immer konstant bleibt. Ich bin ein sehr selbstkritischer Mensch, der oft Sachen hinterfragt. Das hängt auch mit dem Lebenssinn zusammen. Also den Sinn des Lebens zu ergründen – das ist natürlich eine hochgradig philosophische Frage, die man nicht ergründen kann. Aber man entwickelt ja schon 'ne Ansicht und fragt sich, warum ist man denn auf der Welt und was hat man eigentlich zu tun. Und bei mir ist es eben so, dass ich was erreichen will. Und <u>dieses Ziel, was ich mir setze, ist eben auch, Erfahrungen, die ich machen musste, anderen zu ersparen</u>. Das ist auch kein unwesentlicher Grund dafür, warum ich Jura studiere. Da habe ich die Möglichkeit, Mandanten später zu beschützen oder zu verteidigen. Und vielleicht, wenn mir das Rechtsgebiet gefällt, könnte ich dann zum Beispiel Anwalt des Kindes werden. Ich hatte auch einen Anwalt des Kindes und bin damit so ein kleines bisschen vertraut. Das ist eine gute Institution: eine der wehrlosesten Gruppen in unserer Gesellschaft schützen, die quasi unter der Willkür der Eltern stehen und nicht beschützt werden von unserem Staat. Obwohl er eigentlich den Auftrag hätte, wobei man da rechtlich bestimmt viel machen könnte, dass das Kind noch mehr geschützt wird.

Du hast solchen Schutz vermisst?

Ja. Es gab sehr viele Indizien dafür, dass etwas in unserer Familie schiefläuft – und das gewaltig. Das Jugendamt hat nie eingegriffen. Man kann es zum einen Teil dem Jugendamt verübeln, aber zum anderen nicht, weil natürlich, wenn das Jugendamt kommt, ist alles pikobello aufgeräumt. Es wird eine andere Tatsache vorgespiegelt, wie es eigentlich ist. Und das Jugendamt ist nicht von selbst gekommen, sondern wurde praktisch aktiviert von den Eltern selber, die sich gestritten haben.

Okay, und wenn das Jugendamt da war, war alles pikobello aufgeräumt ...

Ja, alles schien in Ordnung zu sein, wenn's Jugendamt da war. Als Kind kann man auch nichts sagen. Man hat auch nicht den Mut. Es ist halt schwierig. Und selbst vor Gericht. Ich war oft vor Gericht! Oft musste ich aussagen. Da wurde ich auch mal direkt in einen Raum genommen mit 'nem Richter, der mich ausgefragt hat. Aber im Vorhinein haben das natürlich beide Elternteile gewusst und stark auf mich eingewirkt. Sehr stark. Und haben mir gedroht: „Wenn du jetzt was sagst, dann gibt's ganz viel Ärger; du musst für mich sein", so was in der Art. Und dann habe ich dem Richter natürlich nicht die Wahrheit erzählen können. Ich habe ja nicht gewusst, dass es noch andere Institutionen gibt, wo man Schutz findet, wo man unterkommen kann. Wenn man so jung ist, weiß man halt vieles einfach nicht und es ist einem vieles gar nicht bewusst.

Hattest du innerhalb der Wohngruppe auch Freunde oder hast du die eher in der Schule gefunden?

Ich hab sie eher in der Schule gefunden, weil in der Wohngruppe gab's auch wirklich sehr problematische Fälle. Da kam es auch zu Vorkommnissen – da hat man sich manchmal schon gefühlt wie im Irrenhaus. Aber ich hatte immer einen guten Kontakt zu den Betreuern – das waren eigentlich meine Freunde dort. Und das war auch gar nicht so ungeschickt, wenn man mit den Betreuern gut auskam. Es waren auch wirklich sehr nette. Aber unter den anderen gab es schon sehr zweifelhafte Fälle, also Kriminelle: Inobhutnahmen, die zu uns gekommen sind und dann Straftaten begangen haben und in Stammheim sitzen und so weiter und so fort. Das war natürlich nicht schön, mit denen zusammenzuwohnen, aber man musste ja. Es ist eine Schicksalsgemeinschaft gewesen.

Hattest du dort ein Einzelzimmer?

Ja. Das war toll, weil da kann man auch mal zumachen, wenn draußen wieder irgendwas ist. Und auch seine Ruhe haben, also Ruhe ist vielleicht übertrieben, aber man ist zumindest mal abgeschottet und für sich.

Du wohnst jetzt auch in einer WG. Wie ist das Leben dort? Würdest du die WG nun auch als Halt im Leben bezeichnen?

Halt im Leben ist ein Begriff, der sehr viel beinhaltet. Ich würde die WG nicht als Halt in meinem Leben bezeichnen, es sind halt Mitbewohner. Mit dem einen komm ich besser aus, mit dem anderen ist es nicht immer leicht. Jeder hat seine Ecken und Kanten. Aber das ist normal. Ich hab gelernt, damit umzugehen, auch in meiner Wohngruppe. Da gab's ja auch Fälle, wo es besser war, manchmal zu schweigen und sich abzufinden. Aber ich habe jetzt einen Mitbewohner gefunden, der ist super nett, und mit dem war ich schon öfter mal schwimmen oder so.

Fühlst du dich denn jetzt sicherer in der neuen Stadt?

Ja. Aber es ist auch nicht so, dass ich mich total sicher fühle. Aber vielleicht ist es jetzt unbegründeter als damals, auch dadurch, dass ich inzwischen älter bin.

Was machst du denn, wenn dich plötzlich Angst überkommt? Hast du da irgendwelche Methoden oder Strategien, die dich wieder beruhigen?

Eigentlich gibt es nicht wirklich was. Ich versuche es halt zu verdrängen. <u>Ich habe öfter mal Träume, dass mich jemand umbringt</u> oder so was. Das ist dann schon hart und dann kann ich die nächsten Nächte nicht so gut schlafen, aber ja … die Zeit richtet's. Die Zeit heilt die Wunden. Man sollte schon irgendwie gelassener werden. Man sollte die Zeit so gut wie möglich nutzen. Wobei man mir gesagt hat, dass im Alter die Erinnerungen wieder hochkommen und dass es im Alter schlimmer werden könnte. Wollen wir mal nicht hoffen, ne?

Ich habe jetzt einiges von dir und deinem ziemlich schwierigen Leben erfahren. Was würdest du anderen Jugendlichen für ihren Lebensweg raten?

Ich denk: Klar muss jeder selber seinen eigenen Weg finden. Aber <u>für mich liegt der Fokus in meinem Leben darin, gesetzte Ziele zu erreichen und was an der Welt zu verändern, zum Guten hin</u>. Und diese eigenen miesen Erfahrungen irgendwie auszugleichen. Vielleicht steckt auch ein Gefühl des Ungeschehenmachens dahinter. Ich weiß nicht.

> „Sinn ins Leben bringt der Lebenswille, der einen antreibt."

ANNA (21)
*YouTube*rin, hat von Geburt an ein gesundheitliches Handicap

Anna, du bist *YouTube*rin mit mittlerweile 700 Abonnent_innen, was ziemlich beeindruckend ist.

Ohh, Danke! Ja. [beide lachen] Wow, ich werde mal gelobt! [lacht]

Wie ist es denn dazu gekommen, dass du *YouTube*rin geworden bist?

Es hat damit angefangen, dass ich nicht mehr arbeiten konnte. Hab mir demzufolge 'ne andere Beschäftigung suchen müssen. Das war zu der Zeit, als das mit den *Let's-Play*-Dingern richtig geboomt hat. Die Leute sind voll drauf abgegangen und dann hab ich mir gedacht: Das will ich auch machen! Angefangen habe ich das Ganze am 25. Mai 2014 – nach viel Rumprobieren mit PCs und so.

Der Grund dafür, dass du Videospiele gemacht hast, war einfach der, weil das zu der Zeit beliebt war, oder gab es auch andere Gründe?

Hauptsächlich, weil ich sehr Spielebegeistert bin, und da hab ich mir gedacht: Okay, das mit dem Kommentieren kann ja nicht so schwer sein, ich will das probieren. Mit meinem Ehrgeiz hab ich mich da reingekniet und jetzt läuft es eigentlich auch! Es bringt für mich Regelmäßigkeit ins Leben, fixe Termine, denn nur vom Rumsitzen würde ich durchdrehen.

Wann hat das angefangen mit dem Spielen, und wie bist du auf Computerspiele gekommen?

Draufgekommen bin ich schon sehr früh, mit sechs oder sieben Jahren. Damals hatten wir so 'ne Art Lernspiel für Kinder. Das hat mir sehr gut gefallen, und seitdem hat sich das weiter festgesetzt. Später hab ich von meinem Cousin eine eigene Konsole geschenkt bekommen, die *Playstation 1*. Dann sind diverse Spiele dazugekommen. Es kommt auch immer wieder was Neues dazu. Das macht immer noch Spaß nach den ganzen Jahren.

Was spielst du so für Spiele auf deinem *YouTube*-Kanal?

Hauptsächlich Pferdespiele. Ich versuch aber aktuell, in 'ne andere Richtung zu schwingen, von *Indiegames* bis hin zu Action-Adventure, RPGs und so weiter. Aktuell zum Beispiel läuft das Projekt *Red Dead Redemption*. Vor 'ner Weile hab ich auch das Point-n-Click-Adventure *Memoria* angefangen.

Deine *YouTube*-Aktivität: Ist sie nur eine beliebige Beschäftigung für dich oder vielleicht auch was anderes?

Es ist schwer einzuschätzen. Ich versuch jedenfalls immer daran festzuhalten, dass das wirkliche Leben viel wichtiger ist! Trotzdem: Es macht Spaß, es ist 'ne schöne Beschäftigung über längere Zeit, man hat 'ne Aufgabe, der man sich stellen kann. Und dass es bei den Leuten gut ankommt, motiviert ganz schön. Es ist ein schönes Gefühl, wenn man sieht, dass man es nicht nur für sich macht, sondern auch für andere.

Was denkt denn deine Familie darüber, dass du das mit *YouTube* und *Let's Play* machst?

[lacht] Meine Mutter hält nicht viel davon. Sie sagt, ich häng die ganze Zeit vorm PC und ich soll doch mal was anderes machen. Aber letztendlich lässt sie's mich machen und mischt sich nicht ein – Gott sei Dank. Meinen Vater hebt es jetzt auch nicht so wirklich an. Und meine beiden Schwestern: Von der einen – sie studiert Grafik-Design – hab ich die ganzen Lizenzen für die Programme bekommen, die nicht grad billig sind. Und die jüngere Schwester – sie ist neun –, die fragt mich immer: „Wann kommt das nächste Video? Wann kommt *Star Stable* [Das Pferdespiel] wieder?" Die ist der Mega-Fan. Find ich total lieb. Ich hab letztens auch ein Video mit ihr gemeinsam gemacht. Da hat sie sich richtig gefreut, da war sie total aufgeregt. War total lustig.

Was hast du so für Freundeskreise? Die Internet-Community, in der du gerade bist, würdest du die als deinen Freundeskreis bezeichnen?

Es sind eher Bekannte, die alle gleiche Interessen haben und sich darüber unterhalten können. Es ist ganz cool und chillig mit den Leuten.

Und andere Freunde, die du hast, wissen die davon, dass du *Let's Play* machst?

So wirklich Freunde, naja – hauptsächlich Kontakte im Internet. Wirklich Kumpel hab ich nur einen, mit dem wir uns hin und wieder mal treffen. Der schaut meine Videos auch manchmal an. Ansonsten: Freunde eher weniger.

Du hast gerade „wir" gesagt. Wer ist „wir"?

Meine Partnerin und ich.

Und was sagt die dazu?

„Ja, mach halt!" [lacht] Computer sind überhaupt nicht ihr Ding.

Nehmen wir mal an, dass du aus irgendeinem Grund keine Computerspiele mehr spielen und keine *YouTube*-Videos mehr machen könntest. Was würdest du dann tun?

Ich würde versuchen, mich anderen Sachen zu widmen. Weil bei mir ist noch das wirkliche Leben im Vordergrund. <u>Computer und *YouTube* sind nicht das richtige Leben, es gibt noch ein Leben da draußen</u>. Da würde ich versuchen, mich in meinen Zeichen- und Schreibsachen wiederzufinden. Ich hab vor 'ner Zeit noch viel geschrieben. Es gäbe genug andere Beschäftigungen für mich.

Was hast du denn geschrieben?

Weil ich großer Anime- und Manga-Fan bin, geht es da in diverseste Richtungen. Da gibt es Portale, zum Beispiel *fanfiction.de*, wo man zu den Charakteren seine eigene Geschichte schreiben kann. Das ist teilweise sehr speziell, nicht jedermanns Sache.

Du hast öfter gesagt: „Das echte Leben gibt es ja auch noch". Wie sieht denn das echte Leben bei dir aus? Was gibt es da noch außer *You Tube*?

An erster Stelle kommt natürlich meine Verlobte. Denn man sollte auch zwischenmenschlich was machen, man kann, darf, muss, will! [lacht] Ich muss nicht den ganzen Tag vor dem PC hängen. Und es gibt nebenbei auch andere Sachen, wenn man gesundheitliche Sachen machen muss, Auswärtstermine ... einkaufen, [lacht] vor allem weil ich jetzt nicht mehr bei meinen Eltern wohne, sondern mit meiner Verlobten in einer eigenen Wohnung.

Wie hast du denn deine Verlobte kennengelernt?

Über *fanfiction.de*. [lacht] Ich hab sie angeschrieben, weil ich ihre Story sehr spannend gefunden hab. So sind wir ins Gespräch gekommen und haben über *Skype* telefoniert. Und dann ist sie mal zu Besuch gekommen.

Die Spiele, die du spielst, sind hauptsächlich Reitspiele. Und ich weiß von Fotos, die du ins Internet gestellt hast, dass du selber reitest oder geritten bist. Wie ist es zurzeit?

Ich hab auch ein eigenes Reitpferd. Da kümmere ich mich hauptsächlich mit meiner Mutter drum. Aber reiten, das macht dann eher sie oder meine Schwester, wenn sie da ist.

Was gefällt dir am Reiten oder an Pferden?

Es ist einfach 'ne Ablenkung; man kommt an die frische Luft, auch wenn man nicht so viel machen kann. Es ist in jedem Fall schön, wenn man sich mit raussetzen und einfach mal die Stille genießen kann und Tiere um sich hat, die Ruhe ausstrahlen. Es ist einfach ein schönes Gefühl und ja ... aus meiner Sicht reicht es schon, wenn ich bissel mich auf die Bank setzten kann und die Pferde rumstehen und auf der Weide grasen.

Manchen Leuten ist auch die Beziehung zu ihrem Pferd besonders wichtig. Wie ist es bei dir?

Ja, ich versuch dafür zu sorgen, soweit ich es kann. Aber es beläuft sich halt meistens nur auf Streicheleinheiten oder an der Hand bissel spazieren gehen. Weil bei mir körperlich und energiemäßig nicht mehr geht. Weil's für mich einfach zu anstrengend ist, durch die Gegend zu reiten. Deswegen reicht mir das schöne Gefühl, wenn man die Stallgasse entlanggeht und derjenige guckt schon aus der Box raus oder kommt schon und bettelt. [lacht] Und freut sich einfach, dass man da ist.

Gibt es bestimmte Situationen mit deinem Pferd, die für dich besonders schön in Erinnerung geblieben sind?

Nach meinem schweren Unfall mit ihm, bei dem ich fast einen Monat im Krankenhaus gelegen bin, hatte ich Angst, mich wieder aufs Pferd zu setzen. Ich hab sogar ernsthaft überlegt, ob ich ihn verkaufe, weil ich's nicht mehr schaff, ihm gerecht zu werden. Und dann hab ich mir irgendwann einen Ruck gegeben, hab mich wieder raufgesetzt, obwohl ich noch an Krücken gegangen bin. Das werde ich nicht vergessen. Da hat man auch dem Tier selber angemerkt, dass es Angst gehabt hat. Weil er dann so vorsichtig gegangen ist, wie wenn er auf Eierschalen laufen würde. Er nimmt sehr viel Rücksicht, das hat mich in dem Moment sehr überrascht. Ja, das war ein Wow-Moment. Seitdem will ich ihn um nix in der Welt wieder hergeben. Wäre ich nicht mehr aufgestiegen, hätte ich mich vermutlich nie wieder einem Pferd nähern können, weil mich immer die Angst übermannt hätte.

Reiten tust du aber nicht mehr: Also geht es dir jetzt mehr um die Fürsorge für das Pferd?

Ja. Es geht einfach ums Sich-drum-Kümmern. Das ist ja auch ein Lebewesen, das gepflegt werden will. Ich bin nicht eine, die ein 20.000-Euro-Pferd haben muss, mit der und der Abstammung, dann reite ich einmal in der Woche fünf Minuten drauf rum, wenn meine zehn Freundinnen da sind. Und dann steht der sieben Tage in der Box. Solche Sachen machen mich aggressiv. Deswegen fahr ich zum Stall, wie's geht vom Gesundheitlichen her, und geh mit ihm an der Hand spazieren oder setz mich einfach nur auf 'ne Bank mit dazu und guck ihm beim Grasen zu oder quatsch mit ihm. Schaut für manche Leut' vielleicht bescheuert aus, aber ja ...

Du hast also im echten Leben mit Pferden zu tun und du spielst sehr viel Pferdespiele. Hängt das zusammen oder sind das zwei Paar Schuhe?

Klar, man kann ein Spiel nicht mit 'nem lebendigen Wesen vergleichen. <u>Ich versuch, mit den Spielen ein bissel das auszugleichen, was ich körperlich im echten Leben nicht machen kann</u>. Denn ich kann nicht auf ihn aufsitzen und sagen: „Ich will jetzt über Wald und Wiesen galoppieren." Weil's einfach nicht geht!

Du hast schon öfter erwähnt, dass für dich bestimmte Dinge gesundheitlich nicht möglich sind. Kannst du mir darüber etwas mehr erzählen?

Ich hab ein Handicap, mit dem ich auf die Welt gekommen bin. Das ist 'ne Herzkrankheit, verbunden mit 'ner starken Einschränkung der Lunge. Dadurch sind körperliche Gegebenheiten sehr eingeschränkt, also zum Beispiel Sport in der Schule war nie möglich, irgendwo hinrennen war nicht möglich, massive Anstrengungen gehen generell nicht, und negative psychische Belastungen muss ich komplett fernhalten, weil sich das sehr schnell bei mir körperlich niederschlägt. Um es grob runterzubrechen: Es ist 'ne angeborene Krankheit. Ich kenn's nicht anders, ich arrangier mich damit. Deswegen fahr ich den Leuten auch immer, wenn sie zu mir sagen: „Bist ja voll arm! Kann man dir irgendwie helfen?" übern Mund, weil <u>das Letzte, was 'ne gehandicapte Person haben will, ist Mitleid</u>. Mitleid ausdrücken – das ist das Schlimmste, was man machen kann.

Dadurch, dass es 'ne angeborene Krankheit ist, bist du damit aufgewachsen. Hast du sie immer als selbstverständlich angesehen für dich oder war das 'ne Belastung?

Ich sag's mal so: Es kommt drauf an, was man im Alltag daraus macht. Es ist alles um einiges schwerer, grad in der Jugendzeit. Man wird natürlich von vielem ausgeschlossen, so: „Ah, um Gottes Willen, die ist krank." Kinder sind grausam: „Die kann nicht mitturnen, die ist anders, und deswegen schließen wir sie aus." Da gab es in der Schulzeit Momente, wo man wirklich niemanden hatte, wo man sich ziemlich allein damit vorgekommen ist. Wobei: Krankheit ist eigentlich das falsche Wort dafür. Es ist ein körperliches Handicap, ein angeborenes. Das ist ja nicht Krebs oder was anderes auf Krankheitsbasis. Ja, um noch mal auf die Frage zu kommen: Bis zu 'nem gewissen Punkt war's Hinterfragung, und dann war's einfach ein Hinnehmen. Man kann nur das Beste draus machen.

Gab es Momente, in denen dich das Handicap besonders belastet hat?

Oh, ja, genug! [lacht] Aber mittlerweile kann ich auch normal drüber reden, ich kann auch Witze drüber machen. Aber es gibt Momente, grad wenn man in 'ner Beziehung ist, wo man sagt: Man kann halt nicht alles gemeinsam machen. Wandern gehen zum Beispiel geht nicht. Es würde schon gehen, aber halt nur eingeschränkt. Ich sag mal so: Es gibt immer einen Weg! Das ist eigentlich so mein Motto. Denn: <u>Wo ein Wille ist, ist auch ein Weg</u>. In der Schulzeit hab ich's einige Male verflucht. Aber mittlerweile zuck ich mit den Schultern drüber, weil ich mir denk: Es gibt genug andere Dinge, die man machen kann, die in meinem Maße möglich sind.

Und wie sieht deine Freundin das? Wie geht sie mit deinem Handicap um?

Das ist eine schwierige Frage, muss ich sagen. Ich denke, dass sie es genauso belastet wie mich, dass sie Rücksicht auf mich nehmen muss. Aber wir sprechen auch darüber, wenn es jemanden belastet, und versuchen, eine Lösung zu finden. Wenn wir das so beibehalten, dass wir uns aussprechen, wird das noch lange halten. Durch eine sehr gute Freundin von ihr, die selbst im Rollstuhl sitzt und Glasknochen hat, kennt sie dieses Handicap-Phänomen schon. Sie ist jetzt nicht so: „Oh, mein Gott! Soll ich dir was bringen?" Dieses Übermuttern haben wir von Anfang an relativ schnell eingestampft. Das wollte ich nicht, das war mir unangenehm. Das war ihr auch unangenehm.

Wenn du dir mal vorstellen würdest: Du wachst auf und die Krankheit wäre weg, was würdest du dann tun?

Ich hab schon öfter über solche Momente nachgedacht. Aber ich kann dir die Frage nicht beantworten. Weil ich es eben nicht kenn, wie es ist, wenn man einen Organismus hat, der komplett normal funktioniert. Das kenn ich nicht! <u>So 'ne Überlegung ist, wie wenn ich dir ein Essen hinstellen würde, was du noch nie gegessen hast, lass es dich anschauen und nehm's dir wieder weg. Und dann frag ich dich, wie's dir schmeckt</u>.

   Wir könnten jetzt sagen: Wenn ich nicht mehr krank wäre, kein Problem mit der Lunge hätte, dann würde ich Sport machen oder sonst irgendwas. Total an den Haaren herbeigezogen! Weil ich nach wie vor das gerne mach, was ich aktuell mache! Weil ich bin ja nicht auf den Kopf gefallen! Wenn mein Körper gesund wäre, würde sich am Geistigen nichts ändern, zum Beispiel an meiner Willensstärke. Wenn ich nicht die Willensstärke hätte, die ich jetzt habe, dann wäre ich nicht hier, wo ich jetzt bin, wäre nicht verlobt, würde nicht in einer eigenen Wohnung wohnen, hätte ich kein Reitpferd, hätte ich den Führerschein nie gemacht, wäre ich irgendwo, würde vermutlich an einem Strick baumeln oder in der Wanne liegen.

Denkst du, dass dein Handicap auch ein Grund dafür sein könnte, dass du so eine große Willensstärke hast?

Ich denke mitunter, ja. <u>Wenn man ein Handicap hat oder nicht – das Leben ist immer das, was man daraus macht</u>! Es ist immer eine Sache der Grundeinstellung, wie man an manche Sachen rangeht. Es kann sein, dass der gesündeste Mensch der Welt an den schlimmsten Depressionen leidet. Man kann entweder lernen, mit seinen Problemen und Einschränkungen umzugehen, oder man kann daran zugrunde gehen. Das ist immer mein Motto, wenn ich vor schwierigen Wahlen steh: Jetzt grundlegend leben und die Umstände beeinflussen, soweit es geht. Entweder man kämpft oder man geht daran zugrunde.

Und wenn du dir vorstellst, wo du in fünf Jahren sein könntest oder wo du in fünf Jahren gerne wärst.

Wo siehst du dich da?

So viel würde ich am Jetzigen gar nicht ändern wollen. Ich bin froh, wenn alles körperlich weiterhin so stabil bleibt, wie's jetzt ist, sodass ich einfach ein normales Leben führen kann, mit den Leuten, die ich gerne hab, mit meiner Verlobten, mit meinen Schwestern, wenn ich mich mit meiner Familie wieder soweit zusammenraufe, dass man wieder normal miteinander reden kann.

Eigentlich bin ich jetzt am Ende meiner Fragen. Oder fällt dir noch irgendwas ein, was noch gesagt werden sollte, was dir wichtig ist?

Wichtig ist mir vieles, aber an andere Leute da draußen, die unser Gespräch dann lesen werden, hab ich die Botschaft: Wenn man an 'nem Tiefpunkt nicht mehr weiterweiß, kann man sich immer wieder aufraffen! Es gibt immer jemanden, den man um Rat fragen kann. Es braucht einfach die Stärke, sich hinzustellen und vielleicht auch für sich selber „Stopp!" zu sagen. Man sollte sich selbst nicht aus den Augen verlieren und sich nicht von Situationen kontrollieren lassen. Sinn ins Leben bringt der Lebenswille, der einen antreibt: <u>Ich bin zu stur zu sterben; es kommt immer drauf an, wer oder was ein Leben lebenswert macht</u>.

FLORIAN (28)
Maschinenbautechniker, Motorradfahrer und erkrankt an Morbus Crohn

„Ich möchte noch ein paar Sachen mit dem Motorrad erfahren ... vielleicht nach Kuba, nach Amerika ..."

Florian, erzähl doch bitte kurz etwas über dich, was machst du so?

Ich hab vor ein, zwei Jahren meine Techniker-Abendschule beendet und bin während der Abschlussprüfung stark krank geworden. Ich hatte dadurch einen relativ starken Einschnitt in meinem Leben. Ich musste mich bei vielem in meinem Leben umstellen und hab auch viele Freunde verloren. Meine Hobbys konnte ich dadurch auch nicht mehr machen. Das ist so viel, dass ich gar nicht weiß, was ich erzählen soll.

Erzähl mir doch von der Diagnose. Wie hast du die bekommen?

Das fing alles im April 2015 an: Nach dem Essen hab ich immer relativ starke Bauchschmerzen bekommen und musste ständig auf die Toilette gehen. Das ging über zwei Wochen hinweg, nach jedem Essen auf Toilette. Und zwar nicht: Ich kann in fünf Minuten gehen. Nein, sondern jetzt, sofort. So richtig in dem Augenblick muss es sein. Dann bin ich zu verschiedenen Ärzten gegangen, und da wurde ein erhöhter Entzündungswert festgestellt. Ich dachte nur: Das kann ja irgendwie nicht sein, weil krank war ich nicht, also kein Schnupfen oder Magen-Darm-Grippe, aber es war halt immer auffällig, dass es sofort nach dem Essen war. Bei 'ner Magenspiegelung kam dann raus, dass mein ganzer Magen entzündet war und auch schon fast 'ne offene Stelle da war. Man hat dann zunächst auf ein Bakterium getippt, was mit Kortison, Antibiotika und so was bekämpft werden muss. Dann hat sich das erst mal drei Wochen hingezogen, bis rauskam, dass es das nicht ist.

Krass.

Das Schlimme war, dass ich zu dieser Zeit gerade meinen Technikerabschluss ganz frisch gehabt und meine neue Stelle als Konstrukteur angefangen habe, 'ne relativ gute Stelle bei einem großen Stahlbauer bei uns in der Gegend. Und ich konnte auf einmal nicht mehr, ich bin andauernd ausgefallen, und das schon während der Probezeit, und jeder weiß ja, wie das ist. Aber damals hieß es noch: „Hey, komm, wir glauben an dich! Wir wissen, was du kannst! Wir haben's an deiner Abschlussarbeit gesehen. Du schaffst das!" Hab dadurch immer Rückenstärkung bekommen und so im Kopf gewusst: Hey, Arbeit, da kannste dich drauf verlassen, dies ist nicht so das Problem. Ich hab mich immer weiter auf Arbeit gequält, bis die Ärztin mir gesagt hat: „Jetzt ist Schluss, du kannst nicht mehr auf Arbeit gehen, du musst jetzt zu Hause bleiben, du musst jetzt erst mal Kortison und Schmerzmittel nehmen." Das waren relativ starke Schmerzmittel. Es hat erst mal sehr gut angeschlagen im Körper. Nach drei Wochen haben wir gesagt, wir schleichen die Medikamente langsam aus. Aber unter 'ner bestimmten Grenze von dem Kortison hat alles wieder angefangen. Fast den ganzen Sommer lang konnte ich nichts machen, ich lag nur im Bett oder war auf Toilette. Ich konnte nichts mehr essen, hab mich von Brei ernährt und nur noch Wasser getrunken. Vorher war ich wirklich ein ganz normaler, lebensfroher Mensch, ich bin weggegangen, bin feiern gegangen, hab alles Mögliche trinken können, Alkoholisches, Nichtalkoholisches, war nie ein Problem, alles war machbar. Und auf einmal konntest du nur noch Wasser trinken. Alles ohne Kohlensäure, kein Zucker, kein Nichts. Und dann zum Essen maximal irgendwelche Breie. **Wenn du mit 26 wieder anfängst, Babybrei zu essen, denkst du: Das kann es nicht sein, was ist da los**?

Das kann man sich fast nicht vorstellen ...

Auf jeden Fall musste ich dann wieder mehr Kortison nehmen und immer wieder Schmerzmittel und das immer mehr, damit mein Körper ruhig bleibt, denn es hatte sich 'ne Kortison- und Schmerzmittelabhängigkeit eingestellt: Mein Körper wollte das haben, und wenn er das nicht gekriegt hat, hat er auf los gestellt. Ich hab dann am Schreibtisch gesessen, gezittert, hab Schweißausbrüche gehabt, hab richtig starke Entzugserscheinungen gehabt, so, dass es jedem aufgefallen ist. Und dann kam mein Chef auf mich zu und hat gesagt: „Hey, wie ist es? Nimmst du irgendwelche Drogen oder so was? Du kommst hierher, als ob du gerad komplett ..." Ich muss dazu sagen, dass ich nie irgendwelche Drogen genommen habe, aber mein Chef wurde schon leicht stutzig: „Wie stellst du dir denn eigentlich deine Zukunft vor? Du brauchst für ein Projekt, das du vorher in einer Woche gemacht hast, momentan zwei Monate. Das ist für mich auch als Geschäftsmann nicht mehr tragbar." Anfang November hab ich dann gesagt: „Ich kann nicht mehr! Kündige mir!" Und mir hab ich gesagt: Hey, ich brauch jetzt wirklich Zeit, um rauszufinden, was ich hab.

Wie hast du dich dann gefühlt?

Dann biste erst mal geschockt! Na gut, du hast die Entscheidung getroffen, aber mit dem Gefühl, dass du deine Krankheit hast gewinnen lassen und aufgegeben hast. Dann ging das halt weiter mit dem Kortison. Bald haben die Ärzte aber gesagt, das ist keine Dauerlösung, wir müssen was anderes finden, du musst einen kalten Entzug machen. Ich hab ein Ersatzmedikament bekommen, das ich mir spritzen musste einmal die Woche und das Kortison über fast zwölf Wochen ausschleichen müssen, also immer ganz, ganz wenig runter. Zweieinhalb Milligramm pro Woche mussten ausgeschlichen werden. Das Ersatzmedikament hat funktioniert. Also die Krankheit ist eigentlich so, dass körpereigene Bakterien versuchen, den kompletten Darm und Magen total zu zerstören. Der Körper zerfrisst sich im Prinzip selber, zerstört sich immer weiter selber. Am Ende hatte ich eine Entzündung von der Speiseröhre bis zum Dickdarm. Und dieses Ersatzmedikament hat das Immunsystem zusammengehalten. Aber weil das so lange gedauert hat, haben sich Engstellen im Körper gebildet, das Gewebe im Darm ist schwach geworden, sodass, wenn du mal blöd fällst, es sein kann, dass deine Darmwand reißt.

Klingt nicht gut. Und wie kam es dann dazu, dass du mit dem Motorradfahren angefangen hast?

Früher war für mich Fahrradfahren, Mountainbiken, Downhill, Rennradfahren schon etwas, wo ich wirklich all meine Zeit und mein Geld reininvestiert habe. Das war für mich wirklich so 'n Lebensinhalt. Und wenn dir dann einer sagt: „Hey, du darfst das nicht mehr machen", dann ist das halt extrem hart. Und letztes Jahr im Januar fing das an, das ich mir überlegt habe: Wird das jetzt noch besser? Wie ist die Zukunft? Findest du überhaupt noch mal eine Arbeit? Es sieht halt blöd aus, wenn du frisch fertig von der Schule nach vier Monaten gekündigt hast. Mag dich dann überhaupt noch irgendjemand? Dann kommst du langsam so richtig in den Selbstzweifel. <u>Und du fragst dich: Warum passiert gerade dir so was</u>?

Ich kenne so viele Leute, die haben so viel Mist im Leben gebaut, denen geht's gut, die können alles machen, und du, der eigentlich immer anständig war und geschafft hat und gemacht hat, kriegst so einen Müll im Leben ab. Einen Müll, der dich wirklich einschneidet. Ich darf nicht rauchen, ich darf viele Lebensmittel nicht essen, ich darf keinen Alkohol trinken, nicht wirklich was mit Kohlensäure trinken, ich muss auf alles aufpassen. Da sag ich: Hey, was soll das? Warum passiert einem so was? Und dann hat mich meine Ärztin gefragt, wie ich mir so mein Leben weiter vorstelle. Naja, vielleicht sollte ich mich mal psychiatrisch umgucken, weil es fehlt mir gerade der Hang weiterzumachen. Und dann haben sie gesagt: „Na gut, dann geh doch mal auf Kur, auf Reha. Vielleicht bringt dir das was." Und so bin ich auf Reha gegangen. Sechs Wochen war ich auf Reha, und da hab ich mich mit anderen Leuten unterhalten können, denen es auch so ging wie mir oder noch dreckiger. Und dann hast du gemerkt: Hey, die schaffen das auch. Die leben ihr Leben auch, und denen geht's noch viel schlimmer als dir. Du hast dann dadurch deinen Lebensmut wiedergefunden. Man hat sich ausgetauscht, man hat gefühlt: Hey, die verstehen mich. Meine Eltern haben mich auch immer verstanden, aber meine damaligen Freunde haben das nie begriffen. Die haben so reagiert: „Das bildest du dir vielleicht nur ein, geh mal zum Psychiater!" Am Ende konntest du gar nichts machen, weil es ist denen im Prinzip scheißegal. Dann hast du aber diese Leute gefunden in der Reha. Mit denen konntest du dich unterhalten, die haben dich verstanden, denen konntest du zuhören, die haben dann gesagt: „Hey, so schlimm ist es gar nicht, guck mal: Ich kann dies machen, ich kann das machen, ich kann jenes machen."

Dann hab ich eine Person kennengelernt, ist jetzt ein guter Freund von mir, der gesagt hat: „Hey, ich fahr jetzt als neues Hobby Motorrad. Wie stehst du denn dazu?" Ich hatte meinen Motorradführerschein damals gemacht, aber durch das Fahrradfahren war das bei mir ins Hintertreffen geraten. Aber als wir aus der Reha wieder raus sind, hat er gesagt: „Hey, komm, lass uns mal zusammen fahren! Du kannst das Motorrad von meinem Vater haben." Dadurch habe ich zu ihm eine relativ starke Freundschaft aufgebaut. Durch ihn beziehungsweise durch seinen Vater hab ich dann auch meinen jetzigen Chef kennengelernt. Durch den bin ich plötzlich gefragt worden: „Wir suchen da 'nen Konstrukteur, hast du vielleicht Lust, dir das bei mir mal anzugucken? Ich könnte mir das mit dir vorstellen." Ja und dann hat das eine das andere so ergeben: Ich hatte auf einmal wieder Arbeit, ich hatte neue Freunde, hatte einen neuen Bekanntenkreis, alles trotz der Krankheit. <u>Und auf einmal hatte sich die Krankheit in Normalität verwandelt</u>.

Man hat sich damit abgefunden: Hey, ich kann das nicht und das nicht, aber wen interessiert's? Ich kann damit umgehen.

Beschreib doch mal, wie du dich fühlst, wenn du sagst, das Motorradfahren gibt dir ein gutes Gefühl und du hast damit ein neues Hobby gefunden.

Ich lauf zu meiner Garage, zu meinem Motorrad, zieh meine Kombi an und es fängt wirklich das Herzklopfen an. Dann machst du deine Ohrstöpsel rein, machst Musik an, ziehst den Helm auf und in dem Moment ist es wirklich wie ein … Du lässt allen Ballast fallen. Du hast keinen Kopf für deine Krankheit, du tust dich nicht auf deine Schmerzen konzentrieren, du hast den Stress von der Arbeit nicht, du hast den Stress von daheim nicht, du hast deine Sorgen nicht mehr. Du hast einfach deine zwei, drei Stunden nur für dich, wo du dich einfach mal nur auf eine Sache konzentrieren musst, wo du im Kopf richtig frei bist, wo kein blöder Gedanke durch die Gegend schwirrt. Wo du einfach sagst: Hey, das ist mein Moment, das ist wirklich mein Leben, du bist wieder im Leben angekommen. Es ist wirklich der Moment: <u>Du ziehst deinen Helm über, machst das Visier runter und dein Kopf ist frei</u>.

Wie haben dann deine Freundin und deine Familie darauf reagiert, als du gesagt hast, dass du jetzt Motorrad fährst? Das ist ja schon auch etwas, was ein gewisses Risiko mit sich bringt.

Meine jetzige Freundin hab ich erst nach der ganzen Motorradgeschichte kennengelernt. Meine Mutter war wie jede Mutter: „Nein, will ich nicht, machst du nicht!" Aber als ich gesagt hab: „Ich muss das machen, weil sonst hab ich das Gefühl, im Leben fehlt mir etwas", da hat sie zu mir gesagt: „Junge, mach es, bevor du es verpasst!" Ich muss sagen, meine Eltern haben beide Krebs, dadurch hat sich ihr Leben auch sehr drastisch geändert. Das ist auch so ein Moment, wo du denkst: Die haben beide Krebs, die sind beide krank, hey, du hast den Hauptgewinn gezogen!

Ja, das hört sich schwer an.

Meine Freundin hat mich kennengelernt, als ich mich in meinem ganzen Wesen durch die Krankheit geändert hab. Ich war früher immer sehr explosiv. Ich hab mich relativ schnell über irgendwas aufgeregt. Das alles, wirklich alles, hat sich dadurch geändert. Ich bin ruhiger und viel gelassener geworden. Da helfen einem auch so manche Bücher, die man sich dann anliest. Zum Beispiel: *Einen Scheiß muss ich*. Wenn man sich dieses Buch mal ansieht und darin liest, denkt man sich: Hey, der Kerl hat Recht! Du musst wirklich nichts machen, weil es andere Leute wollen. Meine Freundin hat gesagt: „Hey, solange du dich nicht kaputtfährst, ist das in Ordnung für mich. Hauptsache, du bist glücklich. Lieber lass ich dich zwei, drei Stunden am Wochenende fahren und hab dann jemand, der ruhig ist, der sich mit mir unterhält, als wenn ich einen hab, der andauernd griesgrämig ist und nur daheim hockt." Wahrscheinlich: Wenn ich kerngesund wär, wär ich auf den Motorradtrip gar nicht gekommen.

Was wäre denn, wenn du nicht mehr Motorradfahren könntest?

Dann würde für mich eine Welt zusammenbrechen. Dann wüsste ich nicht mehr, was ich machen sollte. Wenn das passieren würde, dann weiß ich auch, dass ich nicht mehr arbeiten könnte, dass es mir wirklich extrem dreckig geht. Dann weiß ich, dass ich mich ganz stark auf meine Familie zurückziehen würde, auf meine Freundin verlassen könnte und auf meine Freunde. Die arbeiten alle selber relativ viel, haben aber trotzdem noch die Zeit, mich im Krankenhaus zu besuchen. Dann weiß ich: Hey, auf die kann ich mich verlassen. Aber wenn das passieren würde, dann ... [seufzt] irgendwie will man das nicht wahrhaben.

Und wenn wir jetzt mal in die Zukunft blicken? Was wünschst du dir für deine Zukunft?

Ich hoffe, dass eigentlich alles so bleibt, wie es momentan ist. Da gibt es keine Pläne. Meine Erfahrung ist: Egal, was du dir vorstellst, es passiert immer anders, als man denkt. Vielleicht eine Familie gründen. Ein befreundetes Pärchen denkt jetzt auch über Familie nach, steht bei mir in den nächsten fünf Jahren nicht an, weil ich dafür noch nicht bereit bin, weil ich noch ein paar Sachen erleben möchte. Ich möchte noch ein paar Sachen mit dem Motorrad erfahren, ich möchte noch durch Europa fahren, ich möchte vielleicht noch nach Kuba, nach Amerika und da noch ein bisschen fahren und dann vielleicht etwas ruhiger treten. Vielleicht mit 33 Jahren. Und dann klar: Noch weiter Motorrad fahren, aber nicht mehr jede Woche.

MORBUS CROHN

Morbus Crohn ist eine chronische und schubweise verlaufende Entzündung des Magen-Darm-Traktes. Die Krankheit kann vom Mund bis hin zum After jeden Abschnitt des Verdauungstraktes betreffen. Am häufigsten sind jedoch Entzündungen im Darmbereich. Dabei sind alle Schichten der Darmwand entzündet, die sich im Verlauf der Erkrankung verdicken. Die Krankheit tritt meist bei jüngeren Menschen erstmals auf. Typisch ist hier ein Alter zwischen dem 15. und 35. Lebensjahr. Aktuell leiden in Deutschland rund 300.000 Menschen an Morbus Crohn und die Zahl der Neuerkrankungen steigt stetig.

6 schön & sportlich

> „'ne Frau, die Bodybuilding macht, ist einfach nicht die Regel."

JULIA (24)

studiert Fitnessökonomie, wurde letztes Jahr Deutsche Vize-Meisterin im Bodybuilding

Julia, du bist Süddeutsche und Baden-Württembergische Meisterin und Deutsche Vize-Meisterin im Bodybuilding. Wie bist du überhaupt dazu gekommen, Bodybuilding zu machen?

Das erste Mal ins Fitnessstudio gegangen bin ich kurz vor meinem Abi, so mit 17, 18. Eigentlich bin ich nur mit 'ner Freundin mitgegangen, eigentlich wollte ich gar nicht. Aber dann haben wir so 'n bisschen vor uns hin trainiert, ein- bis zweimal die Woche, nicht mal wirklich effektiv. Irgendwann ist sie dann nicht mehr mitgekommen und dann hab ich allein trainiert. Hab dann im Fitnessstudio einen Trainer kennengelernt und der hat gesagt: „Komm, jetzt machst du mal einen Trainingsplan." Der hat mir dann erst mal gezeigt, wie man überhaupt richtig trainiert, wie sich das anfühlen muss. Mit der Zeit hab ich dann immer mehr Leute kennengelernt im Studio. Erst mal war das nicht unbedingt mit dem Ziel, auf die Bühne zu gehen, aber schon viel Muskulatur aufzubauen und möglichst gut auszusehen. So bin ich mehr oder weniger reingerutscht. Ursprünglich war mein Ziel von der Optik her nicht so, wie ich jetzt aussehe. Ich wollte eigentlich eher dünn sein, so wie ein Model. Aber ich hab mit der Zeit gemerkt, dass ich das einfach nicht bin, dass ich da nicht hinkomme, ohne dass ich total hungern muss, und das wollte ich nicht. Mit der Zeit hab ich gemerkt, dass ich ziemlich gut Muskulatur aufbauen kann. Dann hab ich mir im Internet verschiedene Athleten angeschaut, bin auch zum ersten Mal vor zwei Jahren selber zu einem Wettkampf gefahren. Und ab dem Tag war es dann so: Boah! Das will ich auch machen! Ich hab dann auf meine Ernährung geachtet und wirklich hart trainiert. Hab innerhalb von einem halben Jahr so viele Fortschritte gemacht, dass die erste Saison für mich gleich mega gut war und ich den ersten Wettkampf gewonnen hab. Und dann hab ich mich hochgearbeitet bis zur Deutschen Meisterschaft.

Du hast ja dann sicher ziemlich viel trainiert. Inwiefern hat das deinen Tagesablauf mit beeinflusst?

Sehr. Ich hab am Anfang fünfmal die Woche trainiert, am Schluss täglich. Und je näher der Wettkampf kommt, desto länger trainierst du. Am Schluss hab ich bis zu vier Stunden am Tag trainiert. Es musste alles perfekt geplant sein. Ich hatte immer meinen Tagesablauf, der genau gestimmt hat. Ich bin morgens aufgestanden, wenn ich Spätschicht hatte direkt ins Training, gegessen, gearbeitet, dann abends gekocht und geschlafen. Also ich hatte eigentlich wenig Zeit für private Sachen.

Es gibt manche Leute, die Sport nebenher machen. Bei dir scheint das aber mehr zu sein als einfach nur Sport, oder?

<u>Für mich ist das nicht nur Sport. Ich kann nicht ohne</u>. Für mich ist es wirklich wie für andere, wenn die 'ne Zigarette rauchen. Wenn die es nicht machen, dann haben die Entzugserscheinungen. Und so ist es bei mir beim Sport auch. Für mich ist es so, wie für andere ins Kino zu gehen oder Fußball zu spielen. Es ist mit der wichtigste Bestandteil in meinem Leben.

Was gefällt dir so daran?

Mir gefällt, dass ich selber was für mich tue und auch bestimmen kann, was mit meinem Körper passiert. Dadurch, wie du dich ernährst und wie schwer du trainierst, kannst du bestimmen, in welche Richtung sich dein Körper entwickelt. Das mag ich einfach, wenn ich Veränderungen und Fortschritte seh. Das ist bei dem Sport halt mega: Du siehst fast jeden Tag eine Veränderung, wenn du dich an dein Training und an deine Ernährung hältst. Dann motiviert dich das auch weiterzumachen und du hast Spaß daran.

Was sagt denn dein Umfeld dazu, zum Beispiel deine Familie?

Meine Eltern waren nicht so begeistert, als ich gesagt hab, ich möcht jetzt mal 'nen Wettkampf machen. Die wussten schon, wie das abläuft, also Diät, und dass ich da 'n bisschen unausstehlich bin. Aber dann fanden die's eigentlich ganz cool. Mein Vater war bis zum Wettkampf immer kritisch, hat gesagt: „Warum tust du dir das an? Warum musst du dich so quälen?" Und auch die Psyche leidet drunter. Meine Mutter hat mich extrem unterstützt, am Schluss hat die sogar für mich mein Essen gekocht. Und am Schluss, als mein Papa dann bei meinem Wettkampf dabei war, war der so stolz und hat dann auch gesagt: „Du musst das weitermachen, du hast so viel Talent." Er ist jetzt voll der Fan. Das hat mich voll gewundert, weil ich denke, es ist schon schwer, den Sport zu verstehen. Ich hab da echt Glück mit Familie und Freunden.

Du hast vorhin gesagt, du bist gut drauf, wenn du deinen Body buildest. Heißt das, das gibt dir nicht nur körperlich Kraft, sondern auch mental?

Auf jeden Fall. Ich hab mich im letzten Jahr entwickelt, auch von der mentalen Stärke her. Ich war früher sehr empfindlich mit allem Möglichen, sei's jetzt, jemand sagt 'n blöden Spruch zu dir über deine Figur oder was auch immer. Und jetzt weiß ich: <u>Ich mach das alles für mich, und es hat mich einfach stark gemacht</u>.

Nun ist es ja 'ne Einzelsportart, die du betreibst. Hat man trotzdem auch so was wie 'ne Community dort, so dass man doch auch ein Team hat?

Teilweise hatte ich 'ne Trainingspartnerin, aber sonst hab ich schon viel allein trainiert. Aber grad an den Wettkämpfen, wenn dann alle Athleten zusammentreffen, oder jetzt steht gerade die *Fibo* vor der Tür, das ist 'ne große Fitnessmesse, da kennt sich irgendwie jeder. Oder man redet so, als kennt man sich ewig, weil jeder das gleiche Ziel verfolgt. Mein Trainer hat auch andere Athleten, die er betreut, und in der Vorbereitung hat man dann sehr engen Kontakt, weil anderen geht's genauso wie dir. Die leiden vielleicht genauso. Dann tut das gut, sich auszutauschen, und man hält da schon sehr zusammen.

So ein Wettkampf produziert ja schon sehr viel Adrenalin und Aufregung. Gibt dir der dann auch 'n Kick?

Bei mir geht das mit der Aufregung ziemlich. Warum auch immer. Das hat mich selber total gewundert. Als ich auf der Bühne stand, bei meinem ersten Wettkampf, war die Halle brechend voll. Und es waren auch ganz viele Freunde von mir da. Ich hab die aber alle, während ich auf der Bühne stand, nicht wahrgenommen. Ich hab mich konzentriert. Aber nachher, wo ich dann unten war und dann alle auf mich zugekommen sind und ge-

sagt haben: „Boah das war so cool", und: „Das war super", das war schon echt toll. Das gibt dann auch die Bestätigung, dass sich das gelohnt hat. Weil am Schluss nimmt man sich selber nicht mehr so wahr. Zum Beispiel zwei Tage vor dem Wettkampf war ich eigentlich richtig dünn, aber ich hab gedacht: Oh Gott, ich bin viel zu dick! Weil du einfach den Blick für dich komplett verlierst. Das ist schon echt cool, wenn du dann von anderen hörst, das sieht gut aus. Dieses Gefühl auf der Bühne ist unbeschreiblich, obwohl das eigentlich nur vielleicht fünf Minuten sind, die du da oben stehst. <u>Du trainierst ein Jahr lang für einen Augenblick, der fünf Minuten dauert</u>. Und du kriegst danach, wenn es gut läuft, ein bisschen Blech, nicht mal Preisgeld. Vielleicht verrückt, aber es macht einfach Spaß. [lacht]

Geht es dir jetzt, wo du gemerkt hast, wie erfolgreich du sein kannst, auch ums Gewinnen?

Am Anfang nicht. Klar hab ich gesagt: Ich möchte möglichst gut abschneiden, aber ich hab mir immer vorgenommen, ich geb mein Bestes, ich mach keinen Fehler, dann kann ich mir am Schluss nichts vorwerfen. <u>Dann hab ich für mich gewonnen, weil ich die Disziplin hatte, das durchzuziehen</u>. Jetzt, wo ich so viel erreicht hab im letzten Jahr, ist es natürlich schon so, dass du dir selber mehr Druck machst. Dieses Jahr werde ich andere Wettkämpfe machen, ich werde international starten, ich geh nach Barcelona, nach Prag, ich geh nach Italien, und da ist natürlich die Konkurrenz ganz anders. Ich würde gern gewinnen, aber ich wär nicht enttäuscht, wenn's nicht so ist. Ich geb wieder mein Bestes und mein Ziel ist, ins obere Drittel zu kommen, ins Finale zu kommen. Wenn die anderen besser sind, dann ist es so, und dann haben sie auch verdient zu gewinnen.

Ich stell mir vor, dass die Zeit, darauf zu trainieren, ziemlich hart ist. Gab's denn auch mal Zeiten, wo du überlegt hast: Macht das eigentlich alles überhaupt noch einen Sinn, was ich hier mache?

Die schlimmste Zeit war zwischen drei Wettkämpfen, speziell zwischen den letzten beiden waren vier Wochen, wo ich meine Form halten musste. Du hast dann einen ganz niedrigen Körperfettanteil und leidest total. In der Zeit ist auch viel schiefgelaufen, mein Körper hat komisch reagiert nach den Wettkämpfen. Ich hab Wassereinlagerungen bekommen und bin total aufgequollen. Das war zwar nur Wasser, aber

Photo by Oliver Rink

du siehst in dem Augenblick echt furchtbar aus. Da ging's mir extrem schlecht und ich wusste nicht, ob ich das schaff, und hab dann auch daran gedacht abzubrechen. Jeden Tag bin ich aufgestanden und hab gedacht: Ich möchte nicht mehr, ich hab keine Lust mehr. Aber auch meine Familie hat immer wieder gesagt: „Jetzt komm, mach weiter!" Aber hauptsächlich hab ich mir gesagt: Nee, so lange durchgezogen und jetzt wegen so einer kurzen Zeit das abbrechen, das wär blöd. Ich war ja relativ erfolgreich und mein Ziel war auch, nachdem ich die letzten zwei Wettkämpfe so gut gemacht hab, international dieses Jahr zu starten. Also meine Einstellung ist immer, mich selber zu verbessern, besser auszusehen, als ich davor aussah.

Also versteh ich dich richtig, dass du auch dich selber so ein bisschen kreierst? Holst du dir Impulse, die dir gefallen und setzt die bei dir quasi um, bringst dich in die Form, wie du dich haben möchtest?

Genau. Du kannst dir das vorstellen wie so 'ne Art Puzzle: Bei der einen gefallen dir zum Beispiel die Schultern, bei der anderen die Beine, und dann setzt du dir das einfach zusammen in deinem Kopf. Daran arbeitest du dann.

Ich dachte immer, die Leute, die Bodybuilding betreiben, möchten möglichst viele Muskelpakete überall haben und dauerhaft so aussehen, wie du jetzt vor deinem Wettkampf aussahst.

Nee, das ist nur die Wettkampfform. Das ist eine Tagesform. Die hast du vielleicht, wenn du Glück hast, zwei, drei Tage, und dann ist die weg. Denn wenn man entwässert wurde vor dem Wettkampf, hat man gar kein Wasser mehr im Körper. <u>Das ist natürlich auch total ungesund</u>, das muss man einfach auch mal sagen. Das wär für den Körper gar nicht gut, wenn man das halten würde. Am Wettkampftag trinkt man vielleicht drei Schluck Wasser den ganzen Tag, das war's. Sobald du dann wieder was Normales isst oder was trinkst, sieht es gleich ganz anders aus. Das ist 'ne Sache von ein, zwei Stunden, wo du komplett anders aussiehst. Innerhalb von zwei, drei Wochen nach dem Wettkampf hab ich gleich zehn Kilo mehr gehabt. Viele verstehen das auch nicht. Jetzt bei mir auf Arbeit haben mich viele kurz vorm Wettkampf gesehen und dann kommen sie drei oder vier Wochen später, gucken mich an und sagen: „Boah, du bist aber wieder auseinandergegangen! Wieso nimmst du denn jetzt wieder zu? Du hast doch so viel abgenommen."

Es gibt ja viele Leute, die sagen: „Sport ist Mord". Bei dir ist es natürlich anders: Du hast ja schon beschrieben, dass es für dich eher 'ne Art Leidenschaft darstellt. Würdest du so weit gehen, dass du sagen würdest, es ist für dich eine Art Lebenssinn?

Ja, inzwischen ja. Aber <u>es ist wirklich auch mit viel Verzicht verbunden</u>. Also man kann das von zwei Seiten betrachten Aber für mich ist auf jeden Fall schon der Sinn des Lebens mit dabei.

Wie wäre es für dich, wenn du dich verletzen würdest und das dauerhaft nicht mehr machen könntest?

Das will ich mir gar nicht vorstellen. Wenn das wegfallen würde, würde ich erst mal in ein Loch fallen. Ich vermute mal voll die Depression, weil es einfach Bestandteil von meinem Leben ist. Wenn du jeden Tag mehrere Stunden damit verbringst, und das nimmt dir jemand weg, das ist dann schon heftig. Das ist auch meine größte Angst, dass das mal passiert.

Könntest du dir vorstellen, dass es dann was anderes geben könnte, was dir vielleicht annähernd das Gleiche bringen könnte?

Schwierig. Ich kann's mir jetzt nicht vorstellen, was für mich genau den gleichen Sinn macht oder das Gleiche zurückgibt, was der Sport mir jetzt gibt. Andererseits: Ich kenn viele Sportler inzwischen, die irgendein Handicap haben. Ich kenn einen, der hat keine Beine mehr und der hat schon Meisterschaften gewonnen, das ist brutal. Und dann denk ich immer: Egal, was passiert, irgendwann geht's immer weiter.

Ich könnte mir vorstellen, dass es auch viele Leute gibt, von denen du Kritik hörst, von wegen Bodybuilding ist doch total unweiblich und du siehst jetzt gar nicht mehr feminin aus. Gibt's das?

Ja, sehr oft sogar. Sehr, sehr, sehr oft muss ich das hören. Am Anfang hab ich gedacht, okay, vielleicht hat der recht. Aber dann hab ich mir Gedanken drüber gemacht. Inzwischen gibt es mir eigentlich mehr die Bestätigung, dass das, was ich mach, richtig ist, weil 'ne Frau, die Bodybuilding macht, ist nicht die Regel. Die sehen einfach anders aus, und wenn das auffällt, dann weiß ich, okay, es geht in die richtige Richtung. Und ich sag immer: Solange ich mich wohlfühl, ist es mir eigentlich egal, was andere denken. „Du bist zu männlich, du hast zu viel Muskulatur", das muss ich wirklich ganz oft hören, aber das sind meistens Männer, die selber mega dünn sind und gar keinen Sport machen. Dann denk ich immer: Jeder Mensch fühlt sich anders wohl.

Du hast gerade auch selber gesagt, das ist nicht so ein Frauending. Sind es meistens Jungs, mit denen du trainierst?

Ja. Es gibt wenige Frauen, die mit dem Ziel Bodybuilding trainieren. Wenn, dann eher die Bikini-Klasse. Das ist die niedrigste Frauen-Klasse mit der wenigsten Muskulatur. Das sind dann eher so Fitnessmodels, sag ich mal, das, was man auch im *Otto*-Katalog sieht. Das, was ich mach, ist schon mehr; die Figuren-Klasse ist 'ne Klasse höher, und <u>das finden wenige ästhetisch. Die stellen sich so nicht 'ne Frau vor</u>.

Es sind dann schon noch mal zwei verschiedene Dinge: Das Bodybuilding und einfach nur ins Fitnessstudio gehen?

Auf jeden Fall. Die wenigsten im Fitnessstudio machen Bodybuilding. Die meisten sagen: Ich möchte abnehmen, die anderen machen was, weil sie Rückenschmerzen haben, aber die wenigsten sagen: Ich möchte irgendwann auf die Bühne. Die meisten wissen ja, mit was das

verbunden ist: Die ganze Zeit auf die Ernährung achten, viel Verzicht, zu viel Lebensqualität, die verloren geht.

Aber für dich als Frau stellt es kein Problem dar, dass viele denken, du bist vielleicht nicht weiblich?

Nee, das macht mir gar nichts. Wenn ich jetzt über die Straße lauf und ich seh da einen, der voll dünn ist und den ich wahrscheinlich wegpusten könnte, würde ich auch nicht hingehen und sagen: „Du bist mir ein zu großer Lappen." Oder wenn man jemanden zu dick findet, dann geht man ja auch nicht hin und sagt: „Du bist 'ne fette Sau."

Was mich jetzt am Schluss noch interessieren würde: Durch deine Erfolge und die *Facebook*-Seite hast du sicher auch viele Leute, die du gar nicht persönlich kennst, die aber vielleicht Fans von dir sind oder zumindest deinen Werdegang verfolgen und dir da Kommentare hinterlassen. Wie fühlt sich das für dich an?

Das ist auch was, was mir sehr gut tut. Nach den Wettkämpfen hab ich teilweise wirklich mega lange Nachrichten gekriegt mit Glückwünschen oder gesagt bekommen: „Mach weiter, ich find's toll, was du machst!"

Und das von Leuten, die ich noch nie in meinem Leben gesehen hab. Dann motiviert das einen schon total. Und für mich ist es auch der Hauptgrund, warum ich öffentlich viel preisgebe von mir, dass ich einfach andere motiviere. Das gibt mir auch was zurück, wenn andere sich dadurch motivieren lassen.

Also würde es dich schon freuen, wenn du ein Vorbild sein kannst für andere junge Frauen?

Ja, auf jeden Fall, das ist schon auch mit mein Ziel, warum ich viel online auf *Facebook* oder *Instagram* von mir preisgebe.

Also für die vielleicht dann auch irgendwann den Lebenssinn Bodybuilding ebnen? [lacht]

Ja, es muss nicht Bodybuilding sein, aber einfach für sich selber was zu tun, dass man sich wohlfühlt. **Bodybuilding bedeutet eigentlich nichts anderes, als den Körper verändern, am Körper zu arbeiten**. Bodybuilding ist halt bei den meisten gleich der muskulöse Mann oder die übertrieben brutale Frau. Das ist 'ne falsche Interpretation. Wir nennen uns auch selten Bodybuilder, wir nennen uns Athleten. Das ist wie einer, der Leichtathletik macht oder Reitsport oder was auch immer. Viele sagen: Bodybuilding, die nehmen alle irgendwelche Steroide oder so was. Das ist das, was ich als allererstes immer hör, wenn ich irgendwo hingeh. Dann denk ich immer: Okay, alles klar, wenn das dein erster Gedanke ist, wenn du mich siehst, dann guck dir mal mein Training an! Guck mal, wie ich esse! Versuch das mal und dann siehst du, wie schnell dein Körper sich verändert.

Wo du es jetzt gerade ansprichst: Wie stehst du zu so was?

Das muss jeder für sich entscheiden. Man sollte sich immer gut damit befassen, was man da seinem Körper antut. Doping ist in jedem Sport dabei, egal ob du beim Fußball guckst oder beim Radsport. Es gehört leider dazu. Solange jeder selber weiß, was er da tut und um die Konsequenzen weiß, muss das jeder für sich selbst entscheiden. Aber ich sehe das sehr kritisch.

> *"Die gleichen Chancen wie ein Mensch, der nichts hat, hat man eben nicht ..."*

PATRICK (18)
Ausbildung als Bürokaufmann, Rollstuhlbasketballer in der Bundesliga und in der Nationalmannschaft

Hallo Patrick, schön, dass du Zeit für mich gefunden hast, um mit mir über dich und deinen Sport zu sprechen. Du bist aktiv im Rollstuhlbasketball. Seit wann machst du das eigentlich?

Seit zehn Jahren. Davor war ich in so 'ner Rollstuhlsportgruppe, wo man die Basics gelernt hat: Also mit dem Rollstuhl umzugehen, auf den Bordstein hochzukippeln, rückwärtszufahren, solche Dinge. Da wurde ich dann mal gefragt, ob ich zum Rollstuhlbasketballtraining kommen will. Und so kam es dazu.

Was gefällt dir denn so am Rollstuhlbasketball?

Es ist ein Teamsport und es ist actionreich. Es gibt immer spannende Spiele. Und mich reizt auch der Erfolg, der dann – hoffentlich – am Ende dabei rauskommt.

Hast du auch Vorbilder in deinem Sport?

Ja, ich hab da zwei, die spielen in meiner Punkteklasse, Matt Scott und Phil Brad. Die spielen in der ersten Liga im Rollstuhlbasketball.

Punkteklasse? Kannst du kurz erklären, was es mit diesen Punkten auf sich hat?

Es dürfen maximal 14,5 Punkte auf dem Feld stehen. Dabei wird man nach seiner Behinderung eingestuft. Einer ohne Behinderung hat 4,5 Punkte und einer, der sehr hoch gelähmt ist, hat einen Punkt. Ich hab 3,5. So muss der Trainer eben immer schauen, dass er nicht über die Grenze von 14,5 herauskommt, weil es sonst ein technisches Foul wäre.

Wie viele Leute sind denn in einem Team?

Fünf Personen pro Mannschaft und zusätzlich drei bis vier Auswechselspieler.

Und wie teilt sich das bei euch auf – mit Behinderten und Nichtbehinderten?

Bei uns spielen zwei Nichtbehinderte. Sonst haben alle

ein Handicap. Einer ist schwerbehindert, spielt also nur mit einem Punkt.

Gibt es noch andere Kriterien außer dem Grad der Behinderung, die zu der Punktebewertung zählen?

Ja, das Alter. Einen Jugendbonus bekommt man bis 18 Jahre. Bis dahin wird einem ein Punkt abgezogen. Wenn jemand einen Punkt weniger hat, sind die Chancen auch größer, dass er spielt. Ich hatte auch bis vor kurzem noch den Jugendbonus und habe mit 2,5 Punkten gespielt.

Wie oft trainierst du denn so und was für eine Position spielst du?

Gerade vor der anstehenden Weltmeisterschaft im Juni in Toronto trainiere ich schon fünf- bis sechsmal die Woche. Das teilt sich dann auf: zweimal im Verein und dreimal mit der Nationalmannschaft am Wochenende. Meine Spielposition ist immer unterschiedlich. Hauptsächlich bin ich aber der Schütze. In der zweiten Mannschaft muss ich aber auch mal im Center aushelfen. Die haben nämlich wenig Große. Die Großen, die spielen, sind meistens nicht behindert oder nur minimal behindert, haben eine Amputation oder so was.

Welche Rolle spielt denn deine Behinderung beim Sport abgesehen von den Punkten? Ziehst du da auch gesundheitliche Vorteile aus dem Sport?

Ja, gesundheitlich auf jeden Fall, weil durch meine Behinderung alles nicht so einfach ist. Ich kann nicht sagen, ich geh mal ´ne Stunde Joggen oder Fahrrad fahren. Daher ist mir Rollstuhlbasketball schon sehr wichtig. Auch um mein Gewicht zu halten und überhaupt im Ganzen aktiv zu bleiben.

Nun gibt es ja Leute, die sagen, es reicht, wenn man nur trainiert und dass Wettkämpfe unnötig sind. Wie geht es denn dir damit?

Ich trainiere schon hart und möchte auch gewinnen. Das ist sozusagen mein Ziel. Mir sind Wettkämpfe schon sehr wichtig. Das ist letztlich der Grund, warum man so hart trainiert, um bei Wettkämpfen gut abzuschneiden. Ich mag den Erfolg, den man nach einem großen Spiel hat. [grinst]

Gibt es für dich einen besonderen Kick, etwas, was diesen Sport so besonders für dich macht?

Ich fühle mich beim Sport frei. Er ist ein Abschalten vom Alltag. Das Basketballspielen ist für mich ein Ausgleich zur Ausbildung und zur Schule, wo man viel Stress hat und viel gefordert wird. Beim Basketball gibt es dagegen Herausforderungen, die mir Spaß machen. Das gibt mir ein gutes Bauchgefühl.

Was sagst du denn als Sportler mit einer Behinderung zu den Paralympics?

Ich finde die Aufteilung in Paralympics und Olympiade gut, weil sonst hat man doch ziemliche Nachteile als behinderter Mensch, egal ob körperlich oder geistig behindert. Die gleichen Chancen wie ein Mensch, der nichts hat, hat man eben nicht, wenn man gegeneinander antritt. Deswegen finde ich es in Ordnung, dass es die Paralympics gibt.

Wie wichtig ist es denn für dich,

dass auch Menschen ohne Behinderung bei euch im Team mitspielen?

Das ist zum einen für das Team besonders wichtig, um uns in der Liga zu halten. Die sind groß und haben es einfacher, den Korbleger zu treffen. Für mich ist es aber auch zum anderen wichtig, weil es gerade den Rollstuhlbasketball ausmacht, dass nicht ausgegrenzt wird: Der Rollstuhlbasketball ist offen für jeden, egal ob man behindert ist oder nicht. Auch das Geschlecht ist egal. Bei uns dürfen, im Gegensatz zum „normalen" Basketball, auch Frauen mitspielen. Jede und jeder hat die Chance zu spielen: Jung, alt, männlich, weiblich, behindert oder auch nicht behindert.

Was war denn für dich die beste Erfahrung, die du je gemacht hast im Rollstuhlbasketball?

Die Teilnahme an der Weltmeisterschaft oder an der Europameisterschaft. Das ist jedes Mal ein Erlebnis. Aber auch einmal ein Turnier in Dubai mit allen großen internationalen Teams im Rollstuhlbasketball wie Thailand oder Frankreich. Da war die Stadt an sich schon eine Riesenerfahrung und natürlich, dass wir das Turnier gewonnen haben. [lacht] Das sind schon tolle Erfahrungen, die ich nicht so schnell vergesse.

Haben die Arabischen Emirate selbst auch mitgespielt bei dem Turnier, und wie ist es mit Frauen da, dürfen die das denn?

Ja, die Arabischen Emirate haben ein eigenes Rollstuhlbasketballteam, auch mit Frauen. Die waren auch nicht verhüllt oder so.

Hört sich für mich so an, als gäbe dir der Sport nicht nur körperlich Kraft ...

Ja, er ist auch gut für meine Psyche. Er hilft mir, dass ich mit meinen Problemen im Alltag besser umgehe. Ich kann mich richtig auspowern und auch Frust loswerden, wenn mal was nicht gut geklappt hat.

Mit was für Problemen wirst du denn im Alltag konfrontiert?

Zum Beispiel der Umzug von der Stadt in das Dorf hier. Man muss sich neu zurechtfinden in der Schule und Anschluss finden. Man weiß ja nicht, was die Leute sagen, wenn man im Rollstuhl kommt. Für mich war es gut, dass ich durch meinen Sport schon Selbstbewusstsein gesammelt habe und weiß, was ich kann. Das bestärkt mich auch im Alltag.

Wie würde es dir denn gehen, wenn du nicht mehr Rollstuhlbasketball spielen könntest?

Also wenn ich müsste, würde ich mir dann wohl einen anderen Sport suchen, vielleicht Rollstuhlrugby oder so was in der Art, weil auch der Sport an sich mir sehr wichtig ist. Ich könnte mir jedenfalls nicht vorstellen, keinen Sport zu machen.

Der Sport ist also für dich schon mehr als ein Hobby?

Seit ich in der Nationalmannschaft bin, ist es für mich schon mehr als ein Hobby. Trotzdem ist es mir wichtig, meine Ausbildung zu Ende zu machen.

Was sagen andere zu deinem Sport, zum Beispiel deine Eltern?

Also meine Eltern sind getrennt und ich lebe mit meiner Mutter und ihrem Mann zusammen. Meine Mama findet es gut, dass ich Sport mache, aber die Schule muss auch gut laufen, das ist meiner Mama wichtig. Ich kann schon zweimal die Woche trainieren, aber wenn ich dann auch noch zwei Klassenarbeiten habe, muss ich ein Training auch mal ausfallen lassen. Mein leiblicher Vater unterstützt mich auch, obwohl er selber nichts mit Rollstuhlbasketball zu tun hat. Der fährt zu fast jedem Turnier mit. Mein sozusagen „neuer" Vater spielt auch Rollstuhlbasketball. Das spornt mich besonders an zu zeigen, was ich kann, weil wir auch zusammen im Verein spielen. Dass wir zusammen spielen, ist auch ganz praktisch, weil wir dann zusammen zum Training fahren können. Man kann sich auch mal austauschen über Spiele oder das Training. Meine ganze Familie ist, was den Rollstuhlbasketball angeht, echt aktiv und unterstützt mich. Da bin ich auch sehr stolz drauf.

Was sagen denn deine Freunde zu deinen sportlichen Aktivitäten?

Die finden das ziemlich cool, vor allem, dass ich in der U22-Nationalmannschaft spiele. Sie wollen immer wissen, wie die Spiele gelaufen sind. Manchmal hätten die gerne, dass ich mehr Zeit habe, aber mit Schule und Training bleibt eben nicht so viel. Aber ob jemand es gut findet oder nicht, wäre mir im Endeffekt egal.

Was sind denn noch so Ziele, die du erreichen möchtest in deinem Sport?

Also ganz klar die Weltmeisterschaft in Toronto, die jetzt kommt. Da ist das Ziel eine Goldmedaille. <u>Eine Weltmeisterschaft zu gewinnen, wäre schon ein großer Traum von mir</u>. Unser erster Gegner ist Frankreich, gegen die habe ich schon oft gespielt, schon dreimal bei normalen Turnieren und zweimal bei Europameisterschaften. Und wir haben alle fünf Spiele gewonnen, also habe ich keine großen Bedenken. Gewinnen müssen wir aber auf jeden Fall. Wir haben noch die USA und Großbritannien in unserer Gruppe, also wirklich starke Gegner. Deswegen ist jeder Sieg wichtig. Bis zum Halbfinale will ich auf jeden Fall kommen. Das ist auch ein realistisches Ziel. Danach muss man mal schauen, dann kann alles passieren.

[P.S.: Nach einer dramatischen Viertelfinal-Niederlage gegen Australien wurde das deutsche Team letztlich Fünfter.]

© Clarissa Czellkalla

„Motorradrennsport ... meine Leidenschaft und meine Verwirklichung."

JULIA (25)
hat zusammen mit ihrem Zwillingsbruder die Firma *Schwabenleder* übernommen, fährt seit einundhalb Jahren Motorradrennen

Julia, du hast bereits in deinem jungen Alter viel mit Motorsport zu tun. Und jetzt bist du auch noch beruflich mit deinem Hobby verschmolzen. Wie kam es dazu?

Ursprünglich war das so gar nicht geplant. Ich habe im Alter von 12 bis 22 Leistungssport betrieben. Ich war Mittel- und Langstreckenläuferin und habe davon geträumt, zu den Olympischen Spielen zu kommen. Und die Firma: Mein Vater hat sie 1978 gegründet und ich bin mit der Firma groß geworden. Sie war wie ein drittes Kind der Familie. Ich habe noch einen Zwillingsbruder und wir beide haben die Firma von Anfang an lieben und schätzen gelernt. Ich habe schon ganz früh kapiert, dass das etwas Besonderes ist und dass unsere Lederkombis was Besonderes sind. Ich konnte mir allerdings nie so richtig vorstellen, dass ich hier mal beruflich einsteige. Als ich noch Leistungssport gemacht habe, bin ich eigentlich davon ausgegangen, dass ich nach dem Abitur irgendwas studiere in Richtung Biologie, Biotechnik. Aber dann ging alles richtig schnell. Eine Woche vor Studienbeginn bekam mein Papa die Diagnose Lungenkrebs. Es hieß: Wenn es gut läuft, hat er noch zehn Monate, es kann aber auch weniger sein. Es waren dann vier Monate. Jedenfalls: Einen Tag nach der Diagnose fragte Vater uns, ob wir Kinder die Firma übernehmen wollten. Wir haben gesagt, dass wir es versuchen wollen und unser Bestes geben würden. Wir hatten bisher nicht so viel mit der Materie zu tun. Mein Bruder hatte allerdings nach seiner Banklehre schon hier im Laden gearbeitet und in den vier Monaten bis zu Vaters Tod haben wir dann alles geregelt. Ich habe mich in der Handwerkskammer angemeldet, meinen

Ausbildungsplatz als Maßschneiderin hier angemeldet und bin dann auf die Berufsschule gekommen. Und mein Bruder ist auch voll ins Geschäft eingestiegen, er macht jetzt noch den Betriebswirt nebenher abends.

Wann hast du denn angefangen, dich auch für das Motorradfahren zu interessieren?

Das war mit 18. Ich habe gleich den Motorrad- und den Auto-Führerschein zusammen gemacht, hab dann auch sofort ein Motorrad bekommen, sofort 'ne Lederkombi, passend und maßgeschneidert. Ich bin dann ganz normal auf der Straße gefahren, hatte allerdings nicht so viel Zeit, gerade wegen dem Leistungssport. Das war Priorität Nummer eins. Ich habe bis zu 16-mal pro Woche trainiert. Da bleibt halt nur noch ein halber Sonntag zum Motorradfahren im Sommer übrig, wenn keine Wettkämpfe sind.

War der berufliche Umschwung auch der Grund dafür, dass du mit dem Leistungssport aufgehört hast?

Das war der einzige Grund. Das war das Opfer, das ich gebracht habe. Ich dachte am Anfang für ein paar Wochen, dass ich beides machen kann, also dass ich eine Ausbildung machen, hier arbeiten und nebenher 12-mal pro Woche trainieren kann. Das ging genau zwei Wochen, dann habe ich festgestellt: Das geht gar nicht! Dann habe ich tatsächlich von heute auf morgen mit der Leichtathletik aufgehört. Ich habe am Anfang ein bisschen hinterhergetrauert, aber jetzt bin ich einfach froh, wie es ist. Ich finde es so, wie es jetzt ist, perfekt!

Wann war der Punkt, als du auch mit den Rennen angefangen hast?

Weil wir bei den Rennen unsere Kombis ausgeliefert haben, bin ich da hingekommen. Wir statten den *Yamaha R6 Cup* aus, und als ich da das erste Mal war und den Jungs zugeguckt habe, wie sie da alle einheitlich mit gleichem Moped, gleicher Kombi, gleichem Helm über die Rennstrecke geballert sind, dachte ich mir: Wow, wie geil! Das muss ich auch machen! Alles ging dann relativ schnell.

Warst du davor auch schon eher eine waghalsige Fahrerin?

<u>Ja, ich bin absolut furchtlos</u>. Das ist vielleicht naiv, aber ich denk mir, ich komme schon heil an, da wird schon nichts passieren. Wenn ich stürze, ist's egal. Ich fühle mich sicher. Meistens bin ich mit Jungs gefahren. Ich war immer voll mit dabei, voll!

Hast du schon erlebt, dass du dumm angemacht worden bist, weil du als Frau die Kombis schneiderst?

Hier im Geschäft gar nicht! Im Gegenteil: Da werde ich sogar eher mit Begeisterung aufgenommen. Gegenteilig ist es aber auf der Rennstrecke. Auch über die sozialen Medien wurde ich schon zum Teil negativ konfrontiert. <u>Ich weiß nicht, ob es Neider sind oder was manche männlichen Wesen nicht dran verkraften</u>. Ich hab ja auch dieses Jahr mit zwei Mädels zusammen den Deutschen Langstrecken Cup gefahren. Da wurden wir schon am Anfang beleidigt dafür, dass wir zum Beispiel auf unserer Seite mehr Likes bekommen haben, aber noch kein einziges Rennen gefahren waren. Da hat einer gemeint, dass alle uns nur liken würden, weil sie auf geile Bilder hoffen. Dann habe ich dem erst mal meine Rundenzeiten und meine Bestzeiten geschrieben und ihn gefragt, ob es nicht gerechtfertigt wäre, mit den Zeiten beim Deutschen Langstrecken Cup zu starten. Dann war er still.

Wie wurdest du denn überhaupt aufgenommen auf der Rennstrecke?

Mega gut. Klar, <u>die Blicke sind schon auch auf die Frauen gerichtet, weil es immer noch Exoten sind</u>. Ich habe immer eine auffällige pinke Kombi an und kann auch noch einigermaßen gut Motorrad fahren. Dann hat man gleich mal einen respektvollen Umgang mit den Jungs.

Hast du dich auch profilieren müssen, also zeigen müssen, was du kannst, um Anerkennung zu kriegen?

Ja, schon. Im Rennsport kann man nicht lügen. Die Zeit, die man fährt, steht im Endeffekt schwarz auf weiß. Ich hatte das Glück, dass ich mit zwei ganz tollen Rennfahrern meine ersten Renntrainings absolviert habe und die mir ziemlich schnell ziemlich viel beigebracht haben. Dadurch bin ich relativ schnell gut gefahren. Das haben die Leute gesehen und dann auch Respekt davor gezeigt.

Immer?

Nee, nicht immer. Natürlich, manchmal heißt es: Tittenbonus. Da denke ich mir halt: Du weißt gar nicht, wer ich bin, was ich mache und was ich dafür getan habe, Sponsoren zu kriegen. Der weiß nicht mal, wie schnell ich Motorrad fahre. Da bin ich einfach menschlich enttäuscht.

Wie gehst du denn damit um, wenn jemand auf der Rennstrecke einen richtig dummen Kommentar von sich gibt?

Erst mal will ich mir bewusst sein: Was ist das für ein Mensch? Warum sagt er das und was hat er für ein Leistungsniveau? Hat er einen Grund, so was so zu mir zu sagen? Ich würde mich auf gar keinen Fall mit einem Profi-Rennfahrer oder einem sehr erfahrenen Hobby-Racer anlegen. Ist es aber irgendjemand, von dem ich weiß, der fährt gerade mal so gut wie ich oder ist vielleicht sogar langsamer, dann hau ich schon einen Spruch raus!

Du fährst ja nicht nur hobbymäßig, sondern schon richtig professionell. Warum machst du es überhaupt?

Weil es einfach geil ist! Es ist das geilste Hobby überhaupt! Es ist so: Meine Selbstverwirklichung, die bekomme ich über das Geschäft. Ich stehe mit dem Ziel auf, hier alles perfekt zu machen, die besten Kombis der Welt zu bauen, fleißig zu sein; je fleißiger ich bin, desto glücklicher bin ich auch. Das ist mein Ein und Alles! Sobald ich hier die vier Wände verlasse, brauche ich wieder was, wo ich aufgehen kann, wo ich aufblühen kann, und natürlich auch etwas, wo ich mich sportlich betätigen kann. Etwas, wo ich meinen Ehrgeiz zeigen kann, den ich noch vom Leistungssport habe. Im Endeffekt überschneidet sich das sogar, das Motorradfahren mit der Leichtathletik: Es ist immer eine Zeitenjagd. Das war ich schon in der Leichtathletik gewohnt. Da jagt man Hundertstel- und Zehntelsekunden, das ist beim Motorradfahren genauso. Es ist eine Individualsportart. Ich habe zwar mit den Mädels ein Team, aber ich bin und bleibe allein auf der Strecke. **Wenn ich fahre, da bin nur ich, da zähl nur ich und alle anderen sind Gegner.** Wenn ich schnell durch eine Kurve durchfliege, geht es mir einfach gut! Das ist reine Leidenschaft, Freiheit, Unabhängigkeit, auch so eine gewisse Stärke. Wenn ich Motorrad fahre, dann fahre ich nicht einfach so, sondern ich will richtig fahren. Dann will ich Wheelies [auf dem Hinterrad fahren] machen, driften, mit 180 in eine Rechtskurve einknicken und über die Curbs [die rot-weißen Randsteine einer Strecke] schleifen und dann rausbeschleunigen. Mir gefällt die Action, wenn das Moped unter mir arbeitet und ich fast runterfalle.

Du hast schon erzählt: Du fährst auch in einem Mädels-Team. Habt ihr auch einen Teamnamen?

Ja. Wir hatten letztendlich zwei zur Auswahl: „Slick Chicks" und „Grip Girls Racing". Ich wollte das „Slick Chicks" nicht. Dieses Wort „Chicks" war mir zu tussimäßig.

Wir sind keine Püppis, die mit 'ner pinken Kombi ein bisschen im Kreis fahren, wir wollen Gas geben. Wir wollen ernsthafte Konkurrenz sein und ernst genommen werden, und deswegen habe ich gesagt, wir nehmen „Grip Girls Racing". Das ist schon ein bisschen ein Wortspiel zu den Grid Girls. Die Grid Girls stehen in kurzen Höschen da. Wir dagegen sind die Grip Girls. Wir haben eine Kombi und Stiefel an und hoffen, dass wir Grip haben mit unserem Pirelli SC1 hinten.

Verstehe. Jetzt muss ich aber mal etwas ernster werden. Wie wäre es für dich, wenn du, sagen wir wegen eines Unfalls, dein Hobby nicht mehr ausüben könntest? Was würde das für dich bedeuten?

Das wäre ein Weltuntergang. Das Leben wäre dann für mich nicht mehr so lebenswert. Aber ich würde das schaffen zu überwinden, weil **mein Lebensinhalt ist und bleibt die Firma**. Ich muss weiterhin auf jeden Fall meinen Job ausüben können. Falls ich das nicht mehr machen könnte, hätte ich ein richtiges Problem. Denn es dreht sich alles nur noch um Lederkombis und ums Motorradfahren. Ich kann auch wirklich über nichts anderes mehr reden in meiner Freizeit, weil ich nicht weiß, über was ich sonst reden soll.

7 für & gegen

„Ich fände es erstrebenswert, wenn alle Menschen mehr ihren eigenen Stil leben würden."

EVA (27)
lebt vegan und betreibt ein veganes Modelabel

Eva, du bist Veganerin seit viereinhalb Jahren. Wie kam es eigentlich dazu?

Ich war schon Vegetarierin, seitdem ich 15 war, und eigentlich hatte ich schon länger beschlossen, dass ich, wenn ich mal ausziehe, komplett auf vegan umstelle, weil solange man in einem omnivoren Haushalt lebt, ist das ziemlich schwer zu realisieren.

Was hat dich denn letztendlich dazu bewogen, vegan zu leben?

An sich ist das eine moralische Entscheidung gewesen beziehungsweise eine Empathie-Entscheidung, weil ich das wegen den Tieren und der Umwelt mache und nicht aus Gesundheitsaspekten. Deswegen bin ich ursprünglich Vegetarierin geworden, weil ich den rücksichtslosen Umgang mit den Tieren nicht ertragen hab. Das fand ich respektlos. Das hat mich schockiert. Bauern oder irgendwelche Schlachthofmitarbeiter gehen mit Sicherheit nicht respektvoll mit den Tieren um, wenn die da täglich mit denen arbeiten, als Produkte quasi.

Gab es da eine spezielle Situation, in der dir das bewusst geworden ist, oder war das eher ein längerer Prozess?

Es war schon länger so, dass ich das beobachtet hatte, aber im Endeffekt war es, weil ich in der Schule diese Schlüsselerfahrung gemacht habe, als wir Schweineaugen sezieren sollten und meine Mitschüler damit so respektlos umgegangen sind, dass mich das so schockiert hat, dass ich gesagt habe: „Fleisch fasse ich nicht mehr an."

Gab es auch eine Person, die dich beeinflusst oder inspiriert hat?

Nee, ich bin nicht der Mensch, der sich an Vorbildern orientiert, so gar nicht. [lacht] Aber ich beobachte immer alles ziemlich kritisch und dann ziehe ich meine Schlüsse daraus.

Und was hat dich dann überzeugt, Veganerin zu werden und nicht zum Beispiel Fructarierin oder einfach Vegetarierin zu bleiben?

Das Vegetarische ist ein Kompromiss, weil für die anderen Tierprodukte – wie Milch, Eier – auch Tiere ausgebeutet werden und auch Tiere dafür sterben müssen. In der Eierproduktion werden täglich Tiere getötet, auch in der Milchproduktion. Fructarier – das kann man auf jeden Fall machen, aber es wäre für mich persönlich zu einseitig. Ich esse schon sehr gerne und auch gerne viel Unterschiedliches und beim Veganismus ist man nicht wirklich eingeschränkt. Man kann sich rohköstlich ernähren, man kann alles mögliche Gekochte essen, man kann auch Junkfood essen, wenn man will, man hat eigentlich die volle Auswahl noch zur Verfügung, aber trotzdem hat man viel weniger Umweltauswirkungen und weiß, dass Tiere für das, was man isst, nicht ausgebeutet werden.

OMNIVOR, VEGAN, VEGETARISCH, FRUCTARISCH – WAS'N DAS?

→ **OMNIVORE** – Omnivore sind Menschen, die sich in ihrer Ernährung nicht einschränken möchten und alles Mögliche essen, sie sind sozusagen „Allesfresser" (lat. „omnis" = alles, „vorare" = fressen).

→ **VEGETARISCH** – Wer sich vegetarisch ernährt, verzichtet auf Fleisch und Fisch. Produkte von getöteten Tieren werden abgelehnt, Eier- und Milchprodukte und Honig werden aber gegessen.

→ **VEGAN** – Leute, die sich vegan ernähren, verzichten auf alle tierischen Produkte, also kein Fleisch oder Fisch, keine Eier oder Produkte mit Eiern, keine Milchprodukte und kein Honig. Einige lehnen auch Kleidungsstücke oder andere Gegenstände ab, die tierische Produkte enthalten, z. B. Lederartikel oder Jacken mit Fell.

→ **FRUCTARISCH** – Fructarier essen nur pflanzliche Produkte und achten dabei darauf, dass die Pflanzen nicht beschädigt werden. Daher ernähren sie sich von Obst, Samen und Nüssen.

Aber warum? Leute verzichten aus ganz verschiedenen Gründen auf Fleisch, Fisch und andere tierische Produkte. Manche möchten nicht, dass für ihren Genuss Tiere getötet oder gequält werden. Andere verzichten aus gesundheitlichen Gründen auf tierische Produkte, weil sie – vor allem in großen Mengen – nicht gesund sind, wieder andere wegen der Auswirkungen auf die Umwelt. Auf einigen Produkten findet man deshalb ein Zeichen, wenn sie vegan oder vegetarisch sind.

→ **VEBU** – Der VEBU ist der Vegetarier-Bund. Er wurde 1892 gegründet und ist die Interessenvertretung der Vegetarier und Veganer. Dort gibt es Informationen rund um vegetarische und vegane Ernährung: *www.vebu.de*

WEITERE INFORMATIONEN: *https://www.provegan.info/de/*
https://www.tk.de/tk/ernaehrungstrends/ernaehrungsformen/vegetarier/37950
http://www.spiegel.de/gesundheit/ernaehrung/ernaehrungsstile-sind-sie-omnivor-ovo-lacto-oder-frutarier-a-871224.html

Fühlst du dich nicht manchmal im Alltag eingeschränkt?

<u>Nö, ich fühle mich durch Veganismus nicht eingeschränkt</u>. Eher finde ich, dass es eine Bereicherung sein kann, weil man viel mehr neue Lebensmittel kennenlernt, die man normal vielleicht nie probieren würde. Weil man vegan ist, probiert man auch verschiedene Sachen aus, aus anderen Kulturkreisen.

Und wo kaufst du ein und was kaufst du dann ein?

Unterschiedlich. Ist natürlich auch eine Geldfrage. Ich kann es mir nicht leisten, nur im Bioladen einzukaufen, aber wir schauen schon, dass wir möglichst viel bio und fair trade kaufen. Und ansonsten kann man auch versuchen, möglichst wenig zu konsumieren oder Second-Hand-Sachen zu kaufen.

Da siehst du keine Schwierigkeiten?

Es ist schon schwierig, alles korrekt zu konsumieren. Das gesamte System ist nicht wirklich darauf ausgelegt, dass man alles in fair trade und bio bekommt. Es gibt ganz viele Sachen gar nicht in den Kriterien, in vielen Bereichen kommt das jetzt erst ganz neu. Gerade bei Elektronik gab es das bisher fast gar nicht. So Sachen wie Fair-Phone, das sind ja ganz neue Sachen, die jetzt gerade erst auf den Markt kommen.

Wie geht es dir dann, wenn du in irgendeinem Supermarkt stehst und da die Milchprodukte und das Fleischregal siehst? Ist die Auswahl da nicht sehr begrenzt?

Ich kann im Supermarkt trotzdem genug kaufen. [lacht] Aber <u>ich fände es schöner, wenn mehr Leute darauf achten würden, was sie kaufen</u>, oder sich Gedanken darüber machen würden, woher das kommt. Denn ich denke, wenn sie sich das wirklich zu Herzen nehmen würden, würden sie viele Sachen nicht mehr kaufen. Kaum jemand wäre so skrupellos zu sagen: „Ist schon okay, wenn für Eier die männlichen Küken geschreddert wurden." Wenn jemand wirklich dabei wäre und das selber machen müsste, dann würde das niemand wirklich machen wollen. Dieses Anonyme, was da dahinter steht, bringt die Leute dazu, es zu vergessen. <u>Eine schöne Verpackung mit einem schönen, glücklichen Huhn drauf ist halt recht ansprechend, und da muss man nicht unbedingt drüber nachdenken, wie die Wirklichkeit aussieht</u>. Ich verurteile die Leute nicht, die nicht darüber nachdenken, weil ich mir denke, manche haben vielleicht bisher noch nicht die Möglichkeit oder den Anstoß gehabt, darüber nachzudenken. Ich gehe nicht mit Hass oder so durch den Supermarkt.

Wo siehst du die gesundheitlichen Vor- oder auch Nachteile von veganer Ernährung?

Das Einzige, wo man drauf achten muss, ist Vitamin B12. Aber das liegt auch daran, dass wir in einer sehr sauberen Umgebung leben, wo entsprechende Bakterien nicht vorkommen, die Vitamin B12 produzieren. Ansonsten hat es keine körperlichen Nachteile. Man kann sich so oder so vegan ernähren: Entweder man ernährt sich super gesund vegan oder man ernährt sich nur von Pommes und Burger, das geht ja auch – also halt von veganen Burgern, aber [lacht] das macht ja keinen Unterschied.

Man hört manchmal Berichte über vegane Mangelernährung und Eltern werden Vorwürfe gemacht, weil sie ihre Kinder vegan ernähren.

Natürlich gibt es auch vegane Eltern, die keine Ahnung von Ernährung haben und deswegen vielleicht ihren Kindern schaden. Aber das liegt nicht an der Ernährung, sondern daran, was die Eltern daraus gemacht haben. Man muss gerade bei Kindern im Wachstum schon aufpassen, was man denen füttert.

Wie reagieren die Leute in deinem Umfeld auf deine vegane Ernährung? Deine Freunde zum Beispiel?

Ich hab ziemlich viele vegane Freunde. Das ist eigentlich kein großes Thema, auch bei den Leuten, die nicht vegan sind. Wir sind da eigentlich alle ziemlich tolerant. Das heißt, wenn jemand zu Gast kommt zu uns, dann gibt es hier halt nur veganes Essen. Aber das wissen die Leute und das ist auch in Ordnung, da beschwert sich auch keiner. Und umgekehrt, wenn wir irgendwo hingehen, dann wird geguckt, dass wir auch was zu essen bekommen. Also das ist einfach ein ganz normaler Umgang damit. Wenn bei denen zu Hause sie selber noch irgendwas essen, was nicht vegan ist, dann würde ich mir auch nicht rausnehmen, die deswegen fertigzumachen. Denn im Endeffekt ist es schon jedem selbst seine Entscheidung.

Also ist es für dich gar kein Thema, andere Leute zu überzeugen, auch vegetarisch oder vegan zu leben?

Doch, aber nicht zwingend, das ist der Unterschied. Ich kann als gutes Beispiel vorangehen, ich kann den Leuten sagen: „Wenn du dich dafür interessierst, dann helfe ich dir", oder: „Hast du mal darüber nachgedacht? Ich gebe dir gerne einen Denkanstoß!" Aber wenn jemand sagt: „Das kommt für mich überhaupt nicht in Frage", dann werde ich ihn nicht dazu zwingen, weil damit erreicht man überhaupt nichts, außer dass die Leute dann sagen: „Die Veganer sind total militant und versuchen, mir das aufzuzwingen." Jemand muss das schon selbst wollen, man kann genauso wenig jemanden zwingen, täglich Sport zu machen. Es wäre vielleicht besser für die Person oder auch für das Umfeld von demjenigen, weil er dann ausgeglichener wäre, aber deswegen kann man ihn trotzdem nicht jeden Morgen aus dem Haus ziehen und sagen: „So, du rennst jetzt!" Das ist einfach übergriffig. Genauso ist das mit allen Überzeugungen, ja, mit jedem Handeln.

Und wie finden es deine Eltern, deine Familie, dass du vegan lebst?

Meine Eltern finden das nicht schlimm oder so, das ist bei denen kein großes Thema. Bei meiner weiteren Familie ist das manchmal schon Thema, gerade wenn es um Familienfeste geht. <u>Ungefähr die Hälfte unserer Familie ist vegetarisch, aber trotzdem ist es immer noch so, dass sich bei Familienfesten nicht drauf geeinigt werden kann</u>, zum Beispiel an Weihnachten, wenigstens einen Tag komplett vegetarisch zu essen. Das hat bisher nicht geklappt. Das wurde einmal ausprobiert und dann wieder verworfen, weil man doch auf Fleisch bestanden hat. Aber es ist halt so, da kann man nicht viel machen, denke ich. Ich bin dann enttäuscht, aber ich kann es ja auch nicht erzwingen. Ich würde es mir halt wünschen, dass die Leute das mal ausprobieren. Die essen ja jeden Tag Fleisch und ich verstehe nicht, warum man nicht einen Tag darauf verzichten kann. Denn gerade Weihnachten ist ja so ein Fest der Liebe, da wäre es schon konsequent zu sagen, okay, dann schadet man an dem Tag auch keinem anderen Lebewesen.

Und wie ist das bei deinem Partner?

Der ist auch Veganer.

War er schon Veganer, als ihr euch kennengelernt habt?

Nee, auch kein Vegetarier.

Ist er dann wegen dir Veganer geworden?

Nicht wegen mir, sondern wegen meinen Argumenten. [beide lachen] Es wäre nicht gut, wenn jemand das nur wegen einem als Person macht. Aber ich hab ihm gesagt, warum ich das mache, und dann hat er aus freien Stücken gesagt, dass er das dann auch so machen möchte. Wir waren auch auf entsprechenden Veranstaltungen, auf einer Tierrechtsdemo und so was. Da bekommt man schon viel mit.

Und hast du auch negative Reaktionen erlebt darauf, dass du vegan lebst?

Im direkten Umfeld nicht wirklich, eher von fremden Menschen, die dann negative Kommentare abgeben.

Was war so das Krasseste, was du erlebt hast?

Was mich am meisten geschockt hat: Ich hatte einen Artikel im *Mannheimer Morgen* über mein Modelabel und da kamen dann so typische *Facebook*-Kommentare, und die waren schon ziemlich beleidigend auf persönlicher Ebene. Ich glaube, es lag daran, dass in dem Artikel drinstand, dass ich Veganerin bin und die Sachen bio und so sind. Weil viele Kommentare auch in die Richtung gingen: „Ah, die hält sich für was Besseres", und dann irgendwelche Beleidigungen noch nachgeschoben wurden. Das hat mich schon schockiert, dass Leute so bösartig werden, wenn jemand einfach nur versucht, was Gutes zu machen.

Was bedeutet deine vegane Ernährung für dich?

Eine Art der Umsetzung von meiner grundsätzlichen Überzeugung. Aber ich würde dem jetzt nicht so einen super großen Stellenwert geben, weil es nur ein Teil von meiner Überzeugung ist, die sich nur im Essensbereich äußert. Ich mache ja auch vegane Mode. Die Überzeugung selbst ist für mich nicht nur Veganismus, sondern eher so was Gesamtheitliches. Dazu gehört auch Umweltschutz im Allgemeinen oder soziales, emanzipiertes Verhalten, dass man nicht diskriminierend ist, auch gegenüber anderen Menschen. Das ist für mich ein Paket. Dass man auch zu Tieren nicht diskriminierend ist, ist für mich nur ein Teil davon. Ich versuche ja, alle diese Sachen in meinem Leben umzusetzen. Und der Veganismus ist nur der Part, der sich auf Tiere beschränkt. Die Sachen, die sich auf Menschen oder die Umwelt im Allgemeinen beziehen, sind für mich genauso wichtig.

Ist es für dich vor allem deine private Lebensweise oder geht es auch um mehr?

Ich will schon, dass es einen Gesamtwandel gibt in der Welt. Dass, wenn jemand sagt: „Ich möchte aber gerne dreimal am Tag eine Plastiktüte in den Wald werfen", dass das nicht sein persönliches Problem ist, sondern auch das Problem von anderen. Im Endeffekt betrifft das ja durch die Nahrungskette wieder alle Tiere und Lebewesen – das versuche ich schon den Leuten klarzumachen. Ich versuche auch, durch mein Label öfter mal so Beiträge zu machen.

Gab es schon mal Situationen, in denen es verführerisch war, von dieser Überzeugung abzuweichen?

Im Bereich Ernährung habe ich noch nie das Gefühl gehabt, dass ich jetzt wieder Fleisch essen müsste. Ansonsten, wenn ich mir ein Paar schöne Schuhe kaufen möchte, ist es schon viel schwieriger, weil es da einfach weniger Angebot gibt. Bei Elektronik ist das auch so. Man kann nicht sagen: „Ich kaufe jetzt überhaupt keine Elektronik mehr, weil das alles nicht fair ist." Dann muss man halt Kompromisse machen. Und das ist schon manchmal schwierig. <u>Es wäre für eine große Elektronikfirma eigentlich ein Einfaches, wenigstens eine Reihe rauszubringen, wo alle Arbeiter fair bezahlt wurden.</u>

Glaubst du, das würde sich verkaufen und die Leute würden sagen: „Hey, dafür gebe ich gerne mehr Geld aus"?

Ich denke schon, dass das Bewusstsein da ist, dass es nur vielen Leuten einfach zu schwierig ist, ständig auf alles zu achten. Wenn man es den Leuten einfacher zugänglich machen würde, würde es auch gut angenommen werden. Viele Firmen machen ja jetzt auch Werbung für Bio-T-Shirts. Aber oft ist das auch nur Greenwashing, also die tun nur so, als ob das wirklich viel besser wäre.

Das ist ja schon auch ein Trend geworden. Man sieht mittlerweile viele vegetarische und vegane Produkte. Selbst *Haribo* hat mittlerweile angefangen, vegetarische Gummibärchen rauszubringen.

Trend ist ein komisches Wort, wenn es darum geht, dass man versucht, was zu verbessern. In manchen Fällen ist es vielleicht einfach nur ein Trend in dem Sinne, dass es gerade in ist, irgendwelche Sachen nicht zu essen oder irgendwelche bestimmten Sachen zu essen. Aber wenn man es so im Großen und Ganzen sieht, ist es eher ein Umdenken, dass sich viele jüngere Leute Gedanken darüber machen, wie unser Planet in 40, 50 Jahren aussieht. Dass sich die älteren Leute darüber keine Gedanken machen, kann ich verstehen. Die sind dann nicht mehr am Leben, kann ihnen vielleicht egal sein. <u>Aber wenn du gerade mal 20 bist, überlegst du dir vielleicht schon, ob der Planet es noch 50 Jahre macht.</u> Weil wenn nicht, dann trifft es dich halt persönlich. [lacht] Und daher denke ich, ist es schon mehr als ein Trend, wenn jüngere Leute sich für Umweltschutz einsetzen, weil sie erkannt haben, dass es nicht so toll ist, wenn die Weltmeere komplett vergiftet und verschmutzt sind, oder dass die Klamotten, die sie tragen, ihnen selbst total schaden und sie Ausschlag davon bekommen. Dann ist das mehr als ein Trend, sondern eher eine Erkenntnis.

Jetzt zu deinem Label *Rantipole*. Was bedeutet *Rantipole* eigentlich?

Der Begriff bedeutet „wildes, ungezogenes Kind". Ich habe den Namen deswegen gewählt, weil es für mich so ein Aufstand ist gegen das, was zurzeit noch üblich ist, dass man immer nur den maximalen Profit rausholt ohne Rücksicht auf andere. Vor ein paar Jahren haben die meisten Kleidungshersteller noch so Öko-Zeug hergestellt, wo man aus weiter Entfernung schon sehen konnte: Das ist ein Bio-T-Shirt. Das ist zum Glück jetzt schon lange nicht mehr so, sondern man kann es von außen eigentlich nicht mehr unterscheiden, ob das wirklich fair und bio ist oder ob das konventionell gekauft wurde. Höchstens dass bei den Bio-Sachen die Qualität höher ist und die nach fünfmal waschen auch noch so aussehen [lacht] und nicht schon reif für die Mülltonne sind, was ja bei den konventionellen Sachen leider oft so ist. Die werden mittlerweile ja absichtlich so gemacht, damit sie schnell kaputtgehen und man schnell wieder was Neues kaufen muss.

Bei *Rantipole* geht es ja um Klamotten, die vegan, fair und bio sind, keine Plastiktüten gehört auch dazu. Das sind ziemlich viele Aspekte, die das vereint.

Ja genau, es ist ein komplettes Konzept. <u>Wenn die Sachen nicht in sich schlüssig sind, dann macht es nur halb Sinn</u>. Wenn ich alle Sachen bio kaufen würde, die Stoffe dann von Hand nähen würde und es am Ende in irgendwelche giftigen Plastiktüten packe, wo noch die Dämpfe wieder rausgehen und im Stoff landen, macht es ja keinen Sinn. Und deswegen muss man das von Anfang bis Ende konsequent durchziehen. Natürlich muss man auch Kompromisse eingehen. Wir haben auch Stoffe, da ist ein kleiner Elastan-Anteil mit drin, damit die Sachen besser in Form bleiben, bei Bündchen zum Beispiel. Das ist wieder ein Kunststoff, aber es ist halt nur ein kleiner Anteil. Und wenn ich die Auswahl habe zwischen einem Stoff, der das enthält, und einem, der das nicht enthält, und beide erfüllen den gleichen Zweck, dann nehme ich den ohne Plastik. Aber man kommt bei manchen Sachen noch nicht ganz drumrum. Die Modebranche ist noch nicht so weit. Man ist da schon noch ein Außenseiter, wenn man nach entsprechenden Bio-Kriterien sucht. Wenn man bei irgendwelchen Zutaten, also zum Beispiel bei Reißverschlüssen oder Knöpfen nach solchen Kriterien sucht, wird es noch viel schwieriger. Man hat dann zwei Möglichkeiten: Entweder man ist eine ganz große Firma, dann kann man sich alles produzieren lassen in den Qualitätsstandards, die man gerne hätte. Oder man ist eine ganz kleine Firma, so wie wir, und dann wird es schwierig, weil dann muss man schauen: Findet man irgendjemanden, der das schon anbietet in kleineren Stückzahlen? Weil was bringt es einem kleinen Label wie uns, wenn wir von einer Farbe Knöpfe 5.000 Stück nehmen müssen, nur damit die bio sind?

Und inwiefern gibst du auch in der Modebranche einen neuen Anstoß, sich mehr in die Richtung zu orientieren?

Ich allein gebe nicht den Anstoß. Aber es gibt mittlerweile viele kleine Labels und ich glaube, das wirkt nach dem Motto: Viele Tropfen höhlen den Stein. Wenn große Vertriebsfirmen zum fünfzigsten Mal eine Anfrage bekommen: „Ja, ist das denn auch vegan? Ist das denn auch bio? Wie wurde das denn hergestellt?", dann werden die großen Firmen irgendwann sagen: „Okay, entweder wir stellen das jetzt gleich immer richtig her oder wir schildern alles das aus, was richtig hergestellt wurde", damit sie nicht tausend Anfragen beantworten müssen. Und wenn dann diese Sachen vermehrt gekauft werden, dann trägt das zu einem stetigen Wandel bei. Und darauf kommt es an, dass man auch nicht nachgibt. Also wenn die Firmen sagen: „Nee, haben wir nicht", dass man dann sagt: „Ja, wollen Sie das nicht mal einführen, vielleicht nächstes Jahr? Haben Sie da vielleicht dann so was?" Dann fangen nämlich die Unternehmen auch an, darüber nachzudenken, ob sie das nicht doch mal ins Sortiment nehmen sollten. Wenn man am Ball bleibt, kann man da schon was verändern.

Wie siehst du die Zukunft von *Rantipole*?

Mein Ziel ist es eigentlich, nur von dem Label leben zu können und gleichzeitig Menschen mit Kleidung auszustatten, die sie wirklich lieben. Also Kleidungsstücke, die sie wirklich behalten und länger tragen wollen und die sie auch flicken wollen, wenn mal ein kleines Loch drin ist, und die nicht deswegen in der Mülltonne landen.

Ist das für dich auch ein wichtiges Motiv, dass nicht so viel konsumiert wird, um es dann wieder wegzuschmeißen?

Ja, wir verfolgen auf jeden Fall das *Slow-Fashion*-Konzept, also dass man nicht fünf, sechs Kollektionen im Jahr, sondern vielleicht zweimal im Jahr neue Teile auf den Markt bringt. Und eben nicht nach saisonalen Trends geht oder nach vielleicht sogar nur einwöchigen Trends, sondern versucht, Kleidung zu machen, die langfristig schön ist und zu einem bestimmten Stil passt und möglichst lange aktuell bleibt. Ob der Stil gerade modern ist oder nicht, ist für mich persönlich zweitrangig. Es ist ohnehin schöner, wenn die Leute eine Persönlichkeit zeigen und nicht in der breiten Masse mitschwimmen. Das ist ja gerade das, was man zum Beispiel an Comics liebt, dass jeder Charakter wirklich einen starken Charakter mitbringt. Ich fände es erstrebenswert, wenn alle Menschen mehr ihren eigenen Stil leben würden. Jeder hat ja was Besonderes, und das gilt es zu betonen und nicht alles gleichzuschalten.

„Es ist reiner Zufall, dass ich in Deutschland geboren bin. Ich hätte genauso gut in Gambia oder in Äthiopien oder in Eritrea geboren werden können."

RUBEN (26)
Journalist, engagiert in der Rettung von Flüchtlingen im Mittelmeer

Ruben, du bist schon sehr lange sozial und politisch engagiert. Kannst du mir kurz erzählen, was du gerade machst?

Mein Hauptprojekt gerade ist Sea-Watch: Wir haben ein Seenotrettungsschiff, mit dem wir vor der Küste in Libyen Menschen aus Seenot retten, überwiegend Flüchtende. Da steht dahinter, dass wir die Forderung nach einer „Safe Passage", nach legalen und sicheren Einreisewegen in die Europäische Union erheben. Denn wir können nicht damit leben, dass die Europäische Union die Leute auf die Boote zwingt, weil die Grenzen dicht sind, und die Menschen keine andere Möglichkeit haben, nach Europa zu kommen, als auf völlig seeuntauglichen Booten die Überfahrt zu riskieren. Als wir im April unsere Arbeit aufgenommen haben, mit der Sea-Watch 2, war die Wahrscheinlichkeit, bei der Überfahrt zu sterben, bei 1:16. Das ist eine extrem hohe Wahrscheinlichkeit. Ganz unabhängig davon sagen wir: „Letztendlich ist Bewegungsfreiheit ein Recht, das für jeden gelten sollte." Ich bin 1989 geboren. Da ist gerade die Berliner Mauer gefallen. Vorher haben alle gesagt: „Wie kann das sein? Wie kann man Leute in ihrer Reisefreiheit einschränken? Und wie kann man die einsperren?" Die Menschen, die aus der DDR geflohen sind, sind gefeiert worden, die sind willkommen geheißen worden. Und Leute, die dabei mitgeholfen haben, dass die rüberkommen, also **Fluchthelfer, die haben das Bundesverdienstkreuz gekriegt. Und heute sind diejenigen, die Fluchthilfe leisten, kriminelle Schlepper** und die Flüchtenden sind alles andere als willkommen. Das Grundrecht auf Bewegungsfreiheit ist total ausm Fokus geraten. Wir können zwar mit unserem deutschen Pass auf der Welt überall hinreisen, aber das gilt halt nur mit dem deutschen Pass. Und sehr viele Grundrechte, die für uns selbstverständlich sind, gelten nur mit dem deutschen Pass, für andere nicht. Deshalb haben wir bei uns 'nen Geflüchteten versteckt, der keine Papiere hatte.

Was heißt bei uns?

In der WG von 'nem Kollegen zuerst und dann zeitweise bei uns. Damit haben wir uns theoretisch strafbar gemacht, aber der hatte gar keine andere Möglichkeit, als irgendwo unterzukommen. Das wiederum ist total schwirig, denn für den gibt's keine Gesundheitsversorgung, für den gibt's keine Möglichkeit, auf legale Art und Weise zu arbeiten. Da hat also 'ne Wandlung stattgefunden seit 1989. Das finde ich total heftig und da will ich was dagegen machen.

Ihr habt zwei Boote gerade, oder?

Ja, zwei Schiffe: Die Sea-Watch 1 und die Sea-Watch 2. Im Moment sind beide in der Werft für Überholungsarbeiten und wir arbeiten eigentlich vor allem mit der Sea-Watch 2. Die Sea-Watch 1 haben wir als flexible Ressource, um zu reagieren, wenn sie Fluchtrouten verschieben, damit wir da schnell ein Schiff hinschicken können.

Und was machst du persönlich auf dem Boot?

Ich hab den Verein vor zwei Jahren mitgegründet, hab da angefangen, so die ganze Medienarbeit zu machen. Ich hab aber auch mal Schnellbootfahren gelernt und bin daher in der Crew von den Schnellbooten. Also wir haben ein Mutterschiff und dann immer zwei Schnellboote dabei, mit denen wir

die Rettungen durchführen. Denn wenn du mit dem großen Schiff an ein Flüchtlingsboot ranfährst, ist es sehr gefährlich, weil da Panik entstehen und es dann kentern kann. Deswegen fahren wir erst mal mit kleinen Schlauchbooten, wie man sie von Greenpeace kennt, ran.

Wie viele Leute passen auf so ein Boot?

Wir bergen immer zehn Flüchtende pro Fahrt. Wir haben aber noch so Rafts, die wir ziehen können, und wir haben Rettungsmittel, das sind so Tubes, also lange Schläuche quasi, die aufgeblasen sind, wo Seile dran sind, an denen man sich festhalten kann. Das heißt, wenn richtig viele Leute im Wasser sind, können wir damit auch mehr Leute auf einen Schlag bergen.

Und wie bist du zu Sea-Watch gekommen?

Ich war davor bei verschiedenen Aktionskunstgruppen, bei Peng! und beim Zentrum für politische Schönheit, und wir hatten 'ne Aktion zum Jubiläum vom Mauerfall. Da haben wir uns genau die Frage gestellt: Warum wird des Mauerfalls gedacht mit 'ner riesigen Veranstaltung und gleichzeitig sind an den europäischen Grenzen, also quasi am neuen eisernen Vorhang, 38 Menschen ums

MÄCHTIGEN DIE STIRN BIETEN ... ERTRINKENDE IM MITTELMEER RETTEN ...

SEA-WATCH E. V. ist ein im Mai 2015 gegründeter gemeinnütziger Verein, der sich der Seenotrettung von Geflüchteten verschrieben hat. Freiwillige aus ganz Europa, die dem Sterben im Mittelmeer nicht mehr länger tatenlos zusehen können, leisten Erste Hilfe vor Ort und versorgen die Menschen mit Lebensmitteln und Wasser. Außerdem organisieren sie den Transport der Schiffbrüchigen in einen sicheren Hafen. Die Organisation versucht so, die Lücken einer flächendeckenden Seenotrettung zu füllen. Da dies aber kein Dauerzustand sein kann, fordern sie gleichzeitig eine institutionalisierte internationale Seenotrettung und legale Einreisewege für Schutzsuchende.

Nähere Infos: *www.sea-watch.org*

Das **PENG!**-Kollektiv ist eine Gruppe aus Künstler*innen, Aktivist*innen und Hacker*innen, die regelmäßig mit Kunst- und Medienaktionen für Aufsehen sorgt. Dabei versteht sich Peng! als Gegenspieler von Werbeagenturen großer Konzerne und etablierter Politik: „Wir entlarven dreckige Geschäfte, die sich unter hochglänzender Werbung verstecken. Wir hinterfragen die Selbstdarstellung von Konzernen, politische Propaganda und konventionelle Mentalitäten mit subversiven Aktionen und zivilem Ungehorsam."

Nähere Infos: *https://pen.gg/de/*

Das **ZENTRUM FÜR POLITISCHE SCHÖNHEIT** ist ein Zusammenschluss von Aktionskünstler*innen und Kreativen, die sich als „Sturmtruppe zur Errichtung moralischer Schönheit, politischer Poesie und menschlicher Großgesinntheit" verstehen. Mit der Aktion *Flüchtlinge fressen – Not und Spiele* machte die Gruppe 2016 beispielsweise auf eine EU-Richtlinie aufmerksam, die Beförderungsunternehmen einen Transport von Personen ohne Einreiseerlaubnis verbietet und somit eine Einreise für Schutz- und Asylsuchende mit dem Flugzeug fast unmöglich macht.

Quelle: *www.politicalbeauty.de*

Leben gekommen? Das ist schlimm und trotzdem: Vorgestern zum Beispiel hatten wir das Doppelte an Menschen in einer Nacht aufm zentralen Mittelmeer. Das ist für uns Alltag dort. Damals haben wir halt gesagt: **Wie kann das sein, dass man der einen Mauer gedenkt und sagt, die muss weg, und wir gleichzeitig neue Mauern um Europa bauen**, die Menschen an der Reisefreiheit hindern. Es ist reiner Zufall, dass ich in Deutschland geboren bin. Ich hätte genauso gut in Gambia oder in Äthiopien oder in Eritrea geboren werden können. Und genau aus dem Grund habe ich mich viel damit beschäftigt. Damals ist Harald, 'n Unternehmer aus Brandenburg, auf die Idee gekommen, ein Schiff zu kaufen. Und ich hatte mit andern Leuten die Idee, 'n Schiff zu chartern, weil wir kein Geld hatten, eins zu kaufen. Da hab ich den angeschrieben: „Hey, ich kann nix, aber ich könnt 'n bisschen Medienarbeit machen. Ich bin kein Kapitän, ich bin kein Arzt, aber ich würde helfen." Ne halbe Stunde später saß Harald bei mir im Büro und dann ging's los. Von da an hab ich kaum was anderes mehr gemacht. Das ist jetzt zwei Jahre her.

Hattest du ein Vorbild, von dem du sagt: Die Person hat mich zu der Arbeit gebracht? Oder gab es einen Auslöser? War es ein Prozess?

Das war auf jeden Fall ein Prozess. Das Erste, was ich politisch gemacht habe, waren die Proteste gegen den Irakkrieg, damals als der zweite Golfkrieg angefangen hat. Da gab's mehrere Leute, die mich 'n Stück weit geprägt haben. Das war zum einen die Schülersprecherin, die 'n paar Jahre älter war. Ich war in der sechsten Klasse oder so. Die haben Demos organisiert und 'nen Schülerstreik gegen den Irakkrieg. Das fand ich super und habe mitgemacht. Ab da war ich immer wieder in verschiedenen Projekten, zum Beispiel in der Umweltbewegung. Da hab ich viel über Aktionen nachgedacht, mit denen man wirklich was reißen kann. Ich war lange bei Greenpeace und die sind ja im Prinzip auch gestartet mit 'nem Schiff und der Idee: „**Wir fahren jetzt einfach da hin, wo diese Atomtests sind**."

Witzigerweise ist der Kapitän von der Rainbow Warrior 1 mittlerweile Kapitän von der Sea-Watch 2.

Ja, so 'n alter Kauz. Er ist eines meiner Vorbilder.

Dann hat das bei dir schon in der Schulzeit angefangen?

Ja, auf jeden Fall. Ich kann mich erinnern: Das Thema Asyl war für mich schon immer relativ präsent. Es gab einmal 'ne Situation, die ich echt krass fand: Ich war noch relativ klein, als meine Mama mir erzählt hat, dass in Tübingen 'ne Schülerin abgeschoben wird, die sie über Ecken kannte. Das war ein Mädel aus dem Kosovo, also die ganze Familie eigentlich. Und die war Schülersprecherin an 'ner Schule dort und ihre Brüder waren auch total integriert. Und die sind nach dem Krieg 2001 oder so abgeschoben worden. Das war das erste Mal, wo ich damit zu tun hatte. Damals ist mein Vertrauen in den Staat verloren gegangen, weil ich gedacht habe: Wie kann man das rechtfertigen? Und seitdem war das Thema immer im Hinterkopf. Und es hat langsam angefangen, sich zu entwickeln.

Hat es sich ausgewirkt, dass deine Eltern auch politisch sehr engagiert sind?

Es ist schwer zu sagen. Aber es war so, dass meine Eltern mich immer unterstützt haben. Meine Mutter hat sich zwar ab und zu mal Sorgen gemacht, aber ich habe immer Support bekommen, nie Gegenwind gekriegt. Ich hab auch Freunde, deren Eltern nicht so politisch auf derselben Linie sind. Ich hab 'ne Freundin, die super viel macht, aber ihr Vater ist erzkonservativ. Die hat es viel schwerer gehabt, hat's aber trotzdem hingekriegt.

Ich hatte echt 'ne privilegierte Kindheit und es ist mir auch bewusst, dass ich da echt Glück gehabt habe.

Und wenn du jetzt dein Engagement so siehst, was würdest du sagen: Welche Bedeutung nimmt das in deinem Leben ein?

Im Moment macht es tatsächlich einen Großteil meines Lebens aus. Ich arbeite schon so 50 Stunden die Woche für die Sea-Watch. Meine Lebenshaltungskosten sind sehr gering, weil ich in 'ner WG leb und wir noch 'nen alten Mietvertrag haben. Dadurch und durch gute Verdienste als freier Journalist kann ich mir so 'ne ehrenamtliche Vollzeittätigkeit leisten. Wobei das tatsächlich sauviel Arbeit ist. Wir haben das unterschätzt am Anfang. Zum Glück ist unsere Organisation jetzt schnell gewachsen. Als wir angefangen haben, waren wir sieben Leute: Harald, der das gegründet hat, 'n Kumpel von ihm und dann noch so 'n Typ, der die Finanzen gemacht hat, so drei, vier Leute, die auf dem Schiff rumgebaut haben, und ich für die Medienarbeit. Das war's. Mittlerweile haben wir 130 Aktive, fünf Festangestellte und 'n Jahresbudget von 1,3 Millionen.

Aber du bist immer noch als Ehrenamtlicher dort tätig?

Ich hätte mich jetzt einstellen können. Denn wir mussten jetzt einfach Stellen schaffen, sonst wäre das gar nicht bewältigbar gewesen. Aber ich hab lieber Leute in meinem Bereich eingestellt, weil ich hab 'nen Job, wo ich, wenn ich arbeite, gut bezahlt werde. Also wenn ich drei Tage arbeite, bin ich den Monat safe. Meine Sorge ist eher Überlastung und Zeit. Und ich hab mich entscheiden können, ob ich mich bezahle, wovon ich nicht weniger überlastet gewesen wäre, oder ob ich 'ne zusätzliche Person einstelle, die mir Arbeit abnimmt. Und das war genau die richtige Entscheidung, weil da hab ich jetzt jemand, der echt was wegarbeitet.

Das ist ja auch 'ne Arbeit, in der man sehr viel Leid sieht. Gab es da einen Moment, wo du auch mal gezweifelt hast?

Ja, aber gar nicht so sehr, weil wir Leid sehen. Wir hatten natürlich die Situation, dass Leute vor unseren Augen ertrunken sind. Ich erinnere mich an eine Situation: Da hatten wir 'n Holzboot mit 500 Leuten. Da waren 300 auf Deck und 200 unter Deck, und als wir da rangefahren sind, haben die gesagt: „Es sind fünf Tote unter Deck." Die sind erstickt, weil CO_2 schwerer ist als Luft; das heißt, die Luft unter Deck lässt nach und irgendwann ist der Sauerstoff verbraucht. Da musst du eigentlich superschnell

räumen. Gleichzeitig war das Schiff instabil. Am Ende waren 15 erstickt und wir können nicht ausschließen, dass ein Teil der Leute erstickt ist, während wir sie gerade vom Boot geholt haben. Solche Situationen geben einem schon zu denken. Gleichzeitig denkt man in so Momenten aber auch, man ist genau richtig dort. Denn wenn wir nicht da gewesen wären, dann hätte das noch länger gedauert, bis die gerettet worden wären. Aber dieses Leid ist gar nicht so sehr das, was mich zweifeln lässt. Eher haben wir das Gefühl, dass wir durch unser Rausfahren staatliche Kräfte wegsubstituieren. Vor 'nem Jahr war es noch so, dass Schnellboote von der italienischen Küstenwache geschickt worden sind. Die sind sehr teuer im Betrieb. Die hab ich dieses Jahr nur einmal gesehen, an 'nem richtig heftigen Tag, wo wir 30 Boote oder so hatten, die alle überlastet waren, und wo wir dann solange Druck gemacht haben, bis die die Boote losgeschickt haben. Das Problem: Die Staaten sagen: „Super, jetzt sind die NGOs da und machen das, dann machen wir halt gar nix mehr." Da haben wir zum Teil das Gegenteil erreicht von dem, was wir erreichen wollten. Ich glaub immer noch, dass unsere Arbeit richtig ist, weil wir teilweise besser ausgestattet sind als irgendein Kriegsschiff. Und wir behandeln die Menschen auch anders.

Also die Militärs, die retten halt mit'm Schlagstock statt mit der Schwimmweste. Aus 'nem humanitären Gesichtspunkt betrachtet ist es genau richtig, was wir machen, aus 'nem politischen kommt man da schon mal ins Zweifeln, was der Sinn ist, von dem, was man macht. Das ist schon ein bisschen 'ne Falle, in die wir da reingetappt sind. Weil jetzt können wir uns nicht mehr zurückziehen.

Wenn ihr die Menschen von den Booten holt, bekommt ihr Rückmeldung von denen?

Das kommt total drauf an. Wir hatten mal eine Situation, da waren richtig viele Boote draußen und wir waren mit unserem Schnellboot woanders als unser Mutterschiff. Wir waren bei einem anderen sinkenden Schlauchboot. Und wir kamen zum Mutterschiff zurück von 'ner Situation, wo die Leichensäcke zugemacht wurden. Und wir kamen zu 'ner Situation bei uns aufm Schiff, wo die Leute, die das nicht mitgekriegt haben, gesungen und getanzt haben. Das war 'ne total schöne Situation und so was gibt einem natürlich wieder Kraft. Aber häufig brechen die Leute quasi zusammen, wenn die zu uns aufs Boot kommen. Wir haben das super oft, dass die Leute reihenweise kollabieren. Man muss sich das so vorstellen: **Die sind teil-**

weise mit 150 auf 'nem Schlauchboot, das für 40 Leute gemacht ist. Wir haben teilweise Leute, die erdrückt werden, sodass die total dehydriert sind, dass die 'n Sonnenstich haben, dass die Verätzungen haben, weil das Gemisch aus Salzwasser und Benzin die Haut angreift, und die sind alle barfuß da drin. Denn das Problem ist, wenn die Schuhe anhätten, könnten die das Gummi vom Schlauchboot kaputt machen. Oft sind die Leute eigentlich schon über ihre Grenzen und versuchen irgendwie wach zu bleiben, weil die sonst über Bord gehen. Das heißt, die kommen bei uns an Bord an und alles fällt ab. Die können einfach nicht mehr. Manchmal feiern die voll, weil die total euphorisch sind, und super oft haben wir die Situation, dass es Tote gibt und dass da jemand jemanden verloren hat, also im Prinzip 'ne Katastrophe passiert ist. Wir haben auch 'ne Situation gehabt, da hatten wir ein 16-jähriges Mädchen: Die war quasi erstickt auf 'nem Schlauchboot, und als wir die angenommen haben, da hatte sie keinen Herzschlag mehr. Wir haben sie auf dem Schnellboot noch reanimiert und irgendwie wieder hingekriegt. Die ist dann ausgeflogen worden von 'nem Hubschrauber, aber sie war nicht stabilisiert und ist dann noch ums Leben gekommen. Da hab ich schon gedacht: Krass, die war 16, die hatte überhaupt keine Chance in ihrem Leben. Das Einzige, was die als Chance hatte, war auf dieses Boot zu gehen, und dann wird sie da erdrückt, bloß weil die europäische Union legale Einreisewege verweigert. Die ist gestorben, weil wir ihr keine Chance gegeben haben. Da denk ich mir: Für den Tod tragen genau die Verantwortung, die hier den Diskurs in die falsche Richtung schieben und sich vom Rechtspopulismus wie die Sau durchs Dorf treiben lassen.

Und wie ist das für dich? Wie gehst du mit dem Tod um?

Wir haben bei uns an Bord die Regel, dass wir nur zwei Wochen an Bord sind und dass definitiv keiner länger als einen Monat an Bord ist. Einfach damit du mal Abstand kriegst. Weil du stumpfst relativ schnell ab. Da muss man echt aufpassen.

Aber ihr habt auch Erfolgserlebnisse, oder? Die wirken dann motivierend, oder nicht?

Auf jeden Fall. Allein mit unserem Schiff waren wir dieses Jahr an mehr als 20.000 Rettungen beteiligt. Das sind schon Zahlen, die einem irgendwie Kraft geben. Und das war nur die Sea-Watch 2. Wir waren jetzt den Winter über noch in der Ägäis, auf Lesbos, und da haben wir auch mehrere hundert Leute am Tag von den Booten geholt. Ja, das gibt einem schon Energie. Viele bedanken sich auch und das sind Erfolgserlebnisse. Man sieht die nur manchmal nicht, man muss sich dann auch wieder gegenseitig dran erinnern. Erfolg an so 'nem Tag zu sehen, wenn vor deinen Augen Leute ertrunken sind, fällt schwer.

Und trotz der vielen Toten: Du siehst Sinn in dem, was du machst?

Ja. Entscheidend für mich ist, dass ich vor mir selber in den Spiegel gucken kann. Ich kann mir vorstellen, dass man in 20 Jahren fragt: Was war eigentlich damals mit uns los, dass wir da jedes Jahr 'n paar tausend Leute haben ertrinken lassen? Total rassistisch und inakzeptabel. Jetzt ist genau das der Fall und jetzt muss man da was gegen machen. Ich will nicht hinterher sagen müssen: „Ich hab das gewusst und ich hab nichts dagegen gemacht."

> „hald blöd für d Menschheit, wenn koiner ema andere hilft."

DANIEL (16)
Schüler an der Berufsfachschule, Sprecher der Jugendfeuerwehr Geislingen an der Steige

Hallo Daniel, es wäre cool, wenn du ein bisschen erzählen würdest über deine Aktivität bei der Jugendfeuerwehr, wann du damit angefangen hast und was du da so machst.

Oh wann han i da agfanga? I hab 2012 in dr Jugendfeuerwehr agfanga. Ond dann war i da ein Jahr dabei, dann hot ma da auch so Jugendfeuerwehrwahla gehabt und dann bi i zum vertredenen Jugendsprecher gewählt wora. Als Jugendsprecher hat ma hald Aufgaba wie Probleme lösa, zum Beispiel wenn die andre a Problem unteranander hän und ed glei zum Jugendwart wollat, dann könnat die hald zu mir komma und da drüber reda. Ond dann kann i hald zum Jugendwart selber ganga und des mit denne klära.

Wie bist du darauf gekommen, zur Jugendfeuerwehr zu gehen?

Mei Vadder hat scho immer geseit: „Ach, komm, gang in d Jugendfeuerwehr und so. Des bringt dir au später was, wenn de in d aktive Wehr gosch." Joa, und des gefällt mir hald recht guat.

Gab's für dich auch ein Vorbild bei der Jugendfeuerwehr?

Joa, mei Onkel war au bei dr Jugendfeuerwehr und der hat geseit: „Da gosch na, des isch guat!"

Hast du auch vor, ganz zur Feuerwehr zu gehen, also zur Berufsfeuerwehr?

Ah, des got ed, weil i dahoim mei Hof han und so. Des isch blöd. I will deshalb a landwirtschaftliche Ausbildung macha und unseren elterliche Betrieb übernehma.

Ach so. Was gefällt dir denn so an der Jugendfeuerwehr?

Oh, die Geselligkeit, also wenn ma zsamma sitzt und reda ka oder wenn ma zsamma auf – wie hoißts? – Kreisfeuerwehrtage zsamma sitzt am Biertisch dra und reda ka ... Ond dass ma zueinander hält ond dass ma hald viel lernt zur Feuerbekämpfung und hald sonsht was. Kameradschaft, des isch guat.

Das Motto von der Feuerwehr ist

ja „bergen, helfen, retten". Ist das dir auch wichtig?

Ja, andere Personen retta isch für mi scho au ziemlich wichtig, weil wenn ma andere Personen nie hilft, dann isch es hald blöd für d Menschheit, wenn koiner ema andere hilft.

Wie ist es mit Anerkennung? Ich meine: Dass du bei der Feuerwehr bist, hat das auch was damit zu tun, dass man im Dorf eher akzeptiert wird, wenn man da drin ist? Feuerwehrleute sind ja im Dorf schon recht angesehen im Gegensatz zu den Leuten, die nur daheim sitzen, oder?

Ja scho. Ond des isch schon sinnvoll au, ma ka ja au weiterbildet wera zu andere Ränge und so. Des bringt eigentlich scho was, bei der Feuerwehr zu sei.

Gibt es für dich auch so einen Reiz wegen des Abenteuers, das mit Feuerlöschen und so verbunden sein kann?

Joa, des isch scho au a Kick.

Man lernt ja auch 'ne Menge bei der Feuerwehr. Kannst du erzählen, was du da so lernst?

Also zuerscht mol wird ma über die Audo aufklärt, was do alles drauf isch, was für Schläuche drauf sind, wenn se an Wassertank hot, wie viel Wasser da drin isch, ja was für Geräte es da drauf hat, Stromaggregat oder Rettungsschere und so was. Des wird da oim zuerscht alles erklärt, was da so drauf isch, und dann so mit denne oinzele Sacha wird hald erklärt, wie des bedient wird und für was man des braucht und so.

Dann geht das aber auch weiter, oder? Das hört ja nicht bei den Autos auf ...

Ja, wenn ma jetzt an Brand hot oder so oder an Feuerlöscher, dann wird hald erklärt, wie benutz ich den Feuerlöscher am effektivschta, weil hald des Feuer dann hald am beschda und am schnellschta gelöscht wird.

Denkst du, dass dein Papa recht hat damit, dass es dir hilft später im Leben, bei der Feuerwehr zu sein?

Joa, weil ma da au so Knota und so was lernt. Des ka ma au dahoim verwenda. Oder hald, wenn jetzt zum Beispiel a Person bewusstlos wird, was man do dann macht, des lernt ma ja au in der Feuerwehr. Des bringt dann scho au viel, wenn ma so was kann und woiß.

In der Freiwilligen Feuerwehr ist man ja auch manchmal mit ziemlich schlimmen Sachen konfrontiert, unter Umständen auch mal mit Verletzten und Toten. Beschäftigt ihr euch in der Jugendfeuerwehr mit solchen Dingen?

Eher ed so. Im spätere Leba, also bei de Aktive, kommat so Seelsorger und so, und die klärat des dann mit oim, dass ma so Sacha verkrafta ka.

In der Jugendfeuerwehr bespricht man eher theoretisch Fälle?

Ja, theoretische Fälle macht ma amol, so mit Puppa und so macht ma hald au so Sacha, wo ma dann mit denne lernt, wie ma jetzt zum Beispiel so beatma muss oder so. Dann kommt au 's Rote Kreuz manchmal und macht mit uns dann so, wie hoißts ...?

Erste-Hilfe-Kurs?

Ja, genau, so was machen wir dann. Oder Wunda verarzta, Verbände und so was lernt man dann au.

Glaubst du, die Jugendfeuerwehr trägt was dazu bei, dass du anders als andere auf bestimmte Themen blickst, wie den Tod zum Beispiel, weil du vielleicht eher damit konfrontiert wirst?

Joa, also manchmal, wenn a verletzta Person aus am Audo

gholt wird und die isch dann querschnittsgelähmt, sagat die Leud, die ed bei der Feuerwehr sind: D Feuerwehr isch schuld, weil ma die Person falsch aus am Audo rausgnomma hat, dass die jetzt querschnittsgelähmt isch, und als Feuerwehr siehsch des hald dann anders: Die han hald ihr Möglischtes geba, dass hald die Person unverletzt aus am Audo rauskommt. Manchmal kama hald nix dagega macha: Die muss hald raus und egal wie.

Hast du schon mal so was richtig Krasses erlebt wie einen Unfall oder so?

Ja scho öfter a mol, da unda aus am Dorf raus isch a mol so a Frau auf a Mauer beim Straßagraba aufgfahra. Des hab i dann geseha, wie ma die hald in Hubschrauber nei do hat und so. Des war eigentlich 's Krassteste, das Audo war hald komplett kaputt.

Und wie ging es dir dabei?

Komisches Gefühl im Bauch gehabt.

Was sagen denn andere über deine Aktivität in der Jugendfeuerwehr?

<u>Die aus meiner alta Klass</u>, die wo ed bei der Jugendfeuerwehr warat, <u>händ gseit: „Ja, boah, wie kannsch in d Fuerwehr ganga? Isch ja voll peinlich"</u> und so. <u>Aber i han hald denkt: Ja, lass se no schwätza, mir gfällts</u>, und i mach mir mei oigenes Bild davo und der Rescht ka denka, was se wellet.

Wie ist das mit den Mädels? Wie kommt das bei denen so an?

Da war i jetzt no ed so drauf konfrontiert von denne.

Es gibt ja in letzter Zeit das Problem, dass nur noch wenig junge Leute zur Feuerwehr gehen. Was glaubst du, woran das liegt?

Vielleicht hän se koi Zeit mehr, obends in Dienscht zu komma oder hän se oifach koi Luscht, weil se lieber andere Sacha macha wellat wie Fußball spiela oder sonscht was oder Freunde treffa, auf Feschde ganga, so was. Oder vielleicht hän se au Angscht vor der Verpflichtung, also dass ma do au wirklich do sei muss im Einsatz.

Warum braucht man überhaupt die Freiwillige Feuerwehr?

Des isch scho wichtig, dass es des gibt. Wenn jetzt in Walddhausa a Haus brennt, da kommt dann hald niemand ond hilft, und dann ka hald sei, dass 's Nebagebäude au afängt zum brenna und dann weitere Häuser no. So send ja früher au ganze Dörfer abbrannt.

Du könntest ja eigentlich statt der Feuerwehr auch was anderes machen, wie Sport oder so. War das jemals für dich eine Alternative?

Noi, des war no nie Alternative, weil Fußball spiela, des liegt mir ed so, und Feuerwehr, des gefällt mir hald oifach.

Zum Schluss würde ich gern von dir wissen, wo du dich in zehn Jahren siehst, privat und bei der Feuerwehr?

Joa, also im privata Leba, unsran Hof zum führa, an Meischtertitel gemacht zu han. In der Feuerwehr, sich als Kommandant auszuprobiera.

„auf die Demo der Revolutionären gehen … und einfach Präsenz zeigen …: Wir sind da! Die Jugend ist nicht nur dumm und kauft bei Primark!"

MAX (15)
Schüler, gründet gerade eine Antifa-Gruppe sowie die digitale Linksfront

Max, wir interessieren uns für dich, weil du dabei bist, 'ne Antifa-Gruppe für die Region Stuttgart zu gründen. Kannst du mir sagen, wie es dazu kam?

Die Idee kam ursprünglich daher, dass mich jemand auf *Instagram* angeschrieben hat, wo ich früher oftmals Inhalte hochgeladen hab, die was mit der Antifa zu tun hatten. Da hat er mich mal auf ein Bild angesprochen. Das war ein Aufkleber, da haben irgendwelche Nazis drauf rumgekritzelt, und ich hab des Nazizeug dann weggemacht und abfotografiert und dann hochgeladen. Da meinte er so: „Lass doch was zusammen machen!" Wir haben uns dann zusammengefunden und uns gesagt, 'ne Gruppe wär eigentlich voll die gute Idee. Dann können wir noch mehr Leute zum Nachdenken bringen oder dazu, auch was zu machen. Dann hat auch noch Tobi mitgemacht, den ich von den Falken kenne. Schlussendlich sind wir die Mitbegründer von zwei Gruppen: Einmal von der Digitalen Linksfront. Das ist eine Gruppe, die sich nur über Online-Medien kennt, wie *WhatsApp* oder *Twitter* und *Instagram*. Da sind deutschlandweit Leute drin, aus verschiedenen Städten und Regionen, und einer ist auch aus Österreich. Dann gibt's noch das antifascist action collective, kurz: afac. Das ist Baden-Württemberg-weit und hat auch noch ein paar Leute aus verschiedenen anderen Räumen.

Und die Digitale Linksfront, wie lang gibt's die jetzt schon?

Schätzungsweise ein Vierteljahr. Also sehr neu. Jetzt am 1. Mai ist unsere erste Aktion in Baden-Württemberg. Aber da sind nur fünf Mitglieder von uns dabei. In der *WhatsApp*-Gruppe sind momentan so um die 30, 40 Leute. Aber nicht alle können kommen, weil sie zu weit weg wohnen oder irgendwelche Termine dazwischenkommen.

Das heißt, ihr kommuniziert komplett über *WhatsApp*?

Wir kommunizieren komplett über Medien. Wir wollen uns eigentlich auch von *WhatsApp* zurückziehen, weil *WhatsApp* scheiße ist wegen Datenschutz, und auf *Telegram* umsteigen. Aber das Problem ist halt: Es haben alle *WhatsApp*. Jedenfalls ist das die beste Möglichkeit, viele zu erreichen. Ich kenn Tobi und den anderen, der das mitbegründet hat, persönlich und den Rest nur über soziale Medien.

Hast du das Gefühl, dass da jetzt viel geht in den digitalen Medien im politischen Bereich?

Ja, im Vergleich gibt es da sehr viele Linke. Das Problem ist, es gibt auch rechte Kanäle, die leider sehr populär sind und ekelhaftes Zeug verbreiten. Aber man kriegt schon auch sehr viele linke Kanäle mit. Die sind auch sehr groß, teilweise bis hin zu 12.000, 13.000 Follower, die auch mit irgendwelchen Bands wie *ZSK* oder so zusammenarbeiten. Und so was in der Art machen wir mit Kein Bock auf Nazis, die wir auch supporten.

Würdest du sagen, dass sich seitdem was verändert hat in deinem Leben?

Zeitlich gesehen ist es gerade viel *WhatsApp*-Geschreibsel, und es wird momentan noch mehr, weil es kommt ja nun die erste Aktion,

ANTIFA

Antifa ist die Abkürzung für Antifaschismus. In politisch im Einzelnen unterschiedlich orientierten Antifa-Gruppen engagieren sich im Allgemeinen linksorientierte Aktivist_innen gegen rechtsextremistische und explizit faschistische Tendenzen, insbesondere gegen Rassismus und Nationalismus. In Deutschland entstand die Antifaschistische Aktion schon 1923. Ihr Ziel war es, gegen den aufstrebenden Nationalsozialismus anzukämpfen. Antifa-Gruppen heute sind hauptsächlich aktiv in der Recherche, Dokumentation und Veröffentlichung von Informationen über rechtsextremistische Strömungen. Bekannt ist die Antifa zudem für Demonstrationen und Gegenveranstaltungen beim öffentlichen Auftreten von extrem rechten Parteien, Listen und Gruppen.

bei der ich auch für den Großteil der Organisation verantwortlich bin, zusammen mit einem Genossen von mir, der auch gerade dabei ist, ein Transpi zu gestalten. Weil ich immer bis um vier Uhr Schule hab, ist das eigentlich das, was ich in der anderen Hälfte des Tages mache. Man muss die Aktionen auch konkret vorbereiten und über *WhatsApp* geht das halt nur – kommunikationstechnisch.

Was macht ihr denn jetzt am 1. Mai überhaupt für 'ne Aktion?

Uns als Gruppe erst mal treffen und kennenlernen. Wir gestalten außerdem ein Transpi, mit dem wir auf die Demo der Revolutionären gehen und dort mitlaufen und mal angucken, wie wir zusammen agieren, wie wir uns verstehen, und einfach Präsenz zeigen: Wir sind da! Die Jugend ist nicht nur dumm und kauft bei *Primark*! Es gibt auch schon Ideen, dass wir uns vor *Primark* mal mit 'nem Stand stellen und auf Kinderarbeit und Sonstiges hinweisen. Ist aber schwierig umzusetzen, weil die Leute zum Teil so weit weg wohnen.

Voll spannend, was du gerade gesagt hast: Ihr wollt darauf hinweisen, dass die Jugend auch aktiv ist. Hast du das Gefühl, da geht bislang zu wenig?

Ja, natürlich. Das hat meiner Meinung nach was damit zu tun, dass der Kapitalismus dafür verantwortlich ist, dass die Menschen sich entpolitisieren. <u>In der Schule wird Politik eben nicht gefördert. Schule ist grundsätzlich ein stinkender Haufen der Ungerechtigkeit</u>, der auch seine Fehler nicht anerkennt und repressiv vorgeht gegen Leute, die das kritisieren. Das ist mir leider selber oftmals widerfahren. Und ständig wird dann gesagt: „Die Jugend ist unpolitisch." Sind halt ständig solche Klischees. Und ständig diese Entpolitisierung durch irgendwelche Werbung oder Sonstiges. Wenn man politisch ist, dann hat man meistens 'n Problem. Solang man nicht rechts ist, hat man 'n Problem. Wenn man rechts ist oder so gemäßigt, also bei der Jungen Union, bei den Liberalen oder Jusos, dann ist das in Ordnung. Ansonsten, wenn man sich öffentlich als Linksradikaler bezeichnet oder mal fragt: „Was war jetzt eigentlich die RAF, können wir das noch mal ausdiskutieren?", dann kommen die gleich mit dem Stempel: Du bist DDR, du bist Mao! Ich hab gegen solche Leute so was von was, weil das einfach totale Arschlöcher sind.

Du hast gesagt, dass dir selber das schon passiert ist in der Schule, dass deine politische Positionierung kritisiert wurde. Hast du ein Beispiel dafür?

Beispielsweise wurde mir untersagt, mit meinen Pullis, auf denen eben das Antifa-Logo zu sehen ist, rumzulatschen. Was ich dann aber trotzdem getan hab, weil ich so 'n Verbot sehr schwachsinnig finde. Außerdem wurde mir vom Konrektor die Verwarnung gegeben, ich solle aufhören, gesellschaftskritische Positionen so wortlaut zu vertreten.

Hast du das Gefühl, dass Klassenkameraden oder Klassenkameradinnen sich nicht so für Politisches interessieren wie du?

Das hat vielleicht auch damit zu tun: Ich bin mit 'nem politischen Vater aufgewachsen, der selber in der Friedensbewegung früher war. Ich war mit sieben auf den ersten Protesten. Jedenfalls hab ich irgendwann beschlossen, ich will mich politisch engagieren. Vorher war ich bei den Pfadfindern, aber da hat es mir überhaupt nicht gefallen, weil's da 'n Haufen naiver Menschen gibt und ich damit nichts zu tun haben wollte, auch nicht mit der ständigen Ausgrenzerei. Da sind mir die Falken in den Sinn gekommen. Mit elf ging's dann los. Und als Kleiner wirst du halt nicht ernst genommen, das ist natürlich nicht so geil. Ich hatte immer das Problem, dass ich mich mit Dingen beschäftigt hab, die reif sind, also nicht zu meinem Alter so gut passen. Und das ist auch heutzutage noch so.

Das ist schwierig, oder? Du hast ja auch gesagt, man wird da nicht so ernst genommen?

Das ist vor allem anstrengend, und es provoziert ohne Ende, weil man sich ständig hintergangen fühlt von den Menschen. Also ernst genommen fühlt man sich überhaupt nicht. Wenn ich mit 'nem Lehrer diskutiere, dann merk ich schon, dass der meine Position nicht ernst nimmt. Genauso wie Erwachsene, die einem ständig erzählen: „Du hast doch keine Ahnung, wie das hier läuft." Wo ich mir denke: Ja, gut, aber ihr schiebt's so 'nem 60-, 70-Jährigen in 'n Hals, der das Kultusministerium leitet, Staatsausgaben und Sonstiges bestimmt, obwohl ihr die Schule seit gefühlten 60 Jahren nicht mehr von innen gesehen habt.

Und andere Jugendliche, wie ernst nehmen die dich?

Auf der Schule, auf der ich damals war, waren die meisten Älteren sehr rechts eingestellt. Da hatten wir gerade das Thema Nationalsozialismus und diese Älteren und deren größere Geschwister waren halt so drauf: Wir sind ja so witzig und machen Hitlergruß und schreien „Sieg Heil!" und sagen: „Du ekelhafte Judensau!" Die Leute waren sehr dumm und haben das eben nachgemacht. Die Lehrer haben es gedeckt. Mir wurde dagegen an den Kopf geworfen, ich hätte ADHS, weil ich mich auch mal mit Gewalt gewehrt hab.

Und dann bist du stark geblieben und hast dein Ding durchgezogen?

Ja, danach ging dann die politische Phase los.

Und dort fühlst du dich jetzt sicher?

Ja, wenn ich da unterwegs bin, fühl ich mich zu Hause, da fühl ich mich mehr willkommen und mehr ernst genommen. **Was generell bei Linken der Fall ist: Du wirst in jedem Alter ernst genommen.** Bei Rechten ist es deutlich hierarchischer.

Was würdest du dir denn wünschen von Lehrkräften oder anderen Erwachsenen?

Eine allgemein politisiertere Denkweise, dass man Politik in der Schule hat. In Baden-Württemberg hast du in der Schule nicht Politik. Du hast in manchen Schulen, beispielsweise in Berlin, Politik als Fach. Allgemein, dass man sich politisch auch anders verhalten kann und auch was anderes sagen darf. Und dann auch wenigstens konstruktiv kritisiert wird und nicht nur zu hören bekommt: „Ja, das ist halt so."

Du stößt da schon echt auch auf Hindernisse?

Ja. Die gibt's, aber die muss man überwinden.

Und wie kann man die überwinden? Besonders in deinem Alter?

Schwierig. Aber es gibt schon den Plan, dass ich mit ein paar 'nen Schulstreik organisier.

Jetzt gründest du ja gerade zwei Gruppen ... Kannst du mir sagen, was es dir bedeutet, eben solche Gruppen mitzugründen?

Das bedeutet mir sehr viel. Ich find's super, weil ich so was unbedingt machen möchte und auch immer schon Bock drauf hatte, was zu bewegen. Das gilt für beides: Theorie wie Praxis.

Wie meinst du das mit der Theorie? Liest du viel?

Ja, ich lese viel. Habe auch vor, im Sommer das *Kapital* anzufangen, was wir dann auch bei den Falken lesen werden. Und ich beschäftige mich sehr viel mit politischen Richtungen. Die Hintergründe sind wichtig.

Es ist ja so, dass die Antifa häufig mit Gewalt in Verbindung gebracht wird. Wie stehst du dazu?

Wenn man mir erzählen will, dass es okay ist, dass ein Polizist auf Menschen einschlägt, die am Boden liegen und schon eh arm dran sind, und die Polizei rassistische Ressentiments aufbaucht, homophobe Tendenzen, faschistische Tendenzen in ihren Reihen duldet, und zu uns wird immer gesagt, dass wir aggressiv sind und gewaltbereit, dann stimmt da was nicht. Aber Gewalt ist keine Lösung, das ist klar. Aber die Frage ist: **Wenn mich ein Polizist schlägt, ist es dann richtig, dass ich mich nur hinsetze und einen auf Friede, Freude, Eierkuchen mache oder dass ich zurückschlag und sag: „Nee, so nicht Freundchen!"** Und das Problem hat man eben oft hier, wenn man anders denkt: Man ist sehr schnell Zielscheibe. Ich hab das selber auch am eigenen Leib erleben dürfen: Zwei, drei Kontrollen aufgrund meiner Pullis, aufgrund von Stickern, von Treffen mit Freunden, da waren die Leibesvisitationen unbegründet. Das war nicht gerade angenehm, wie die mit einem umgegangen sind. Auf Demonstrationen, wo sie auf Leute eingeprügelt haben, stand danach in der Presse nichts, sondern nur über die gewaltbereite Antifa. Sehr einseitig.

Du hast jetzt ein paar Mal schon gesagt: Wenn man anders ist. Fühlst du dich manchmal anders?

Man ist in der Hinsicht einfach anders, dass man denkt. <u>Das Problem ist hier in der Gesellschaft, dass das Geld 'ne viel zu große Rolle spielt und politisch da gar nicht drüber nachgedacht wird</u>. Bei den Menschen ist es teilweise so: Hauptsache, sie kriegen ihren Lohn oder ihren Profit, es ist ihnen wurst, ob 20 Millionen Menschen in Afrika von Hungersnot bedroht sind, die mit vier Milliarden Euro gerettet werden können. Es gibt immer mehr Armut, und die Schere zwischen Arm und Reich klafft immer weiter auseinander. Hauptsache, das Geld stimmt: Das ist das Problem an der Sache.

Und hast du das Gefühl, auch die Mehrheit in deinem Alter nimmt das einfach so hin?

Es wird den Leuten nicht beigebracht, dass man sich politisch wehren kann. Die Leute sollen konform bleiben, damit sie das Zeug kaufen und die Schnauze halten und immer unter Kontrolle sind. <u>Man züchtet sich quasi das kapitalistische Vieh, das auf alles hört und nie scharf wird</u>. Nur die dümmsten Kälber wählen ihre Metzger selber.

Und was sagen andere zu deinem Engagement: Familie, Freundeskreis, Schulklasse?

Familie? Da ist die Kritik meines Vaters mit seiner eher grünen Position, dass ich zu radikal für ihn sei. Wo ich mir denke: Er muss damit klarkommen, dass ich 'ne andere politische Position vertrete als er. Meine Klasse? In der Klasse weiß das niemand. Das geht auch niemanden was an. Aus meinem Freundeskreis wissen es Leute. Aber entweder, es juckt sie nicht, oder sie vertreten eher so eine konservative Position nach dem Motto: „Mach doch was Soziales! Mach doch nicht so was Sinnfreies! Das ist doch sinnlos."

Wenn dir jemand sagt, dass das, was du tust, sinnlos ist ...

Dann frag ich mich halt immer – den vor Augen: Was tust du denn, was so viel Sinn ergibt, dass du mir das sagen kannst? Nur weil das für dich keinen Sinn ergibt, heißt das nicht, dass es für mich auch so ist. Für mich macht's halt Sinn. Ich will politisch was erreichen und ich will politisch links unterwegs sein.

Hast du da auch konkrete Ziele?

Konkretes Ziel ist, den Kapitalismus abzuschaffen. Ihn ersetzen durch ein besseres System, was für mich ein Mix ist aus sozialistischen und kommunistischen Tendenzen, wie Anarchismus in nicht gewalttätiger Form.

Welche Bedeutung hat dein politisches Aktivsein für dein Leben? Wie beeinflusst es deinen Alltag, deinen Freundeskreis ...

Ziemlich. Freundeskreise hab ich momentan zwei: einen unpolitischen und einen politischen. Bei dem unpolitischen kennen wir uns schon länger, kennen uns durch die Schule meistens. Und in dem politischen kennen wir uns seit 'nem knappen Jahr, können uns da auch alle voll gut ab und sind untereinander 'ne ziemlich gute Stütze.

Inwiefern 'ne Stütze?

Gegen Anfeindungen, die man erlebt. Und einfach zu wissen, man hat auch was anderes außer dieses Fassadenleben, hat auch andere Ziele und nicht nur Schule oder Sonstiges.

Wenn du deine Klassenkameraden und Klassenkameradinnen siehst, die eben eher jeden Tag zu *Primark* rennen, was löst das für Gefühle bei dir aus?

Ich denk mir halt: Wie kann man so blöd sein und sich darüber nicht informieren, was für 'n Scheiß man da einkauft, nur weil's im Trend ist?

Noch mal zurück zu der Antifa-Gruppe. Es gibt doch in Stuttgart einige Antifa-Gruppen. Kannst du sagen, was euch bewegt, 'ne neue Gruppe zu gründen?

Wir wollen selber was aufbauen und uns auch mit Leuten in unserem Alter auseinandersetzen. Gerade weil es so wenig politisches Interesse gibt. Um zu zeigen: <u>Die Jugend ist nicht so blöd, wie ihr immer denkt. Hört uns mal zu, wir strengen uns so dermaßen an</u>. Darum geht's.

Könntest du ein Alleinstellungsmerkmal formulieren, das für eure Gruppe passt?

Ganz viel junge Leute, die Bock darauf haben, was zu machen. Für uns ist es sinnvoll, dass wir was tun können und dass wir uns nicht darauf beschränken, nur mit Worten zu agieren, sondern dass auch Taten folgen.

Wenn du mal in die Zukunft denkst: Wo siehst du dich in zehn Jahren?

Ich sehe mich dann weiterhin <u>auf der Straße gegen das System kämpfen. Beziehungsweise am System was verändern. Das macht Sinn</u>.

„jede kleinste Sache, die man macht, kann eine Veränderung bewirken."

Links: **LIS (18)**
Mitte: **TESSA (19)**
machen einen ökologischen Bundesfreiwilligendienst (öBFD) bei PETA ZWEI und leben vegan

Ihr beide seid bei PETA ZWEI engagiert, wie kam es dazu?

LIS: Ich habe im Internet geguckt, was ich vielleicht nach dem Abi machen kann, und gesehen, dass es einen Bundesfreiwilligendienst hier bei PETA gibt.
TESSA: Bei mir war es ähnlich. Als ich immer mehr angefangen habe, mich mit Tierrechten auseinanderzusetzen – da führt eigentlich kein Weg an PETA vorbei, weil man einfach so konfrontiert ist mit deren Bildern und Recherchen. Und dann habe ich irgendwann das gesehen mit den Jobs und dachte mir: Warum nicht?

Also hattet ihr nicht den Plan, einfach nur irgendeinen Freiwilligendienst zu machen, sondern es war schon klar: Es muss der da sein?

TESSA: Genau, ich hab mich auch auf nichts anderes beworben.
LIS: Nee, ich auch nicht.
TESSA: Ich hab gesagt: entweder das oder gar nichts.

Und was macht ihr hier genau?

LIS: Wir haben unterschiedliche Aufgabenbereiche. Was wir beide machen: Recherchen und ganz normale Büroarbeit oder auch das PETA-ZWEI-Streetteam in Stuttgart. Dafür planen wir Demos und führen die dann auch durch, als Leiter. Wir haben eine *Facebook*-Gruppe und laden die Leute dazu ein. Und ich speziell mache im Moment noch mehr im Marketing: Verlosungen oder Datenbanken pflegen und so.
TESSA: Ich bin bei einem von unseren Fachreferaten in der Unterhaltungsbranche und setze mich speziell für Tiere in Zirkussen, in Zoos, gegen Pony-Karusselle und so was ein. Genau: Mailings, Recherche machen wir, Leserbriefe schreiben …
LIS: Fahren auch mit auf Messen. Ich war jetzt gerade in Leipzig auf der Tattoo-Expo.
TESSA: Können auf eigentlich alle Demonstrationen und Aktionen mit, auf die wir wollen, deutschlandweit.

Gab es im Zusammenhang mit PETA ZWEI und Tierschutz irgendeine Person, die für euch besonders wichtig war, ein Vorbild?

LIS: Natürlich Ingrid Newkirk, die PETA gegründet hat in den USA. Und Harald Ullmann. Der ist jetzt der zweite Vorsitzende von PETA. Man merkt halt, diese Personen haben das von Anfang an wirklich mitgemacht. Mittlerweile ist es ja total einfach, vegan zu leben, aber das in einer Zeit gemacht zu haben, wo es das Wort „vegan" fast noch gar nicht gab, das ist schon wirklich ein Vorbild, würde ich sagen.
TESSA: Ja, auf jeden Fall. Kann man sich eine Scheibe von abschneiden.

Lebt ihr vegan?

LIS: Ja.
TESSA: <u>Alle, die hier bei PETA arbeiten, leben vegan. Wenn man sich mit dem Thema auseinandersetzt, ist es einfach die logische Schlussfolgerung</u>, den Schritt dann zu gehen und die Tierliebe und die Tierrechte auch praktisch zu leben. Ich weiß nicht, ob man das mit seinem Gewissen vereinbaren kann, wenn man sich den ganzen Tag hier damit auseinandersetzt und für Tierrechte kämpft, aber dann am Abend erst mal ein Stück Fleisch isst.
LIS: Es gibt nicht die Voraussetzung, vegan zu sein, wenn man hier anfängt, aber die meisten sind halt vegan oder werden vegan – einfach durch die Konfrontation mit diesen Bildern.

Und wie ist es bei euch? War das bei euch schon Thema, bevor ihr hier angefangen habt?

LIS: Ja. Wir waren schon vegan, als wir hier angefangen haben. Ich persönlich hab mit neun Jahren gecheckt, dass eine Salami irgendwie vom Tier kommt, und ich wollte

nicht, dass Tiere dafür sterben müssen, dass ich die essen kann. Am Anfang ist es mir schwergefallen und ich hab auch einen Rückfall erlitten, aber dann war ich so überzeugt, dass ich das nicht mehr essen wollte. Und seitdem hatte ich auch nicht mehr das Bedürfnis danach, einfach aus der Überzeugung, dass ich kein Tier essen möchte.

War das nicht schwer, so jung diese Überzeugung zu vertreten und zu leben?

LIS: Schon ein bisschen. Meine Eltern fanden das erst nicht so gut und wollten dann, dass ich Fisch esse. Ich habe mich aber so lange dagegen gewehrt, bis die sich selber damit beschäftigt haben. Die haben mir dann meinen freien Willen gelassen und gesagt: „Wir achten darauf, dass du trotzdem gesund isst und deine Proteine und alles bekommst." Dann hat das auch alles funktioniert, als ich die erst einmal überzeugt hatte.

Längst nicht alle sind gegenüber

veganer Lebensweise und Tierrechtsargumenten offen. Hattet ihr jemals Zweifel, ob die Tätigkeit hier bei PETA ZWEI Sinn macht?

TESSA: Ich hab manchmal ein bisschen Tiefpunkte, wenn ich zu viel damit konfrontiert werde. Wo ich mir so sage: Das schafft man doch nie, wir können doch nie was verändern. Es gibt so viel Leid auf der Welt, da hilft das nichts, was ich mache. Das kann ich auch gleich lassen. Aber irgendwie denke ich mir dann immer: Wenn jeder so denken würde, dann wird es natürlich nicht seltener, aber wenn jeder ein bisschen was macht, dann kann man schon was machen. Und das ermutigt mich immer.
LIS: Ja, und wenn man dann Erfolge sieht, die eben doch passieren, gibt das einem noch mal so einen Push, dass man vielleicht sich mehr noch engagiert.

Wie sieht es denn mit den Leuten in eurem Umfeld aus: Wie haben die darauf reagiert, als ihr gesagt habt: „Ich mache das jetzt hier"?

TESSA: Die meisten, denen ich es erzähle, sagen: „Wow, Respekt! Respekt, dass man sich für so was einsetzt", aber viele kennen natürlich eher die umstrittene Seite von PETA und die schlechte Presse. Sie sind aber dann doch interessiert, wenn ich ihnen sage, wie es wirklich ist. Und teilweise verändern sie sich dann schon mehr oder weniger in die Richtung, mit vegan kochen oder so was. Zum Beispiel, wenn ich mit meinem Freund koche, dass wir dann gleich komplett vegan kochen anstatt immer zweierlei.
LIS: Meine beste Freundin ist selber vegan und die meinte zu mir: „Mache das nicht, die sind so radikal"; aber seitdem ich hier arbeite und ihr erzähle, was ich hier mache, findet sie es auch super. Meine Familie fand es auch gut, und die haben mich auch von Anfang an unterstützt. Die Leute, die sich mit dem Thema befassen, reagieren eigentlich ganz positiv.

Worum geht es bei der Kritik oder bei den Vorwürfen?

LIS: Das meiste, was die Leute so sehen, sind wahrscheinlich ältere Kampagnen aus den USA, wo die unangemeldet irgendwelche Demos gemacht haben oder auch von der Polizei abgeführt wurden. An sich gab es das so gar nicht in Deutschland. Deswegen kann man das auch gar nicht vergleichen. Und PETA USA und PETA Deutschland sind auch zwei verschiedene – also sind Schwesterorganisationen. Und auch so Kampagnen wie „Lieber nackt als im Pelz" sehen einige Leute auch nicht so gerne, weil da ein Bild von einer nackten Person abgedruckt ist.

TESSA: Das Problem ist, dass PETA die Sachen aufdeckt, die niemand sehen will. Und wenn Menschen in ihrem Denken so gestört werden und da irgendwas gezeigt bekommen, was sie eigentlich gar nicht sehen wollen, dann ist da meistens die Reaktion eher Abschottung und: „Nee, kann nicht sein." Und so ist's halt bei PETA auch.

Wenn ihr jetzt die Bilder von solchen Kampagnen seht, findet ihr das auch zu radikal?

LIS: Um den Menschen die Augen zu öffnen, muss man die brutale Wahrheit zeigen. Klar, einige Leute gucken sich die Bilder gar nicht erst an, weil es ihnen zu brutal ist, aber ich denke schon, dass immer mehr und mehr Leute sich auch so Videos und Fotos mal angucken und sich mehr damit beschäftigen, was das für ein Leid ist in dieser Industrie. Und deswegen denke ich, dass man es wirklich so zeigen muss, wie es ist.

Ist das auch was, was für eure Arbeit wichtig ist, schonungslos die Leute mit der Wahrheit konfrontieren?

LIS: Ja, schon. Wenn wir auf Demos gehen, nehmen wir immer Flyer mit oder stehen da im Kostüm. Da zeigt man den Leuten zwar nicht direkt diese Videos, aber trotz-

dem versucht man auszudrücken, wie es in den verschiedenen Branchen aussieht, zum Beispiel in der Milchindustrie. Das ist auf jeden Fall wichtig.
TESSA: Ich denke auch, dass man so die Leute am besten erreichen kann. Man kann denen zwar eine halbe Stunde lang was erzählen, aber die Bilder bleiben doch mehr in Erinnerung. Von daher glaube ich, ist das auf jeden Fall der richtige Weg, die zu schocken, um damit die Gedanken anzuregen.

Und auf was für Leute trefft ihr da?

TESSA: Unterschiedlich, komplett unterschiedlich. Kommt einerseits auf das Demo-Konzept an: Pelz zum Beispiel ist ja mittlerweile eh sehr umstritten. Dadurch bekommt man bei solchen Aktionen größtenteils positive Rückmeldungen. Bei veganen Demos ist es schon ein bisschen weniger. Wenn man da positive Rückmeldungen bekommt, sind das auch eher so alternative Leute, junge Leute.
LIS: Veganer meistens auch.
TESSA: Genau. Studenten oft.
LIS: Wir waren letzte Woche auf einer Demo gegen Cesar Millan. Es war direkt gegen ihn als Person und wie er seine Hunde trainiert. Das war vor der *Porsche-Arena*, wo er aufgetreten ist. Und da kamen natürlich nur seine Anhänger vorbei. Bei so was kriegt man fast nur negative Rückmeldungen, weil auch niemand da hingehen würde, der den nicht gut findet.

Wie geht es euch denn mit solchen negativen Rückmeldungen?

TESSA: Das ist man gewohnt, oder? Wenn man sagt: „Ich lebe vegan", kriegt man eh meistens erst mal so: „Echt? Hä, wieso? Ohne Fleisch könnte ich gar nicht leben. Aber der Mensch braucht doch Fleisch", und immer so diese Standardfloskeln. <u>Wir sind Gegenwind schon gewöhnt.</u>
LIS: Man muss halt immer eine Antwort bereit haben, weil wenn man auf einen negativen Kommentar nicht antworten kann, ist es natürlich ein blödes Gefühl. Man möchte sich ja für die Tiere einsetzen, und wenn man dann in dem Moment kein Argument hat, ist das ein negativer Moment. Aber wenn man gute Argumente hat und die Leute dann auch dazu bringen kann, nachzudenken, dann ist das immer gut.

Ist das was, worum es bei der veganen Lebensweise für euch auch geht, die Leute ins Nachdenken zu bringen?

TESSA: Auf jeden Fall.
LIS: Es gibt ja Leute, die gehen direkt auf die Person zu und sagen: „Hey, ich heiß so und so und ich bin vegan." Das mache ich nicht. Auf Demos gehe ich gerne auf Leute zu und gebe denen Flyer, aber wenn ich persönlich ganz normal rumlaufe, mache ich das nicht. Wenn ich mich mit den Personen beschäftige, bekommen die das natürlich mit, und dann unterhalte ich mich mit denen auch darüber. Ich möchte niemandem aufzwingen, vegan zu leben. Ich unterhalte mich gerne mal darüber, aber ich will niemandem sagen, du musst jetzt vegan werden.
TESSA: <u>Das ist so das Wichtigste an unserer Arbeit: Die Menschen anzustoßen</u> und schon in eine gewisse Richtung zu leiten, <u>aber nicht zu sagen: „Ihr müsst jetzt alle vegan sein."</u> Dazu haben wir nicht das Recht. Das soll jeder für sich selber entscheiden. Wenn jemand sich über alle Umstände informiert und das mit seinem Gewissen trotzdem ausmachen kann, dann ist das auch okay für mich. Weil ich denke, dass es Menschen gibt, die so gestrickt sind, dass sie tierische Produkte guten Gewissens trotzdem noch konsumieren. Und die, die es nicht können, die sollen dann den Schritt zum gelebten Tierrecht machen.

Gehören eure vegane Lebensweise und die Arbeit zusammen?

LIS: Ja, auf jeden Fall. Ich war ja vorher auch vegan und hab kein

Leder mehr getragen oder Wolle, aber dadurch, dass ich hier arbeite, kommt man noch mal wirklich in alle Abteilungen, kann man reingucken, wie Tierversuche, Unterhaltungsbranche, Meerestiere, Wildtiere, womit ich mich vorher noch nicht so doll beschäftigt habe. Das gehört auf jeden Fall zusammen. Es hat sich noch mehr in meinen Alltag integriert.
TESSA: Für mich war es am Anfang, als ich vegan wurde, tatsächlich mehr eine Trenderscheinung, aber dann ging das immer so weiter. Und dann hab ich im September hier angefangen und dann ging das erst, wo ich das so richtig komplett durchdrungen habe für mich, wirklich in alle Bereiche. Wo ich auf alles geschaut hab, nicht nur auf Tierrechte. Von daher glaube ich schon, dass mir das für meine Entwicklung oder für die Entwicklung meiner veganen Lebensweise sehr viel gebracht hat. Ich glaube, wenn ich PETA nicht so intensiv kennengelernt hätte, wäre ich nicht vegan. Das ist auf jeden Fall PETA geschuldet.

Was hat euch denn überzeugt, vegan zu werden?

TESSA: Die schockierenden Bilder.
LIS: Am schlimmsten fand ich die Videos aus Tierversuchslaboren, vor allem mit Affen. Da war ich schon ein paar Monate vegan und das ist eigentlich das, was mich bis heute am meisten schockt und ein sehr großer Grund dafür, dass ich vegan geblieben bin und immer weitergemacht habe und keine Kosmetik mehr mit Tierversuchen und so was benutzen würde.
TESSA: Bei mir hat es angefangen mit der Ernährung. Ich habe mir Schlachtvideos und so was angeschaut und danach relativ schnell keine tierische Bekleidung mehr, dann nach und nach keine tierversuchsbelasteten Kosmetikartikel mehr gekauft.

Schränkt euch das im Alltag ein?

LIS: Nee, eigentlich nicht. Jetzt haben wir natürlich das Glück, dass vegan im Trend liegt, dass man in jedem Restaurant was Veganes zu essen kriegt. Also bis jetzt hat es mich noch nie irgendwo eingeschränkt.
TESSA: Bei mir war es anfangs schon schwerer, weil man sich erst mal reinlesen und informieren muss: Was ist denn überhaupt vegan und was kann man denn da essen? Aber ich kann mir gar nicht mehr vorstellen, anders zu leben. Das wäre viel schwerer für mich, als vegan zu leben.
LIS: Ja, man hat dann auch diesen Blick, worauf man achten muss bei Lebensmitteln oder bei Kleidung.

Dadurch fällt es einem viel leichter. Das lernt man innerhalb kürzester Zeit. Das ist das, was man am Anfang überwinden muss.

Würdet ihr sagen, die vegane Lebensweise macht euch auch als Person aus?

TESSA: Weniger die vegane Lebensweise allein als meine Überzeugung, für Tierrechte einzutreten.
LIS: Natürlich nicht die ganze Persönlichkeit, aber ohne diesen Tierrechtsteil würde wahrscheinlich schon ein Teil fehlen.

Warum ist die Lebensweise oder die Arbeit hier für euch als Person wichtig?

LIS: Als einzelne Person ist es schwierig, irgendwas zu erreichen. Klar, wenn man sich für die Umwelt einsetzt oder vegan lebt, hilft man natürlich schon mal ein paar Tieren oder der Umwelt, aber ganz allein wird es schwierig, was zu erreichen. Wenn man hier arbeitet, hab ich das Gefühl, dass ich auch als einzelne Person wirklich was bewirken kann.

Ist es manchmal auch ein etwas beruhigendes Gefühl gegenüber dieser Machtlosigkeit, dass man weiß: Hier ist so was, wo ich zwar ein kleines Rädchen bin, aber was bewege?

TESSA: Für mich schon. Schon die ersten Male hier hab ich mich verstanden gefühlt. Man musste sich überhaupt nicht rechtfertigen. Man war vegan und hatte die Einstellung und das war gut so. <u>Außen fühlt man sich immer in die Ecke gedrängt, wenn man sagt, man lebt vegan</u>. Man muss sich einfach zwangsläufig immer rechtfertigen. Hier war das einfach ein Komplett-verstanden-Werden und das bestärkt einen schon. Weil das macht es aus, dass man doch was bewegen kann, dass es mehr von einem gibt als nur einen selber.

Ich hab den Eindruck gewonnen, ihr glaubt, es ist nicht nur für euch persönlich, sondern auch für die Gesellschaft oder für die Welt wichtig, dass ihr vegan lebt und euch hier engagiert …

LIS: Ja. Dadurch, dass PETA diese Demonstrationen macht, diese Videos zeigt, Petitionen, Unterschriften sammelt, alles Mögliche, werden vielen Leuten die Augen geöffnet. Und dadurch schließen sich mehr und mehr Menschen zusammen, die sich gegen das Tierleid einsetzen, und dadurch hat das positive Effekte für die Umwelt und natürlich für die Tiere. PETA wächst und wächst, weil mehr Leute was davon mitbekommen, und so kann es eigentlich nur besser werden.

TESSA: <u>Viele wollen ja was bewegen, gerade in unserem Alter</u>, wollen was verändern. Ich denke, es ist ein guter Weg, denen zu zeigen, dass man auch, wenn man an sich selbst arbeitet, was nach außen tragen kann, dass man auch als Individuum was bewegen kann. Je mehr Leute sich zusammenschließen, desto größer wird die Bewegung und desto mehr Gewicht hat die auch in der Gesellschaft.

Ist es für euch denn wichtig, im Leben was zu bewegen?

LIS: In den letzten Jahrzehnten und Jahrhunderten wurde die Erde von den Menschen zerstört, die Tiere wurden wie Sklaven der Menschen genommen; und wir können jetzt noch auf dieser Erde leben und werden nicht krank, wenn wir rausgehen, weil die Luft so krass verschmutzt ist. Ich finde, <u>man sollte versuchen, möglichst viel zu tun, damit möglichst viele Menschen nach uns auch noch auf so einer Welt leben können</u>. Es kann nicht sein, dass Menschen sich einfach das Recht nehmen, andere Tiere als minderwertig einzustufen und sie für unsere Zwecke einzusetzen. Aus meiner Überzeugung heraus finde ich, dass man auf jeden Fall was bewegen sollte, und man kann es auch tun. Jede kleinste Sache, die man macht, kann eine Veränderung bewirken, zumindest dann in größe-

ren Massen. Deswegen ist es sehr wichtig für mich, zumindest zu versuchen, was zu verändern.
TESSA: Ich glaube, ganz wichtig ist es, etwas an sich zu verändern, um mit sich im Reinen zu sein, seine eigenen Überzeugungen selbst zu leben, um natürlich auch andere Leute anzustecken. Das passiert einfach unweigerlich. Und daraus kann, muss aber nicht, was Größeres entstehen. Das ist auf jeden Fall für mich so was, was das Leben ausmacht.

Dann würde mich zum Schluss noch interessieren: Wie sieht eure Zukunft aus?

TESSA: Wir werden jetzt erst mal unseren BFD fertig machen hier. Danach interessiere ich mich dann für ein Studium der Pferdewirtschaft. Und wenn das nicht klappen sollte dieses Jahr, dann werde ich noch ein bisschen arbeiten, reisen, Praktika machen, Sprachen lernen.
LIS: Ich schreibe und lese total gerne, schon seit ich ganz klein bin. Es gibt in Leipzig den Studiengang „Literarisches Schreiben". Da habe ich mich jetzt beworben, ich weiß allerdings nicht, ob es klappt, weil die nur ganz wenige Leute nehmen, aber das wäre so mein Traum, das zu studieren und danach wahrscheinlich ins Lektorat zu gehen und nebenbei Schriftstellerin zu werden.

Habt ihr schon drüber nachgedacht, auch nach dem BFD bei PETA ZWEI oder bei PETA engagiert zu bleiben?

LIS: Es gibt ja in den größeren Städten in Deutschland überall Streetteams. Sofern es da eines gibt, wo ich dann wohne, möchte ich mich auf jeden Fall engagieren und weitermachen, und sonst auch bei normalen Demos bei PETA.
TESSA: Aktiv Demonstrationen, Aktionen werde ich auf jeden Fall wieder mitmachen, und ich könnte mir auch vorstellen, nach meinem Studium, wenn dann eine geeignete Stelle frei ist, hier zu arbeiten oder auch bei einer anderen NGO, um mich in dem Bereich einzusetzen. Ich glaube, das ist für mich das Wichtigste, das auch beruflich machen zu können, weil es mich ausmacht.

Wenn ihr mal in die weitere Zukunft denkt, in 15, 20 Jahren: Seid ihr dann immer noch für Tierrechte engagiert? Lebt ihr dann immer noch vegan?

LIS: Ja, ich könnte mir nicht vorstellen, jemals nicht mehr vegan zu leben. Ich hab auch nicht das Bedürfnis. Ich bin, seitdem ich neun bin, Vegetarier. Ich habe sowieso nicht das Bedürfnis, Fleisch zu essen und Milchprodukte mittlerweile auch gar nicht mehr. Ich glaube, wenn man einmal wirklich überzeugt davon ist, dann kann man davon nicht mehr wirklich loskommen.

Making-of ...

WORTSPIELE MIT UND OHNE SINN ...

Im Laufe der Arbeit an diesem Buch ergaben sich in unseren Projekttreffen immer mal wieder einige unfreiwillige Wortspiele mit dem Wort „Sinn". Dies zum Beispiel dann, wenn jemand es *sinnvoll* fand, so oder so vorzugehen, oder wenn dann von jemand anderem ein anerkennendes: „Ja, das *macht Sinn*" entgegnet wurde. *In diesem Sinne* hatten wir nicht nur viele *sinnige* oder *sinnfreie* Gespräche, sondern auch eine Menge Spaß. Bei diesen ganzen unfreiwilligen Wortspielen wurde fleißig eine Strichliste für jedes Treffen geführt. Eigentlich hatte das Ganze seinen *Sinn* darin, durch Zahlung von 1 Euro pro rausgerutschtem Sinn-Begriff eine Projektkasse zu bilden. Dazu ist es nicht gekommen, aber die Liste sorgte ganz im *Sinne* des Erfinders regelmäßig für Erheiterung, wenn dieser einen neuen Strich darauf machte.

In diesem Text wären es dann sieben weitere: ｜｜｜｜ ｜｜

21.10.16 |||	09.12.16 卌 |||	07.04.17 卌 |	16.06.17 卌 卌 卌
04.11.16 卌 卌 卌 |	16.12.16 卌 |||	21.04.17 ||||	23.06.17 ||||
11.11.16 卌 卌 卌 ||	13.01.17 卌 卌 卌 |||	28.04.17 |	14.07.17 卌 卌 卌 卌 |
18.11.16 卌	17.03.17 卌 ||	05.05.17 卌 |	
25.11.16 卌 卌	24.03.17 |	12.05.17 卌 |	
02.12.16 卌 卌	31.03.17 卌 卌 卌	02.06.17 |||